1권

제1회 우리은행 필기전형

제1영역 NCS직업기초능력평가

제2영역 직무능력평가

www.sdedu.co.kr

〈문항 및 시험시간〉

구분	과목	시험시간	비고	모바일 OMR 답안분석
1교시	NCS직업기초능력평가	80분	80문항	
2교시	직무능력평가	60분	60문항	

※ 문항 및 시험시간은 해당 채용공고문을 참고하여 구성하였습니다.

※ 직무능력평가 영역에서 21번 ~ 60번 문항은 금융일반, 디지털 / IT 직무 구분이 있으니 참고하십시오.

NCS직업기초능력평가 + 직무능력평가

제1회 우리은행 필기전형

문항 수 : 140문항
시험시간 : 140분

제 1 영역 NCS직업기초능력평가

01 다음은 L환전소 환율 및 수수료를 나타낸 자료이다. A씨가 x원으로 베트남 화폐 1,670만 동을 환전했을 때, x의 값을 구하면?(단, x는 환전수수료가 포함된 값이다)

〈L환전소 환율 및 수수료〉

- 베트남 환율 : 483원/만 동
- 환전수수료 : 0.5%

※ 우대사항 : 50만 원 이상 환전 시 70만 원까지 환전수수료를 0.4%로 인하 적용
※ 100만 원 이상 환전 시 환전수수료를 0.4%로 일괄 적용
※ 십 원 미만은 절사

① 808,840원
② 808,940원
③ 809,840원
④ 809,940원

02 귀하가 근무하는 은행에 A고객이 찾아와 상품 해지 시 환급금이 얼마인지를 물어보았다. A고객의 가입 조건이 다음과 같을 때 귀하가 알려줄 세전 환급금의 금액은 얼마인가?(단, 약정금리는 기본금리로 한다)

〈1년 6개월 전 A고객의 가입내역〉

- 상품 : 큰만족실세예금
- 가입기간 : 3년
- 예치방식 : 거치식 예금
- 가입금액 : 300만 원
- 기본금리 : 연 1%
- 우대금리 : 연 0.2%p
- 중도해지 안내
  - 횟수 : 최종해지 포함 3회 이내
  - 이율 : 중도해지이율 적용
  - 세금우대종합저축 또는 Magic Tree(또는 e-뱅킹) 연결계좌로 가입 시에는 분할해지 불가
- 중도해지이율(연 %, 세전)
  - 3개월 미만 : 0.15%
  - 6개월 미만 : (약정금리)×20%
  - 9개월 미만 : (약정금리)×30%
  - 12개월 미만 : (약정금리)×40%
  - 18개월 미만 : (약정금리)×45%
  - 24개월 미만 : (약정금리)×50%
  - 30개월 미만 : (약정금리)×55%
- 만기 후 금리(세전) : 일반정기예금 계약기간별 기본금리의 50%
- 이자지급방식 : 만기일시지급식
- 예금자보호 여부 : 해당

① 3,022,500원
② 3,048,000원
③ 3,015,000원
④ 3,016,200원

03 다음은 세종특별시에 거주하는 20 ~ 30대 청년의 주거 점유형태에 대한 통계자료이다. 통계자료를 참고할 때, 다음 중 설명이 옳은 것은?(단, 소수점 이하 둘째 자리에서 반올림한다)

〈20 ~ 30대 청년 주거 점유형태〉

(단위 : 명)

구분	자가	전세	월세	무상	합계
20 ~ 24세	537	1,862	5,722	5,753	13,874
25 ~ 29세	795	2,034	7,853	4,576	15,258
30 ~ 34세	1,836	4,667	13,593	1,287	21,383
35 ~ 39세	2,489	7,021	18,610	1,475	29,595
합계	5,657	15,584	45,778	13,091	80,110

① 20 ~ 24세 청년의 경우 38.2%는 월세로 거주하고 있으며, 2.9%는 자가로 거주하고 있다.

② 20 ~ 24세 청년을 제외한 나머지 20 ~ 30대 청년의 경우 무상으로 거주하는 청년의 비율은 월세로 거주하는 청년의 비율보다 높다.

③ 20대 청년 중 자가로 거주하는 청년의 비율은 전체 20 ~ 30대 청년 중 자가로 거주하는 청년의 비율보다 낮다.

④ 연령대가 높아질수록 자가로 거주하는 청년의 비율이 높아지고, 월세로 거주하는 청년의 비율은 낮아진다.

04 가, 나 두 명이 호텔에 묵으려고 한다. 선택할 수 있는 호텔 방이 301, 302, 303호 3개일 때, 호텔 방을 선택할 수 있는 경우의 수는?(단, 한 명이 하나만 선택할 수 있고, 둘 중 한 명이 선택을 하지 않거나 두 명 모두 선택하지 않을 수도 있다)

① 10가지
② 11가지
③ 12가지
④ 13가지

05 밑줄 친 ㉠의 입장에서 호메로스의 『일리아스』를 비판한 내용으로 적절하지 않은 것은?

기원전 5세기, 헤로도토스는 페르시아 전쟁에 대한 책을 쓰면서 『역사(Historiai)』라는 제목을 붙였다. 이 제목의 어원이 되는 'histor'는 원래 '목격자', '증인'이라는 뜻의 법정 용어였다. 이처럼 어원상 '역사'는 본래 '목격자의 증언'을 뜻했지만, 헤로도토스의 『역사』가 나타난 이후 '진실의 탐구' 혹은 '탐구한 결과의 이야기'라는 의미로 바뀌었다.
헤로도토스 이전에는 사실과 허구가 뒤섞인 신화와 전설, 혹은 종교를 통해 과거에 대한 지식이 전수되었다. 특히 고대 그리스인들이 주로 과거에 대한 지식의 원천으로 삼은 것은 『일리아스』였다.
『일리아스』는 기원전 9세기의 시인 호메로스가 오래전부터 구전되어 온 트로이 전쟁에 대해 읊은 서사시이다. 이 서사시에서는 전쟁을 통해 신들, 특히 제우스 신의 뜻이 이루어진다고 보았다. 헤로도토스는 바로 이런 신화적 세계관에 입각한 서사시와 구별되는 새로운 이야기 양식을 만들어 내고자 했다. 즉, 헤로도토스는 가까운 과거에 일어난 사건의 중요성을 인식하고, 이를 직접 확인·탐구하여 인과적 형식으로 서술함으로써 역사라는 새로운 분야를 개척한 것이다.
『역사』가 등장한 이후, 사람들은 역사 서술의 효용성이 과거를 통해 미래를 예측하게 하여 후세인(後世人)에게 교훈을 주는 데 있다고 인식하게 되었다. 이러한 인식에는 한 번 일어났던 일이 마치 계절처럼 되풀이하여 다시 나타난다는 순환 사관이 바탕에 깔려 있다. 그리하여 오랫동안 역사는 사람을 올바르고 지혜롭게 가르치는 '삶의 학교'로 인식되었다. 이렇게 교훈을 주기 위해서는 과거에 대한 서술이 정확하고 객관적이어야 했다.
물론 모든 역사가들이 정확성과 객관성을 역사 서술의 우선적 원칙으로 앞세운 것은 아니다. 오히려 헬레니즘과 로마 시대의 역사가들 중 상당수는 수사학적인 표현으로 독자의 마음을 움직이는 것을 목표로 하는 역사 서술에 몰두하였고, 이런 경향은 중세시대에도 어느 정도 지속되었다. 이들은 이야기를 감동적이고 설득력 있게 쓰는 것이 사실을 객관적으로 기록하는 것보다 더 중요하다고 보았다. 이런 점에서 그들은 역사를 수사학의 테두리 안에 집어넣은 셈이 된다.
하지만 이 시기에도 역사의 본령은 과거의 중요한 사건을 가감 없이 전달하는 데 있다고 보는 역사가들이 여전히 존재하여, 그들에 대해 날카로운 비판을 가하기도 했다. 더욱이 15세기 이후부터는 수사학적 역사 서술이 역사 서술의 장에서 퇴출되고, ㉠ <u>과거를 정확히 탐구하려는 의식과 과거 사실에 대한 객관적 서술 태도</u>가 역사의 척도로 다시금 중시되었다.

① 직접 확인하지 않고 구전에만 의거해 서술했으므로 내용이 정확하지 않을 수 있다.
② 신화와 전설 등의 정보를 후대에 전달하면서 객관적 서술 태도를 배제하지 못했다.
③ 트로이 전쟁의 중요성은 인식하였으나 실제 사실을 확인하는 데까지는 이르지 못했다.
④ 신화적 세계관에 따른 서술로 인해 과거에 대해 정확한 정보를 추출해 내기 어렵다.

06 다음 자료를 근거로 판단할 때, 평가대상기관 A ~ D 중 최종순위 최상위기관과 최하위기관을 올바르게 나열한 것은?

〈공공시설물 내진보강대책 추진실적 평가기준〉

■ 평가요소 및 점수부여

- $(\text{내진성능평가 지수}) = \frac{(\text{내진성능평가 실적 건수})}{(\text{내진보강대상 건수})} \times 100$
- $(\text{내진보강공사 지수}) = \frac{(\text{내진보강공사 실적 건수})}{(\text{내진보강대상 건수})} \times 100$
- 산출된 지수 값에 따른 점수는 아래 표와 같이 부여한다.

구분	지수 값 최상위 1개 기관	지수 값 중위 2개 기관	지수 값 최하위 1개 기관
내진성능평가 점수	5점	3점	1점
내진보강공사 점수	5점	3점	1점

■ 최종순위 결정

- 내진성능평가 점수와 내진보강공사 점수의 합이 큰 기관에 높은 순위를 부여한다.
- 합산 점수가 동점인 경우에는 내진보강대상 건수가 많은 기관을 높은 순위로 한다.

〈평가대상기관의 실적〉

(단위 : 건)

구분	A기관	B기관	C기관	D기관
내진성능평가 실적	82	72	72	83
내진보강공사 실적	91	76	81	96
내진보강대상	100	80	90	100

	최상위기관	최하위기관
①	A기관	B기관
②	B기관	C기관
③	B기관	D기관
④	D기관	C기관

07 다음 글에서 〈보기〉가 들어갈 가장 적절한 곳은?

(가) 불행이란 사물의 결핍 상태에서 오는 것이 아니라, 결핍감을 느끼게 하는 욕구에서 온다. 현실세계에는 한계가 있지만 상상의 세계에는 한계가 없다. 현실세계를 확대시킬 수는 없는 일이므로 상상의 세계를 제한할 수밖에 없다. 왜냐하면 우리를 진정으로 불행하게 하는 모든 고통은 오로지 이 두 세계의 차이에서만 생겨나는 것이기 때문이다. 체력과 건강과 스스로가 선한 사람이라는 확신을 제외한 그 밖의 인간 생활의 모든 행복은 모두 사람들의 억측에 불과한 것이다. 신체의 고통과 양심의 가책을 제외한 그 밖의 모든 불행은 공상적인 것이다.

(나) 인간은 약하다고 하는데 그것은 무엇을 뜻하는 것이겠는가? 이 약하다고 하는 말은 하나의 상대적 관계를, 즉 그 말이 적용되는 자의 어떤 관계를 나타내는 것이다. 능력이 모든 욕구보다 넘치고 있는 경우에는 곤충이든 벌레든 간에 모두 강자임에 틀림이 없다. 욕망이 그것을 능가할 경우에는 그것이 코끼리든 사자이든, 또는 정복자든 영웅이든, 심지어 신이라 할지라도 모두 약자이다. 자신의 본분을 깨닫지 못하고 반항한 천사는 자신의 본분에 따라서 평화롭게 산 지상의 행복한 인간보다 더 약한 존재였다. 인간은 지금 있는 그대로 만족할 때는 대단히 강해지고 인간 이상이고자 할 때는 대단히 약해진다.

(다) 그리고 마치 거미가 거미줄 한가운데 있듯이 그 범위의 중심에 머물러 있도록 하자. 그렇게 하면 우리는 항상 우리 자신에게 만족하고 자신의 약함을 한탄하는 일이 없게 될 것이다. 왜냐하면 허약하다는 것을 새삼스레 느끼게 되는 일이 없을 것이기 때문이다.

(라) 모든 동물들은 자기 보존에 필요한 만큼의 능력만을 지니고 있다. 인간만이 오직 그 이상의 능력을 가지고 있다. 그 여분의 능력이 인간의 불행을 만들어 내고 있으니 참으로 기이한 일이 아닌가? 어느 나라에서나 인간의 팔은 생활필수품 이상의 것을 만들어 낼 수 있다. 만약 인간이 상당히 현명하여 이 여분의 능력이란 것에 무관심해 진다면 결코 지나치게 많은 것을 손에 넣지 않게 될 것이기 때문에 항상 필요한 것만을 갖고 있게 될 것이다.

〈보기〉

그러므로 여러분의 욕망을 확대하면 여러분들의 힘도 확대될 수 있다고 생각하지 말라. 만약에 여러분들의 오만이 힘보다도 더 확대되는 경우에는 오히려 힘을 줄이는 결과가 될 것이다. 우리들의 힘이 미칠 수 있는 범위의 반경을 재어보자.

① (가) ② (나)
③ (다) ④ (라)

※ 다음은 당직근무 규칙 내용의 일부이다. 다음을 읽고 이어지는 질문에 답하시오. [8~9]

제3조(당직의 구분)

① 당직(재택당직을 포함한다)은 일직과 숙직으로 구분한다.

② 일직근무는 휴일에 정상근무일의 근무시간에 준하는 시간 동안 근무하는 것을 말한다.

③ 숙직근무는 정상근무 또는 일직근무가 끝난 때부터 다음 날 정상근무 또는 일직근무 전까지 근무하는 것을 말한다.

④ 재택당직은 자택에서의 대기근무를 원칙으로 한다.

⋮

제5조(당직의 편성)

① 당직근무자(재택당직근무자를 제외한다)는 2명 이상으로 편성하되, 근무자 중 1명은 국민건강보험공단(이하 "공단"이라 한다)과 계약한 사업주가 파견한 근로자로 편성할 수 있다. 다만, 지역본부 및 지사는 당직근무자를 1명으로 할 수 있다.

제6조(당직명령 및 변경)

① 당직명령은 주관부서의 장(본부 : 이사장, 지역본부 : 지역본부장, 지사 : 지사장)이 월 단위로 근무예정월 시작일의 5일 전까지 하여야 한다.

② 당직명령을 받은 직원이 출장, 휴가, 그 밖의 부득이한 사유로 당직근무를 할 수 없는 경우에는 지체 없이 별지 제1호 서식의 당직근무 교체승인신청서를 주관부서의 장에게 제출하여 승인받아야 한다.

⋮

제10조(당직자의 준수사항)

① 당직근무자는 근무구역을 이탈해서는 아니 되며, 당직자로서의 품위를 손상하거나 당직근무에 지장이 있는 행위를 하여서는 아니 된다.

② 당직근무자는 복장을 단정히 하여야 한다.

③ 재택당직근무자는 당직근무시간 동안 비상연락망을 유지하여야 하며, 비상사태가 발생하거나 비상근무가 발령되면 즉시 당직실에 복귀하여 상황을 파악하고 사태에 대한 지휘 및 상황보고를 하여야 한다.

제11조(당직책임자) 당직근무자가 2명 이상인 경우에 상위직급에 있는 직원을 당직책임자로 한다.

제12조(당직근무자의 휴무)

① 당직근무자(재택당직근무자는 제외한다. 이하 이 조에서 같다)는 다음 각 호의 어느 하나에 해당하는 날에 휴무한다.

1. 숙직근무자 : 다음 각 목의 구분에 따른 날
   가. 숙직근무가 끝나는 시간이 속하는 날이 휴일이 아닌 경우 : 그 근무가 끝나는 시간이 속하는 날
   나. 숙직근무가 끝나는 시간이 속하는 날이 휴일인 경우 : 휴일(휴일이 2일 연속된 경우에는 마지막 휴일을 말한다)의 다음 날
2. 일직근무자 : 그 근무일의 다음 날. 이 경우 그 근무일의 다음 날이 휴일인 경우에는 그 휴일(휴일이 2일 연속된 경우에는 마지막 휴일을 말한다)의 다음 날

② 제1항에도 불구하고 3일 이상 휴일이 연속되는 기간 중의 당직근무자(그 연속되는 휴일의 마지막 날에 근무가 시작되는 숙직근무자를 제외한다)는 그 마지막 휴일의 다음 날부터 7일 이내의 날을 정하여 휴무할 수 있다.

08 당직근무 규칙을 읽고 나눈 대화로 적절한 것은?

① A사원 : 당직근무자는 2명 이상으로 편성해야 하며 두 명 모두 공단 소속의 직원이어야 합니다.
② B사원 : 지역본부에서 부득이한 사유로 당직근무를 할 수 없는 경우 이사장의 승인을 받아야 합니다.
③ C사원 : 재택당직근무자는 비상사태 발생 시 자택에 대기하면서 수시로 상황을 보고받아야 합니다.
④ D사원 : 당직근무자가 3급 직원과 4급 직원 2명일 경우 상위직급인 3급 직원이 당직책임자가 됩니다.

09 A, B, C, D 네 사원은 당직근무 일정을 고려하여 대체휴무를 신청하였다. 다음 중 대체휴무를 잘못 신청한 사람은?

〈2월〉

일	월	화	수	목	금	토
				1	2	3
4	5	6	7	8	9	10
11	12	13	14	15	16	17
18	19	20	21	22	23	24
25	26	27	28			

※ 매주 토요일과 일요일은 휴일이며, 15일과 16일은 설 연휴이다.

〈2월 당직근무 일정〉

구분	A사원	B사원	C사원	D사원
당직근무 일정	3일 일직근무	7 ~ 8일 숙직근무	14 ~ 15일 숙직근무	23 ~ 24일 숙직근무
대체휴무 신청일	2월 5일	2월 8일	2월 26일	2월 26일

① A사원
② B사원
③ C사원
④ D사원

10 다음은 S공사 보안규정의 일부이다. 다음 보안규정을 읽고 이해한 내용으로 옳은 것은?

〈보안규정〉

1. 목적 및 적용범위
   1.1. 목적 본 규정은 S공사(이하 '공사'라 한다)에서 '보안업무규정', '보안업무시행규칙' 및 산업통상자원부 '보안업무규정시행세칙'에 의거한 보안업무 수행에 필요한 사항을 규정함을 목적으로 한다.
   1.2. 적용범위 회사 전 임직원 및 업무상 관련회사 또는 인원을 대상으로 한다.

⋮

4. 보안업무협의회 설치 및 운영
   4.1. 보안업무협의회의 설치 보안업무에 관한 중요한 사항을 협의하기 위해 다음과 같이 보안업무협의회(이하 '협의회'라 한다)를 설치한다.
   4.2. 기능 협의회는 다음 사항에 대하여 심의한다.
      1) 보안제도의 개선에 관한 사항
      2) 보안업무에 관한 기획・조정・감독・통제에 관한 사항
      3) 신원 특이자 인사관리(비밀취급인가 포함)에 관한 사항
      4) 비밀, 대외비 등 외부 공개 시 업무에 중대한 지장을 줄 수 있는 자료의 대외기간 제공 및 홈페이지 공개에 관한 사항
      5) 기타 보안상 중요하다고 인정되는 사항

⋮

6. 일반보안
   6.3. 문서보안
      1) 모든 문서는 담당자가 보안관리 책임을 진다.
      2) 문서는 장시간 이석, 퇴근 시에는 반드시 잠금장치가 되어있는 서류함에 보관해야 하며 방치되어서는 아니 된다.
      3) 문서는 회사 내부의 경영상 비밀의 보호를 위해 필요하다고 인정되는 경우에는 비밀의 구분에 의해 분류하고 관리해야 한다.
      4) 비밀의 분류는 국가정보원의 비밀세부분류지침에 의거한 자체 비밀세부분류지침에 의하되, 비밀분류 3대원칙(과도・과소분류금지, 독립분류, 외국 비밀의 존중)에 따라 분류해야 하며, 자체 비밀세부분류지침에 대해서는 '일반 보안 절차서'에 따른다.
      5) 비밀문서는 불필요하게 남발되지 않도록 충분히 검토되어야 하며, 부서장의 승인을 득한 후 보안담당부서장에게 비밀문서 등재 요청, 승인을 해야 한다.
7. 정보보안
   7.2. 정보보안 기본활동
      1) 회사 정보보안 책임자는 정보보안을 위해 정보보안 정책 및 기본계획 수립・시행, 정보보안 업무 지도・감독, 사이버공격 초동조치 및 대응, 정보보안 교육계획 수립・시행, 정보보안업무 심사분석 시행 등의 기본활동을 수행해야 한다.
      2) 정보보안활동에 대한 구체적인 사항은 '정보보안 절차서'에 따른다.
   7.3. 개인정보보호
      1) 개인정보는 개인정보의 처리목적을 명확히 하고 그 목적에 필요한 범위에서 적법하게 수집해야 하며 안전성 확보에 필요한 기술적, 관리적, 물리적 조치를 해야 한다.
      2) 개인정보보호에 관한 구체적인 사항은 '개인정보보호 절차서'에 따른다.

① 보안규정의 적용범위는 회사의 전 임원 및 직원만을 대상으로 한다.
② 보안업무에 관한 중요한 사항을 협의하기 위해 보안업무협의회가 설치된다.
③ 보안업무협의회는 보안 사고에 대한 수습 및 처리방안에 대해 심의한다.
④ 비밀문서를 포함한 모든 문서는 보안담당부서장이 책임을 진다.

11 일정한 규칙으로 수를 나열할 때 괄호 안에 들어갈 알맞은 수는?

1 5 25 125 625 3,125 ( )

① 15,625
② 15,652
③ 16,545
④ 16,352

12 다음 중 Windows 사용 시 메모리(RAM) 용량 부족의 해결 방법으로 옳지 않은 것은?

① 가상 메모리 크기를 적절하게 조절한다.
② 메모리(RAM)를 추가로 설치하여 업그레이드한다.
③ 시작 프로그램에 설정된 프로그램을 삭제한 후 다시 시작한다.
④ 디스크 정리를 수행하여 다운로드한 프로그램 파일, 임시 인터넷 파일 등을 삭제한다.

13 일정한 규칙으로 수를 나열할 때 괄호 안에 들어갈 알맞은 수는?

7 6 ( ) 1 17 −4 22

① 5
② 9
③ 10
④ 12

14 다음 중 밑줄 친 부분과 같은 의미로 쓰인 것은?

우리 집은 항상 커튼으로 창문을 <u>가리고</u> 지낸다.

① 그는 돈을 버는 일이라면 수단과 방법을 <u>가리지</u> 않았다.
② 사촌 동생은 어떤 사람에게도 낯을 <u>가리지</u> 않았다.
③ 비가 너무 많이 내려서 시야가 많이 <u>가려졌다</u>.
④ 사람들은 시비를 <u>가리느라</u> 진실을 못 보는 경우가 많다.

※ W은행 ㅁㅁ지점 직원인 귀하는 창구에서 고객 A씨에게 A씨의 고객 등급과 혜택에 대하여 설명하고 있다. 다음 자료를 읽고 이어지는 물음에 답하시오. [15~16]

〈W은행 고객 등급 선정기준〉

1. 고객 등급

구분	다이아몬드	골드	실버	브론즈		해피
평가 점수	1,000점 이상	500점 이상	300점 이상	150점 이상	300점 이상	80점 이상
금융자산	3,000만 원 이상	1,000만 원 이상	300만 원 이상	200만 원 이상	–	–

※ 금융자산 : 수신(입출식 예금, 기타예금, 수익증권) 3개월 평균 잔액

※ 브론즈 고객은 2가지 기준 중 1개, 해피 고객은 평가 점수만 해당되면 해당 등급으로 선정

2. 대상 거래 및 배점

항목	기준	배점
수신	입출식 예금 직전 3개월 평균 잔액	10만 원당 7점
	거치·적립식 예금 직전 3개월 평균 잔액	10만 원당 1점
	수익증권 직전 3개월 평균 잔액	10만 원당 5점
여신	가계대출 직전 3개월간 1천만 원 이상	10점, 이후 100만 원당 1점
외환	직전 3개월 환전	$100당 2점
	직전 3개월 송금	
급여이체	3개월 누계 100만 원 이상	200만 원 미만 100점, 300만 원 미만 150점, 300만 원 이상 200점
결제계좌	신용카드 자동이체 당행 결제계좌 등록	신용카드 40점, 자동이체 건당 10점 (최대 50점 한도)
고객정보	8개 고객정보 등록 (휴대폰, 이메일, 자택 주소, 자택 전화번호, 직장명, 직장주소, 직장 전화번호, 주거유형)	정보 1개당 2점
세대등록 정보	세대주로 등록 시(단독세대주 제외)	20점
거래기간	고객 등록일 기준	1년당 5점

〈고객 A씨의 실적 정보〉

- 2001년 3월부터 2018년 5월 현재까지 거래 중
- 최근 3개월 입출식 예금 평균 잔액은 152만 원, 적립식 예금 평균 잔액은 200만 원
- 최근 3개월 연속 급여이체, 급여액은 평균 320만 원
- 5개월 전 가계대출 2,500만 원
- 신용카드 2개 결제대금 자동이체 등록
- 휴대폰번호, 이메일, 자택 주소, 직장명, 직장 주소, 직장 전화번호 등록
- 지난달 해외여행으로 $500 환전

15 A씨의 고객 등급은 무엇인가?

① 다이아몬드　　② 골드
③ 실버　　④ 브론즈

16 귀하는 고객 A씨에게 다음과 같이 고객 등급에 따른 혜택을 안내하려고 한다. 다음 중 A씨에게 혜택으로 안내할 수 있는 항목으로만 바르게 짝지은 것은?

〈W은행 고객 등급별 혜택〉

구분	다이아몬드	골드	실버	브론즈	해피
무보증 대출	최대 6천만 원	최대 3천만 원	최대 2천만 원	–	–
예금 금리 우대 (입출식·정기)	+0.15% 이내	+0.1% 이내	–	–	–
수수료 면제 및 할인	모든 수수료 면제	모든 수수료 면제	송금 수수료 면제	모든 수수료 50% 할인	–
신용카드 연회비	면제	면제	면제	–	–
외환 환전·송금 환율 우대	50%	50%	50%	30%	10%

① 환율 우대 50%, 무보증 대출 최대 6천만 원
② 예금 금리 0.1% 이내 우대, 모든 수수료 면제
③ 신용카드 연회비 면제, 예금 금리 0.1% 이내 우대
④ 환율 우대 50%, 송금 수수료 면제

17 **다음 밑줄 친 ㉠～㉣ 중 어법상 옳지 않은 것은?**

현대인은 대인 관계에 있어서 가면을 쓰고 살아간다. 물론 그것이 현대 사회를 살아가기 위한 인간의 기본적인 조건인지도 모른다. 사회학자들은 사람이 다른 사람과 교제를 ㉠ <u>할 때</u>, 상대방에 대한 자신의 인상을 관리하려는 속성이 있다는 점에 동의한다. 즉, 사람들은 대체로 남 앞에 나설 때는 가면을 쓰고 연기를 하는 배우와 같이 행동한다는 것이다.
왜 그런 상황이 발생하는 것일까? 그것은 주로 대중문화의 속성에 기인한다. 사실 20세기의 대중문화는 과거와는 다른 새로운 인간형을 탄생시키는 배경이 되었다고 말할 수 있다. 특히, 광고는 내가 다른 사람의 눈에 어떻게 보일 것인가 하는 점을 ㉡ <u>끊임없이</u> 반복하고 ㉢ <u>강조하므로써</u> 그 광고를 보는 사람들에게 조바심이나 공포감을 불러일으키기까지 한다.
그중에서도 외모와 관련된 제품의 광고는 개인의 삶의 의미가 '자신이 남에게 어떤 존재로 보이느냐.'라는 것을 ㉣ <u>쉴 새 없이</u> 주입시킨다. 역사학자들도 '연기하는 자아'의 개념이 대중문화의 부상과 함께 더욱 의미 있는 것이 되었다고 말한다. 그들은 적어도 20세기 초부터 '성공'은 무엇을 잘하고 열심히 하는 것이 아니라 '인상 관리'를 어떻게 하느냐에 달려 있다고 한다. 이렇게 자신의 일관성을 잃고 상황에 따라 적응하게 되는 현대인들은 대중매체가 퍼뜨리는 유행에 민감하게 반응하는 과정에서 자신의 취향을 형성해 가고 있다.

① ㉠
② ㉡
③ ㉢
④ ㉣

18 **체육 수업으로 인해 한 학급의 학생들이 모두 교실을 비운 사이 도난 사고가 발생했다. 담임 선생님은 체육 수업에 참여하지 않은 A～E 5명과 상담을 진행하였고, 이들은 아래와 같이 진술하였다. 이 중 2명의 학생은 거짓말을 하고 있으며, 그중 한 명의 학생이 범인이다. 다음 중 범인은 누구인가?**

- A : 저는 그 시간에 교실에 간 적이 없어요. 저는 머리가 아파 양호실에 누워있었어요.
- B : A의 말은 사실이에요. 제가 넘어져서 양호실에 갔었는데, A가 누워있는 것을 봤어요.
- C : 저는 정말 범인이 아니에요. A가 범인이에요.
- D : B의 말은 모두 거짓이에요. B는 양호실에 가지 않았어요.
- E : 사실 저는 C가 다른 학생의 가방을 열어 물건을 훔치는 것을 봤어요.

① A
② B
③ C
④ D

19 다음 중 데이터가 입력된 셀에서 [Delete] 키를 눌렀을 때의 상황으로 옳지 않은 것은?

① [홈] – [편집] – [지우기] – [내용 지우기]를 실행한 결과와 같다.
② 바로 가기 메뉴에서 [내용 지우기]를 실행한 결과와 같다.
③ 셀의 내용을 영역으로 지정한 후 [Back Space] 키를 눌러 내용을 모두 지운 결과와 같다.
④ 셀의 내용과 서식이 함께 지워진다.

20 다음은 ○○박물관의 관람정보이다. 틀린 단어는 모두 몇 개인가?(단, 띄어쓰기는 무시한다)

〈관람정보〉

■ **안내**
1. 게관시간 : 월 ~ 토, 10:00 ~ 17:00
2. 휴관일 : 매주 일요일, 공유일, 10월 1일(창사기념일), 5월 1일(근로자의 날)
3. 관람료 : 무료
4. 단체관람 : 20인 이상 단체관람은 혼선을 방지하기 위해 사전예약을 받습니다.

■ **박물관 예절**
1. 전시작품이나 전시케이스에 손대지 않습니다.
2. 음식물을 바닙하지 않습니다.
3. 안내견 이외 애완동물은 출입하지 못합니다.
4. 휴대전화는 꺼두거나 진동으로 전환합니다.
5. 전시실에서는 큰소리로 떠들지 않습니다.
6. 전시실에서는 뛰어다니지 않습니다.
7. 박물관 전시실은 금연입니다.
8. 사진촬영 시 플래시와 삼각대를 사용하지 않습니다.
9. 전시물은 소중한 문화유산이니 홰손하지 않습니다.
10. 전시실에서는 전시물을 찬찬히 살펴보고 기록합니다.

① 1개
② 2개
③ 3개
④ 4개

21 다음 설명에 해당하는 차트는 무엇인가?

- 데이터 계열이 하나만 있으므로 축이 없다.
- 차트의 조각은 사용자가 직접 분리할 수 있다.
- 차트에서 첫째 조각의 각을 '0° ~ 360°' 사이의 값을 이용하여 회전시킬 수 있다.

① 영역형 차트
② 분산형 차트
③ 꺾은선형 차트
④ 원형 차트

22 다음은 엑셀에서 표를 만들 때의 순서이다. 다음 중 옳지 않은 것은?

(가) 표로 만들 데이터를 입력한다.
(나) 셀포인터를 입력된 데이터 안에 놓는다.
(다) [삽입]에서 [표 만들기]를 누른다.
(라) 표에 사용할 데이터를 지정하여 표를 만든다.

① (가)
② (나)
③ (다)
④ (라)

23 제어판의 장치관리자 목록 중 LAN카드가 포함된 항목은?

① 디스크 드라이브
② 디스플레이 어댑터
③ 시스템 장치
④ 네트워크 어댑터

24 다음 (가) ~ (라) 문단의 주제로 적절하지 않은 것은?

(가) 우리는 최근 '사회가 많이 깨끗해졌다.'라는 말을 많이 듣는다. 실제 우리의 일상생활은 정말 많이 깨끗해졌다. 과거에 비하면 일상생활에서 뇌물이 오가는 경우가 거의 없어진 것이다. 그런데 왜 부패인식지수가 나아지기는커녕 도리어 나빠지고 있을까? 일상생활과 부패인식지수가 전혀 다른 모습을 보이는 이유는 어디에 있을까?

(나) 부패인식지수가 산출되는 과정에서 그 물음의 답을 찾을 수 있다. 부패인식지수는 국제투명성기구에서 매년 조사하여 발표하고 있는 세계적으로 가장 권위 있는 부패 지표로, 지수는 국제적인 조사 및 평가를 실시하고 있는 여러 기관의 조사 결과를 바탕으로 산출된다. 각 기관의 조사 항목과 조사 대상은 서로 다르지만, 주요 항목은 공무원의 직권 남용 억제 기능, 공무원의 공적 권력의 사적 이용, 공공서비스와 관련한 뇌물 등으로 공무원의 뇌물과 부패에 초점이 맞추어져 있다.

(다) 부패인식지수를 이해하는 데에 주목하여야 할 또 하나의 중요한 점은 부패인식지수 계산에 사용된 각 지수의 조사 대상이다. 조사에 따라 약간의 차이가 있기는 하지만 조사는 주로 해당 국가나 해당 국가와 거래하고 있는 고위 기업인과 전문가들을 대상으로 이루어진다. 일반 시민이 아닌 기업 활동에서 공직자들과 깊숙한 관계를 맺고 있어 공직자들의 행태를 누구보다 잘 알고 있을 것으로 추정되는 사람들의 의견을 대상으로 하는 것이다. 결국 부패인식지수는 고위 기업경영인과 전문가들의 공직 사회의 뇌물과 부패에 대한 평가라 할 수 있다.

(라) 그렇다면 부패인식지수를 개선하는 방법은 무엇일까? 그간 정부는 공무원행동강령, 청탁금지법, 부패방지기구 설치 등 많은 제도적인 노력을 기울여왔다. 이러한 정부의 노력에도 불구하고 정부 반부패정책은 대부분 효과가 없는 것으로 보인다. 정부 노력에 대한 일반 시민들의 시선도 차갑기만 하다. 결국 법과 제도적 장치는 우리 사회에 만연한 연줄 문화 앞에서 힘을 쓰지 못하고 있는 것으로 해석할 수 있다.

천문학적인 뇌물을 받아도 마스크를 낀 채 휠체어를 타고 교도소를 나오는 기업경영인과 공직자들의 모습을 우리는 자주 보아왔다. 이처럼 솜방망이 처벌이 반복되는 상황에서 부패는 계속될 수밖에 없다. 예상되는 비용에 비해 기대 수익이 큰 상황에서 부패는 끊어질 수 없는 것이다. 이러한 상황이 인간의 욕망을 도리어 자극하여 사람들은 연줄을 찾아 더 많은 부당이득을 노리려 할지 모른다. 연줄로 맺어지든 다른 방식으로 이루어지든 부패로 인하여 지불해야 할 비용이 크다면 부패에 대한 유인이 크게 줄어들 수 있을 것이다.

① (가) – 일상부패에 대한 인식과 부패인식지수의 상반되는 경향에 대한 의문
② (나) – 공공분야에 맞추어진 부패인식지수의 산출과정
③ (다) – 특정 계층으로 집중된 부패인식지수의 조사 대상
④ (라) – 부패인식지수의 효과적인 개선방안

25 A와 B가 C코스를 자동차로 달려 먼저 도착하는 사람이 이기는 게임을 하였다. C코스는 30m씩 3개의 커브길과 총 180m인 직선 도로로 이루어져 있다. A는 직선 도로에서 120m/분, 커브길에서는 90m/분으로 달리고, B는 직선 도로에서 180m/분으로 달렸다. A가 이겼을 때 커브길에서 B가 달린 속력의 최댓값은?(단, 이 게임에서는 속력을 정수로만 나타낸다)

① 58m/분
② 59m/분
③ 60m/분
④ 61m/분

26 다음은 미성년자(만 19세 미만)의 전자금융서비스 신규 · 변경 · 해지 신청에 필요한 서류와 관련한 자료이다. 자료를 이해한 내용으로 옳은 것은?

구분	미성년자 본인 신청(만 14세 이상)	법정대리인 신청(만 14세 미만은 필수)
신청서류	• 미성년자 실명확인증표 • 법정대리인(부모) 각각의 동의서 • 법정대리인 각각의 인감증명서 • 미성년자의 가족관계증명서 • 출금계좌통장, 통장인감(서명)	• 미성년자의 기본증명서 • 법정대리인(부모) 각각의 동의서 • 내방 법정대리인 실명확인증표 • 미내방 법정대리인 인감증명서 • 미성년자의 가족관계증명서 • 출금계좌통장, 통장인감
	※ 유의사항 ① 미성년자 실명확인증표 : 학생증(성명 · 주민등록번호 · 사진 포함), 청소년증, 주민등록증, 여권 등(단, 학생증에 주민등록번호가 포함되지 않은 경우 미성년자의 기본증명서 추가 필요) ② 전자금융서비스 이용신청을 위한 법정대리인 동의서 법정대리인 미방문 시 인감 날인(단, 한부모가정인 경우 친권자 동의서 필요 – 친권자 확인 서류 : 미성년자의 기본증명서) ③ 법정대리인이 자녀와 함께 방문한 경우 법정대리인의 실명확인증표로 인감증명서 대체 가능 ※ 법정대리인 동의서 양식은 '홈페이지 → 고객센터 → 약관 · 설명서 · 서식 → 서식자료' 중 '전자금융게시' 내용 참고	

① 만 13세인 희수가 전자금융서비스를 해지하려면 반드시 법정대리인이 신청해야 한다.
② 법정대리인이 자녀와 함께 방문하여 신청할 경우, 반드시 인감증명서가 필요하다.
③ 올해로 만 18세인 지성이가 전자금융서비스를 변경하려면 신청서류로 이름과 사진이 들어있는 학생증과 법정대리인 동의서가 필요하다.
④ 법정대리인 신청 시 동의서는 부모 중 한 명만 있으면 된다.

27 다주택자의 양도소득세 기준과 기본세율이 아래와 같을 때 3주택자가 8,000만 원짜리의 일반지역 부동산 1채를 팔려고 할 때, 지불해야 하는 세금은 얼마인가?(단, 이 부동산은 취득한 지 3년이 넘었으며, 기본세율 계산의 경우 해당 구간 누진 공제액을 적용한다. 기본세율의 연수는 취득시점을 기준으로 한다)

〈양도소득세 기준〉

3주택	조정대상지역	1년 미만	40%	中 세액 큰 것
			기본세율+10%p	
	일반지역	2년 미만	40%	(경합 없음)
		2년 이상	기본세율	

〈기본세율〉

2018년 이후 기본세율	과표	1,200만 원 이하	4,600만 원 이하	8,800만 원 이하	1.5억 원 이하	3억 원 이하
	세율	7%	12%	24%	35%	38%
	누진 공제	–	108만 원	522만 원	1,490만 원	1,940만 원

① 522만 원
② 1,121만 원
③ 1,398만 원
④ 1,920만 원

※ 다음은 임신부에게 필요한 영양제를 소개한 글이다. 이어지는 질문에 답하시오. [28~29]

1. 엽산(비타민 B9)

엽산은 태아의 신경관 발달에 필수적이다. 만약 엽산이 부족하면 뇌나 척수를 이루는 신경관 발달에 문제가 생겨 척추이분증, 무뇌증, 심장기형 등이 발생할 수 있다. 이는 임신 초기, 아니 임신 준비 기간부터 엽산 보충을 권장하는 이유이기도 하다. 태아의 신경관 형성은 수정 후 4주 이내에 완성되고, 엽산 보충 후 일정 농도에 도달하기까지 시간이 걸리기 때문에 임신 사실을 알고 난 뒤에 복용하면 엽산의 효과를 기대하기 어렵다. 그래서 엽산은 임신하기 최소 한 달 전부터 복용해야 하며, 신경관 형성 후에도 12주까지 뇌와 신경계가 빠르게 성장하는 시기이기 때문에 매일 엽산제를 복용해야 한다. 보건소에서는 임신 확인 시부터 12주 분량의 엽산을 무료로 제공한다. 하루 0.6 ~ 0.8mg의 엽산을 영양제로 별도로 섭취해야 하는 이유는 식품으로 섭취 시 요리할 때 영양이 손실되기 쉽고 흡수율도 낮기 때문이다. 또 천연 엽산제보다는 흡수율이 높은 합성 엽산제를 선택한다.

엽산제는 임신 12주까지 복용해도 되지만 임신 기간 내내 복용해도 문제가 없다. 이전에 신경관결손증이 있는 아이를 출산한 경험이 있다면 엽산 섭취량을 4 ~ 5mg까지 늘려야 한다. 엽산은 수용성이기 때문에 과잉섭취의 우려는 없으며, 식후에 복용해 음식물과 함께 흡수율을 높인다.

2. 철분

철분제는 보건소에서 임신 16주부터 분만 시까지 총 5개월분을 무료로 받을 수 있다. 임신 초기에는 일반적으로 철분 보충이 필요 없고, 또 초기부터 섭취하면 구토, 메스꺼움, 위장장애 등을 유발하여 식사 등 영양섭취를 방해할 수 있다. 태아가 급격히 성장하는 시기부터 필요한 영양인 만큼 임신 16주부터 철분제를 복용하도록 한다. 하지만 혈액 검사에서 철분 수치를 확인하고 빈혈이 있다면 임신 초기부터 철분제를 복용해야 한다. 철분제는 식후에 먹으면 철분 흡수율이 낮아지므로 공복에 먹는 것이 좋고, 철분 흡수를 돕는 비타민 C나 과일주스와 함께 먹는 것이 좋다. 철분제 복용 한 시간 전후로는 철분의 흡수를 막는 카페인, 우유, 녹차, 제산제 등은 피해야 한다.

3. 임신부 종합영양제

임신 전과 후의 필요 영양은 다를 수밖에 없다. 특히 요즘같이 기형아 출산 위험이 큰 35세 이상의 고령 임신부가 많은 현실에서는 임신부 필수 영양소인 비타민 A・B・C・D, 철분, 칼슘, 아연, 구리 등을 꼭 챙겨야 한다. 미국 하버드대학교의 한 연구결과 종합영양제를 복용하지 않은 임신부는 복용한 그룹보다 저체중아 출산 위험이 컸으며 신생아 평균 체중이 100g 정도 더 적은 것으로 나타났다.

단, 비타민 A는 태아의 성장에 필요한 영양소로 부족하면 저체중아 출산 위험이 있지만, 과량 섭취 시 태아의 기형 유발 위험이 있으므로 주의한다.

4. 비타민 D

비타민 D는 특히 우리나라 국민에게 부족한 영양소라 평소에는 물론 임신 시에도 잘 챙겨주는 것이 좋다. 비타민 D는 뼈의 주요 구성분인 칼슘과 인의 조절에 중요한 역할을 하며 그 외에도 면역 기능, 췌장 기능, 당대사 등의 다양한 기능 유지에 필수적이다.

보스턴대 의대 마이클 홀릭 박사가 평균 25세의 여성 253명을 대상으로 조사한 결과 비타민 D가 부족한 임신부는 이를 충분히 섭취한 임신부보다 제왕절개 출산율이 4배나 높은 것으로 나타났다. 비타민 D가 자연 분만 시 중요한 역할을 하는 질 근육의 기능 활성화에 영향을 미치는 것으로 보인다고 연구팀은 설명했다.

비타민 D는 식후에 섭취해야 다른 음식물과 함께 흡수율이 가장 높아지므로 식사량이 가장 많을 때 먹도록 한다.

5. 오메가-3

식품으로 섭취해야 하는 필수영양소인 오메가-3는 특히 태아의 두뇌발달에 관심이 많은 임신부에게 필수 영양제로 꼽힌다. 오메가-3 속 DHA 성분이 태아의 두뇌, 신경, 시각 발달에 중요한 역할을 하기 때문이다. 연구결과에 따르면, 오메가-3를 충분히 섭취한 임신부는 그렇지 않은 임신부에 비해 조산율이 낮고, 아기의 체중・뇌・눈 건강이 더 양호한 것으로 확인됐다.

오메가-3는 태아에게 좋은 영향을 주지만, 수은중독의 위험을 감수해야 한다. 수은중독 예방 가이드라인에 따라 상어, 황새치, 옥돔 등 먹이 사슬의 상부에 있는 어종은 피하고, 캔으로 된 참치는 일주일에 340g 또는 2번 이내, 그 외 참치는 170g 이내로 섭취를 제한해야 한다고 권고했다. 또 2012년 미국 소아과학회와 미국 산부인과학회는 어류가 얼마나 수은에 오염되었는지 확실하지 않으면 주당 170g 이내로 제한할 것을 권고했다고 덧붙였다.

한편, 용량 차이는 있겠지만 일반적으로 오메가-3는 지혈작용을 방해할 수 있으므로 수술 한 달 전에는 금기시된다.

6. 유산균(프로바이오틱스)

유산균은 장 속 유해균의 성장을 억제하고 유익균의 생장을 도와 장 건강에 도움을 준다. 특히 배변 활동을 원활하게 해 임신 시 잘 생기는 변비를 관리하는 데도 효과적이다. 또 면역력이 떨어지고 호르몬 균형이 깨지기 쉬운 임신 기간에 면역기능을 좋게 하고 요도염, 질염 등을 예방・관리하는 데도 도움이 된다. 게다가 자연분만 시 산도를 통해 나오는 태아가 모체의 유익균에 그대로 노출되기 때문에 아이에게도 유익균을 물려줄 수 있다.

대표적인 유산균으로는 소장에서 작용하는 락토바실러스, 대장에서 작용하는 비피도박테리움, 질 내에서 작용하는 락토바실러스 람노수스, 락토바실러스 루테리 등이 있다.

유산균은 공복에 먹는 것이 좋으며, 유산균을 너무 많이 섭취하면 오히려 영양을 빼앗길 수 있고, 설사나 변비, 복부팽만 등을 겪을 수 있으므로 주의한다.

28 임신부 S씨가 이 글을 읽고 이해한 것으로 옳지 않은 것은?

① 보건소에서 무료로 받을 수 있는 영양제는 엽산 12주분, 철분 5개월분이다.
② 철분제를 먹기 한 시간 전・후로 카페인, 우유, 녹차, 제산제 등은 먹지 말아야 한다.
③ 비타민 D가 부족할 경우 제왕절개 출산율이 높아지므로 잘 챙겨주어야 한다.
④ 엽산과 오메가-3, 유산균은 과다복용 시 위험이 있으므로 주의해야 한다.

29 임신부 S씨는 필요한 영양제를 구입하기 위해 글의 내용을 토대로 다음과 같이 메모하였다. 옳은 것은?

	구분	효능・효과	복용방법	용량
①	엽산	태아의 척추・신경관 발달	식전 복용	6 ~ 8mg
②	비타민 D	빈혈 예방	공복 복용	–
③	오메가-3	태아의 두뇌 발달	식전 복용	주당 170g 이내
④	유산균	장 내 유익균 관리	공복 복용	–

30 Y구청은 관내 도장업체 A ~ C에 청사 바닥 도장공사를 의뢰하려고 한다. 다음 관내 도장업체 정보를 보고 〈보기〉에서 옳은 것을 모두 고른 것은?

〈관내 도장업체 정보〉

업체	$1m^2$당 작업시간	시간당 비용
A	30분	10만 원
B	1시간	8만 원
C	40분	9만 원

※ 청사 바닥의 면적은 $60m^2$이다.
※ 여러 업체가 참여하는 경우, 각 참여 업체는 언제나 동시에 작업하며 업체당 작업시간은 동일하다. 이때 각 참여 업체가 작업하는 면은 겹치지 않는다.
※ 모든 업체는 시간당 비용에 비례하여 분당 비용을 받는다(예 A업체가 6분 동안 작업한 경우 1만 원을 받는다).

〈보기〉

ㄱ. 작업을 가장 빠르게 끝내기 위해서는 A업체와 C업체에만 작업을 맡겨야 한다.
ㄴ. B업체와 C업체에 작업을 맡기는 경우, 작업 완료까지 24시간이 소요된다.
ㄷ. A, B, C업체에 작업을 맡기는 경우, B업체와 C업체에 작업을 맡기는 경우보다 많은 비용이 든다.

① ㄱ
② ㄴ
③ ㄷ
④ ㄱ, ㄴ

31 ○○공사에서는 2021년을 맞아 중소기업을 대상으로 열린 강좌를 실시할 예정이다. 담당자인 G대리는 열린 강좌 소개를 위한 안내문을 작성해 A차장의 결재를 기다리는 중이다. 다음 중 안내문을 본 A차장이 할 수 있는 말로 옳지 않은 것은?

〈2021년 중소기업 대상 열린 강좌 교육 시행〉

중소기업 직원의 역량강화를 위한 무상교육을 아래와 같이 시행하오니 관심 있는 중소기업 임직원 여러분의 많은 참여 바랍니다.

1. **교육과정 및 강사**

일자	교육명	강사
12월 23일(목)	대중문화에서 배우는 경영 전략과 마케팅	E대표

2. **교육 장소** : ○○공사 본사 1층 소강당

3. **신청기간 및 신청방법**
   가. 신청기간 : 2021년 12월 13일(월) ~ 17일(금)
   나. 신청방법 : 신청서 작성 후 E-mail(SDgosi@korea.com) 신청

4. **기타사항** : 교육 대상 인원 선착순 선발 후 안내 메일 발송

5. **담당자** : ○○공사 계약팀 A대리(E-mail : SDgosi@korea.com / Tel : 061-123-1234)

① 해당 강좌가 몇 시간 동안 진행되는 지도 적어주는 것이 좋겠군.
② 강사에 대한 정보가 부족하군, 대략적인 경력사항을 첨부하도록 하게.
③ 지도를 첨부해 본사에 오는 방법에 대한 교통편을 안내하는 것이 좋을 것 같네.
④ 만약 궁금한 점이 있으면 누구에게 연락해야 하는지 담당자 연락처를 적어두게.

32 W사에서는 자사 온라인 쇼핑몰에서 제품을 구매하는 경우 구매 금액 1만 원당 이벤트에 참여할 수 있는 응모권 1장을 준다. 응모권의 개수가 많을수록 이벤트에 당첨될 확률이 높다고 할 때, 다음 중 참이 아닌 것은?

- A는 W회사의 온라인 쇼핑몰에서 85,000원을 결제하였다.
- A는 B보다 응모권을 2장 더 받았다.
- C는 B보다 응모권을 더 많이 받았으나, A보다는 적게 받았다.
- D는 W회사의 오프라인 매장에서 40,000원을 결제하였다.

① A의 이벤트 당첨 확률이 가장 높다.
② D는 이벤트에 응모할 수 없다.
③ B의 구매 금액은 6만 원 이상 7만 원 미만이다.
④ C의 응모권 개수는 정확히 알 수 없다.

33 다음은 △△보험업체에서 조사한 직업별 생명보험 가입 건수를 나타낸 통계자료이다. 다음 자료에 대한 해석으로 적절하지 않은 것은?

〈직업별 생명보험 가입 건수〉

(단위 : %)

구분	사례 수	1건	2건	3건	4건	5건	6건	7건 이상	평균
관리자	40건	1.6	30.2	14.9	25.9	3.9	8.9	14.6	4건
전문가 및 관련종사자	108건	7.3	20.1	19.5	18.3	5.3	12.6	16.9	4.3건
사무 종사자	410건	10.3	16.9	16.8	24.1	18.9	5.9	7.1	3.8건
서비스 종사자	259건	13.4	18.9	20.5	20.8	12.1	4.1	10.2	3.7건
판매 종사자	443건	10.6	22.2	14.5	18.6	12	10.7	11.4	4건
농림어업 숙련 종사자	86건	26.7	25.2	22.2	13.6	6.1	4.1	2.1	2.7건
기능원 및 관련 종사자	124건	7.3	25.6	17.1	21.3	19.4	6.2	3.1	3.5건
기계조작 및 조립 종사자	59건	11	18.3	18.2	25.4	17.6	5.4	4.1	3.7건
단순 노무 종사자	65건	26	33.8	15.4	9.3	3.5	7.2	4.8	2.8건
주부	9건	55.2	13.7	20.8	0	10.3	0	0	2건
기타	29건	19.9	39.2	6.1	15.1	6.2	5.6	7.9	3.1건

① 3건 가입한 사례 수를 비교할 때, 판매 종사자 가입 건수가 서비스 종사자 가입 건수보다 많다.
② 5건 가입한 사례 수를 비교할 때, 가입 건수가 가장 많은 직업은 사무 종사자이다.
③ 전문가 및 관련종사자와 단순 노무 종사자 모두 가입 건수를 비교할 때, 2건 가입한 사례 수가 가장 많다.
④ 6건 가입한 사례 수를 비교할 때, 서비스 종사자 가입 건수가 기능원 및 관련 종사자 가입 건수보다 적다.

34 다음 제시된 단락을 읽고 이어질 단락을 논리적 순서대로 알맞게 배열한 것은?

둘 이상의 기업이 자본과 조직 등을 합하여 경제적으로 단일한 지배 체제를 형성하는 것을 '기업 결합'이라고 한다. 기업은 이를 통해 효율성 증대나 비용 절감, 국제 경쟁력 강화와 같은 긍정적 효과들을 기대할 수 있다. 하지만 기업이 속한 사회에는 간혹 역기능이 나타나기도 하는데, 시장의 경쟁을 제한하거나 소비자의 이익을 침해하는 경우가 그러하다. 가령, 시장 점유율이 각각 30%와 40%인 경쟁 기업들이 결합하여 70%의 점유율을 갖게 될 경우, 경쟁이 제한되어 지위를 남용하거나 부당하게 가격을 인상할 수 있는 것이다. 이 때문에 정부는 기업 결합의 취지와 순기능을 보호하는 한편, 시장과 소비자에게 끼칠 폐해를 가려내어 이를 차단하기 위한 법적 조치들을 강구하고 있다. 하지만 기업 결합의 위법성을 섣불리 판단해서는 안 되므로 여러 단계의 심사 과정을 거치도록 하고 있다.

(A) 문제는 어떻게 시장을 확정할 것인지인데, 대개는 한 상품의 가격이 오른다고 가정할 때 소비자들이 이에 얼마나 민감하게 반응하며 다른 상품으로 옮겨 가는지를 기준으로 한다.

(B) 반면에 결합이 성립된다면 정부는 그것이 영향을 줄 시장의 범위를 확정함으로써, 그 결합이 동일 시장 내 경쟁자 간에 이루어진 수평결합인지, 거래 단계를 달리하는 기업 간의 수직 결합인지, 이 두 결합 형태가 아니면서 특별한 관련이 없는 기업 간의 혼합 결합인지를 규명하게 된다.

(C) 이 심사는 기업 결합의 성립 여부를 확인하는 것부터 시작한다. 여기서는 해당 기업 간에 단일 지배 관계가 형성되었는지가 관건이다.

(D) 그 민감도가 높을수록 그 상품들은 서로에 대해 대체재, 즉 소비자에게 같은 효용을 줄 수 있는 상품에 가까워진다. 이 경우 생산자들이 동일 시장 내의 경쟁자일 가능성도 커진다.

(E) 예컨대 주식 취득을 통한 결합의 경우, 취득 기업이 피취득 기업을 경제적으로 지배할 정도의 지분을 확보하지 못하면, 결합의 성립이 인정되지 않고 심사도 종료된다.

이런 분석에 따라 시장의 범위가 정해지면, 그 결합이 시장의 경쟁을 제한하는지를 판단하게 된다. 하지만 설령 그럴 우려가 있는 것으로 판명되더라도 곧바로 위법으로 보지는 않는다. 정부가 당사자들에게 결합의 장점이나 불가피성에 관해 항변할 기회를 부여하여 그 타당성을 검토한 후에, 비로소 시정조치 부과 여부를 최종 결정하게 된다.

① (C) – (E) – (B) – (A) – (D)
② (A) – (D) – (B) – (C) – (E)
③ (C) – (D) – (C) – (B) – (A)
④ (A) – (C) – (B) – (E) – (D)

※ 다음은 2016년부터 2020년까지 ○○공사의 차량기지 견학 안전체험 현황이다. 다음 자료를 읽고 이어지는 질문에 답하시오. [35~36]

〈차량기지 견학 안전체험 건수 및 인원 현황〉

(단위 : 건, 명)

구분	2016년		2017년		2018년		2019년		2020년		합계	
	건수	인원	건수	인원	건수	인원	건수	인원	건수	인원	건수	인원
고덕	24	611	36	897	33	633	21	436	17	321	131	2,898
도봉	30	644	31	761	24	432	28	566	25	336	138	2,739
방화	64	1,009	(ㄴ)	978	51	978	(ㄹ)	404	29	525	246	3,894
신내	49	692	49	512	31	388	17	180	25	385	171	2,157
천왕	68	(ㄱ)	25	603	32	642	30	566	29	529	184	3,206
모란	37	766	27	643	31	561	20	338	22	312	137	2,620
합계	272	4,588	241	4,394	(ㄷ)	3,634	145	2,490	147	2,408	1,007	17,514

35 다음 중 빈칸 안에 들어갈 수치들이 바르게 연결된 것은?

① ㄱ - 846
② ㄴ - 75
③ ㄷ - 213
④ ㄹ - 29

36 다음 〈보기〉 중 차량기지 견학 안전체험 현황에 대한 설명으로 옳은 것을 모두 고른 것은?

〈보기〉

ㄱ. 방화 차량기지 견학 안전체험 건수는 2017년부터 2020년까지 전년 대비 매년 감소하였다.
ㄴ. 2018년 고덕 차량기지의 안전체험 건수 대비 인원수는 도봉 차량기지의 안전체험 건수 대비 인원수보다 크다.
ㄷ. 2017년부터 2019년까지 고덕 차량기지의 안전체험 건수의 증감추이는 인원수의 증감추이와 동일하다.
ㄹ. 신내 차량기지의 안전체험 인원수는 2020년에 2016년 대비 50% 이상 감소하였다.

① ㄱ, ㄴ
② ㄱ, ㄷ
③ ㄴ, ㄷ
④ ㄷ, ㄹ

37 다음 중 밑줄 친 ㉠의 의미와 가장 유사한 것은?

> 흔히 말하는 결단이란 용기라든가 과단성을 전제로 한다. 거센 세상을 살아가노라면 때로는 중대한 고비가 나타난다. 그럴 때 과감하게 발 벗고 나서서 자신을 ㉠ 던질 수 있는 용기를 통해 결단이 이루어질 수 있을 것이다. 그럼에도 내 자신은 사람됨이 전혀 그렇지 못하다.

① 승리의 여신이 우리 선수들에게 미소를 던졌다.
② 그는 유능한 기사였지만 결국 돌을 던지고 말았다.
③ 최동원은 직구 위주의 강속구를 던지는 정통파 투수였다.
④ 물론 인간은 이따금 어떤 추상적인 사상이나 이념에 일생을 던져 몰입하는 수가 있지.

38 다음 중 제시된 분석결과에 가장 적절한 전략인 것은?

SWOT는 Strength(강점), Weakness(약점), Opportunity(기회), Threat(위협)의 머리글자를 따서 만든 단어로 경영 전략을 세우는 방법론이다. SWOT로 도출된 조직의 내・외부 환경을 분석하고, 이 결과를 통해 대응전략을 구상하는 분석방법론이다.
'SO(강점 – 기회)전략'은 기회를 활용하기 위해 강점을 사용하는 전략이고, 'WO(약점 – 기회)전략'은 약점을 보완 또는 극복하여 시장의 기회를 활용하는 전략이다. 'ST(강점 – 위협)전략'은 위협을 피하기 위해 강점을 활용하는 방법이며 'WT(약점 – 위협)전략'은 위협요인을 피하기 위해 약점을 보완하는 전략이다.

내부 / 외부	강점(Strength)	약점(Weakness)
기회(Opportunity)	SO(강점 – 기회)전략	WO(약점 – 기회)전략
위협(Threat)	ST(강점 – 위협)전략	WT(약점 – 위협)전략

〈S유기농 수제버거 전문점 환경 분석 결과〉

SWOT	환경 분석
강점(Strength)	• 주변 외식업 상권 내 독창적 아이템 • 커스터마이징 고객 주문 서비스 • 주문 즉시 조리 시작
약점(Weakness)	• 높은 재료 단가로 인한 비싼 상품 가격 • 대기업 버거 회사에 비해 긴 조리 과정
기회(Opportunity)	• 웰빙을 추구하는 소비 행태 확산 • 치즈 제품을 선호하는 여성들의 니즈 반영
위협(Threat)	제품 특성상 테이크 아웃 및 배달 서비스 불가

① SO전략 : 주변 상권의 프랜차이즈 샌드위치 전문업체의 제품을 벤치마킹해 샌드위치도 함께 판매한다.
② WO전략 : 유기농 채소와 유기농이 아닌 채소를 함께 사용하여 단가를 낮추고 가격을 내린다.
③ ST전략 : 테이크 아웃이 가능하도록 버거의 사이즈를 조금 줄이고 사이드 메뉴를 서비스로 제공한다.
④ WT전략 : 조리과정을 단축시키기 위해 커스터마이징 형식의 고객 주문 서비스 방식을 없애고, 미리 제작해놓은 버거를 배달 제품으로 판매한다.

39 **다음 중 인터넷을 이용한 전자 우편에 관한 설명으로 옳지 않은 것은?**

① 기본적으로 8비트의 유니코드를 사용하여 메시지를 전달한다.
② 전자 우편 주소는 '사용자ID@호스트 주소'의 형식으로 이루어진다.
③ SMTP, POP3, MIME 등의 프로토콜을 사용한다.
④ 보내기, 회신, 첨부, 전달, 답장 등의 기능이 있다.

40 **다음 글을 통해서 알 수 있는 사실이 아닌 것은?**

형태소는 의미를 가지는 언어 단위 중 가장 작은 단위이다. 여기서 '가장 작다.'라는 말은 더 이상 쪼개면 그 의미가 없어지는, 따라서 더는 쪼갤 수 없는 크기라는 뜻이다. 그리고 '의미를 가지는 단위'라고 할 때의 '의미'에는 어떤 문법적 기능을 수행하는가 하는 문법적 의미까지도 포함된다.

형태소에는 독립적으로 단어가 될 수 있는 자립형태소가 있지만, 반드시 다른 형태소와 결합해야만 단어가 되는 의존형태소도 있다. 즉, '흙', '나무' 등은 독립적으로 단어가 될 수 있는 형태소이지만, '읽어라'의 '읽-'은 '읽으니, 읽고, 읽게'처럼 반드시 다른 형태소와 결합해야만 문장에 쓰일 수도 있고 단어 행세도 할 수 있는 형태소이다.

그래서 단어는 대체로 자립 형식이어야 한다는 제약을 받는다. 자립 형식이란 다른 요소와의 결합 없이 문장에 나타날 수 있는 언어 형식을 가리킨다. 단어는 자립형태소와 비슷하지만 '의미를 가지는 최소 단위'라는 제약을 받지 않기 때문에 자립 형식 중에서 가장 작은 단위가 된다. 흔히 단어를 최소의 자립 형식이라고 말하는 것도 이 때문이다.

그러나 최소의 자립 형식이라는 조건만으로 단어를 다 규정짓기는 어렵다. 어떤 언어 형식이 단어인가 아닌가를 판별하는 일은 그리 단순하지 않다. 학자에 따라서는 어절을 단어로 보기도 하며 더 분석된 단위를 단어로 취급하기도 한다.

예를 들면, 주시경 등의 초기 문법가들은 '철수가 책을 읽었다.'를 '철수, 가, 책, 을, 읽, 었다'의 여섯 개의 단어로 짜인 것으로 보았지만, 최현배 등 한글맞춤법 제정에 참여하였던 학자들은 '철수, 가, 책, 을, 읽었다'의 다섯으로 보았다. '-었-'과 같은 의존형태소가 '읽-'과 같이 자립성이 없는 말에 붙을 때에는 단어로 보지 않은 것이다. 그리고 이숭녕 등의 역사 문법가들은 '철수가, 책을, 읽었다'의 셋으로 나누었다. 역사 문법가들은 의존형태소인 '가, 를'을 단어로 인정하지 않았지만, 주시경이나 최현배 등의 학자들은 단어로 인정한 것이다. '가, 를'이 '읽었다'에서의 '-었다'처럼 실질형태소에 붙는다는 점에 근거한다면 단어의 자격이 없다고 하겠으나 결합 대상인 실질형태소의 특성이 다르다는 점을 중시하여 단어로 처리한 것이다. 곧 '가, 를'이 붙는 말은 자립형태소인데 반하여, '-었다'가 붙는 말은 의존형태소이다. '읽-'은 '-었다'와 결합해야만 자립성을 발휘할 수 있으나, '철수, 책'은 그 자체로도 자립성이 있다. 따라서 '가, 를'은 의존형태소이지만, 앞의 말과 쉽게 분리될 수 있다.

이러한 분리성은 '가, 를' 앞에 다른 단어가 개입될 수 있다는 점에 의해서도 분명해진다. '철수가 책만을 읽었다.'의 예에서 볼 수 있듯이 '책'과 '을' 사이에 다른 단어인 '만'이 들어갈 수 있다. 즉, '책'과 '을'은 분리성을 가진다. 하지만 '책상'과 같은 경우는 '책'과 '상' 사이에 다른 단어가 들어갈 수 없다. 단어는 그 내부에 다른 단어가 들어갈 수 있는 분리성을 갖지 않는다. 그러므로 단어는 그 내부에서는 분리성이 없지만 다른 단어와의 경계에서는 분리성이 있는 언어 형식이라고 말할 수 있다.

① 실질형태소는 모두 자립성을 지닌다.
② 단어는 그 자체 내에서는 분리성이 없다.
③ 자립형태소는 단독으로 단어가 될 수 있다.
④ 형태소는 의미를 지닌 최소의 언어 단위이다.

41 다음은 오피스텔 분양보증상품에 대한 자료이다. 대지비 부분 보증금액과 건축비 부분 보증금액이 모두 동일하게 10억 원인 경우, 신용등급별로 내는 보증료의 최댓값과 최솟값의 차이는 얼마인가?(단, 보증서 발급일부터 분양광고 안에 기재된 입주예정월의 다음 달 말일까지의 해당일수는 365일이라고 가정한다)

〈오피스텔 분양보증상품〉

■ 보증료=(대지비 부분 보증료)+(건축비 부분 보증료)

1. 대지비 부분 보증료(연 0.138%)=(대지비 부분 보증금액)×(대지비 부분 보증료율)×{(보증서 발급일부터 분양광고 안에 기재된 입주예정월의 다음 달 말일까지의 해당일수)/365}
2. 건축비 부분 보증료(연 0.158%~0.469%)=(건축비 부분 보증금액)×(건축비 부분 보증료율)×{(보증서 발급일부터 분양광고 안에 기재된 입주예정월의 다음 달 말일까지의 해당일수)/365}

〈신용평가등급별 보증료율〉

구분	대지비 부분	건축비 부분				
		1등급	2등급	3등급	4등급	5등급
AAA	0.138%	0.158%	0.163%	0.170%	0.180%	0.196%
AA		0.158%	0.163%	0.170%	0.180%	0.196%
A$^+$		0.171%	0.183%	0.190%	0.200%	0.208%
A$^-$		0.191%	0.199%	0.204%	0.214%	0.231%
BBB$^+$		0.191%	0.199%	0.204%	0.214%	0.231%
BBB$^-$		0.205%	0.219%	0.225%	0.236%	0.266%
BB$^+$		0.224%	0.244%	0.261%	0.277%	0.296%
BB$^-$		0.224%	0.244%	0.261%	0.277%	0.296%
B$^+$		0.224%	0.244%	0.261%	0.277%	0.296%
B$^-$		0.224%	0.244%	0.261%	0.277%	0.296%
CCC$^+$		0.224%	0.244%	0.261%	0.277%	0.296%
CCC$^-$		0.224%	0.244%	0.261%	0.277%	0.296%
CC		0.224%	0.244%	0.261%	0.277%	0.296%
C		0.357%	0.377%	0.408%	0.437%	0.468%
D		0.357%	0.377%	0.408%	0.437%	0.468%

① 300만 원
② 310만 원
③ 330만 원
④ 350만 원

42 다음과 같이 판매실적을 구하기 위해 [A7] 셀에 수식 「=SUMIFS(D2:D6,A2:A6,"연필",B2:B6,"서울")」을 입력했을 때, 그 결괏값으로 옳은 것은?

	A	B	C	D
2	연필	경기	150	100
3	볼펜	서울	150	200
4	연필	서울	300	300
5	볼펜	경기	300	400
6	연필	서울	300	200
7	=SUMIFS(D			

① 100
② 600
③ 500
④ 750

43 다음 중 엑셀의 하이퍼링크에 대한 설명으로 옳지 않은 것은?

① 다른 통합 문서에 있는 특정 시트의 특정 셀로 하이퍼링크를 지정할 수 있다.
② 셀의 값이나 그래픽 개체에 다른 파일 또는 웹 페이지로 연결되게 하는 기능이다.
③ 단추에는 하이퍼링크를 지정할 수 있지만, 도형에는 지정할 수 없다.
④ 특정 웹사이트로 하이퍼링크를 지정할 수 있다.

44 최근 한 동물연구소에서 기존의 동물 분류 체계를 대체할 새로운 분류군과 분류의 기준을 마련하여 발표하였다. 다음을 토대로 판단할 때, 반드시 거짓인 진술은?

1. 이 분류 체계는 다음과 같은 세 가지 분류의 기준을 적용한다.
   (가) 날 수 있는 동물인가, 그렇지 않은가?(날 수 있는가는 정상적인 능력을 갖춘 성체를 기준으로 한다)
   (나) 벌레를 먹고 사는가, 그렇지 않은가?
   (다) 장(腸) 안에 프리모넬라가 서식하는가?(이 경우 '프리모'라 부른다) 아니면 세콘데렐라가 서식하는가?(이 경우 '세콘도'라 부른다) 둘 중 어느 것도 서식하지 않는가?(이 경우 '눌로'라고 부른다) 혹은 둘 다 서식하는가?(이 경우 '옴니오'라고 부른다)
2. 벌레를 먹고 사는 동물의 장 안에 세콘데렐라는 도저히 살 수가 없다.
3. 날 수 있는 동물은 예외 없이 벌레를 먹고 산다. 그러나 그 역은 성립하지 않는다.
4. 벌레를 먹지 않는 동물 가운데 눌로에 속하는 것은 없다.

① 날 수 있는 동물 가운데는 세콘도가 없다.
② 동고비새는 날 수 있는 동물이므로 옴니오에 속한다.
③ 벌쥐가 만일 날 수 있는 동물이라면 그것은 프리모이다.
④ 플라나리아는 날지 못하고 벌레를 먹지도 않으므로 세콘도이다.

45 다음 글을 읽고 C사원이 해야 할 업무 순서로 옳은 것은?

> 상사 : 벌써 2시 50분이네, 3시에 팀장회의가 있어서 지금 업무지시를 할게요. 업무보고는 내일 9시 30분에 받을게요. 업무보고 전 아침에 회의실과 마이크 체크를 한 내용을 업무보고에 반영해 주세요. 내일 있을 3시 팀장회의도 차질 없이 준비해야 합니다. 아, 그리고 오늘 P사원이 아파서 조퇴했으니 P사원 업무도 부탁할게요. 간단한 겁니다. 사업 브로슈어에 사장님의 개회사를 추가하는 건데, 브로슈어 인쇄는 2시간밖에 걸리지 않지만 인쇄소가 오전 10시부터 6시까지 하니 비서실에 방문해 파일을 미리 받아 늦지 않게 인쇄소에 넘겨주세요. 비서실은 본관 15층에 있으니 가는 데 15분 정도 걸릴 거예요. 브로슈어는 다음날 오전 10시까지 준비되어야 하는 거 알죠? 팀장회의에 사용할 케이터링 서비스는 매번 시키는 D업체로 예약해 주세요. 24시간 전에는 예약해야 하니 서둘러 주세요.

〈보기〉

(A) 비서실 방문	(B) 회의실, 마이크 체크
(C) 케이터링 서비스 예약	(D) 인쇄소 방문
(E) 업무보고	

① (A) – (C) – (D) – (B) – (E)
② (C) – (A) – (D) – (B) – (E)
③ (B) – (A) – (D) – (E) – (C)
④ (C) – (B) – (A) – (D) – (E)

46 다음 글을 읽고 빈칸에 들어갈 말로 가장 적절한 것은?

조선 시대의 금속활자는 제작 방법이나 비용의 문제로 민간에서 제작하기도 어려웠지만, 그의 제작 및 소유를 금지하였다. 때문에 금속활자는 왕실의 위엄과 권위를 상징하는 것이었고 조선의 왕들은 금속활자 제작에 각별한 관심을 가졌다. 태종이 1403년 최초의 금속활자인 계미자(癸未字)를 주조한 것을 시작으로 조선은 왕의 주도하에 수십 차례에 걸쳐 활자를 제작하였고, 특히 정조는 금속활자 제작에 많은 공을 들였다. 세손 시절 영조에게 건의하여 임진자(壬辰字) 15만 자를 제작하였고, 즉위 후에도 정유자(丁酉字), 한구자(韓構字), 생생자(生生字) 등을 만들었으며 이들 활자를 합하면 100만 자가 넘는다. 정조가 많은 활자를 만들고 관리하는 데 신경을 쓴 것 역시 권위와 관련이 있다. 정조가 만든 수많은 활자 중에서도 정리자(整理字)는 이러한 측면을 가장 잘 보여주는 활자라 할 수 있다. 정리(整理)라는 말은 조선시대에 국왕이 바깥으로 행차할 때 호조에서 국왕이 머물 행궁을 정돈하고 수리해서 새롭게 만드는 일을 의미한다. 1795년 정조는 어머니인 혜경궁 홍씨의 회갑을 기념하기 위해 대대적인 화성 행차를 계획하였다. 행사를 마친 후 행사와 관련된 여러 사항을 기록한 의궤를 『원행을묘정리의궤(園幸乙卯整理儀軌)』라 이름하였고, 이를 인쇄하기 위해 제작한 활자가 바로 정리자이다. 왕실의 행사를 기록한 의궤를 금속활자로 간행했다는 것은 그만큼 이 책을 널리 보급하겠다는 뜻이며, 왕실의 위엄을 널리 알리겠다는 것으로 받아들여진다. 이후 정리자는 『화성성역의궤(華城城役儀軌)』, 『진작의궤(進爵儀軌)』, 『진찬의궤(進饌儀軌)』의 간행에 사용되어 왕실의 위엄과 권위를 널리 알리는 효과를 발휘하였다. 정리자가 주조된 이후에도 고종 이전에는 과거합격자를 기록한 『사마방목(司馬榜目)』을 대부분 임진자로 간행하였는데, 화성 행차가 있었던 을묘년 식년시의 방목만은 유독 정리자로 간행하였다. 이 역시 화성 행차의 의미를 부각하고자 했던 것으로 생각된다. 정조가 세상을 떠난 후 출간된 그의 문집 『홍재전서(弘齋全書)』를 정리자로 간행한 것은 아마도 이 활자가 (   )

① 정조를 가장 잘 나타내기 때문이 아닐까?
② 정조가 가장 중시하고 분신처럼 여겼던 활자이기 때문이 아닐까?
③ 문집 제작에 적절한 서체였기 때문이 아닐까?
④ 문집 제작에 널리 쓰였기 때문이 아닐까?

47 다음은 15 ~ 24세의 청년들을 대상으로 가장 선호하는 직장에 대해 조사한 통계자료이다. 자료를 해석한 것으로 옳지 않은 것은?

〈15 ~ 24세가 가장 선호하는 직장〉

(단위 : %)

구분		국가기관	공기업	대기업	벤처기업	외국계기업	전문직기업	중소기업	해외취업	자영업	기타
성별	남성	32.2	11.1	19.5	5	2.8	11.9	2.9	1.8	11.9	0.9
	여성	34.7	10.9	14.8	1.8	4.5	18.5	2	3.7	7.9	1.2
연령	청소년(15 ~ 18세)	35.9	8.1	18.4	4.1	3.1	17.2	2.2	2.7	7.1	1.2
	청소년(19 ~ 24세)	31.7	13.2	16	2.7	4.2	14	2.6	2.8	11.9	0.9
학력	중학교 재학	35.3	10.3	17.6	3.5	3.9	16.5	2	3.1	6.7	1.1
	고등학교 재학	35.9	7.8	18.5	4.3	3	17.5	2.1	2.8	6.8	1.3
	대학교 재학	34.3	14.4	15.9	2.3	5.4	14.6	1.9	3.8	6.5	0.9
	기타	30.4	12.1	16.1	3	3.3	13.5	3.1	2.3	15.3	0.9
가구소득	100만 원 미만	31.9	9.5	18.5	3.9	2.8	15	3	2.5	11.3	1.6
	100 ~ 200만 원 미만	32.6	10.4	19.1	3.5	3.1	14.2	2.6	2.2	11.4	0.9
	200 ~ 300만 원 미만	34.7	11.2	15.9	3.1	3.1	16.1	2.5	2.5	9.8	1.1
	300 ~ 400만 원 미만	36.5	12	15.3	3.6	4	14.5	2.1	3	8.2	0.8
	400 ~ 600만 원 미만	31.9	12	17	2.4	6.4	16.5	1.9	4.6	6.5	0.8
	600만 원 이상	29.1	11.1	15.5	2.8	6.1	18	1.7	3.5	10.5	1.7

① 가구소득이 많을수록 중소기업을 선호하는 비율은 줄어들고 있다.
② 연령을 기준으로 3번째로 선호하는 직장은 15 ~ 18세의 경우와 19 ~ 24세의 경우가 같다.
③ 국가기관은 모든 기준에서 가장 선호하는 직장임을 알 수 있다.
④ 남성과 여성 모두 국가기관에 대한 선호 비율은 공기업에 대한 선호 비율의 3배 이상이다.

48 다음 중 엑셀(Excel)의 단축키에 대한 설명으로 옳은 것은?

① Alt+F : 삽입 메뉴
② Alt+Enter : 자동합계
③ Shift+F5 : 함수 마법사
④ F12 : 다른 이름으로 저장

49 다음 중 [파일] – [페이지 설정]의 시트 탭에서 설정할 수 있는 항목이 아닌 것은?

① 인쇄 영역 설정
② 반복할 행과 열을 설정
③ 눈금선 인쇄
④ 축소·확대 배율 지정

50 <보기>를 바탕으로 다음 글의 과학자들의 연구 과정을 설명했을 때, 적절하지 않은 것은?

> 아인슈타인은 우주는 정적인 상태로 존재해야 한다는 믿음을 가지고 있었다. 그러나 수학적 지식을 바탕으로 연구한 후, 그는 우주는 정적인 것이 아니라 팽창하거나 수축하는 동적인 것이라는 결과를 얻었다. 이런 결과를 아인슈타인은 받아들일 수 없었다. 그래서 우주가 정적인 상태로 존재하는 것처럼 보이게 하는 요소를 의도적으로 그의 이론에 삽입했다.
> 그러나 허블이 우주가 팽창하고 있다는 사실을 발견하고 난 후, 아인슈타인이 의도적으로 삽입한 요소는 의미가 없어졌다. 허블은 자신의 망원경으로 우주를 관측해 은하들이 지구로부터 멀어지는 속도가 지구와 은하 사이의 거리에 비례한다는 사실을 밝혀냈다. 허블의 연구 이후 우주의 팽창을 전제로 하는 우주론들이 등장했다. 가장 폭넓은 지지를 받은 이론은 가모프와 앨퍼가 제안한 대폭발 이론이다. 그들은 150억 년 전과 200억 년 전 사이의 어느 시점에 한 점에 모여 있던 질량과 에너지가 폭발하면서 우주가 시작되었다고 주장했다. 그러나 그들의 주장은 많은 논쟁을 불러일으켰다. 대폭발 이론이 정말로 옳다면 우주배경복사*가 관찰되어야 하는데 그것을 찾을 수 없었기 때문이다. 우주배경복사는 1960년대 펜지어스와 윌슨의 관측에 의해 비로소 발견되었고 이로 인해 대폭발 이론은 널리 받아들여지게 되었다.
> 대폭발 이론이 입증되면서 과학자들은 우주가 과거에 어땠는지에 관심을 갖게 되었다. 우주의 팽창에 영향을 주는 힘은 중력이다. 중력이란 물질 사이에 서로 끌어당기는 힘이기 때문에 우주의 팽창을 방해한다. 만약 우주에 존재하는 물질의 질량이 우주의 팽창에 영향을 줄 정도로 충분히 크다면 어떻게 될까? 큰 중력에 의해 팽창 속도는 급격히 줄어들고 언젠가는 멈추었다가 다시 수축할 것이다. 과학자들은 우주의 팽창을 멈추게 하는 데 필요한 질량이 얼마인지 계산해 보았다. 그 결과 우주의 질량은 우주의 팽창을 저지할 만큼 충분하지 않다는 사실이 밝혀졌다. 그러나 최근 눈에 보이지는 않지만 우주의 질량을 증가시키는 물질이 있다는 것이 밝혀졌다. 과학자들은 이 물질을 암흑 물질이라고 불렀다. 암흑 물질이 많으면 우주 전체의 질량이 늘어나 팽창이 멈추게 될 수도 있다.
> 과학자들은 암흑 물질의 발견으로 우주의 팽창이 느려질 것이라고 추측했다. 이런 추측을 바탕으로 슈미트와 크리슈너는 초신성을 관측해 우주의 팽창 속도 변화를 연구했다. 연구 결과 놀랍게도 우주의 팽창 속도는 느려지는 것이 아니라 빨라지고 있었다. 그것은 질량에 작용하는 중력보다 더 큰 힘이 우주를 팽창시키고 있음을 뜻한다. 이것은 우주 공간이 에너지를 가지고 있다는 것을 의미한다. 과학자들은 이 에너지를 암흑 에너지라 부르기 시작했다.
> *우주배경복사 : 우주 탄생 후 최초로 우주 공간으로 자유롭게 퍼진 빛

<보기>

> 과학자들은 가설을 세우고 이를 검증하면서 이론을 정립해가지만 개인적 신념이 이론 형성에 영향을 미치기도 한다. 이론은 실험이나 관측을 통해 만들어지기도 하고, 과학자의 지식을 기반으로 하여 정립되기도 한다. 특히 지식을 기반으로 정립된 이론은 후대 과학자들의 실증적인 방법에 의해 입증되기도 하고 수정되거나 버려지기도 한다.

① 아인슈타인은 연구 결과보다 개인적 신념에 더 의지하여 이론을 정립했다.
② 허블의 실증적인 방법에 의하여 우주 팽창에 대한 아인슈타인의 이론은 무의미해졌다.
③ 가모프와 앨퍼는 허블이 망원경으로 관측한 결과를 이론으로 정립했다.
④ 슈미트와 크리슈너는 초신성 관측을 통해 가모프와 앨퍼의 이론을 수정했다.

51 다음 환율표에 따를 때, 미국 달러 대비 가치가 낮은 순서대로 나열한 것은?(단, 매매기준율은 원화로 표시되어 있다)

통화	통화명	매매기준율	송금 보낼 때	송금 받을 때	현찰 살 때 (스프레드)	현찰 팔 때 (스프레드)
USD	미국 달러	1,119.20	1,129.80	1,108.60	1,138.78 (1.75%)	1,099.62 (1.75%)
EUR	EU 유로	1,297.71	1,310.03	1,285.39	1,323.27 (1.97%)	1,272.15 (1.97%)
CNY	중국 위안	164.02	165.57	162.47	172.22 (5.00%)	155.82 (5.00%)
GBP	영국 파운드	1,442.87	1,456.57	1,429.17	1,471.29 (1.97%)	1,414.45 (1.97%)
AUD	호주 달러	830.45	838.33	822.57	846.72 (1.96%)	814.18 (1.96%)

① GBP>EUR>USD>AUD>CNY
② GBP>AUD>EUR>USD>CNY
③ GBP>EUR>USD>CNY>AUD
④ EUR>GBP>USD>CNY>AUD

52 다음은 W은행의 상품판매지침 중 일부이다. 다음 중 상품판매지침을 어기지 않은 상담 내용은?

〈상품판매지침〉

… 중략 …

• 제3조(중요내용 설명의무)
직원은 금융상품 등에 관한 중요한 사항을 금융소비자가 이해할 수 있도록 설명하여야 한다.

… 중략 …

• 제5조(권한남용 금지의 원칙)
직원은 우월적 지위를 남용하거나 금융소비자의 권익을 침해하는 행위를 하지 않아야 하며, 특히 다음 각 호의 사항은 권한의 남용에 해당되는 행위로 발생하지 않도록 주의하여야 한다.
1. 여신지원 등 은행의 서비스 제공과 관련하여 금융소비자의 의사에 반하는 다른 금융상품의 구매를 강요하는 행위
2. 대출상품 등과 관련하여 부당하거나 과도한 담보 및 보증을 요구하는 행위
3. 부당한 금품 제공 및 편의 제공을 금융소비자에게 요구하는 행위
4. 직원의 실적을 위해 금융소비자에게 가장 유리한 계약조건의 금융상품을 추천하지 않고 다른 금융상품을 추천하는 행위

• 제6조(적합성의 원칙)
1. 직원은 금융소비자에 대한 금융상품 구매 권유 시 금융소비자의 성향, 재무 상태, 금융상품에 대한 이해수준, 연령, 금융상품 구매목적, 구매경험 등에 대한 충분한 정보를 파악하여 금융소비자가 적합한 상품을 구매하도록 최선의 노력을 다한다.
2. 직원은 취약한 금융소비자(65세 이상 고령층, 은퇴자, 주부 등)에 대한 금융상품 구매 권유 시 금융상품에 대한 이해수준, 금융상품 구매목적, 구매경험 등을 파악하여 취약한 금융소비자에게 적합하다고 판단되는 상품을 권유하여야 한다.

① Q : 제가 아파트를 구입하려는데 ○○차량을 담보로 약 2천만 원 정도를 대출하고 싶어요.
A : 지금 소유하신 ○○차량으로도 담보대출 진행이 가능하긴 한데, 시일이 좀 걸릴 수 있습니다. 대신에 우선 계약을 진행하시고 아파트를 담보로 하시면 훨씬 수월하게 대출 진행이 가능합니다.
Q : 2천만 원을 대출하는데 아파트를 담보로 진행하기에는 무리가 있지 않나요?
A : 하지만 담보물의 가격이 높을수록 대출 진행이 원활하기 때문에 훨씬 편하실 겁니다.

② Q : 저는 전업주부인데 급하게 돈이 필요해서 대출상품을 좀 알아보려고 해요.
A : 그러시면 저희 상품 중 '○○ 대출' 상품이 고객님께 가장 알맞습니다. 이걸로 진행해 드릴까요?
Q : 제가 금융상품을 잘 몰라서 여러 상품에 대한 설명을 좀 듣고 싶어요.
A : '○○ 대출' 상품이 그 어떤 상품보다 고객님께 유리하기 때문에 권해드리는 거예요.

③ Q : 제가 여러 상품을 종합적으로 판단했을 때, '□□ 적금'으로 목돈을 모아보려고 하는데 바로 신청이 되나요?
A : 고객님, 그 상품은 이율이 조금 떨어지는데 왜 그 상품을 가입하려고 하세요? '△△ 적금'으로 신청하는 게 유리하니까 그쪽으로 진행해 드릴게요.

④ Q : 직장에서 은퇴해서 가게를 차리려고 하는데, 대출상품에 대해 아는 게 없어서 추천을 좀 해주실 수 있나요?
A : 그럼 고객님께서는 가게를 차리기 위해서 잔금에 대한 대출이 필요하시고, 이전에 대출상품을 이용해 본 적이 없으시다는 말씀이시죠? 그렇다면 고객님의 우편주소나 전자 메일 주소를 알려주시면 대출상품과 관련된 안내서와 추천 상품을 발송해 드릴게요.

53 ○○공사는 직원들의 교양증진을 위해 사내 도서관에 도서를 추가로 구비하고자 한다. 새로 구매할 도서는 직원들을 대상으로 한 사전조사 결과를 바탕으로 선정점수를 결정한다. 다음 정보에 따라 추가로 구매할 도서를 선정할 때, 다음 중 최종 선정될 도서는?

〈후보 도서 사전조사 결과〉

도서명	저자	흥미도 점수	유익성 점수
재테크, 답은 있다	정우택	6	8
여행학개론	W. George	7	6
부장님의 서랍	김수권	6	7
IT혁명의 시작	정인성, 유오진	5	8
경제정의론	S. Collins	4	5
건강제일주의	임시학	8	5

〈조건〉

- 공사는 전 직원들을 대상으로 후보 도서들에 대한 사전조사를 하였다. 각 후보 도서들에 대한 흥미도 점수와 유익성 점수는 전 직원들이 10점 만점으로 부여한 점수의 평균값이다.
- 흥미도 점수와 유익성 점수를 3 : 2의 가중치로 합산하여 1차 점수를 산정하고, 1차 점수가 높은 후보 도서 3개를 1차 선정한다.
- 1차 선정된 후보 도서 중 해외저자의 도서는 가점 1점을 부여하여 2차 점수를 산정한다.
- 2차 점수가 가장 높은 2개의 도서를 최종선정한다. 만일 선정된 후보 도서들의 2차 점수가 모두 동일한 경우, 유익성 점수가 가장 낮은 후보 도서는 탈락시킨다.

① 재테크, 답은 있다 / 여행학개론
② 재테크, 답은 있다 / 건강제일주의
③ 여행학개론 / 부장님의 서랍
④ IT혁명의 시작 / 건강제일주의

54 다음 내용을 바탕으로 적절하지 않은 것은?

- A부장 : 이번 주는 회사의 단합대회가 있습니다. 모든 사원들은 참석을 할 수 있도록 해주시길 바랍니다.
- B팀장 : 원래 단합대회는 각 부서별로 일정을 조율해서 정하지 않았나요? 이번에는 왜 회의도 없이 단합대회가 갑자기 정해졌나요?
- C사원 : 다 같이 의견을 모아서 단합대회 날짜를 정했으면 좋았겠네요.
- A부장 : 이번 달은 국외 프로젝트에 참여하는 직원들이 많아서 일정을 조율하기가 힘들었습니다. 그래서 이번에는 이렇게 단합대회 날짜를 정하게 되었습니다.
- B팀장 : 그렇군요. 그렇다면 일정을 조율해 보겠습니다.

① C사원은 A부장의 의견이 마음에 들지 않는다.
② B팀장은 단합대회가 갑자기 정해진 이유를 알았다.
③ B팀장은 단합대회에 참석하지 않는다는 의사를 표시했다.
④ A부장은 자신의 의견을 근거를 가지고 설명하였다.

55 다음 글의 구조를 바르게 분석한 것은?

(가) 고전적 공리주의는 공리의 원리를 행위의 기준으로 내세움으로써 개인적 차원의 쾌락주의에서 벗어나 개인이 사회적 인간으로 살아갈 수 있는 방법을 제시해 주었다. 또한 고전적 공리주의는 절대적인 도덕 원칙에 따른 선택이 아니라 각각의 상황에서 가장 좋은 결과를 가져올 수 있는 대안을 선택하도록 했기 때문에 급속하게 변화하는 현대 사회에 효과적으로 대처할 수 있는 이론이라는 평가를 받았다. 이러한 점에서 고전적 공리주의는 오랫동안 많은 사람들에게 강한 설득력을 지닌 이론으로 자리잡을 수 있었다. 하지만 이와 함께 고전적 공리주의에 대한 비판도 여러 측면에서 제기되었다.

(나) 우선 고전적 공리주의는 도덕적 행위에 있어 인간의 내면적 동기를 소홀히 한다는 비판을 받는다. 고전적 공리주의는 행위의 결과를 도덕적 행위의 기준으로 삼음으로써, 상대적으로 도덕적 행위에 있어서 내면적 동기가 갖는 중요성을 고려하지 않기 때문이다. 그리고 고전적 공리주의에서는 쾌락의 양 또는 질을 따져 그 결과를 예측해야 하는데, 쾌락의 양과 질을 정확하게 계산하고 예측하기가 쉽지 않다는 비판도 있다. 내면적이고 주관적인 성격을 지닌 쾌락을 서로 정확하게 비교하거나 계산하는 일이 결코 쉽지 않기 때문이다.

(다) 뿐만 아니라 고전적 공리주의에서 말하는 '최대 다수의 최대 행복'이 일반인들이 지닌 도덕적 직관과 어긋날 수도 있다. 예를 들어 벤담은 '판옵티콘'이라는 교도소와 '자선 회사'라 불리는 집단 수용소에 대한 운영 계획을 발표한 적이 있는데, 그 내용은 다수의 선량한 사람들을 위해 소수의 범죄자나 극빈자를 한곳에 모아 효과적으로 감시하고 통제하자는 것이다. 그는 소수의 범죄자나 극빈자의 자유와 인권보다, 사회라는 공동체 전체의 쾌락을 더욱 중요시한 것이다. 이렇게 되면 죄 없는 사람에 대한 처벌, 개인의 개별성에 대한 무시 등과 같은 비도덕적인 행위가 공리의 이름으로 생겨날 수 있음을 알 수 있다.

(라) 고전적 공리주의에 대한 이러한 다양한 비판들은 여러 가지 모습을 한 현대 공리주의가 나타나는 토대가 되었다. 우선 공리의 원리를 계승하고 확장시킴으로써 새로운 윤리 사상을 전개하는 흐름을 주도한 대표적인 인물은 실천 윤리학자인 싱어이다. 그는 '이익 평등 고려의 원칙'을 제시함으로써, 인간뿐만 아니라 감각을 지닌 모든 동물에게까지 공리의 원리를 확장시킬 것을 주장하였다. 쾌락과 고통에 대한 감각을 가진 모든 개체가 쾌락을 늘리고 고통을 줄이는 방향으로 행동하는 것, 즉 이익을 추구하는 것은 개체의 기본적인 권리라는 것이다. 따라서 그는 인간뿐만 아니라 감각을 가진 동물까지도 도덕적 배려의 대상이 되어야 한다고 주장하였다.

(마) 한편 규칙 공리주의는 매 상황마다 쾌락의 양과 질을 따지고, 최대 다수의 최대 행복을 산출하는 행위를 통해 어떤 행위를 해야 하는지 개별적으로 판단하고 선택하라는 '고전적 공리주의'와는 달리 최대의 쾌락과 행복을 가져올 수 있는 일반적 규칙을 세우고 그 규칙에 따라 행동하면 된다고 보는 주장이다. 이는 주어진 상황에서 모든 행위의 결과를 계산해야 한다는 고전적 공리주의에 비해 확실히 경제적이라고 할 수 있다.

(바) 이처럼 현대 공리주의는 고전적 공리주의의 원칙을 계승하고 확장하여 인간의 기본적 행복뿐만 아니라 동물의 행복까지도 도덕적으로 고려하고자 하였다. 또한 고전적 공리주의의 한계를 극복하려는 다양한 노력을 통해 실질적인 행위 규칙을 도출해 낼 수 있는 이론적 근거를 마련하고자 하였다. 이러한 현대 공리주의의 주장은 오늘날 개인의 윤리적 판단과 사회 정책 결정에 많은 영향을 끼치고 있다.

①
- (가) ─┬ (나)
- 　　　 └ (다)
- (라) ─ (마) ─ (바)

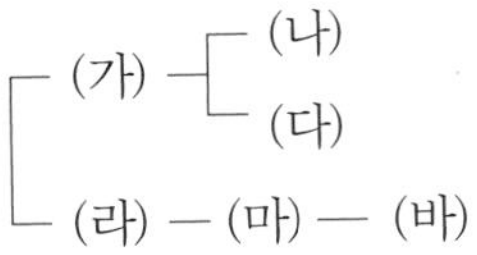

②
- (가) ─ (나) ─ (다)
- (라) ─ (마) ─ (바)

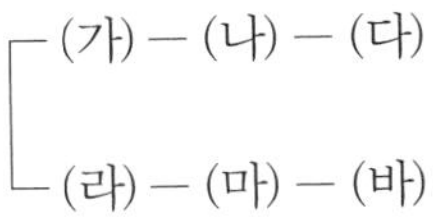

③
- (가) ─┬ (나) ┐
- 　　　 └ (다) ┴ (라)
- ┬ (마)
- └ (바)

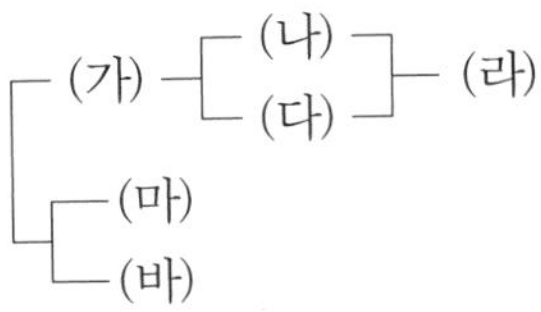

④
- (가) ─┬ (나)
- 　　　 └ (다)
- ┬ (라) ┐
- └ (마) ┴ (바)

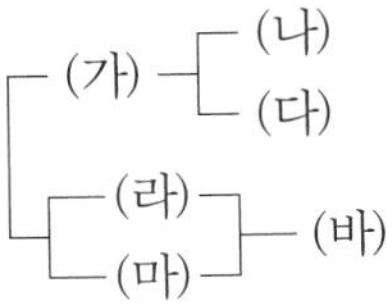

56 **다음 사례에서 ○○회사가 ㉮를 통하여 얻을 수 있는 기대효과로 적절한 것을 〈보기〉에서 모두 고른 것은?**

> ○○회사는 사원 번호, 사원명, 연락처 등의 사원 데이터 파일을 여러 부서별로 저장하여 관리하다 보니 연락처가 바뀌면 연락처가 저장되어 있는 모든 파일을 수정해야 했다.
> 또한 사원 데이터 파일에 주소 항목이 추가되는 등 파일의 구조가 변경되면 이전 파일 구조를 사용했던 모든 응용 프로그램도 수정해야 하므로 유지보수 비용이 많이 들었다. 그래서 ○○회사에서는 ㉮ 이런 문제점을 해결할 수 있는 소프트웨어를 도입하기로 결정하였다.

〈보기〉

ㄱ. 대용량 동영상 파일을 쉽게 편집할 수 있다.
ㄴ. 컴퓨터의 시동 및 주변기기의 제어를 쉽게 할 수 있다.
ㄷ. 응용 프로그램과 데이터 간의 독립성을 향상시킬 수 있다.
ㄹ. 데이터의 중복이 감소되어 일관성을 높일 수 있다.

① ㄱ, ㄷ　　② ㄱ, ㄹ
③ ㄴ, ㄷ　　④ ㄷ, ㄹ

57 A팀장은 6월부터 10월까지 매월 부산에서 열리는 세미나에 참석하기 위해 숙소를 예약해야 한다. A팀장이 다음 〈조건〉에 따라 예약사이트 M투어, H트립, S닷컴, T호텔스 중 한 곳을 통해 숙소를 예약하고자 할 때, 다음 중 A팀장이 이용할 예약사이트와 6월부터 10월까지의 총 숙박비용이 바르게 연결된 것은?

〈예약사이트별 예약 정보〉

예약사이트	가격(원/1박)	할인행사
M투어	120,500	3박 이용 시 다음 달에 30% 할인 쿠폰 1매 제공
H트립	111,000	6월부터 8월 사이 1박 이상 숙박 이용내역이 있을 시 10% 할인
S닷컴	105,500	2박 이상 연박 시 10,000원 할인
T호텔스	105,000	멤버십 가입 시 1박당 10% 할인(멤버십 가입비 20,000원)

〈조건〉

- 세미나를 위해 6월부터 10월까지 매월 1박 2일로 숙소를 예약한다.
- 숙소는 항상 ㅁㅁ호텔을 이용한다.
- A팀장은 6월부터 10월까지 총 5번의 숙박비용의 합을 최소화하고자 한다.

	예약사이트	총 숙박비용		예약사이트	총 숙박비용
①	M투어	566,350원	②	H트립	492,500원
③	H트립	532,800원	④	T호텔스	492,500원

58 다음은 국내 이민자의 경제활동인구에 대한 자료이다. 이에 대한 설명으로 옳은 것을 모두 고른 것은?

〈국내 이민자 경제활동인구〉

(단위 : 천 명, %)

구분	이민자			국내 인구수
	외국인		귀화허가자	
	남성	여성		
15세 이상 인구수	695.7	529.6	52.7	43,735
경제활동 인구수	576.1	292.6	35.6	27,828
취업자 수	560.5	273.7	33.8	26,824
실업자 수	15.6	18.8	1.8	1,003
비경제활동 인구수	119.5	237.0	17.1	15,907
경제활동 참가율	82.8	55.2	67.6	63.6

㉠ 15세 이상 국내 인구수 중 이민자가 차지하는 비율은 4% 이상이다.
㉡ 15세 이상 외국인 중 실업자의 비율이 귀화허가자 중 실업자의 비율보다 낮다.
㉢ 외국인 취업자의 수는 귀화허가자 취업자 수의 20배 이상이다.
㉣ 외국인 여성의 경제활동 참가율이 국내 인구수 중 여성의 경제활동 참가율보다 낮다.

① ㉠, ㉡　　② ㉠, ㉢
③ ㉡, ㉢　　④ ㉠, ㉢, ㉣

59 **김 팀장은 이 대리에게 다음과 같은 업무지시를 내렸고, 이 대리는 김 팀장의 업무 지시에 따라 자신의 업무 일정을 정리하였다. 다음 중 이 대리의 업무에 대한 설명으로 적절하지 않은 것은?**

> 이 대리, 오늘 월요일 정기회의 진행에 앞서 이번 주 업무에 대해서 미리 전달할게요. 먼저, 이번 주 금요일에 진행되는 회사 창립 기념일 행사 준비는 잘 되고 있나요? 행사 진행 전에 확인해야 할 사항들에 대해 체크리스트를 작성해서 수요일 오전까지 저에게 제출해 주세요. 그리고 행사가 끝난 후에는 총무팀 회식을 할 예정입니다. 이 대리가 적당한 장소를 결정하고, 목요일 퇴근 전까지 예약이 완료될 수 있도록 해 주세요. 아! 그리고 내일 오후 3시에 진행되는 신입사원 면접과 관련해서 오늘 퇴근 전까지 면접 지원자에게 다시 한 번 유선으로 참여 여부를 확인하고, 정확한 시간과 준비사항 등의 안내를 부탁할게요. 참! 지난 주 영업팀이 신청한 비품도 주문해야 합니다. 오늘 오후 2시 이전에 발주하여야 영업팀이 요청한 수요일 전에 배송 받을 수 있다는 점 기억하세요. 자, 그럼 바로 회의 진행하도록 합시다. 그리고 오늘 회의 내용은 이 대리가 작성해서 회의가 끝난 후 바로 사내 인트라넷 게시판에 공유해 주세요.

〈12월 첫째 주 업무 일정〉

㉠ 회의록 작성 및 사내 게시판 게시
㉡ 신입사원 면접 참여 여부 확인 및 관련사항 안내
㉢ 영업팀 신청 비품 주문
㉣ 회사 창립 기념일 행사 준비 관련 체크리스트 작성
㉤ 총무팀 회식 장소 예약

① 이 대리가 가장 먼저 처리해야 할 업무는 ㉠이다.
② 이 대리는 ㉡보다 ㉢을 우선 처리하는 것이 좋다.
③ ㉠, ㉡, ㉢은 월요일 내에 모두 처리해야 한다.
④ ㉤은 회사 창립 기념일 행사가 끝나기 전까지 처리해야 한다.

60 다음은 ○○공단의 임금피크제 운영규칙의 일부 내용이다. 다음 규칙의 내용과 일치하지 않는 것은?

제2조(용어의 정의) 이 지침에서 사용하는 용어의 정의는 다음과 같다.

1. '임금피크제'라 함은 일정 연령의 도달 또는 생산성 등을 고려하여 피크임금의 수준을 결정하고 이를 기준으로 임금을 조정하는 임금체계를 말한다.
2. '임금피크제 적용 직원'이라 함은 임금피크제의 적용시기에 도달하는 직원을 말한다.
3. '별도정원'이란 임금피크제 대상 직원 중 정년보장자인 1·2급 직원은 정년퇴직일 1년 전, 정년연장자인 3급 이하 직원은 정년연장기간인 정년퇴직일 3년 전 기간 동안의 인원으로 별도직무군과 초임직급군 정원을 합한 인원으로 한다.
4. '별도직무군'이란 임금피크제 대상 직원 중 기존 정원에서 제외되어 별도정원으로 관리되는 별도직무를 수행하는 직무군을 말한다.
5. '초임직급군'이란 신규채용인원 중 정원으로 편입되지 않고 별도정원으로 관리되는 직급군을 말한다.

제3조(적용범위) 임금피크제 운영에 관해 법령, 정관 및 규정에서 따로 정한 것을 제외하고는 이 지침에 따른다.

제4조(임금피크제 적용대상) 임금피크제의 적용대상은 정규직 및 무기계약 직원으로 한다. 다만, 임금피크제 적용 직전 급여 중 근로기준법상 최저임금 해당 항목의 총액이 최저임금의 150% 이하인 경우 적용을 제외한다.

제5조(적용시기) 임금피크제의 적용시기는 다음 각 호와 같이 정한다.

1. 정년퇴직예정일 3년 전부터 임금피크제를 적용한다.
2. 정년퇴직예정일이 6월 30일인 경우 3년 전 7월 1일부터, 정년퇴직예정일이 12월 31일인 경우 3년 전 1월 1일부터 임금피크제를 적용한다.

제6조(피크임금)

① 임금피크제 대상 직원의 임금 조정을 위한 피크임금은 제5조의 적용 전 1년간의 급여 총액 중 가족수당, 자녀학비보조금, 직무급(직책급 등 이와 유사항목 포함), 경영평가성과급을 제외한 금액에 별표4 피크임금 조정표 조정액을 합산한 금액을 말한다. 단 선택적 복지비는 해당 직급의 연간 한도액을 기준으로 한다.

② 제1항의 급여 총액이라 함은 보수규정 등 취업규칙에서 정한 급여 항목의 지급 총액을 말한다.

③ 임금피크제 적용 전 1년의 기간 동안 승진, 강등 등으로 직급의 변동이 있는 직원은 최종 직급의 급여 총액을 1년으로 환산하여 피크임금을 산정한다.

제7조(임금피크제 적용 임금의 산정 및 지급)

① 임금피크제 대상 직원에 대해서는 제6조에 따라 산정한 피크임금에서 연봉제시행규칙 별표9에서 정한 연차별 감액율을 적용하여 지급한다.

② 임금피크제 적용 임금에 대해서는 임금인상 시 공단에서 정한 임금 인상률을 적용하여 당해연도에 한해 지급한다.

③ 임금피크제 적용 중에는 피크임금을 초과하여 추가적인 수당 등을 지급할 수 없다.

① 정규직뿐만 아니라 무기계약 직원도 임금피크제 적용대상이 된다.
② 정년보장자인 1급 직원의 경우 정년퇴직예정일 1년 전부터 임금피크제가 적용된다.
③ 가족수당이나 자녀학비보조금은 피크임금에 포함되지 않는다.
④ 임금피크제 적용 직원은 피크임금과 별개로 추가 수당을 받을 수 있다.

61 ○○공사는 신용정보 조사를 위해 계약직 한 명을 채용하려고 한다. 지원자격이 다음과 같을 때 지원자 중 업무에 가장 적합한 사람은?

자격구분	지원자격
학력	고졸 이상
전공	제한 없음
병역	제한 없음
기타	1. 금융기관 퇴직자 중 1960년 이전 출생자로 신용부문 근무경력 10년 이상인 자 2. 검사역 경력자 및 민원처리 업무 경력자 우대 3. 채용공고일 현재(2017. 04. 14.) 퇴직일로부터 2년을 초과하지 아니한 자 4. 퇴직일로부터 최근 3년 이내 감봉 이상의 징계를 받은 사실이 없는 자 5. 신원이 확실하고 업무수행에 결격사유가 없는 자 6. 당사 채용에 결격사유가 없는 자

	성명	출생연도	근무처	입사일 / 퇴사일	비고
①	이도영	1958	Y은행 여신관리부	1988. 04. 10. ~ 2015. 08. 21.	2014. 11. 1개월 감봉 처분
②	김춘재	1959	M보험사 마케팅전략부	1990. 03. 03. ~ 2015. 07. 07.	
③	홍도경	1956	P은행 신용부서	1980. 09. 08. ~ 2015. 04. 28.	
④	최인하	1953	Z캐피탈 신용관리부	1980. 02. 15. ~ 2014. 12. 10.	

62 기능성 화장품 제조업체인 D기업은 최근 몇 년 동안 재무상황이 좋지 못하였다. 이러한 상황을 극복하고자 비용을 축소하기 위해 수년간 노력해온 중국시장 진출을 철회하기로 하였다. D기업이 철회한 이후 중국 경제의 활황으로 국산 화장품에 대한 수요가 급증하였고, 중국 시장을 함께 노려온 경쟁업체인 E기업은 성공적으로 안착할 수 있었을 뿐만 아니라 큰 수익도 얻었다. 결국 D기업은 비용을 절감한 것이 아니라 수익을 버린 결과를 초래했던 것이다. 해당 사례를 통해 D기업이 문제를 해결하는 데 미흡했던 부분은 무엇인가?

① 기대하는 결과를 정확히 명시하지 못했을 뿐만 아니라 효과적으로 달성하는 방법을 올바르게 구상하지 못했다.
② 문제를 해결하는 데 내·외부자원을 효과적으로 활용하지 못했다.
③ 문제에 대한 상식적인 수준과 편견 등을 타파하지 못해 객관적인 사실로부터 문제해결을 이끌어내지 못했다.
④ 현재 당면하고 있는 문제에만 집착한 나머지 전체적인 틀에서 문제 상황을 분석하지 못했다.

63 서울 지하철 4호선의 종착역은 오이도역과 당고개역이며, 총 47개의 역을 운행한다. 당고개행 열차 ㉮, ㉯, ㉰가 제시된 시간표대로 오이도역에서 출발한다면, 오전 5시 40분에 출발하는 오이도행 열차와 마주치는 역은 각각 몇 번째인가?

〈당고개행 열차 오이도 출발 시각〉

열차	출발시각
㉮	06:00
㉯	06:24
㉰	06:48

※ 다음 정차역까지 걸리는 시간은 모두 2분 간격이며, 정차시간은 고려하지 않는다.
※ 오이도역을 1번으로 시작하여 순번을 매긴다.

	㉮	㉯	㉰
①	21번째 역	15번째 역	9번째 역
②	19번째 역	13번째 역	7번째 역
③	17번째 역	11번째 역	5번째 역
④	14번째 역	10번째 역	4번째 역

64 다음은 '농촌 지역 환경오염 대책'에 관한 글을 쓰기 위해 작성한 개요이다. 개요를 수정·보완한 내용으로 적절하지 않은 것은?

> 서론 : 농촌 지역 환경오염의 심각성
> 본론
> Ⅰ. 농촌 지역 환경오염의 요소 ································· ㉠
> 1. 농촌 거주자들의 건강 악화
> 2. 농업 생산물의 안전성 위협
> Ⅱ. 농촌 지역 환경오염의 원인
> 1. 농촌 지역의 무분별한 개발 및 공업화
> 2. 비용해성 생활 쓰레기의 재활용 ··························· ㉡
> 3. 농약 및 화학 비료를 이용한 영농 방법의 확산
> 4. 대규모 축산 폐기물의 관리 소홀
> Ⅲ. 농촌 지역 환경오염 방지를 위한 방안 ······················· ㉢
> 1. 농약 및 화학 비료 사용의 자제 촉구
> 2. 축산물 유통 구조의 개선 ·································· ㉣
> 결론 : 농촌 지역 환경오염 방지를 위한 노력 촉구

① ㉠은 하위 항목의 내용을 고려하여 '농촌 지역 환경오염의 문제점'으로 고친다.
② ㉡은 상위 항목과의 연관성을 고려하여 '본론 – Ⅰ'의 하위 항목으로 옮긴다.
③ ㉢에는 '본론 – Ⅱ – 1'의 내용을 고려하여 '농촌의 특성에 맞는 친환경적인 환경 조성'을 하위 항목으로 추가한다.
④ ㉣은 '본론 – Ⅱ – 4'의 내용을 고려하여 '축산 폐기물 처리에 대한 관리·감독 강화'로 바꾼다.

※ A씨는 5월 전기요금 고지서를 받고 깜짝 놀랐다. 전월과 전력량은 얼마 차이가 나지 않는데 전기료는 눈덩이처럼 불어났기 때문이다. 다음 A씨의 전기요금 고지서를 보고 이어지는 질문에 답하시오. [65~66]

〈전기요금 고지서〉

청구내역		고객사항	
기본요금		계약종별	
전력량요금		검침일	
복지할인	4,500원	계량기 번호	8976543
자동납부할인		계약전력	
인터넷할인		가구 수	
모바일할인		TV 대수	
전기요금계			
부가가치세			
연체료			
전력기금			
가산금			
미납요금			
TV 수신료	2,500원		
계량기 지침 비교		사용량 비교	
당월지침	5,960	당월	410kWh
전월지침	5,550	전월	398kWh
사용량	410kWh	전년 동월	350kWh

※ 주택용전력 저압(주거용) 전기요금 : (요금합계)+[부가가치세(요금합계의 10%)]+[전력산업기반기금(요금합계의 3.7%)]
※ 요금합계는 기본요금과 전력량요금의 합으로 계산된다.
※ 국고금단수법에 의해 모든 금액의 10원 미만은 절사한다.
※ 자동납부 시 전기요금의 2%를 할인받는다.
※ 이메일 청구서 신청 시 200원을 할인받는다.

65 전기요금을 절약할 수 있는 방안으로 옳지 않은 것은?

① 자동납부를 신청해 전기요금의 2%를 할인받는다.
② 청구서를 이메일로 받으면 매달 200원을 할인받을 수 있다.
③ TV 셋톱박스의 전원을 끈다.
④ 대기전력을 모아서 쓰기 위해 콘센트를 계속 꽂아둔다.

66 A씨의 5월달 전기요금은 얼마인가?

기본요금(원/호)		전력량요금(원/kWh)	
100kWh 이하 사용	410	처음 100kWh까지	60.7
101 ~ 200kWh 사용	910	다음 100kWh까지	125.9
201 ~ 300kWh 사용	1,600	다음 100kWh까지	187.9
301 ~ 400kWh 사용	3,850	다음 100kWh까지	280.6
401 ~ 500kWh 사용	7,300	다음 100kWh까지	417.7
500kWh 초과 사용	12,940	500kWh 초과	709.5

① 72,487원
② 79,735원
③ 84,590원
④ 85,510원

67 다음 글과 가장 관련 있는 한자성어는?

복잡한 주택청약제도 때문에 예비 청약자들의 고민이 많아지고 있다. 청약을 신청하려면 여러 가지의 자격요건과 조건을 함께 따져봐야 하므로 며칠 동안 머리를 싸매야 한다. 천신만고 끝에 청약 관문을 통과했더라도 계약 과정에서 자칫 부적격·부정 당첨자로 몰려 당첨이 취소되기도 하고 심지어 재당첨 제한이라는 옐로카드를 받기도 한다.
그렇다면 왜 이런 일이 발생할까? '실수요자 우선 공급'이라는 청약제도의 취지에 투기 근절 처방이 덧붙여졌기 때문이다. 신혼부부 등 각종 우선 공급 조건에 무주택 기간과 자녀 수 등의 투기 근절 청약가점까지 청약자들이 따져봐야 할 것은 한둘이 아니다. 국토교통부 홈페이지 게시판의 청약 관련 자료가 무려 129쪽에 달한다는 사실이 이를 잘 보여준다. 청약제도는 1978년 도입된 후 40년간 138차례나 바뀌었다. 한 해에 평균 3번꼴이다. 이번 정부에서도 1년 반 동안 11번이나 바뀌었다. 정책관련자도 헷갈릴 만한 수준이다.
청약제도가 워낙 복잡하다 보니 자격과 조건을 제대로 이해하지 못한 채 청약에 나서 당첨됐다가 부적격·부정 당첨자로 몰려 당첨취소 등의 불이익을 받는 선의의 피해자가 속출한다. 지난해 기준 부적격 당첨자는 9.4%로, 당첨자 열 명 중 한 명은 복잡한 청약제도의 함정에 빠진 것이다.

① 연목구어
② 조변석개
③ 교언영색
④ 진퇴유곡

68 다음은 W은행의 계좌번호 생성 방법이다. 다음 중 옳지 않은 것은?

〈계좌번호 생성 방법〉

000-00-000000

- 1 ~ 3번째 자리 : 지점번호
- 4 ~ 5번째 자리 : 계정과목
- 6 ~ 10번째 자리 : 일련번호(지점 내 발급 순서)
- 11번째 자리 : 체크기호(난수)

[지점번호]

지점	번호	지점	번호	지점	번호
국회	736	영등포	123	동대문	427
당산	486	삼성역	318	종 로	553
여의도	583	신사동	271	보광동	110
신길동	954	청담동	152	신용산	294

[계정과목]

계정과목	보통예금	저축예금	적금	당좌예금	가계종합	기업자유
번호	01	02	04	05	06	07

① 271-04-540616 : W은행의 신사동지점에서 발행된 계좌번호이다.
② 553-01-480157 : 입금과 인출을 자유롭게 할 수 있는 통장을 개설하였다.
③ 954-04-126541 : 일정한 금액을 주기적으로 불입하는 조건으로 개설했다.
④ 294-05-004325 : 신용산지점에서 4,325번째 개설된 당좌예금이다.

69 ○○회사의 영업팀과 홍보팀에서 근무 중인 총 9명(A ~ I)의 사원은 워크숍을 가려고 한다. 한 층당 4개의 객실로 이루어져 있는 호텔을 1층부터 3층까지 사용한다고 할 때, 다음 〈조건〉을 참고하여 항상 참인 것은?(단, 직원 한 명당 하나의 객실을 사용하며, 2층 이상인 객실의 경우 반드시 엘리베이터를 이용해야 한다)

〈조건〉

- 202호는 현재 공사 중이라 사용할 수 없다.
- 영업팀 A사원은 홍보팀 B, E사원과 같은 층에 묵는다.
- 3층에는 영업팀 직원 C, D, F가 묵는다.
- 홍보팀 G사원은 같은 팀 H사원의 바로 아래층 객실에 묵는다.
- I사원은 101호에 배정받았다.

① 영업팀은 총 5명의 직원이 워크숍에 참석했다.
② 홍보팀 G사원은 2층에 묵는다.
③ 영업팀 C사원의 객실 바로 아래층은 빈 객실이다.
④ 엘리베이터를 이용해야 하는 사람의 수는 영업팀보다 홍보팀이 더 많다.

70 다음 글에서 수성에 액체 상태의 핵이 존재한다는 가설을 지지하지 않는 것은?

> 수성은 태양계에서 가장 작은 행성으로 반지름이 2,440km이며 밀도는 지구보다 약간 작은 5,430kg/m^3이다. 태양에서 가장 가까운 행성인 수성은 금성, 지구, 화성과 더불어 지구형 행성에 속하며, 딱딱한 암석질의 지각과 맨틀 아래 무거운 철 성분의 핵이 존재할 것으로 추측되나 좀 더 정확한 정보를 알기 위해서는 탐사선을 이용한 조사가 필수적이다. 그러나 강한 태양열과 중력 때문에 접근이 어려워 현재까지 단 두 대의 탐사선만 보내졌다.
> 미국의 매리너 10호는 1974년 최초로 수성에 근접해 지나가면서 수성에 자기장이 있음을 감지하였다. 비록 그 세기는 지구 자기장의 1%밖에 되지 않았지만 지구형 행성 중에서 지구를 제외하고는 유일하게 자기장이 있음을 밝힌 것이었다. 지구 자기장이 전도성 액체인 외핵의 대류와 자전 효과로 생성된다는 다이나모 이론에 근거하면, 수성의 자기장은 핵의 일부가 액체 상태임을 암시한다. 그러나 수성은 크기가 작아 철로만 이루어진 핵이 액체일 가능성은 희박하다. 만약 그랬더라도 오래전에 식어서 고체화되었을 것이다. 따라서 지질학자들은 철 성분의 고체 핵을 철-황-규소 화합물로 이루어진 액체 핵이 감싸고 있다고 추측하였다. 하지만 감지된 자기장이 핵의 고체화 이후에도 암석 속에 자석처럼 남아 있는 잔류자기일 가능성도 있었다.
> 2004년 발사된 두 번째 탐사선 메신저는 2011년 3월 수성을 공전하는 타원 궤도에 진입한 후 중력, 자기장 및 지형 고도 등을 정밀하게 측정하였다. 중력 자료에서 얻을 수 있는 수성의 관성모멘트는 수성의 내부 구조를 들여다보는 데 중요한 열쇠가 된다. 관성모멘트란 물체가 자신의 회전을 유지하려는 정도를 나타낸다. 물체가 회전축으로부터 멀리 떨어질수록 관성모멘트가 커지는데, 이는 질량이 같을 경우 넓적한 팽이가 홀쭉한 팽이보다 오래 도는 것과 같다.
> 질량 M인 수성이 자전축으로부터 반지름 R만큼 떨어져 있는 한 점에 위치한 물체라고 가정한 경우의 관성모멘트는 MR이다. 수성 전체의 관성모멘트 C를 MR으로 나눈 값인 정규관성모멘트(C / MR)는 수성의 밀도 분포를 알려 준다. 행성의 전체 크기에서 핵이 차지하는 비율이 높을수록 정규관성모멘트가 커진다. 메신저에 의하면 수성의 정규관성모멘트는 0.353으로서 지구의 0.331보다 크다. 따라서 수성 핵의 반경은 전체의 80% 이상을 차지하며, 55%인 지구보다 비율이 더 높다.
> 행성은 공전 궤도의 이심률로 인하여 미세한 진동을 일으키는데, 이를 '경도칭동'이라 하며 그 크기는 관성모멘트가 작을수록 커진다. 이는 홀쭉한 팽이가 외부의 작은 충격에도 넓적한 팽이보다 크게 흔들리는 것과 같다. 조석 고정 현상으로 지구에서는 달의 한쪽 면만 관찰할 수 있는 것으로 보통은 알려졌으나, 실제로는 칭동 현상 때문에 달 표면의 59%를 볼 수 있다. 만약 수성이 삶은 달걀처럼 고체라면 수성 전체가 진동하겠지만, 액체 핵이 있다면 그 위에 놓인 지각과 맨틀로 이루어진 '외곽층'만이 날달걀의 껍질처럼 미끄러지면서 경도칭동을 만들어 낸다. 따라서 액체 핵이 존재할 경우 경도칭동의 크기는 수성 전체의 관성모멘트 C가 아닌 외곽층 관성모멘트 C에 반비례한다. 현재까지 알려진 수성의 경도칭동 측정값은 외곽층의 값 C를 관성모멘트로 사용한 이론값과 일치하고 있어, 액체 핵의 존재 가설을 강력히 뒷받침하고 있다.

① 자기장의 존재
② 전도성 핵의 존재
③ 철-황-규소층의 존재
④ 암석 속 잔류자기의 존재 가능성

71 다음은 1호선 지하역사 공기질 측정결과에 관한 자료이다. 〈보기〉 중 옳지 않은 설명을 모두 고른 것은?

〈1호선 지하역사 공기질 측정결과〉

역사명	측정항목 및 기준								
	PM-10	CO_2	HCHO	CO	NO_2	Rn	석면	O_3	TVOC
	$\mu g/m^3$	ppm	$\mu g/m^3$	ppm	ppm	Bq/m^3	이하/cc	ppm	$\mu g/m^3$
기준치	140	1,000	100	9	0.05	148	0.01	0.06	500
1호선 평균	91.4	562	8.4	0.5	0.026	30.6	0.01 미만	0.017	117.7
서울역	86.9	676	8.5	0.6	0.031	25.7	0.01 미만	0.009	56.9
시청	102.0	535	7.9	0.5	0.019	33.7	0.01 미만	0.022	44.4
종각	79.4	562	9.5	0.6	0.032	35.0	0.01 미만	0.016	154.4
종각3가	87.7	495	6.4	0.6	0.036	32.0	0.01 미만	0.008	65.8
종로5가	90.1	591	10.4	0.4	0.020	29.7	0.01 미만	0.031	158.6
동대문	89.4	566	9.2	0.7	0.033	28.5	0.01 미만	0.016	97.7
동묘앞	93.6	606	8.3	0.5	0.018	32.0	0.01 미만	0.023	180.4
신설동	97.1	564	4.8	0.4	0.015	44.5	0.01 미만	0.010	232.1
제기동	98.7	518	8.0	0.5	0.024	12.0	0.01 미만	0.016	98.7
청량리	89.5	503	11.4	0.6	0.032	32.5	0.01 미만	0.014	87.5

〈보기〉

㉠ CO가 1호선 평균보다 낮게 측정된 역사는 종로5가와 신설동이다.
㉡ HCHO가 가장 높게 측정된 역과 가장 낮게 측정된 역의 평균은 1호선 평균 HCHO 수치보다 높다.
㉢ 시청역은 PM-10이 가장 높게 측정됐지만, TVOC는 가장 낮게 측정되었다.
㉣ 청량리역은 3가지 항목에서 1호선 평균이 넘는 수치가 측정됐다.

① ㉠, ㉡ ② ㉠, ㉢
③ ㉡, ㉢ ④ ㉡, ㉣

※ 다음은 2017년부터 2020년까지 우리나라 인구동태에 관한 자료이다. 다음 자료를 읽고 이어지는 질문에 답하시오. [72~73]

〈우리나라 합계출산율 및 출생성비〉

(단위 : 명)

구분	2017년	2018년	2019년	2020년
합계출산율	1.205	1.239	1.172	1.052
출생성비	105.3	105.3	105.0	106.3

※ 출생성비 : (여아 100명당 남아 수)$=\frac{(\text{남자 출생아 수})}{(\text{여자 출생아 수})}\times 100$

〈우리나라 혼인 및 이혼 건수〉

(단위 : 건)

구분	2017년	2018년	2019년	2020년
혼인 건수	305,507	302,828	281,635	264,455
이혼 건수	115,510	109,153	107,328	106,032

※ 비율은 소수점 이하 둘째 자리에서 반올림한다.

72 다음 중 우리나라 합계출산율 및 출생성비에 대한 설명으로 옳은 것은?

① 2018년에는 합계출산율이 전년 대비 10% 이상 증가하였다.
② 남자 출생아 수 대비 여자 출생아 수의 비율은 2019년에 전년 대비 증가하였다.
③ 2019년부터 2020년까지 출생성비와 합계출산율의 전년 대비 증감추세는 동일하다.
④ 합계출산율은 2018년부터 2020년까지 매년 전년 대비 감소하였다.

73 다음 중 2017년부터 2020년까지 우리나라 인구동태에 대한 설명으로 틀린 것을 모두 고른 것은?

〈보기〉

ㄱ. 이혼 건수 대비 혼인 건수 비율은 2018년보다 2017년에 높다.
ㄴ. 출생성비 대비 혼인 건수는 2017년보다 2018년에 더 높다.
ㄷ. 2018년에는 합계출산율의 전년 대비 증가율보다 이혼 건수의 전년 대비 감소율이 더 크다.
ㄹ. 2019년과 2020년의 합계출산율과 이혼 건수의 전년 대비 증감추세는 동일하다.

① ㄱ, ㄴ
② ㄱ, ㄷ
③ ㄴ, ㄷ
④ ㄴ, ㄹ

74 다음 글의 주된 전개 방식으로 가장 적절한 것은?

매체의 발달은 인지 방법을 바꾼다. 문자 중심으로 정보를 수용했던 시대가 영상 중심으로 전환되면서 문자 역시 '읽는 것'에서 '보는 것'으로 바뀌어 가고 있다. 새로운 인지 경험들은 새로운 의미들을 만들어 낸다. 이를 특정한 구성원 내에서 의미를 은폐하기 위해 사용하는 은어와 같이 여기기도 하지만, 새로운 인지 방식을 탄생시킨 매체를 적극적으로 수용한 계층에서 먼저 나타난 현상일 뿐이다. 그렇기 때문에 줄임말, 초성 표기, 이모티콘이나 야민정음과 같은 현상들은 이전의 은어나 격이 낮은 비속어와는 맥락이 다르다고 할 수 있다. 이들은 매체의 발달로 인해 나타난 새로운 인지 경험이 만들어 낸 현상으로 이해할 수 있다.

줄임말은 은어와 같은 역할을 하기도 했지만 매체의 발달로 인해 확대되었고, 은어로서의 정체성도 희박해졌다. 음성언어로 진행되던 대화가 채팅을 통해 문자로 진행되면서 문자의 입력과 인지는 음성언어가 발화되고 수용되는 것만큼의 즉시성을 요구했다. 채팅에서는 문법의 정확성보다 제시된 메시지에 반응하는 시간의 간격을 최소화하는 것이 소통에서 중요한 요소였다. 그렇기 때문에 줄임말의 사용이 점차 확대되었다.

또한 모바일 디바이스의 경우 초창기에는 전송 용량의 엄격한 제한과 과금 때문에 제한된 환경에서 기의(Signified)를 경제적으로 표현하기 위한 모색의 결과로 다양한 형태의 줄임말들이 나타나게 되었다. 물론 이는 한글뿐만 아니라 알파벳을 비롯한 다양한 문자에서도 동일하게 나타나고 있는 현상이기도 하다.

이와는 또 다르게 최근의 야민정음과 같은 현상은 한글을 기표(Signifier)로 인식하지 않고 하나의 이미지로 인식하면서 나타난 현상이라고 할 수 있다. 이는 처음에 문자를 오독하면서 나타났던 현상인데, 여기서 오독은 사실 정확한 표현이 아니다. 오독보다는 오히려 착시에 의해 문자를 새롭게 인지하면서 나타난 현상이라고 정의할 수 있다. 이후 착시의 가능성이 있는 문자들을 의도적으로 변용하면서 나타난 현상이 야민정음이라고 할 수 있다. 특히 기존의 새로운 조어 방식은 이전에 없었던 기의를 만들어 내는 방식이 주를 이루었던 것에 비해, 야민정음은 기존의 기의들은 그대로 둔 채 기표들을 새로운 방식으로 해체하고 재구성하는 방식을 취하고 있다는 것이 특징적이다.

※ 야민정음 : 국내의 한 커뮤니티 사이트에서 만들어진 언어표기 형태로, 글자를 시각적 형태에만 의존하여 다른 글자로 대체하는 것이다. 예 멍멍이 → 댕댕이, 귀여워 → 커여워, 눈물 → 롬곡 등

① 새로운 현상에 대한 원인을 찾고 분석하고 있다.
② 새로운 현상에 대한 해결방안을 제시하고 있다.
③ 새로운 현상을 분류하여 범주를 제시하고 있다.
④ 새로운 현상에 대해 형태를 묘사하고 있다.

75 다음은 미국이 환율조작국을 지정하기 위해 만든 요건별 판단 기준과 A ~ K국의 자료이다. 이에 대한 설명으로 옳은 것을 〈보기〉에서 모두 고른 것은?

〈요건별 판단기준〉

요건	X	Y	Z
	현저한 대미무역수지 흑자	상당한 경상수지 흑자	지속적 환율시장 개입
판단 기준	대미무역수지 200억 달러 초과	GDP 대비 경상수지 비중 3% 초과	GDP 대비 외화자산순매수액 비중 2% 초과

※ 요건 중 세 가지를 모두 충족하면 환율조작국으로 지정됨

※ 요건 중 두 가지만을 충족하면 관찰대상국으로 지정됨

〈환율조작국 지정 관련 자료〉

(단위 : 10억 달러, %)

구분	대미무역수지	GDP 대비 경상수지 비중	GDP 대비 외화자산순매수액 비중
A	365.7	3.1	−3.9
B	74.2	8.5	0.0
C	68.6	3.3	2.1
D	58.4	−2.8	−1.8
E	28.3	7.7	0.2
F	27.8	2.2	1.1
G	23.2	−1.1	1.8
H	17.6	−0.2	0.2
I	14.9	−3.3	0.0
J	14.9	14.6	2.4
K	−4.3	−3.3	0.1

〈보기〉

㉠ 환율조작국으로 지정되는 국가는 없다.

㉡ B국은 X요건과 Y요건을 충족한다.

㉢ 관찰대상국으로 지정되는 국가는 모두 4개이다.

㉣ X요건의 판단기준을 '대미무역수지 200억 달러 초과'에서 '대미무역수지 150억 달러 초과'로 변경하여도 관찰대상국 및 환율조작국으로 지정되는 국가들은 동일하다.

① ㉠, ㉡　　② ㉠, ㉢

③ ㉡, ㉣　　④ ㉡, ㉢, ㉣

76 ○○공사는 10월 중에 진급심사를 하고자 한다. 인사관리과 A대리는 모든 진급심사 일정에 참여하면서도 10월 내에 남은 연차 2일을 사용해 가족들과 여행을 가고자 한다. 인사관리과의 진급심사가 〈조건〉에 따라 진행된다고 할 때, 다음 중 A대리가 연차로 사용가능한 날짜는?

2021년 10월 달력						
일	월	화	수	목	금	토
	1	2	3	4	5	6
7	8	9	10	11	12	13
14	15	16	17	18	19	20
21	22	23	24	25	26	27
28	29	30	31			

〈조건〉

- 진급심사는 '후보자 선별 → 결격사유 심사 → 실적평가 → 인사고과 심사 → 기관장면접 → 승진자 취합' 단계로 진행된다.
- 인사고과 심사에는 근무일 3일이 소요되며, 그 외 단계에는 근무일 2일이 소요된다.
- 인사관리과의 근무요일은 월요일부터 금요일까지이다.
- 진급심사의 각 단계는 연이어 진행할 수 없다.
- 후보자 선별은 10월 2일에 시작된다.
- 인사관리과장은 진급심사를 10월 26일까지 완료하여 발표하고자 한다.

① 10월 2 ~ 3일
② 10월 18 ~ 19일
③ 10월 22 ~ 23일
④ 10월 24 ~ 25일

77 다음과 같은 〈조건〉에서 귀하가 판단할 수 있는 내용으로 옳지 않은 것은?

〈조건〉

- 프로젝트는 A부터 E까지의 작업으로 구성되며, 모든 작업은 동일 작업장 내에서 행해진다.
- 각 작업의 필요 인원과 기간은 다음과 같다.

프로젝트	A작업	B작업	C작업	D작업	E작업
필요 인원(명)	5	3	5	2	4
기간(일)	10	18	50	18	16

- B작업은 A작업이 완료된 이후에 시작할 수 있음
- E작업은 D작업이 완료된 이후에 시작할 수 있음

- 각 인력은 A부터 E까지 모든 작업에 동원될 수 있으며, 각 작업에 투입된 인력의 생산성은 동일하다.
- 프로젝트에 소요되는 비용은 1인당 1일 10만 원의 인건비와 1일 50만 원의 작업장 사용료로 구성된다.
- 각 작업의 필요 인원은 증원 또는 감원될 수 없다.

① 프로젝트를 완료하기 위해 필요한 최소인력은 5명이다.
② 프로젝트를 완료하기 위해 소요되는 최단기간은 50일이다.
③ 프로젝트를 완료하는 데 들어가는 최소비용은 6천만 원 이하이다.
④ 프로젝트를 최단기간에 완료하는 데 투입되는 최소인력은 10명이다.

※ 다음 글을 읽고 이어지는 질문에 답하시오. [78~80]

(가) 아이슬란드는 지진과 화산 분출 같은 지각 변동이 매우 활발한 화산섬이다. 그 크기가 동서로 약 540km, 남북으로 약 350km인 아이슬란드는 일부 지역이 지난 2만 년 동안 쌓인 용암으로 뒤덮여 있다. 활발한 지각 변동 덕분에 아이슬란드 사람들은 화산의 열을 이용해 난방을 하고, 온천수로 작물을 재배하며, 화산 증기로 전기를 생산하는 등 지질학적 특성을 이용하며 살아가고 있다.

(나) 판구조론의 관점에서 보면 아이슬란드의 지질학적인 위치는 매우 특수하다. 지구의 표면은 크고 작은 10여 개의 판으로 이루어져 있다. 아이슬란드는 북아메리카 판과 유라시아 판의 경계선인 대서양 중앙 해령에 위치해 있다. 대서양의 해저에 있는 대서양 중앙 해령은 북극해에서부터 아프리카의 남쪽 끝까지 긴 산맥의 형태로 뻗어 있다. 대서양 중앙 해령의 일부분이 해수면 위로 노출된 부분인 아이슬란드는 서쪽은 북아메리카 판, 동쪽은 유라시아 판에 속해 있어 지리적으로는 한 나라이지만, 지질학적으로는 두 개의 서로 다른 판 위에 놓여 있는 것이다.

(다) 지구에서 판의 경계가 되는 곳은 여러 곳이 있다. 그러나 아이슬란드는 육지 위에서 두 판이 확장되는 희귀한 지역이다. 아이슬란드가 위치한 판의 경계에서는 새로운 암석이 생성되면서 두 판이 서로 멀어지고 있다. 그래서 아이슬란드에서는 다른 판의 경계에서 거의 볼 수 없는 지질학적 현상이 나타난다. 과학자들의 관찰에 따르면, 아이슬란드의 중심부를 지나는 대서양 중앙 해령의 갈라져 있는 틈이 매년 약 15cm씩 벌어지고 있다. 이 벌어지는 틈으로 해양 지각의 하부에서 고온의 마그마가 상승하면서 새로운 지각이 끊임없이 만들어지고 있으며, 이렇게 생성된 해양 지각은 멀어져 가는 판의 일부가 되어 이동한다. 그 결과로 북아메리카 판과 유라시아 판은 아이슬란드가 위치해 있는 대서양 중앙 해령에서 시작하여 서서히 확장되고 있다.

(라) 아이슬란드는 판의 절대 속도를 잴 수 있는 기준점이 있다는 점에서도 관심의 대상이 되고 있다. 과학자들은 북아메리카 판에 대한 유라시아 판의 시간에 따른 거리 변화를 추정하여 판의 이동 속도를 측정한다. 그러나 이렇게 알아낸 판의 이동 속도는 이동하는 판 위에서 이동하는 다른 판의 속도를 잰 것이다. 이는 한 판이 정지해 있다고 가정했을 때의 판의 속도, 즉 상대 속도이다. 과학자들은 상대 속도를 구한 것에 만족하지 않고, 판의 절대 속도, 즉 지구의 기준점에 대해서 판이 어떤 속도로 움직이는가도 알고자 했다. 판의 절대 속도를 구하기 위해서는 판의 운동과는 독립적으로 외부에 고정되어 있는 기준점이 필요하다. 과학자들은 지구 내부의 맨틀 깊숙이 위치한 마그마의 근원지인 열점이 거의 움직이지 않는다는 것을 알아내고, 그것을 판의 절대 속도를 구하는 기준점으로 사용하였다. 과학자들은 지금까지 지구상에서 100여 개의 열점을 찾아냈는데, 그 중의 하나가 바로 아이슬란드에 있다.

78 다음 중 과학자들이 아이슬란드에 관심을 갖는 이유를 〈보기〉에서 모두 고른 것은?

〈보기〉

ㄱ. 판이 확장되는 곳에 위치해 있다.
ㄴ. 판의 모양과 크기를 알 수 있게 해 준다.
ㄷ. 판의 절대 속도를 구할 수 있게 해 준다.
ㄹ. 판의 생성 연대를 측정할 수 있게 해 준다.

① ㄱ, ㄴ
② ㄱ, ㄷ
③ ㄴ, ㄷ
④ ㄴ, ㄹ

79 다음 중 글을 읽고 추론한 내용으로 적절하지 않은 것은?

① 아이슬란드는 지열 산업이 발달해 있을 것이다.
② 아이슬란드의 크기는 서서히 커지고 있을 것이다.
③ 북아메리카 판이 유라시아 판보다 이동 속도가 빠를 것이다.
④ 아이슬란드의 화산 분출은 판의 운동과 관련되어 있을 것이다.

80 다음 중 글을 바탕으로 심화 학습을 위한 주제로 적절하지 않은 것은?

① 판을 움직이게 하는 힘은 무엇일까?
② 아이슬란드는 어떤 판 위에 위치하고 있을까?
③ 아이슬란드의 지진 발생 빈도와 규모는 어느 정도일까?
④ 확장되지 않는 판의 경계에서는 어떤 지질 현상이 일어날까?

| 공통금융 |

01 **경제통합 심화 정도가 북미자유무역협정(NAFTA) 정도의 자유무역협정(FTA)일 때, 다음 설명 중 가장 옳은 것은?**

① 회원국 간 관세를 포함하여 각종 무역제한조치 철폐
② 회원국 간 역내무역 자유화 및 역외국에 대한 공동관세율을 적용
③ 회원국 간 노동, 자본 등 생산요소의 자유로운 이동 가능
④ 회원국들이 독립된 경제정책을 철회하고, 단일경제체제하에서 모든 경제정책을 통합·운영

02 **다음 중 실업급여에 대한 설명으로 옳은 것은?**

① 구직급여는 퇴직 다음 날로부터 12개월이 경과하면 더 이상 지급받을 수 없다.
② 구직급여는 이직일 이전 1년 동안의 피보험단위 기간이 통산 180일 이상이어야 지급받을 수 있다.
③ 본인의 중대한 귀책 사유로 해고된 경우에도 구직급여를 받을 수 있다.
④ 실업급여 신청 시 최소 240일 동안 급여를 받을 수 있다.

03 **다음 중 해외에 나간 기업의 생산기지를 자국으로 불러들이는 현상을 의미하는 것은?**

① 모라토리엄(Moratorium)
② 아웃소싱(Outsourcing)
③ 인소싱(Insourcing)
④ 리쇼어링(Reshoring)

04 **일반분양 당첨자 계약일 이후에 나온 계약 포기자나 청약 당첨 부적격자로 주인을 찾지 못한 가구에 대해 무작위 추첨으로 당첨자를 뽑는 청약은?**

① 매도 청약
② 줍줍 청약
③ 공모주 청약
④ 확정 청약

05 **미국의 조 바이든은 전당대회에서 미국이 직면한 전염병 대유행, 대공황 이후 최악의 경제 상황, 인종 정의의 요구, 기후변화 등의 위기를 '퍼펙트 스톰(Perfect Storm)'이라 표현했다. 다음 중 퍼펙트 스톰에 대한 설명으로 옳은 것은?**

① 도저히 일어날 것 같지 않은 일이 일어나는 것
② 대형사고가 발생하기 전에 그와 관련된 수많은 경미한 사고와 징후들이 반드시 존재한다는 것
③ 반복되어 오는 위기임에도 불구하고 뚜렷한 해결책을 제시하지 못하는 상황
④ 두 가지 이상의 악재가 동시에 발생하여 그 영향력이 더욱 커지는 현상

06 다음 중 펀더멘털(Fundamental)에 해당하는 것을 모두 고른 것은?

ㄱ. 금융기관 매출액	ㄴ. 경제성장률
ㄷ. 물가상승률	ㄹ. 경상수지

① ㄱ, ㄴ
② ㄴ, ㄷ
③ ㄷ, ㄹ
④ ㄴ, ㄷ, ㄹ

07 코로나19의 확산에 따라 국내 유가증권시장을 중심으로 한 외국인 투자자의 매도가 이어지자 국내 개인 투자자들의 매매가 급증한 현상을 나타내는 주식 시장의 신조어는?

① 서학개미운동
② 동서개미운동
③ 동학개미운동
④ 동학베짱이운동

08 국세청에 따르면 전체 근로자의 5%가 근로소득세의 70%를 부담하는 것으로 나타나 세금 불공평이라는 비판이 나오고 있다. 이에 한 교수는 소수의 부유층에 과도한 세금을 물어 저소득층 복지재원에 활용하는 것은 세금을 내는 사람과 혜택을 받는 사람이 지나치게 괴리되어 이것에 빠질 가능성이 크다고 지적했다. 다음 중 이것으로 가장 적절한 것은 무엇인가?

① 모럴 해저드
② 오럴 해저드
③ 눔프 현상
④ 버블 현상

09 온라인게임이 폭발적으로 성장하면서 게임머니 등을 거래하는 사람들이 생겨났다. 하지만 이를 범죄에 악용해 불법 자금을 세탁하는 등 여러 문제점도 나오고 있으며, 정부는 이와 같은 불법자금의 세탁을 적발 및 예방하기 위해 여러 제도를 추진하고 있는데 다음 중 이와 관련이 없는 것은?

① AML
② CDD
③ CTR
④ GPA

10 다음 중 바이플레이션 현상으로 적절한 것은?

① 생선값이 급등하면서 육류값 또한 급등하고 있다.
② 농산물 생산량이 감소하면서 농산물 가격이 급등해 전체적으로 물가 또한 급등하였다.
③ 최저임금 인상으로 임금은 증가했지만, 물가 또한 올라 가계의 경제상황은 전과 비슷했다.
④ 수도권의 부동산 가격은 증가하지만, 비수도권의 부동산 가격은 하락하고 있다.

11 스태그플레이션이란 경제불황과 물가상승이 동시에 나타나는 상태를 뜻한다. 이와 다르게 경제호황 속에서 물가상승이 되는 상태를 뜻하는 것은?

① 바이플레이션
② 붐플레이션
③ 슬럼플레이션
④ 에코플레이션

12 다음 중 관련성이 가장 적은 하나는 무엇인가?

① 로렌츠곡선
② 필립스곡선
③ 지니계수
④ 앳킨슨지수

13 우리나라 기업들의 경우 근속연수에 따라 상승하는 임금체계가 보편적이다. 이 상황에서 정년연장이 추가로 시행되게 된다면 발생할 상황으로 가장 관련성이 적은 것은?

① 기업의 인건비 부담이 가중될 것이다.
② 노동시장 양극화가 심화될 것이다.
③ 신규채용이 증가할 것이다.
④ 조기 퇴직자가 증가할 것이다.

14 인도는 새 정부 출범 이후 제조업 육성 정책을 도입하면서 전반적으로 수입 규제를 강화해왔다. 이 과정에서 제조업 수출 물량이 많은 중국과 한국이 주요 타깃이 되었는데, 특히 이 두 나라에서 수입해오던 물량을 일정량으로 제한하자는 분위기가 형성되고 있다. 이 현상은 무역장벽 중 어느 것에 해당하는가?

① 정부조달제도
② 수입과징금
③ 수입할당제
④ 생산보조금

15 미국은 한국산 철강제품에 대해 반덤핑과 상계관세를 매긴 이후 베트남산 수입이 크게 늘어난 점을 근거로 한국업체가 관세율을 낮추고자 원산지를 베트남으로 바꿔 우회수출을 하고 있다고 주장했다. 이에 미국이 취했을 조치로 가장 적절한 것은?

① 한국산 철강제품에 대해 부과하던 반덤핑과 상계관세를 기존보다 더 높게 부과한다.
② 한국산 철강제품에 대해 부과하던 반덤핑과 상계관세를 철회한다.
③ 한국산 다른제품에 대해서도 추가적으로 반덤핑과 상계관세를 부과한다.
④ 베트남산 철강제품에도 한국산 수준의 반덤핑과 상계관세를 부과한다.

16 미국은 프랑스의 디지털세에 대한 대응으로 프랑스산 와인, 치즈, 올리브오일 등 기타 상품에 대해 관세 100%를 부과하는 방안이 제안되었다. 이 방안이 현실화된다면 다음 중 피해를 입을 곳으로 가장 관련성이 없는 곳은?

① 미국의 와인소비자
② 아메리카 와인 제조업계
③ 와인 수입업체
④ 와인 유통업자

17 프랑스는 자국 내에서 일정 기준 이상의 수익을 내는 글로벌 정보기술 기업들에 디지털세를 부과하고 있다. 이에 미국은 자국 기업을 겨냥한 조치라며 프랑스산 수입품에 대해 추가 관세를 물리겠다고 경고했다. 이 관세에 해당하는 것은?

① 덤핑방지관세
② 상계관세
③ 보복관세
④ 긴급관세

18 M커브형 경제란 일시적인 경제위기 극복 후 경제가 다시 침체의 늪에 빠지는 남미형 침체 유형을 의미한다. 이는 중진국에서 선진국을 바라보다 경제위기를 맞고 이후 잠깐 경제가 회복되었으나 사회불안과 정치혼란이 심화되어 결국 국민경제가 계속 추락함으로써 다시 후진국 수준으로 경제가 전락하는 현상을 의미하는데, 여기서 국민경제가 추락하는 현상으로 보기 어려운 것은?

① 국민소득 감소
② 내수침체
③ 수출증가
④ 경기침체

19 1990년대 이후 일본의 제조업이 일본 시장에만 주력하기를 고집한 결과, 세계 시장으로부터 고립되고 있는 현상을 일컫는 표현으로 고립경제를 일컫는 말은?

① 혼합경제
② 갈라파고스경제
③ 공유경제
④ 자전거경제

20 다음 중 시장실패를 초래하는 요인이 아닌 것은?

① 정보의 비대칭성
② 불완전경쟁
③ 외부효과
④ 한계생산체감의 법칙

| 금융일반 |

21 조직에서 업무 재량을 위임하고 개인의 역량을 강화하는 의사결정 전략은?

① 퍼실리테이션
② 임파워먼트
③ 서프트어프로치
④ 브레인스토밍

22 아이돌봄서비스 중 영아종일제는 한 달에 최대 몇 회 신청가능한가?(정부지원시간 기준)

① 1회 30분 이상 2시간 미만
② 1회 2시간 이상
③ 1회 3시간 이상
④ 월 200시간 이내 횟수제한 없음

23 법의 범위를 넘어 국가에 강력한 영향력을 행사하는 숨은 권력집단은?

① 일루미나티
② 딥스테이트
③ 권력카르텔
④ 권력형게이트

24 소득 불평등 정도를 나타내는 그래프로 산업화 과정에 있는 국가의 불평등 정도는 처음에 증가하다가 산업화가 일정 수준을 지나면 다시 감소하는 역 U자형 형태를 보이는 것으로 알려졌으나, 최근 '21세기 자본'의 저자 토마 피케티나 '왜 우리는 불평등해졌는가'를 쓴 브랑코 밀라노비치 뉴욕시립대 교수가 이를 비판하면서 이슈가 됐다. 이 그래프는 무엇인가?

① 로렌츠 곡선
② 필립스 곡선
③ 굴절수요 곡선
④ 쿠즈네츠 곡선

25 다음 〈보기〉 중 과점시장의 특징에 대한 설명으로 옳은 것은?

〈보기〉

가. 이 시장은 특허권이나 정부 허가에 의해 형성되기도 한다.
나. 정부는 공정거래위원회를 통해 공정한 경쟁을 유도한다.
다. 카르텔로 부당한 이득을 취하기도 한다.
라. 기업이 제품 가격을 높일수록 이윤도 증가한다.

① 가
② 다
③ 나, 라
④ 나, 다

26 다음 그림은 우리나라의 국내총생산(GDP)과 국민총생산(GNP) 간 관계를 나타낸 것이다. Ⓐ ~ Ⓒ에 해당하는 사례를 옳게 짝지은 것을 보기에서 모두 고른 것은?

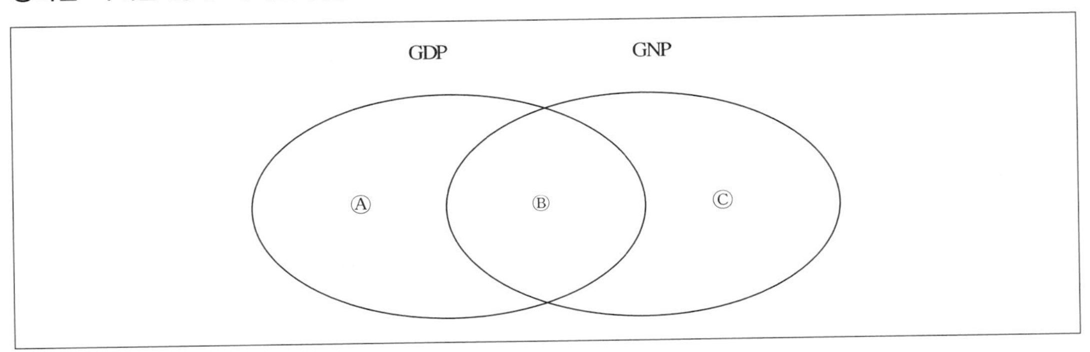

가. Ⓐ 우리나라 지점으로 발령받고 근무하는 프랑스 직원의 연봉
나. Ⓐ 우리나라 기업이 독일에서 생산된 자동차를 수입하고 지불한 대금
다. Ⓑ 우리나라 기업이 우리나라에서 생산한 자동차를 중국에 수출하고 받은 대금
라. Ⓒ 미국 국적의 유학생이 우리나라에서 아르바이트를 하고 받은 급여
마. Ⓒ 우리나라 국적의 유학생이 일본에서 아르바이트를 하고 받은 급여

① 가, 마
② 나, 라
③ 가, 다, 라
④ 가, 다, 마

27 다음 중 탄수화물을 적게, 지방을 많이 섭취하는 다이어트는?

① FMD 식단(Fasting Mimicking Diet)
② 저인슐린 다이어트(Low Insulin Diet)
③ 키토제닉 식단(Ketogenic Diet)
④ 황제 다이어트

28 다음 중 입주자들이 사생활을 누리면서도 공용 공간에서 공동체 생활을 하는 협동 주거 형태를 일컫는 것은?

① 타운 하우스(Town House)
② 컬렉티브 하우스(Collective House)
③ 코하우징(Co-Housing)
④ 사회주택

29 다음의 사례에 해당하는 용어는?

> • 1990년대 큰 인기를 끌었던 서태지와 아이들의 노래 '교실 이데아'를 거꾸로 틀면 악마의 목소리가 들린다는 소문
> • 미국의 무인탐사선 바이킹 1호가 화성에서 찍어온 사진의 일부에서 사람의 얼굴이 보이며, 외계 문명의 존재를 미국 정부가 은폐한다는 음모론

① 리플리 증후군(Ripley Syndrome)
② 표퓰리즘(Populism)
③ 인피어리오리티 콤플렉스(Inferiority Complex)
④ 아포페니아(Apophenia)

30 다음 중 통화량 증가 시 이자율을 상승시키는 요인이 아닌 것은?

① 소비자들이 미래의 소비보다 현재의 소비에 대한 욕구가 큰 경우
② 단위당 기대수익률이 큰 경우
③ 향후 인플레이션 발생을 예상한 구매력 변동
④ 경제성장률과 물가상승률이 하락

31 다음 글은 소비의 결정요인에 관한 이론이다. 이 글은 어떤 가설을 설명하고 있는가?

〈보기〉

> 소비는 오직 현재 소득(처분가능소득)에 의해서만 결정된다. 타인의 소비행위와는 독립적이다. 소득이 증가하면 소비가 늘어나고, 소득이 감소하면 소비도 줄어든다. 따라서 정부의 재량적인 조세정책이 경기부양에 매우 효과적이다.

① 절대소득가설
② 항상소득가설
③ 상대소득가설
④ 생애주기가설

32 다음 신문기사를 읽고, 밑줄 친 기관과 같은 종류의 기관이 아닌 것은?

> 국내 1위 숙박 앱(응용프로그램)을 운영하는 야놀자가 <u>싱가포르투자청(GIC)</u>으로부터 2,000억 원을 유치하면서 기업 가치를 1조원 넘게 평가받았다. 쿠팡, 우아한 형제들, 비바리퍼블리카 등에 이어 국내 일곱 번째 유니콘 기업(기업가치 1조 원 이상 스타트업)으로 등극했다.

① 한국투자공사 (KIC)
② 테마섹홀딩스(TH)
③ 아부다비 투자청(ADIA)
④ 어피너티에쿼티파트너스(AEP)

33 다음에서 설명하는 개헌은 무엇인가?

> 대통령 직선제와 상·하 양원제를 골자로 하지만, 사실상 이승만 대통령 재선을 위한 개헌으로 대통령 재선 1회를 개헌안에 넣었다.

① 1차 개헌(발췌 개헌)
② 2차 개헌(사사오입 개헌)
③ 3차 개헌(내각책임제 개헌)
④ 7차 개헌(유신 헌법)

34 다음 중 노태우 대통령 때 있었던 일로 옳지 않은 것은?

① 6·15 남북 공동선언
② 88 서울 올림픽 개최
③ 남북한 동시 UN가입
④ 한반도 비핵화 공동선언

35 일제강점기 중 조선태형령이 시행되던 당시에 있었던 일로 옳지 않은 것은?

① 토지 조사 사업
② 3·1 만세운동
③ 헌병 경찰제
④ 치안유지법

36 과거 경험상 충분히 예상되는 위기임에도 불구하고 적절한 대응책을 마련하지 못해 문제가 생기는 상황을 일컫는 용어는?

① 왝더독
② 빅마켓
③ 화이트 스완
④ 스파게티볼 효과

37 해당 기사를 읽고, 이를 표현한 경제 용어로 가장 알맞은 것은?

> 군부 쿠데타 반대 시위가 격해지고 있는 미얀마는 '혼돈의 도시'가 됐다.
> 군부 쿠데타로 비상사태에 들어간 미얀마는 전화, 인터넷에 이어 금융 서비스도 중단됐다. 2월부터는 미얀마 은행은 줄줄이 영업을 중단했고, 행원들도 시위에 참여하기 위해 출근을 거부했다. 정치 리스크가 경제 리스크로 이어지면서 미얀마의 모든 은행은 업무 중단까지 이어지게 된 것이다.
> 대부분의 민영은행은 문을 닫았고, 국영은행만 영업하는 가운데 사람들은 자동인출기(ATM)로 모이고 있다. 경제 위기와 은행의 자금 부족에 대한 우려로 돈을 인출하려는 것. 대규모의 현금이 인출되자 미얀마 군부는 일일 출금 제한 조치까지 내렸다.

① 공매도
② 볼커룰
③ 시뇨리지
④ 뱅크런

38 A국의 경제 상황에 대한 〈보기〉 중 A국 정부나 중앙은행이 시행할 가능성이 낮은 정책을 고른 것은?

〈보기〉

A국의 국민들은 인플레이션에 대해서는 관대하지만 높은 실업률은 혐오한다. A국 경제엔 단기 필립스곡선이 적용된다. A국 정부는 통화 및 재정 정책을 구상하고 있다.

① 법인세 인상
② 지급준비율 인하
③ R&D세액공제 확대안 추진
④ SOC예산 축소

39 다음 단체를 설립한 인물은?

이 단체는 자국국립, 자유민권, 자강개혁사상을 바탕으로 민족주의·민주주의·근대화 운동을 전개한 최초의 근대적 사회정치단체로 1896년 서울에서 조직되었다.

① 안창호
② 서재필
③ 채기중
④ 윤효정

40 다음 사건과 관련된 일본의 정책은?

조선 총독부는 일본식 성을 쓰지 않는 사람의 자녀는 학교에 들어가지 못하게 하고, 강제로 일을 시켰으며, 식량도 주지 않았다. 이에 많은 사람이 저항 하였는데 응하면서도 이를 비꼬는 식으로 견(犬) 등을 사용하여 풍자하는 사람과 죽음으로 항거한 사람 등이 있었다.

① 신사참배
② 창씨개명
③ 병참기지화 정책
④ 한국어 교육 폐지

41 다음 중 3.15 부정선거와 5.16 군사정변 사이에 일어난 일로 옳은 것은?

① 헌법제정
② 발췌개헌
③ 사사오입 개헌
④ 4.19 혁명

42 아래 그래프는 단순케인즈모형에서 투자와 저축의 곡선을 나타내고 있다. 현재 국민총생산이 Y_0 에서 달성되고 있을 경우 단순케인즈모형에서 저축함수의 성격과 현재 생산물시장의 상황을 옳게 서술하고 있는 것은?

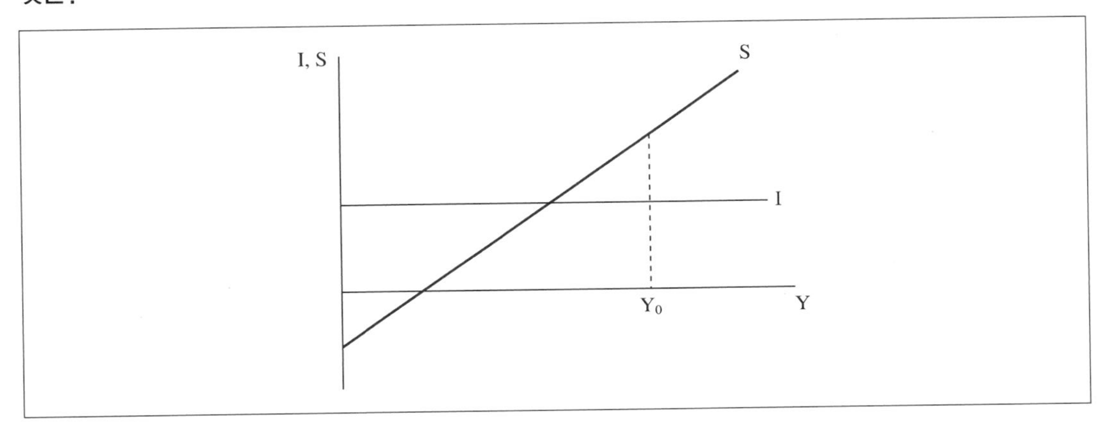

① 저축은 국민소득의 증가함수이고, 의도했던 것보다 재고가 증가한다.
② 저축은 국민소득의 증가함수이고, 의도했던 것보다 재고가 감소한다.
③ 저축은 국민소득의 증가함수이고, 의도했던 재고와 변화가 없다.
④ 저축은 이자율의 증가함수이고, 의도했던 것보다 재고가 증가한다.

43 변창흠 국토부 장관이 제안한 주택정책으로 적절한 것은?

① 공동공급주택
② 청년기본주택
③ 공공자가주택
④ 임대기본주택

44 다음 그림은 X재에 대한 수요곡선이다. 옳은 내용은?(단, X재는 정상재이다)

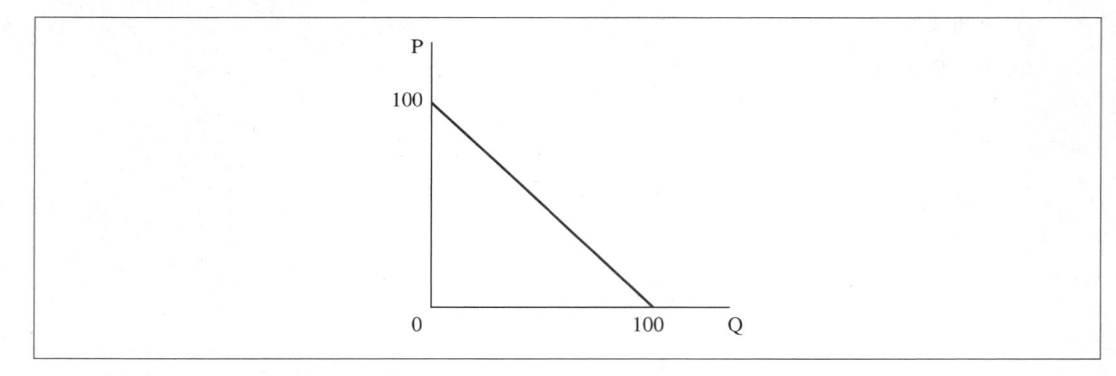

① 가격이 100원이면 X재의 수요량은 100이다.
② 가격에 상관없이 가격탄력성의 크기는 일정하다.
③ 소득이 증가하는 경우 수요곡선은 왼쪽으로 이동한다.
④ X재 시장이 독점시장이라면 독점기업이 이윤극대화를 할 때 설정하는 가격은 50원 이상이다.

45 다음 중 스티븐 프랫 박사가 정의한 슈퍼푸드가 아닌 것은?

① 양파
② 연어
③ 홍차
④ 레드와인

46 〈대열차 강도〉 등의 작품을 연출했으며 교차편집과 클로즈업 등의 연출 기법을 정립한 감독은 누구인가?

① 에드윈 포터
② 조르주 멜리에스
③ 데이비드 그리피스
④ 세르게이 예이젠시테인

47 2019년 칸 영화제에서 최우수작품상을 받은 영화는 무엇인가?

① 〈버닝〉
② 〈기생충〉
③ 〈조커〉
④ 〈보헤미안 랩소디〉

48 미국의 이자율이 사실상 0%이고 우리나라 이자율은 연 10%이다. 현재 원화의 달러 당 환율이 1,000원일 때 양국 사이에 자본 이동이 일어나지 않을 것으로 예상되는 1년 후의 환율은?

① 1,025원
② 1,050원
③ 1,075원
④ 1,100원

49 국민소득, 소비, 투자, 정부지출, 순수출, 조세를 각각 Y, C, I, G, NX, T라고 표현한다. 국민경제의 균형이 다음과 같이 결정될 때, 균형재정승수(Balanced Budget Multiplier)는?

〈보기〉

C=100+0.8(Y−T)

Y=C+I+G+NX

① 0.8
② 1
③ 4
④ 5

50 완전경쟁시장에서 기업이 모두 동일한 장기평균비용함수 $LAC(q)=40-6q+\frac{1}{3}q^2$과 장기한계비용함수 $LMC(q)=40-12q+q^2$을 가진다. 시장수요곡선은 $D(P)=2,200-100P$일 때 장기균형에서 시장에 존재하는 기업의 수는?(단, q는 개별기업의 생산량, P는 가격)

① 12
② 24
③ 50
④ 100

51 다음 중 채권시장의 경색으로 일시적 자금난을 겪는 기업에 유동성을 지원하고, 국고채와 회사채의 과도한 스프레드 차이를 해소하기 위해 설립한 펀드는?

① 통화채권펀드
② 채권시장안정펀드
③ 모태펀드
④ IP펀드

52 다음 중 설명이 잘못 연결된 것은?

① 기본소득제 – 기초생활보장대상자(수급자)에게 현금으로 지급하는 돈
② 조건부수급자 – 근로 능력이 있는 수급자 중 자활사업 참여를 조건으로 생계급여를 지급받는 자
③ 최저임금제 – 국가가 임금액의 최저한도를 결정하고, 사용자에게 그 지급을 법적으로 강제하는 제도
④ 사회보장제도 – 사회구성원이 생활의 곤궁에 처하게 될 경우, 삶의 질 향상을 위해 공공의 재원으로 최저생활을 보장해 주는 제도

53 은행이나 증권회사 간 단기 자금을 빌려주는 것으로, 금융기관들의 자금순환을 뒷받침하여 금융 중개의 효율성을 높이는 것은?

① 핫 머니(Hot Money)
② 스마트 머니(Smart Money)
③ RP(Repurchase Agreement)
④ 콜 차입

54 해당 연도 W사는 1/4분기에 B사와 협업하는 단기프로젝트에서 1,000만 원을 투자하고, 2 ,3분기에 각각 600만 원씩 현금수입이 들어오는 경우에 순현재가치(NPV)는 얼마인가?(단, 시중이자율은 10%이다)

① 30만 원
② 35만 원
③ 39만 원
④ 41만 원

55 W기업의 비용함수가 TC(Q)＝50＋25Q로 주어져 있을 때 이 비용함수에 대한 설명으로 옳지 않은 것은?

① 규모의 경제가 존재한다.
② 평균 비용은 생산량이 늘어날수록 증가한다.
③ 한계비용은 항상 일정하다.
④ 생산활동에 고정비용이 소요된다.

56 다음은 A국가의 고용과 관련한 자료이다. 이 자료에 대한 설명으로 옳지 않은 것은?

연도	2019	2020
경제활동참가율	50%	40%
실업률	5%	4%
생산가능인구	1,000명	1,000명

① 2020년에 이 나라의 고용율은 감소했다.
② 2020년에 이 나라의 실업자 수는 감소했다.
③ 2020년에 이 나라의 취업자 수는 증가했다.
④ 2019년과 2020년 모두 고용률이 50% 미만이다.

57 아래 표는 A와 B사의 시간당 최대 생산량을 나타낸 것이다. 이에 대한 옳은 설명은?

구분	A사	B사
모터(개)	4	2
펌프(개)	4	3

① A사는 펌프 생산에만 절대우위가 있다.
② B사는 펌프 생산에 비교우위가 있다.
③ B사는 모터 생산에 비교우위가 있다.
④ A사는 모터 생산에만 절대우위가 있다.

58 법정 지급준비율이 20%에서 100%로 인상되면, 신규 예금 1,000만 원으로 만들어질 수 있는 최대의 예금 통화액은 얼마나 감소하는가?(단, 신규 예금을 포함하고, 민간은 현금을 보유하지 않는다고 가정한다)

① 2,000만 원 감소
② 1,000만 원 감소
③ 변화가 없다
④ 4,000만 원 감소

59 다음 중 물리 계층(Physical Layer)에 대한 설명으로 틀린 것은?

① 장치와 전송 매체 간 인터페이스의 특성과 전송 매체의 유형을 규정한다.
② 전송로의 연결, 유지, 해제를 담당한다.
③ 시스템간 정보 교환을 위한 물리적인 통신 매체로 광케이블 등의 특성을 관리한다.
④ 회선 연결을 확립, 유지, 단절하기 위한 기계적, 전기적, 기능적, 절차적 특성을 정의한다.

60 다음 중 네트워크 계층에 해당하는 프로토콜로 옳은 것은?

① RS-232C, X.21
② HDLC, BSC, PPP
③ ARP, RARP IGMP, ICMP
④ TCP, UDP

| 디지털/IT |

21 **다음 중 소프트웨어 개발 모형인 폭포수 모형(Waterfall Model)의 특징이 아닌 것은?**

① 각 단계를 확실히 매듭짓고 넘어간다.
② 보헴(Boehm)이 제안하였다.
③ 각 단계가 끝난 후에는 다음 단계를 수행하기 위한 결과물이 명확하게 산출되어야 한다.
④ 고전적 생명주기 모형이라고도 한다.

22 **페이지 교체 알고리즘 중, 최근에 사용하지 않은 페이지를 교체하는 기법으로 두 개의 비트인 참조비트와 변형비트를 사용하는 것은?**

① FIFO
② OTP
③ LRU
④ NUR

23 **다음에서 설명하고 있는 것은?**

> 중국의 청화 대학교에서는 100여 대의 컴퓨터가 이 바이러스에 감염된 이후로, 순식간에 대학 안에 있는 1만 대 이상 컴퓨터들이 간접적 피해를 입었다.
> 이 기술은, 가짜 웹사이트를 생성하여 방문하기를 유도하고, 사용자들이 방문을 하면 그 취약점을 악용해 시스템의 권한을 얻고 정보를 탈취하거나, 정상 이메일로 위장해서 타깃을 가짜 웹사이트로 유도하고, 비밀번호 및 정보를 입력하게 만들기도 한다.

① 스푸핑
② 스니핑
③ 피싱
④ 해킹

24 **프리웨어에 대한 내용으로 옳지 않은 것은?**

① 조건이나 기간, 기능 등에 제한 없이 개인 사용자는 누구나 무료로 사용하는 것이 허가되어 있는 공개 프로그램이다.
② 영리를 목적으로 배포할 수 있다.
③ 국내에서는 흔히 공개판이라 부르기도 한다.
④ 윈앰프(Winamp)나 곰플레이어, 알씨, 알집 등이 대표적인 프리웨어다.

25 다음 빈칸에 들어갈 알맞은 용어는?

> (　　　　　)로 이루어지는 경제활동을 디지털경제(Digital Economy)라 하는데, 실물경제와 디지털경제가 경제활동의 양대 축을 이루고 있다. (　　　　　)는 정보통신기술과 정보시스템 개발기술의 발전으로 나타났으며, 이는 인간의 경제생활은 물론 의식구조와 사회구조의 변동을 초래하고 있다.

① 전자거래　　② 디지털거래
③ 전자상거래　　④ 디지털상거래

26 웹페이지에 악의적인 스크립트를 삽입하여 방문자들의 정보를 탈취하거나, 비정상적인 기능 수행을 유발하는 보안 약점은?

① SQL삽입　　② XSS
③ 경로조작 및 자원삽입　　④ InjectionSQL

27 인스턴스를 만드는 절차를 추상화하는 패턴으로, 객체를 생성·합성하는 방법이나 객체의 표현 방법과 시스템을 분리해 주는 패턴의 분류가 아닌 것은?

① Singleton　　② Abstract Factory
③ Factory Method　　④ Facade

28 다음에서 설명하는 용어는?

> 인포메이션(Information)과 전염병을 뜻하는 에피데믹스(Epidemic)의 합성어로 '정보전염병'을 의미하며, IT기기나 미디어를 통해 사실여부가 확인되지 않은 정보들이 빠르게 퍼져나가면서 경우에 따라 사회, 경제, 정치 그리고 안보 등에 치명적 위기를 초래하는 것이 흡사 전염병과 유사하다고 하여 붙여졌다.

① 인포데믹스　　② 에피메이션
③ 에피데이션　　④ 인포메믹스

29 다음 중 글에서 설명하고 있는 용어는?

- 인공지능을 기반으로 활용한 인간 이미지 합성 기술이다.
- 기존에 있던 인물의 얼굴이나, 특정한 부위를 영화의 CG처리처럼 합성한 영상편집물을 총칭한다.
- 과거 인물의 사진이나 영상을 조악하게 합성해 게시하던 것이 디지털 기술과 인공지능의 발전으로 몇 단계 정교해진 결과라 볼 수 있다.
- 합성하려는 인물의 얼굴이 주로 나오는 고화질의 동영상을 통해 딥러닝하여, 대상이 되는 동영상을 프레임 단위로 합성시키는 것이다.

① 페이크페이스
② 딥페이크
③ 딥페이스
④ 페이스플레이

30 다음 설명에 적합한 기술의 명칭은?

컴퓨터나 주변기기의 환경에 대한 악영향을 최소화 할 수 있도록 만들거나 개선하도록 유도하는 환경 운동의 일환으로, 컴퓨터를 제조 · 사용 · 폐기하는 일련의 과정에 있어 전방위적으로 환경에 대해 미치는 악영향을 최소화하자는 운동

① 클린 컴퓨팅
② 그린 컴퓨팅
③ 블루 컴퓨팅
④ 클리닝 컴퓨팅

31 다음 설명에 적합한 기술의 명칭은?

Multimedia Station 또는 Self Service Station이라고도 하며, 컴퓨터화된 자동화기기를 통칭하는 용어이다. 멀티미디어 기술을 이용하고 개방된 장소에서 무인으로 운영되면서 이용자들이 정보 획득, 물품 구매, 발권, 등록 등의 처리를 쉽게 할 수 있도록 설계된다. 또한 모든 산업 분야에 적용 가능하며 24시간 365일 지속적으로 서비스를 제공할 수 있다.

① KIOSK
② MultiRAT
③ D2D Communication
④ NFC

32 다음에서 설명하고 있는 용어로 옳은 것은?

결재자의 다양한 정보를 수집해 패턴을 만든 후 패턴과 다른 이상 결제를 잡아내고 결제 경로를 차단하는 보안 방식이다. 보안 솔루션에 의존하고 있던 기존 보안 방식과는 달리 빅데이터를 바탕으로 적극적으로 보안에 대해서 개입하는 것이 특징이다.

① AML
② FDS
③ DID
④ KYC

33 FDS(이상금융거래탐지시스템)의 구성 중 다음 설명에 적합한 구성으로 옳은 것은?

> 수집, 분석 대응 등의 종합적인 절차를 통합하여 관리하는 모니터링 기능과 해당 탐지 시스템을 침해하는 다양한 유형에 대한 감사기능

① 정보수집기능
② 분석 및 탐지기능
③ 대응기능
④ 모니터링 및 감사기능

34 다음 빈칸에 들어갈 알맞은 용어는?

> 개인이 자신의 정보를 적극적으로 관리 및 통제하는 것은 물론이고, 이러한 정보를 신용이나 자산관리 등에 능동적으로 활용하는 일련의 과정을 말한다. 즉, 금융 데이터의 주인을 금융회사가 아닌 개인으로 정의하는 개념이다. 데이터 3법의 개정으로 2020년 8월부터 사업자들이 개인의 동의를 받아 금융정보를 통합관리 해주는 (   )이 가능해졌다.

① 마이데이터 산업
② 마이데이터 활용
③ 마이데이터 통합관리
④ 마이데이터 재사용

35 다음 중 핀테크의 장점으로 옳지 않은 것은?

① 비대면 금융거래의 확대
② 정보의 질적, 양적 격차 해소
③ 금융산업과 금융시장의 개편
④ 미시적 금융위험 요인 감소

36 프라이빗 블록체인은 퍼블릭 블록체인과 다르게 기업이나 특정 개인들만 참여할 수 있도록 시스템 되어 있는 폐쇄형의 블록체인의 네트워크를 뜻한다. 프라이빗 블록체인은 운영과 참여의 주체가 분명하기 때문에 인센티브 제도인 코인을 사용하지 않아도 된다는 점이 특징이다. 이러한 프라이빗 블록체인의 특징으로 옳지 않은 것은?

① 허가성
② 빠른 처리속도
③ 프라이버시
④ 개방성

37 스토리지는 단일 디스크로 처리할 수 없는 대용량의 데이터를 저장하기 위해 서버와 저장장치를 연결하는 기술이다. 스토리지의 종류 중 다음과 같은 특징을 갖고 있는 스토리지는?

- 빠른 처리와 파일 공유의 장점을 가진다.
- 서버와 저장장치를 연결하는 전용 네트워크를 별도로 구성한다.
- 광 케이블로 연결하므로 속도가 빠르다.
- 확장성, 유연성, 가용성이 뛰어나지만 초기 설치 시 비용이 많이 든다.

① DAS ② NAS
③ SAN ④ LAN

38 다음 설명에 적합한 저장장치는?

- 자기디스크가 아닌 반도체를 이용해서 데이터를 저장한다.
- 빠른 속도로 데이터를 읽고 쓰기가 가능하다.
- 물리적으로 움직이는 부품이 없기 때문에 작동에 대한 소음이 없으며 전력 소모가 적다.
- 기계적 지연과 소음이 적고 소형화, 경량화되어있다.

① HDD ② ODD
③ SSD ④ S-RAM

39 DDos 공격에 의해 감염된 컴퓨터를 좀비PC라고 한다. 이러한 좀비PC를 조정하는 것을 나타내는 용어는?

① C&C서버 ② 봇넷
③ APT(Advanced Persistent Threat) ④ 스턱스넷

40 페이지 교체 알고리즘 중에서 특정 프로세스에 더 많은 페이지 프레임을 할당해도 페이지 부재율이 증가하는 현상이 나타나는 알고리즘은?

① FIFO(First In First Out) ② LRU(Least Recently Used)
③ LFU(Least Frequently Used) ④ Second Chance

41 다음 중 교착상태의 예방 기법이 아닌 것은?

① 상호배제 부정 ② 점유 및 대기 부정
③ 비선점 부정 ④ 은행원 알고리즘

42 시스템에서는 어떤 자원을 기다린 시간에 비례하여 프로세스에 우선순위를 부여하는 에이징(Aging) 기법을 적용하고 있다. 이는 어떤 현상을 방지하기 위해서인가?

① 교착상태
② 무한연기
③ 세마포어
④ 임계구역

43 기억장치의 가변 분할 방법에서 유휴 공간이 요구량보다 큰 공간 중 단편화가 가장 작은 공간을 선택하는 알고리즘은?

① First Fit
② Best Fit
③ Least Fit
④ Worst Fit

44 다음 중 스케줄링 알고리즘을 평가하는 기준으로 적절하지 않은 것은?

① 반환 시간(Turn Around Time)
② 처리량(Throughput)
③ 대기 시간(Waiting Time)
④ 바인딩 시간(Binding Time)

45 다음 중 선점 기법의 스케줄링에 해당하는 것은?

① FIFO
② SJF
③ HRN
④ RR

46 다음 중 블록체인의 특성으로 옳지 않은 것은?

① 블록체인 데이터는 수천 개의 분산화된 네트워크 노드에 저장되기 때문에 기술적 실패 또는 악의적 공격에 대한 저항력을 갖고 있다.
② 승인된 블록들을 되돌리기가 무척 어려우며 모든 변경 기록을 추적할 수 있다.
③ 분산화된 네트워크 노드가 마이닝을 통해 거래를 검증하기 때문에 중개자가 필요 없다.
④ 소스가 폐쇄되어 있기 때문에 네트워크에 참여하는 누구나 안전하게 거래가 가능하다.

47 5G에서 G는 무엇의 약자인가?

① Global
② Giant
③ Generation
④ Grid

48 다음 중 모든 컴퓨터 기기를 하나의 초고속 네트워크로 연결해 집중적으로 사용할 수 있게 하는 기술은?

① 멀티태스킹
② 그리드 컴퓨팅
③ 빅데이터
④ 그리드드락

49 다음 중 클라우드 보안과 관련된 용어가 아닌 것은?

① CASB
② CWPP
③ CSPM
④ EVRC

50 다음 중 분산 컴퓨팅에 대한 설명으로 옳지 않은 것은?

① 여러 대의 컴퓨터를 연결하여 상호 협력하게 함으로써 컴퓨터의 성능과 효율을 높이는 것을 말한다.
② 데이터의 증가에 따라 데이터를 저장하고 처리하기 위한 방법이다.
③ 용량 확장뿐만 아니라 시스템의 가용성을 제공하기 위해서도 중요한 기술이다.
④ 컴퓨터의 성능을 확대시키기 위해서는 수직적 성능 확대로만 가능하다.

51 다음 중 해당 용어들에 대한 설명으로 옳지 않은 것은?

① 스키마(Schema)는 데이터베이스에 존재하는 자료의 구조 및 내용, 그리고 이러한 자료들에 대한 논리적·물리적 특성에 대한 정보를 표현하는 데이터베이스의 논리적 구조이다.
② 도메인(Domain)은 숫자로 이루어진 인터넷상의 컴퓨터 주소를 알기 쉬운 영문으로 표현한 것이다.
③ 모듈(Module)은 소프트웨어나 하드웨어의 일부로, 전체 시스템 및 체계 중 다른 구성 요소와 독립적인 하나의 구성 요소이다.
④ 트랜잭션(Transaction)은 사물과 사물 사이 또는 사물과 인간 사이의 소통을 위해 만들어진 물리적 매개체나 프로토콜을 말한다.

52 각종 디지털 기기나 인터넷에 있는 데이터를 수집·분석하여 범죄의 증거를 확보하는 수사기법은?

① 딥 페이크
② 디지털 포렌식
③ 리버스 엔지니어링
④ 디지털 노마드

53 다음 중 메칼프의 법칙(Metcalfe's Law)에 대한 설명으로 옳은 것은?

① 마이크로칩의 밀도는 24개월마다 2배로 늘어난다.
② 네트워크의 가치는 사용자 수의 제곱에 비례한다.
③ 조직은 거래 비용이 적게 드는 쪽으로 계속하여 변화한다.
④ 인터넷 이용자의 90%는 관망하며, 9%는 재전송이나 댓글로 확산에 기여하고, 1%만이 콘텐츠를 창출한다.

54 다음 빈칸에 공통으로 들어갈 용어로 옳은 것은?

어나니머스(Anonymous)는 (　　　　　)의 대표적인 조직으로, 이들은 정치적·사회적 목적을 위해 해킹 공격을 수행한다. 2007년 발트해 연안의 국가 에스토니아는 (　　　　　)에 의한 대규모 피해를 받았다.

① 핵티비즘(Hacktivism)
② 사이버 테러리즘(Cyber Terrorism)
③ 슈퍼 테러리즘(Super Terrorism)
④ 에코 테러리즘(Eco Terrorism)

55 다음 중 유튜브 시청자들이 채팅을 통해 유튜버에게 일정 금액을 후원하는 서비스로 옳은 것은?

① 별풍선
② 슈퍼챗
③ 팝콘
④ 캐시

56 다음 중 차량을 단순한 이동수단이 아닌 승객이 필요한 서비스를 누릴 수 있는 공간으로 확장한 것은?

① SUV
② PBV
③ RV
④ MPV

57 다음 중 러시아 최대 소셜네트워크서비스(SNS) '브콘탁테(VKontakte)'를 설립한 니콜라이 두로프와 파벨 두로프 형제가 개발한 보안성이 높은 무료(비영리) 모바일 메신저는?

① VK
② Wickr
③ MSN
④ 텔레그램(Telegram)

58 다음 중 케이블TV 서비스를 해지하고 인터넷TV나 동영상 스트리밍 서비스 등으로 옮겨가는 현상을 의미하는 것은?

① N스크린 ② OTT
③ LoRa ④ 코드 커팅

59 다음 중 4차 산업혁명으로 인한 부정적 영향이 아닌 것은?

① 무한경쟁의 가속화
② 승자독식 구조로 인한 경제적 양극화
③ 실시간 정보수집으로 인한 사생활 침해
④ 신기술 관련 분쟁에 대한 새로운 법 확립의 필요성 증대

60 구글 딥마인드에서 개발한 컴퓨터 인공지능 바둑 프로그램은?

① 딥젠고 ② 알파고
③ 뮤제로 ④ 줴이

2권

제2회 우리은행 필기전형

제1영역 NCS직업기초능력평가
제2영역 직무능력평가

〈문항 및 시험시간〉

구분	과목	시험시간	비고	모바일 OMR 답안분석
1교시	NCS직업기초능력평가	80분	80문항	
2교시	직무능력평가	60분	60문항	

※ 문항 및 시험시간은 해당 채용공고문을 참고하여 구성하였습니다.
※ 직무능력평가 영역에서 21번 ~ 60번 문항은 금융일반, 디지털 / IT 직무 구분이 있으니 참고하십시오.

NCS직업기초능력평가 + 직무능력평가

제2회 우리은행 필기전형

문항 수 : 140문항
시험시간 : 140분

제 1 영역 NCS직업기초능력평가

01 직장인 K씨는 12월 31일에 현찰 1,000달러를 B은행에 팔았고 2일 후 B은행에서 1,000달러를 지인에게 송금한다고 할 때, 얼마의 금액을 더 추가해야 하는가?(단, '전일 대비'란 매매기준율을 기준으로 한 값이며, 1월 1일은 공휴일이기에 전일 대비 산입일에 포함하지 않는다. 실제 현찰이나 송금으로 계산할 때 환율은 소수점 이하에서 버림한다)

〈은행별 환율 현황〉

(단위 : 원/달러)

날짜	은행	매매기준율	전일 대비	현찰		송금	
				살 때	팔 때	보낼 때	받을 때
12월 31일	A	( )	−1.20	1,236.53	1,096.47	1,226.90	1,105.10
12월 31일	B	( )	−1.20	1,236.00	1,106.00	1,226.00	1,116.00
1월 2일	A	1,222.50	+6.50	1,242.50	1,102.50	1,232.50	1,112.50
1월 2일	B	1,222.50	+6.50	1,242.50	1,092.50	1,222.50	1,112.50

※ K씨는 두 은행에서 환율 우대로 50% 환전수수료 할인을 받는다.
※ 매매기준율은 모든 은행이 동일하며, 환율 우대는 환전수수료에만 적용된다.
※ 살 때에는 매매기준율에 환전수수료를 더하는 반면 팔 때에는 그만큼 뺀다.

① 61,000원
② 62,000원
③ 51,000원
④ 52,000원

※ 일정한 규칙으로 수를 나열할 때, 괄호 안에 들어갈 알맞은 숫자를 고르시오. [2~3]

02

−88　66　(　)　78　−22　90　−11

① −33　② −44
③ −55　④ −66

03

12　6　3　8　(　)　2　4　12　36

① 1　② 2
③ 3　④ 4

04 **다음 중 밑줄 친 ㉠~㉣을 바꾸어 쓸 수 있는 단어로 적절하지 않은 것은?**

정부가 '열린혁신'을 국정과제로 선정하고, 공공부문의 선도적인 역할을 당부함에 따라 많은 공공기관에서 열린혁신 추진을 위한 조직 및 전담인력을 구성하고 있으며, 한국산업인력공단 역시 경영기획실 내 혁신기획팀을 조직하여 전사 차원의 열린혁신을 ㉠ 도모하고 있다. 다만, 아직까지 열린혁신은 도입 단계로 다소 생소한 개념이므로 이에 대한 이해가 필요하다.

(가) 그렇다면 '열린혁신'을 보다 체계적이고 성공적으로 추진하기 위한 선행조건은 무엇일까? 먼저 구성원들이 열린혁신을 명확히 이해하고, 수요자의 입장에서 사업을 바라보는 마인드 형성이 필요하다. 공공기관이 혁신을 추진하는 목적은 결국 ㉡ 본연의 사업을 잘 수행하기 위함이다. 이를 위해서는 수요자인 고객을 먼저 생각해야 한다. 제공받는 서비스에 만족하지 못하는 고객을 생각한다면 사업에 대한 변화와 혁신은 자연스럽게 따라올 수밖에 없다.

(나) 위에서 언급한 정의의 측면에서 볼 때 열린혁신의 성공을 위한 ㉢ 초석은 시민사회(혹은 고객)를 포함한 다양한 이해관계자의 적극적인 참여와 협업이다. 어린이 – 시민 – 전문가 – 공무원이 모여 자연을 이용해 기획하고 디자인한 순천시의 '기적의 놀이터', 청년들이 직접 제안한 아이디어를 정부가 정식사업으로 채택하여 발전시킨 '공유기숙사' 등은 열린혁신의 추진방향을 보여주는 대표적인 사례이다. 특히 시민을 공공서비스의 ㉣ 수혜 대상에서 함께 사업을 만들어가는 파트너로 격상시킨 것이 큰 변화이며, 바로 이 지점이 열린혁신의 출발점이라 할 수 있다.

(다) 둘째, 다양한 아이디어가 존중받고 추진될 수 있는 조직문화를 만들어야 한다. 나이·직급에 관계없이 새로운 아이디어를 마음껏 표현할 수 있는 환경을 조성하는 한편, 참신하고 완성도 높은 아이디어에 대해 인센티브를 제공하는 등 조직 차원의 동기부여가 필요하다. 행정안전부에서 주관하는 정부 열린혁신 평가에서 기관장의 의지와 함께 전사 차원의 지원체계 마련을 주문하는 것도 이러한 사유에서다.

(라) '혁신'이라는 용어는 이미 경영·기술 분야에서 널리 사용되고 있다. 미국의 경제학자 슘페터는 혁신을 새로운 제품소개, 생산방법의 도입, 시장개척, 조직방식 등의 새로운 결합으로 발생하는 창조적 파괴라고 정의내린 바 있다. 이를 '열린혁신'의 개념으로 확장해보면 기관 자체의 역량뿐만 아니라 외부의 아이디어를 받아들이고 결합함으로써 당면한 문제를 해결하고, 사회적 가치를 창출하는 일련의 활동이라 말할 수 있을 것이다.

(마) 마지막으로 지속가능한 혁신을 위해 이를 뒷받침할 수 있는 열정적인 혁신 조력자가 필요하다. 수요자의 니즈를 발굴하여 사업에 반영하는 제안 – 설계 – 집행 – 평가 전 과정을 살피고 지원할 수 있는 조력자의 역할은 필수적이다. 따라서 역량 있는 혁신 조력자를 육성하기 위한 체계적인 교육이 수반되어야 할 것이다. 덧붙여 전 과정에 다양한 이해관계자의 참여가 필요한 만큼 담당부서와 사업부서 간의 긴밀한 협조가 이루어진다면 혁신의 성과는 더욱 커질 것이다.

① ㉠ – 계획
② ㉡ – 본래
③ ㉢ – 기반
④ ㉣ – 수효

05 다음 기안문에서 잘못 쓰인 단어는 모두 몇 개인가?

> **국민안전처**
>
> 수신 : 교육부 교육안전정보국장
> (경유)
> 제목 : 개학기 학교 주변 위해 요인 안전대진단 홍보물 계시 협조
>
> ---
>
> 신학기를 맞아 학교 주변의 위해 요인과 안전대책에 대한 홍보회 개최 등의 협조를 다음과 같이 요청하니 조취하여 주시기 바랍니다.
>
> – 다음 –
>
> 1. 안전 홍보 설명회 개요
>   가. 기간 : 2017. 3. 6.(월) ~ 3. 31.(금)
>   나. 장소 : 각급 학교 강당 등 실내 강의 시설
>   다. 대상 : 교사 및 학부모
> 2. 협조 요총 내용
>   가. 강연자용 단상 및 칠판 배치
>   나. 강의 시설(오디오 시설, 영사기, 스크린 등) 설치
>
> 붙임 : 행사 안내 리플렛, 가정통신문, 웹페이지 팝업 등 각 1부. 끝.
>
> 국민안전처장관
>
> ---
>
> 안전총괄기획관 박대한 　　안전문화교육과장 김민국 　　제도정책관 이국민
> 협조자
> 시행 안전기획과–804
> 접수 우) 110–760 주소) 서울특별시 종로구 세종대로 / www.mpss.go.kr
> 전화 (02–1000–1000) 팩스(02–1000–1001) / safety@knpss.go.kr / 공개

① 2개　　② 3개
③ 4개　　④ 5개

06 다음 중 엑셀의 차트와 스파크라인에 대한 공통점을 설명한 것으로 옳지 않은 것은?

① 작성 시 반드시 원본 데이터가 있어야 한다.
② 데이터의 추이를 시각적으로 표현한 것이다.
③ 데이터 레이블을 입력할 수 있다.
④ 원본 데이터를 변경하면 내용도 자동으로 함께 변경된다.

※ 다음은 ○○공사의 홈페이지에 안내되어 있는 정보공개제도에 대한 안내이다. 다음 자료를 읽고 이어지는 질문에 답하시오. [7~8]

1. 공개대상 정보의 범위

공공기관이 직무상 작성 또는 취득하여 관리하고 있는 문서(전자문서 포함)·도면·사진·필름·테이프·슬라이드 및 이에 준하는 매체에 기록된 사항

- 정보공개법의 '정보'에 해당하는 경우
  - 당해 행정기관에서 업무상 필요한 것으로 이용·보존되고 있음을 의미
  - 반드시 '결재권자가 해당문서의 서명의 방식으로 결재함으로써 성립한 문서'이어야 하는 것은 아님
  - 전자적 형태로 보유·관리되는 자료로 시간적, 경제적인 부담 없이 전산기기로 필요한 정보를 쉽게 생성할 수 있는 자료
  - 타 기관에서 생산한 문서를 해당기관에서 보유·관리하는 경우
- 정보공개법의 '정보'에 해당하지 않는 경우
  - 직무상 활용하기 위해 수집한 통계자료에 해당하지 않는 경우
  - 신문·잡지 등 불특정 다수인에게 판매를 목적으로 발간한 자료 등
  - '공공기록물 관리에 관한 법률'에 따라 보존연한이 경과하여 폐기된 정보

2. 정보공개의 방법

공공기관이 정보를 열람하게 하거나 그 사본·복제물을 제공하거나 정보통신망을 통하여 정보를 제공하는 것

- 공개방법
  - 문서·도면·사진 등 : 열람 또는 사본의 제공
  - 필름·테이프 등 : 시청 또는 인화물·복제물의 제공
  - 마이크로필름·슬라이드 등 : 시청·열람 또는 사본·복제물의 제공
  - 전자적 형태로 보유·관리하는 정보 등은 파일을 복제하여 정보통신망을 활용한 정보 공개시스템으로 송부, 매체에 저장하여 제공, 열람·시청 또는 사본·출력물의 제공
  - 정보공개법 제7조 제1항에 따라 이미 공개된 정보 : 해당 정보의 소재(URL) 안내
    (공개할 때 본인 등을 확인할 필요가 없는 경우 사본·복제물·파일 등을 우편·팩스 또는 정보통신망 이용 가능)

3. 정보공개 청구권자

모든 국민 및 대통령령으로 정한 외국인

- 모든 국민
  - 미성년자, 재외국민, 수형자 등 포함
  - 법인, 권리능력 없는 사단·재단포함(동창회 등)
- 외국인
  - 국내에 일정한 주소를 두고 거주하는 자(예 외국인등록증이 있는 경우)
  - 학술연구를 위하여 일시적으로 체류하는 자
  - 국내에 사무소를 두고 있는 법인 또는 단체(제외 대상 : 외국인 거주자(개인 법인), 국내 불법체류 외국인 등)

4. **정보공개의 청구방법**

청구대상 정보를 보유하거나 관리하고 있는 공공기관에 정보 공개 청구서를 제출하거나 말로써 정보의 공개를 청구

- 정보공개청구서를 제출하는 경우(별지 제1호 서식)
  - 공공기관에 직접 출석·제출, 우편·팩스 또는 정보통신망을 이용하여 제출
  - 청구인의 성명·주민등록번호·주소 및 연락처(전화번호·전자우편주소 등)
    (법인 또는 단체가 정보공개 청구 시 대표자 또는 대리인의 주민등록번호를 반드시 기재하여야 하는 것은 아님)
  - 공개를 청구하는 정보의 내용 및 공개방법 기재
- 말로 청구하는 경우(별지 제2호 서식)
  - 담당 직원의 앞에서 진술
  - 담당 직원 등은 정보공개 청구조서를 작성하여 청구인과 함께 기명날인

07 **정보공개제도에 대한 설명으로 옳지 않은 것은?**

① 공사에서 관리 중인 전자문서도 공개대상 정보에 해당한다.
② 정보공개 청구를 받은 공사에서 보유하고 있는 정보이더라도 다른 공사에서 생산한 경우, 그 정보는 정보공개 대상이 아니다.
③ 문서·테이프가 아닌 슬라이드의 경우 정보통신망을 활용하여 정보를 공개할 수 있다.
④ 외국인이라도 일정 요건을 충족하는 경우 정보공개를 청구할 수 있다.

08 **다음 〈보기〉 중 정보공개제도에 따른 올바른 정보공개 청구와 정보공개의 경우를 모두 고른 것은?**

〈보기〉

ㄱ. 학술연구를 위해 국내에 체류 중이었으나 비자가 만료되어 불법체류자가 된 A는 학술연구에 필요한 정보를 얻기 위해 일정 정보에 대해 공개를 청구할 수 있다.
ㄴ. B는 사업 진행을 위해 필요한 정보를 얻기 위해 관련 기관에 정보공개 청구를 하였으나, 해당 기관은 해당 정보가 이미 공개된 정보라며 정보를 직접 제공하는 대신 정보 위치가 담긴 URL을 제공하였다.
ㄷ. C는 법률에 따라 보존연한이 경과하여 폐기된 정보에 대해 ○○공사에 공개 청구를 하였고, ○○공사는 정보공개 의무에 따라 해당 정보를 복원하여 공개하였다.
ㄹ. 교도소에 수감 중인 D는 본인의 결백을 주장하기 위해 ㅁㅁ공단에서 생산한 정보에 대해 정보를 관리하고 있는 △△공사에게 정보공개 청구를 하였다.

① ㄱ, ㄴ　　② ㄱ, ㄷ
③ ㄴ, ㄷ　　④ ㄴ, ㄹ

09 A대리는 전략회의를 앞두고 국내 금융그룹의 SWOT 분석을 했다. 다음 분석 결과에 대응하는 전략과 그 내용으로 옳은 것은?

국내 금융그룹 SWOT 분석	
〈S(강점)〉 • 탄탄한 국내 시장 지배력 • 뛰어난 위기관리 역량 • 우수한 자산건전성 지표 • 수준 높은 금융 서비스	〈W(약점)〉 • 은행과 이자수익에 편중된 수익구조 • 취약한 해외 비즈니스와 글로벌 경쟁력 • 낙하산식 경영진 교체와 관치금융 우려 • 외화 자금 조달 리스크
〈O(기회)〉 • 해외 금융시장 진출 확대 • 기술 발달에 따른 핀테크의 등장 • IT 인프라를 활용한 새로운 수익 창출 • 계열사 간 협업을 통한 금융 서비스	〈T(위협)〉 • 새로운 금융 서비스의 등장 • 은행의 영향력 약화 가속화 • 글로벌 금융사와의 경쟁 심화 • 비용 합리화에 따른 고객 신뢰 저하

① SO전략 : 해외 비즈니스 TF팀 신설로 상반기 해외 금융시장 진출 대비
② ST전략 : 금융 서비스를 다방면으로 확대해 글로벌 경쟁사와의 경쟁에서 우위 차지
③ WO전략 : 국내의 탄탄한 시장점유율을 기반으로 핀테크 사업 진출
④ WT전략 : 국내 금융사의 우수한 자산건전성 지표를 홍보하여 고객 신뢰 회복

10 다음 설명을 근거로 〈보기〉를 계산한 값은?

연산자 A, B, C, D는 다음과 같이 정의한다.
A : 좌우에 있는 두 수를 더한다. 단, 더한 값이 10 미만이면 좌우에 있는 두 수를 곱한다.
B : 좌우에 있는 두 수 가운데 큰 수에서 작은 수를 뺀다. 단, 두 수가 같거나 뺀 값이 10 미만이면 두 수를 곱한다.
C : 좌우에 있는 두 수를 곱한다. 단, 곱한 값이 10 미만이면 좌우에 있는 두 수를 더한다.
D : 좌우에 있는 두 수 가운데 큰 수를 작은 수로 나눈다. 단, 두 수가 같거나 나눈 값이 10 미만이면 두 수를 곱한다.
※ 연산은 '( )', '{ }'의 순으로 한다.

〈보기〉

{(1A5)B(3C4)}D6

① 10
② 12
③ 90
④ 210

11 다음은 정보공개 대상별 정보공개수수료에 대한 자료이다. 다음 표에 따를 때, 〈보기〉의 정보열람인 중 정보공개수수료를 가장 많이 지급하는 사람부터 순서대로 나열한 것은?(단, 정보열람인들이 열람한 정보는 모두 공개대상인 정보이다)

〈정보공개 대상별 정보공개 방법 및 수수료〉

공개 대상	열람 · 시청	사본(종이 출력물) · 인화물 · 복제물
문서 도면 사진 등	• 열람 – 1일 1시간 이내 : 무료 – 1시간 초과 시 30분마다 1,000원	• 사본(종이 출력물) – A3 이상 300원(1장 초과 시 100원/장) – B4 이하 250원(1장 초과 시 50원/장)
필름 테이프 등	• 녹음테이프(오디오자료)의 청취 – 1건이 1개 이상으로 이루어진 경우 : 1개(60분 기준)마다 1,500원 – 여러 건이 1개로 이루어진 경우 : 1건(30분 기준)마다 700원 • 영화필름의 시청 – 1편이 1캔 이상으로 이루어진 경우 : 1캔(60분 기준)마다 3,500원 – 여러 편이 1캔으로 이루어진 경우 : 1편(30분 기준)마다 2,000원 • 사진필름의 열람 – 1장 : 200원 – 1장 초과 시 50원/장	• 녹음테이프(오디오자료)의 복제 – 1건이 1개 이상으로 이루어진 경우 : 1개마다 5,000원 – 여러 건이 1개로 이루어진 경우 : 1건마다 3,000원 • 사진필름의 복제 – 1컷마다 6,000원 • 사진필름의 인화 – 1컷마다 500원
마이크로필름 슬라이드 등	• 마이크로필름의 열람 – 1건(10컷 기준) 1회 : 500원 – 10컷 초과 시 1컷마다 100원 • 슬라이드의 시청 – 1컷마다 200원	• 사본(종이 출력물) – A3 이상 300원(1장 초과 시 200원/장) – B4 이하 250원(1장 초과 시 150원/장) • 마이크로필름의 복제 – 1롤마다 1,000원 • 슬라이드의 복제 – 1컷마다 3,000원

〈보기〉

- A : 공시지가에 관련된 문서와 지가비공개 대상에 대한 문서를 하루 동안 각각 3시간 30분씩 열람하고, 공시지가 관련 문서를 A3용지로 총 25장에 걸쳐 출력하였다.
- B : 한 캔에 포함된 두 편의 영화필름 중 20분짜리 독립유공자 업적 관련 한 편의 영화를 시청하고, 13컷으로 구성된 관련 슬라이드를 시청하였으며, 해당 슬라이드의 1컷부터 6컷까지를 복제하였다.
- C : 공단 사업연혁과 관련된 마이크로필름 2롤과 3건(1건이 1개)으로 이루어진 녹음테이프 자료를 복제하였고, 최근 해외협력사업과 관련된 사진필름 8장을 열람하였다.
- D : 하반기 공사 입찰계약과 관련된 문서의 사본을 B4용지로 35장을 출력하고, 작년 공사 관련 사진필름을 22장 열람하였다.

① A – B – C – D
② A – B – D – C
③ B – A – C – D
④ B – C – A – D

12 다음을 읽고 (가)～(라)의 문단을 순서대로 나열한 것은?

휘슬블로어란 호루라기를 뜻하는 휘슬(Whistle)과 부는 사람을 뜻하는 블로어(Blower)가 합쳐진 말이다. 즉, 호루라기를 부는 사람이라는 뜻으로 자신이 속해 있거나 속해 있었던 집단의 부정부패를 고발하는 사람을 뜻하며, 흔히 '내부고발자'라고도 불린다. 부정부패는 고발당해야 마땅한 것인데 이렇게 '휘슬블로어'라는 용어가 따로 있는 것은 그만큼 자신이 속한 집단의 부정부패를 고발하는 것이 쉽지 않다는 뜻일 것이다.

(가) 또한 법의 울타리 밖에서 행해지는 것에 대해서도 휘슬블로어는 보호받지 못한다. 일단 기업이나 조직 속에서 배신자가 되었다는 낙인과 상급자들로부터 괘씸죄로 인해 받게 되는 업무 스트레스, 집단 따돌림 등으로 인해 고립되기 때문이다. 뿐만 아니라 익명성이 철저히 보장되어야 하지만 조직에서는 휘슬블로어를 찾기 위해 혈안이 된 상급자의 집요한 색출로 인해 밝혀지는 경우가 많다. 그렇게 될 경우 휘슬블로어들은 권고사직을 통해 해고를 당하거나 괴롭힘을 당한 채 일할 수밖에 없다.

(나) 실제로 휘슬블로어의 절반은 제보 후 1년간 자살충동 등 정신 및 신체적 질환으로 고통을 받는다고 한다. 또한 73%에 해당되는 상당수의 휘슬블로어들은 동료로부터 집단적으로 따돌림을 당하거나 가정에서도 불화를 겪는다고 한다. 우리는 이들이 공정한 사회와 개인의 양심에 손을 얹고 중대한 결정을 한 사람이라는 것을 외면할 수 없으며, 이러한 휘슬블로어들을 법적으로 보호할 필요가 있다.

(다) 내부고발이 어려운 큰 이유는 내부고발을 한 후에 맞게 되는 후폭풍 때문이다. 내부고발은 곧 기업의 이미지가 떨어지는 것부터 시작해 영업 정지와 같은 실질적 징벌로 이어지는 경우가 많기 때문에 내부고발자들은 배신자로 취급되는 경우가 많다. 실제 양심에 따라 내부고발을 한 이후 닥쳐오는 후폭풍에 못 이겨 자신의 발로 회사를 나오는 경우도 많으며, 또한 기업과 동료로부터 배신자로 취급되거나 보복성 업무, 인사이동 등으로 불이익을 받는 경우도 많다.

(라) 현재 이러한 휘슬블로어를 보호하기 위한 법으로는 2011년 9월부터 시행되어 오고 있는 공익신고자 보호법이 있다. 하지만 이러한 법 제도만으로는 휘슬블로어들을 보호하는 데에 무리가 있다. 공익신고자 보호법은 181개 법률 위반행위에 대해서만 공익신고로 보호하고 있는데, 만일 공익신고자 보호법에서 규정하고 있는 법률 위반행위가 아닌 경우에는 보호를 받지 못하고 있는 것이다.

① (다) – (나) – (라) – (가)
② (라) – (다) – (가) – (나)
③ (다) – (가) – (라) – (나)
④ (라) – (가) – (다) – (나)

13 다음 중 Windows에서 [표준 사용자 계정]의 사용자가 할 수 있는 작업으로 옳지 않은 것은?

① 사용자 자신의 암호를 변경할 수 있다.
② 마우스 포인터의 모양을 변경할 수 있다.
③ 관리자가 설정해 놓은 프린터를 프린터 목록에서 제거할 수 있다.
④ 사용자의 사진으로 자신만의 바탕 화면을 설정할 수 있다.

14 Windows에서 실행 중인 다른 창이나 프로그램으로 빠르게 전환하는 방법으로 가장 적절한 것은?

① [Alt]+[Tab]을 눌러 이동한다.
② [Ctrl]+[Tab]을 눌러 이동한다.
③ [Ctrl]+[Alt]+[Delete]를 눌러 나타나는 작업 관리자에서 이동한다.
④ 제어판에서 이동한다.

15 글로벌 기업인 C회사는 외국 지사와 화상 회의를 진행하기로 하였다. 모든 국가는 오전 8시부터 오후 6시까지가 업무 시간이고 한국 현지 시각 기준으로 오후 4시부터 5시까지 회의를 진행한다고 할 때, 다음 중 회의에 참석할 수 없는 국가는?(단, 서머타임을 시행하는 국가는 +1:00을 반영한다)

국가	시차	국가	시차
파키스탄	−4:00	불가리아	−6:00
오스트레일리아	+1:00	영국	−9:00
싱가포르	−1:00		

※ 오후 12시부터 1시까지는 점심시간이므로 회의를 진행하지 않는다.
※ 서머타임 시행 국가 : 영국

① 파키스탄
② 오스트레일리아
③ 싱가포르
④ 불가리아

16 다음 ○○공사의 여비규정과 일치하는 것은?

제1조(목적) 이 규정은 ○○공사(이하 '공사'라 한다)의 임원 및 직원(이하 '임직원'이라 한다)이 업무수행을 위하여 국내외에 출장하거나 전보명령을 받고 신임지로 부임할 때의 여비지급에 관한 사항을 규정함을 목적으로 한다.

제2조(여비의 구분) 여비는 국내여비와 국외여비로 구분하고 국내여비는 출장여비, 체재비, 근거리출장비 및 기타여비로 구분한다.

⋮

제4조(일비, 식비, 숙박비, 근거리출장비)

① 일비는 여행 중 출장지에서 소요되는 교통비, 통신비 등 각종 비용을 충당하기 위한 여비로서 여행일수에 따라 지급한다.

② 식비는 여행일수에 따라 지급한다. 다만, 항공 또는 선박여행 시에는 따로 식비를 요하는 경우에 한하여 지급한다.

③ 숙박비는 숙박하는 야수(夜數)에 따라 지급한다. 다만, 항공 또는 선박여행 시 항공기 내 또는 선박 내에서의 숙박은 숙박비를 지급하지 아니한다. 그러나 부득이한 사유로 인하여 육상에서 숙박하는 경우에는 그러하지 아니한다.

④ 근거리출장은 근거리・상시・주로 당일에 발생하는 수도권(서울특별시, 인천광역시 및 경기도) 출장을 말하며, 사유가 발생한 경우에는 근거리출장비를 지급할 수 있다.

제5조(실비지급)

① 특별한 사유 또는 업무의 성질상 이 규정에서 정하고 있는 여비로서는 그 실비를 충당하기 어렵다고 인정될 때에는 위임전결규정에 따라 결재권자의 승인을 얻어 그 실비 부족분을 추가로 지급할 수 있다. 단, 국외출장 및 국외교육은 사장의 승인을 얻어 시행한다.

② 여행 중 업무상 필요한 경비를 지불하였을 경우에는 필요성과 증빙에 의하여 관련비용을 실비 지급할 수 있다.

⋮

제10조(지급 및 정산)

① 여비는 여행 출발 전에 지급한다. 다만, 여행일정이 불분명하거나 기타사유로 인하여 여비의 정액 지급이 곤란할 경우에는 그 개산액을 전도할 수 있다.

② 제1항의 규정에 의하여 개산액을 지급받은 자는 7일 이내에 정산하여야 한다.

③ 제1항의 규정에도 불구하고 근거리출장비는 출장 후 지급할 수 있다.

④ 출장자는 여행 출발 전 출장계획을 세워 위임전결규정에 의한 결재권자의 승인을 얻은 후 여비를 신청해야 한다. 단, 근거리출장과 국내출장 중 대전정부청사, 세종정부청사로의 당일출장에 한해 시스템 등록 및 승인으로 여비를 신청할 수 있다.

⋮

제10조의2(취소수수료의 지급)
① 임직원이 출장 시 교통수단, 숙박시설 등을 사전예약 또는 구매 후 취소할 경우 발생하는 수수료는 임직원이 개인의 비용으로 지급하여야 한다.
② 제1항의 규정에도 불구하고 다음 각 호의 사유로 인하여 출장계획이 취소되었거나 변경됨으로써 발생한 예약취소 수수료는 임직원의 수수료 지급신청에 따라 지원할 수 있다.
1. 업무 형편상 부득이한 경우
2. 질병으로 인하여 출장수행이 곤란한 경우
3. 임직원 본인 또는 배우자의 직계 존속·비속과 형제자매가 사망한 경우
4. 출장신청 당시 예측하지 못하였던 사정이 발생하여 정상적인 출장업무 수행이 곤란하다고 사장이 판단한 경우

① 일비와 식비, 숙박비는 여행일수에 따라 지급하나, 근거리출장의 경우 사유가 있을 경우에만 출장비를 지급한다.
② 여비는 ○○공사 임직원이 업무수행을 위하여 국내외로 출장한 경우에만 지급한다.
③ 어떤 사유로 규정에 지급하는 여비로는 실비를 충당할 수 없을 때, 사장의 승인을 얻어 부족분을 추가로 지급할 수 있다.
④ 출장자의 질병으로 출장계획이 취소된 경우 발생하는 취소수수료는 지급신청에 따라 지원할 수 있다.

17 다음과 같이 하나의 셀에 두 줄 이상의 데이터를 입력하려고 하는 경우, '컴퓨터'를 입력한 후 줄을 바꾸기 위하여 사용하는 키로 옳은 것은?

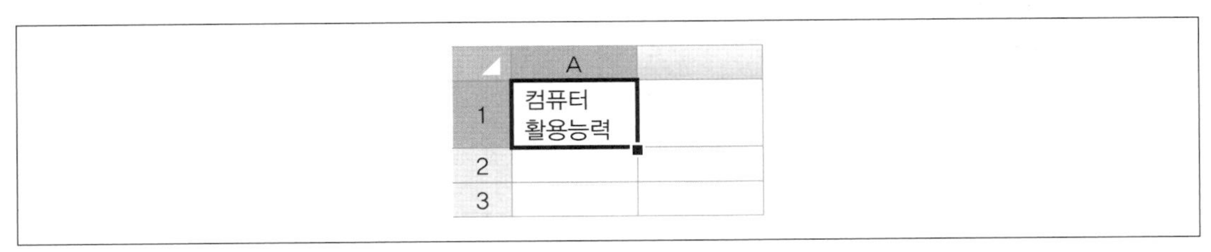

① 〈Ctrl〉+〈Enter〉
② 〈Ctrl〉+〈Shift〉+〈Enter〉
③ 〈Alt〉+〈Enter〉
④ 〈Shift〉+〈Enter〉

18 엑셀에서 차트를 작성할 때 [차트 마법사]를 이용할 경우 차트 작성 순서로 옳은 것은?

㉠ 작성할 차트 중 차트 종류를 선택하여 지정한다.
㉡ 데이터 범위와 계열을 지정한다.
㉢ 차트를 삽입할 위치를 지정한다.
㉣ 차트 옵션을 설정한다.

① ㉠ → ㉡ → ㉢ → ㉣
② ㉠ → ㉡ → ㉣ → ㉢
③ ㉠ → ㉢ → ㉡ → ㉣
④ ㉡ → ㉠ → ㉢ → ㉣

19 다음 중 스프레드 시트의 고급필터에 관한 설명으로 옳지 않은 것은?

① 고급필터는 자동필터에 비해 복잡한 조건을 사용하거나 여러 필드를 결합하여 조건을 지정할 경우에 사용한다.

② 원본 데이터와 다른 위치에 추출된 결과를 표시할 수 있으며, 조건에 맞는 특정한 필드(열)만을 추출할 수도 있다.

③ 조건을 지정하거나 특정한 필드만을 추출할 때 사용하는 필드명은 반드시 원본 데이터의 필드명과 같아야 한다.

④ OR조건은 지정한 조건 중 하나의 조건이라도 만족하는 경우 데이터가 출력되며 조건을 모두 같은 열에 입력해야 한다.

20 다음은 비행구간별 편도 마일리지를 나타낸 자료이다. 자료와 〈조건〉을 참고할 때, Y대리가 12월 20일 현재 보유하고 있는 마일리지는 몇 점인가?(단, 모든 비행은 1항공사만 이용한다)

〈비행구간별 편도 마일리지〉

(단위 : 점)

구간	마일리지	구간	마일리지
인천 – 괌	2,003	부산 – 방콕	2,304
인천 – 다낭	1,861	부산 – 괌	1,789
인천 – 방콕	2,286	부산 – 도쿄	618
인천 – 세부	1,887	부산 – 나리타	618
인천 – 싱가포르	2,883	부산 – 삿포로	854
인천 – 나고야	598	제주 – 나리타	784
인천 – 나리타	758	제주 – 오사카	507
인천 – 삿포로	870	오사카 – 괌	1,577
인천 – 후쿠오카	347	나리타 – 괌	1,692
인천 – 오사카	525	삿포로 – 괌	1,879

〈유의사항〉

- 마일리지는 경유지와 상관없이 항공권상의 출·도착지 기준으로 적립한다.
  예 인천 – 호놀룰루 이용 시, 인천 – 나리타 – 호놀룰루(×) 인천 – 호놀룰루(○)
- 출발지와 도착지가 바뀌어도 마일리지는 동일하다.
- 마일리지로 편도 항공권을 구매하려면 비행구간별 편도 마일리지의 30배가 필요하다.

〈조건〉

- Y대리가 10월에 보유한 마일리지는 50,000점이었다.
- Y대리는 11월 3일 인천에서 오사카로 여행을 다녀왔으며, 왕복 항공료는 마일리지로 결제하였다.
- Y대리는 11월 20일에 해외출장으로 부산에서 출발하여 나리타를 경유해 괌에 다녀왔으며, 한국에 돌아올 때에는 괌에서 나리타를 경유해 부산에 도착했다.

① 22,087점
② 22,076점
③ 22,188점
④ 22,078점

21 다음 글에 〈보기〉의 내용이 들어갈 위치로 가장 적절한 곳은?

정보란 무엇인가? 이 점은 정보화 사회를 맞이하면서 우리가 가장 깊이 생각해 보아야 할 문제이다. 정보는 그냥 객관적으로 주어진 대상인가? 그래서 그것은 관련된 당사자들에게 항상 가치중립적이고 공정한 지식이 되는가? 결코 그렇지 않다. 똑같은 현상에 대해 정보를 만들어 내는 방식은 매우 다양할 수 있다. 정보라는 것은 인간에 의해 가공되는 것이고 그 배경에는 언제나 나름대로의 입장과 가치관이 깔려 있게 마련이다.
정보화 사회가 되어 정보가 넘쳐나는 듯하지만 사실 우리 대부분은 그 소비자로 머물러 있을 뿐 적극적인 생산의 주체로 나서지 못하고 있다. 이런 상황에서는 우리의 생활을 질적으로 풍요롭게 해 주는 정보를 확보하기가 대단히 어렵다. 사실 우리가 일상적으로 구매하고 소비하는 정보란 대부분이 일회적인 심심풀이용이 많다. (가)
또한 정보가 많을수록 좋은 것만은 아니다. 오히려 정보의 과잉은 무기력과 무관심을 낳는다. 네트워크와 각종 미디어와 통신 기기의 회로들 속에서 정보가 기하급수적인 속도의 규모로 증식하고 있는 데 비해, 그것을 수용하고 처리할 수 있는 우리 두뇌의 용량은 진화하지 못하고 있다. 이 불균형은 일상의 스트레스 또는 사회적인 교란으로 표출된다. 정보 그 자체에 집착하는 태도에서 벗어나 무엇이 필요한지를 분별할 수 있는 능력이 배양되어야 한다. (나)
정보는 얼마든지 새롭게 창조될 수 있다. 컴퓨터의 기계적인 언어로 입력되기 전까지의 과정은 인간의 몫이다. 기계가 그것을 대신하기는 불가능하다. 따라서 정보화 시대의 중요한 관건은 컴퓨터에 대한 지식이나 컴퓨터를 다루는 방법이 아니라, 무엇을 담을 것인가에 대한 인간의 창조적 상상력이다. 그것은 마치 전자레인지가 아무리 좋아도 그 자체로 훌륭한 요리를 보장하지는 못하는 것과 마찬가지이다. (다)
정보와 지식 그 자체로는 딱딱하게 굳어 있는 물건처럼 존재하는 듯 보인다. 그러나 그것은 커뮤니케이션 속에서 살아 움직이며 진화한다. 끊임없이 새로운 의미가 발생하고 또한 더 고급으로 갱신되어 간다. 따라서 한 사회의 정보화 수준은 그러한 소통의 능력과 직결된다. 정보의 순환 속에서 끊임없이 새로운 정보로 거듭나는 역동성이 없이는 아무리 방대한 데이터베이스라 해도 그 기능에 한계가 있기 때문이다. (라)

〈보기〉

한 가지 예를 들어 보자. 어떤 나라에서 발행하는 관광 안내 책자는 정보가 섬세하고 정확하다. 그러나 그 책을 구입해 관광을 간 소비자들은 종종 그 내용의 오류를 발견한다. 그리고 많은 이들이 그것을 그냥 넘기지 않고 수정 사항을 엽서에 적어서 출판사에 보내준다. 출판사는 일일이 현지에 직원을 파견하지 않고도 책자를 개정할 수 있다.

① (가)　　② (나)
③ (다)　　④ (라)

22 김 팀장은 이 대리에게 다음과 같은 업무지시를 내렸고, 이 대리는 김 팀장의 업무 지시에 따라 자신의 업무 일정을 정리하였다. 다음 중 이 대리의 업무에 대한 설명으로 적절하지 않은 것은?

이 대리, 오늘 월요일 정기회의 진행에 앞서 이번 주 업무에 대해서 미리 전달할게요. 먼저, 이번 주 금요일에 진행되는 회사 창립 기념일 행사 준비는 잘 되고 있나요? 행사 진행 전에 확인해야 할 사항들에 대해 체크리스트를 작성해서 수요일 오전까지 저에게 제출해 주세요. 그리고 행사가 끝난 후에는 총무팀 회식을 할 예정입니다. 이 대리가 적당한 장소를 결정하고, 목요일 퇴근 전까지 예약이 완료될 수 있도록 해 주세요. 아! 그리고 내일 오후 3시에 진행되는 신입사원 면접과 관련해서 오늘 퇴근 전까지 면접 지원자에게 다시 한 번 유선으로 참여 여부를 확인하고, 정확한 시간과 준비사항 등의 안내를 부탁할게요. 참! 지난 주 영업팀이 신청한 비품도 주문해야 합니다. 오늘 오후 2시 이전에 발주하여야 영업팀이 요청한 수요일 전에 배송 받을 수 있다는 점 기억하세요. 자, 그럼 바로 회의 진행하도록 합시다. 그리고 오늘 회의 내용은 이 대리가 작성해서 회의가 끝난 후 바로 사내 인트라넷 게시판에 공유해 주세요.

〈12월 첫째 주 업무 일정〉

㉠ 회의록 작성 및 사내 게시판 게시
㉡ 신입사원 면접 참여 여부 확인 및 관련사항 안내
㉢ 영업팀 신청 비품 주문
㉣ 회사 창립 기념일 행사 준비 관련 체크리스트 작성
㉤ 총무팀 회식 장소 예약

① 이 대리는 ㉡보다 ㉢을 우선 처리하는 것이 좋다.
② ㉠, ㉡, ㉢은 월요일 내에 모두 처리해야 한다.
③ ㉣을 완료한 이후에는 김 팀장에게 제출해야 한다.
④ ㉤은 회사 창립 기념일 행사가 끝나기 전까지 처리해야 한다.

23 W은행의 A행원은 B고객에게 적금만기 문자를 통보하려고 한다. 아래 조건을 토대로 B고객에게 안내할 금액은 얼마인가?

> • 상품명 : W은행 나라사랑적금
> • 가입자 : 본인
> • 가입기간 : 24개월(만기)
> • 가입금액 : 매월 초 100,000원 납입
> • 금리 : 기본금리(연 2.3%)+우대금리(최대 연 1.1%p)
> • 저축방법 : 정기적립식
> • 이자지급방식 : 만기일시지급 – 단리식
> • 우대금리
> ⓐ 월 저축금액이 10만 원 이상 시 연 0.1%p 가산
> ⓑ 당행 나라사랑 카드 소지 시 증빙서류 제출자에 한하여 연 0.6%p 가산
> ⓒ 급여이체 실적이 있을 시 연 0.4%p 가산(단, 신규 상품 가입 시 상품 가입 전 최초 급여이체 후 최소 3일이 경과해야 우대가 적용)
> • 기타사항
> ⓐ B고객은 급여이체가 들어온 당일 계좌를 개설하였음
> ⓑ W은행의 나라사랑 카드를 소지하고 있으며 증빙서류를 제출하여 은행에서 확인받음

① 2,400,000원
② 2,460,000원
③ 2,472,500원
④ 2,475,000원

24 다음 중 셀 서식 관련 바로가기 키에 대한 설명으로 옳지 않은 것은?

① 〈Ctrl〉+〈1〉 : 셀 서식 대화상자가 표시된다.
② 〈Ctrl〉+〈2〉 : 선택한 셀에 글꼴 스타일 '굵게'가 적용되며, 다시 누르면 적용이 취소된다.
③ 〈Ctrl〉+〈3〉 : 선택한 셀에 밑줄이 적용되며, 다시 누르면 적용이 취소된다.
④ 〈Ctrl〉+〈5〉 : 선택한 셀에 취소선이 적용되며, 다시 누르면 적용이 취소된다.

25 다음 주장에 대한 반박으로 적절하지 않은 것은?

> 문화재 관리에서 중요한 개념이 복원과 보존이다. 복원은 훼손된 문화재를 원래대로 다시 만드는 것을, 보존은 더 이상 훼손되지 않도록 잘 간수하는 것을 의미한다. 이와 관련하여 훼손된 탑의 관리에 대한 논의가 한창이다.
> 나는 복원보다는 보존이 다음과 같은 근거에서 더 적절하다고 생각한다. 우선, 탑을 보존하면 탑에 담긴 역사적 의미를 온전하게 전달할 수 있어 진정한 역사 교육이 가능하다. 탑은 백성들의 평화로운 삶을 기원하기 위해 만들어졌고, 이후 역사의 흐름 속에서 전란을 겪으며 훼손된 흔적들이 더해져 지금 모습으로 남아 있다. 그런데 탑을 복원하면 이런 역사적 의미들이 사라져 그 의미를 온전하게 전달할 수 없다.
> 다음으로, 정확한 자료 없이 탑을 복원하면 이는 결국 탑을 훼손하는 것이 될 수밖에 없다. 따라서 원래의 재료를 활용하지 못하고 과거의 건축 과정에 충실하게 탑을 복원하지 못하면 탑의 옛 모습을 온전하게 되살리는 것은 불가능하므로 탑을 보존하는 것이 더 바람직하다.
> 마지막으로, 탑을 보존하면 탑과 주변 공간의 조화가 유지된다. 전문가에 따르면 탑은 주변 산수는 물론 절 내부 건축물들과의 조화를 고려하여 세워졌다고 한다. 이런 점을 무시하고 탑을 복원한다면 탑과 기존 공간의 조화가 사라지기 때문에 보존하는 것이 적절하다.
> 따라서 탑은 보존하는 것이 복원하는 것보다 더 적절하다고 생각한다. 건축 문화재의 경우 복원보다는 보존을 중시하는 국제적인 흐름을 고려했을 때도, 탑이 더 훼손되지 않도록 지금의 모습을 유지하고 관리하는 것이 문화재로서의 가치를 지키고 계승할 수 있는 바람직한 방법이라고 생각한다.

① 탑을 복원하더라도 탑에 담긴 역사적 의미는 사라지지 않는다.
② 탑을 복원하면 형태가 훼손된 탑에서는 느낄 수 없었던 탑의 형태적 아름다움을 느낄 수 있다.
③ 탑 복원에 필요한 자료를 충분히 수집하여 탑을 복원하면 탑의 옛 모습을 되살릴 수 있다.
④ 탑을 복원하는 비용보다 보존하는 비용이 더 많이 든다.

26 A, B, C, D는 구두를 사기 위해 신발가게에 갔다. 신발가게에서 세일을 하는 품목은 빨간색, 주황색, 노란색, 초록색, 파란색, 남색, 보라색 구두이고 각각 한 켤레씩 남았다. 다음 〈조건〉을 만족할 때, A는 주황색 구두를 제외하고 어떤 색의 구두를 샀는가?(단, 빨간색 – 초록색, 주황색 – 파란색, 노란색 – 남색은 보색 관계이다)

〈조건〉

- A는 주황색을 포함하여 두 켤레를 샀다.
- C는 빨간색 구두를 샀다.
- B, D는 파란색을 좋아하지 않는다.
- C, D는 같은 수의 구두를 샀다.
- B는 C가 산 구두와 보색 관계인 구두를 샀다.
- D는 B가 산 구두와 보색 관계인 구두를 샀다.
- 모두 한 켤레 이상씩 샀으며, 네 사람은 세일품목을 모두 샀다.

① 노란색 ② 초록색
③ 파란색 ④ 남색

※ 다음은 W공항공사 운항시설처의 업무분장표이다. 다음 표를 참고하여 이어지는 질문에 답하시오. [27~28]

〈운항시설처 업무분장표〉

구분		업무분장
운항시설처	운항안전팀	• 이동지역 안전관리 및 지상안전사고 예방 안전 활동 • 항공기 이착륙시설 및 계류장 안전점검, 정치장 배정 및 관리 • 이동지역 차량 / 장비 등록, 말소 및 계류장 사용료 산정 • 야생동물 위험관리업무(용역관리 포함) • 공항안전관리시스템(SMS)운영계획 수립 · 시행 및 자체검사 시행 · 관리
	항공등화팀	• 항공등화시설 운영계획 수립 및 시행 • 항공등화시스템(A-SMGCS) 운영 및 유지관리 • 시각주기안내시스템(VDGS) 운영 및 유지관리 • 계류장조명등 및 외곽보안등 시설 운영 및 유지관리 • 에어사이드지역 전력시설 운영 및 유지관리 • 항공등화시설 개량계획 수립 및 시행
	기반시설팀	• 활주로 등 운항기반시설 유지관리 • 지하구조물(지하차도, 공동구, 터널, 배수시설) 유지관리 • 운항기반시설 녹지 및 계측관리 • 운항기반시설 제설작업 및 장비관리 • 운항기반시설 공항운영증명 기준관리 • 전시목표(활주로 긴급 복구) 및 보안시설 관리

27 다음은 W공항공사와 관련된 보도 자료의 제목이다. 다음 중 운항시설처의 업무와 가장 거리가 먼 것은?

① W공항, 관계기관 합동 종합제설훈련 실시
② W공항, 전시대비 활주로 긴급 복구훈련 실시
③ W공항공사, 항공등화 핵심장비 국산화 성공
④ 골든타임을 사수하라! W공항 항공기 화재진압훈련 실시

28 W공항공사의 운항안전팀에서는 안전회보를 발간한다. 다음 달에 발간하는 안전회보 제작을 맡게 된 A사원은 회보에 실을 내용을 고민하고 있다. 다음 중 안전회보에 실릴 내용으로 적절하지 않은 것은?

① W공항 항공안전 캠페인 시행 – 이동지역 안전문화를 효과적으로 정착시키기 위한 분기별 캠페인 및 합동 점검 실시
② 안전관리시스템 위원회 개최 – 이동지역 안전 증진을 위해 매년 안전관리시스템 위원회 개최
③ 우수 운항안전 지킴이 선정 현황 – 이동지역 내 사고 예방에 공로가 큰 안전 신고 / 제안자 선정 및 포상
④ 대테러 종합훈련 실시 – 여객터미널 출국장에서 폭발물 연쇄테러를 가정하여 이에 대응하는 훈련 진행

29 다음 글을 읽고 추리한 내용으로 적절한 것은?

> 휴대전화기를 새 것으로 바꾸기 위해 대리점에 간 소비자가 있다. 대리점에 가면서 휴대전화기 가격으로 30만 원을 예상했다. 그런데 마음에 드는 것을 선택하니 가격이 25만 원이라고 하였다. 소비자는 흔쾌히 구입을 결정했다. 그러면서 뜻밖의 이익이 생겼음에 좋아할지도 모른다. 처음 예상했던 휴대전화기의 가격과 실제 지불한 액의 차이, 즉 5만 원의 이익을 얻었다고 보는 것이다. 경제학에서는 이것을 '소비자 잉여(消費者剩餘)'라고 부른다. 어떤 상품에 대해 소비자가 최대한 지불해도 좋다고 생각하는 가격에서 실제로 지불한 가격을 뺀 차액이 소비자 잉여인 셈이다. 결국 같은 가격으로 상품을 구입하면 할수록 소비자 잉여는 커질 수밖에 없다.
> 휴대전화기를 구입하고 나니, 대리점 직원은 휴대전화의 요금제를 바꾸라고 권유했다. 현재 이용하고 있는 휴대전화 서비스보다 기본요금이 조금 더 비싼 대신 분당 이용료가 싼 요금제로 바꾸는 것이 더 이익이라는 설명도 덧붙였다. 소비자는 지금까지 휴대전화의 요금이 기본 요금과 분당 이용료로 나누어져 있는 것을 당연하게 생각해 왔다. 그런데 곰곰이 생각해 보니, 이건 정말 특이한 가격 체계였다. 다른 제품이나 서비스는 보통 한 번만 값을 지불하면 되는데, 왜 휴대전화 요금은 기본요금과 분당 이용료의 이원 체제로 이루어져 있는 것일까?
> 휴대전화 회사는 기본요금과 분당 이용료의 이원 체제 전략, 즉 '이부가격제(二部價格制)'를 채택하고 있다. 이부가격제는 소비자가 어떤 상품을 사려고 할 때, 우선적으로 그 권리에 상응하는 가치를 값으로 지불하고, 실제 상품을 구입할 때 그 사용량에 비례하여 또 값을 지불해야 하는 체제를 말한다. 이부가격제를 적용하면 휴대전화 회사는 소비자의 통화량과 관계없이 기본 이윤을 확보할 수 있다.
> 이부가격제를 적용하는 또 다른 예로 놀이 공원을 들 수 있다. 이전에는 놀이 공원에 갈 때 저렴한 입장료를 지불했고, 놀이 기구를 이용할 때마다 표를 구입했다. 그렇기 때문에 놀이 기구를 골라서 이용하여 사용료를 절약할 수 있었고, 구경만 하고 사용료를 지불하지 않는 것도 가능했다. 그러나 요즘의 놀이 공원은 입장료를 이전보다 엄청나게 비싸게 하고 놀이기구의 사용료를 상대적으로 낮게 했다. 게다가 '빅3'니 '빅5'니 하는 묶음표를 만들어 놀이 기구 이용자로 하여금 가격의 부담이 적은 것처럼 느끼게 만들었다. 결국 놀이 공원의 가격 전략은 사용료를 낮추고 입장료를 높게 받는 이부가격제로 굳어지고 있는 것이다. 여기서 놀이 공원의 입장료는 상품을 살 수 있는 권리를 얻기 위해 지불해야 하는 금액에 해당한다. 그리고 입장료를 내고 들어간 사람들이 놀이 기구를 이용할 때마다 내는 요금은 상품의 가격에 해당하는 부분이다. 우리가 모르는 가운데 기업의 이윤 극대화를 위한 모색은 계속되고 있다.

① 놀이 공원의 '빅3'나 '빅5' 등의 묶음표는 이용자를 위한 가격제이다.
② 이부가격제는 이윤 극대화를 위해 기업이 채택할 수 있는 가격 제도이다.
③ 소비자 잉여의 크기는 구입한 상품에 대한 소비자의 만족감과 반비례한다.
④ 휴대전화 요금제는 기본요금과 분당 이용료가 비쌀수록 소비자에게 유리하다.

30 ○○컨벤션에서 회의실 예약업무를 담당하고 있는 K씨는 2주 전 B기업으로부터 오전 10시 ~ 낮 12시에 35명, 오후 1시 ~ 오후 4시에 10명이 이용할 수 있는 회의실 예약문의를 받았다. K씨는 회의실 예약 설명서를 B기업으로 보냈고 B기업은 자료를 바탕으로 회의실을 선택하여 결제했다. 하지만 이용일 4일 전 B기업이 오후 회의실 사용을 취소했을 때, 〈조건〉을 참고하여 B기업이 환불받게 될 금액을 고르면?(단, 회의에서는 노트북과 빔프로젝터를 이용하며, 부대장비 대여료도 환불규칙에 포함된다)

〈회의실 사용료(VAT 포함)〉

회의실	수용 인원(명)	면적(m^2)	기본임대료(원)		추가임대료(원)	
			기본시간	임대료	추가시간	임대료
대회의실	90	184	2시간	240,000	시간당	120,000
별실	36	149		400,000		200,000
세미나 1	21	43		136,000		68,000
세미나 2						
세미나 3	10	19		74,000		37,000
세미나 4	16	36		110,000		55,000
세미나 5	8	15		62,000		31,000

〈부대장비 대여료(VAT 포함)〉

장비명	사용료(원)				
	1시간	2시간	3시간	4시간	5시간
노트북	10,000	10,000	20,000	20,000	30,000
빔프로젝터	30,000	30,000	50,000	50,000	70,000

〈조건〉

- 기본임대 시간은 2시간이며, 1시간 단위로 연장할 수 있습니다.
- 예약 시 최소 인원은 수용 인원의 $\frac{1}{2}$ 이상이어야 합니다.
- 예약 가능한 회의실 중 비용이 저렴한 쪽을 선택해야 합니다.

〈환불규칙〉

- 결제완료 후 계약을 취소하시는 경우 다음과 같이 취소수수료가 발생합니다.
  - 이용일 기준 7일 이전 : 취소수수료 없음
  - 이용일 기준 6일 ~ 3일 이전 : 취소수수료 10%
  - 이용일 기준 2일 ~ 1일 이전 : 취소수수료 50%
  - 이용일 당일 : 환불 없음
- 회의실에는 음식물을 반입하실 수 없습니다.
- 이용일 7일 전까지(7일 이내 예약 시에는 금일 중) 결제하셔야 합니다.
- 결제변경은 해당 회의실 이용시간 전까지 가능합니다.

① 162,900원　　② 183,600원
③ 211,500원　　④ 246,600원

31 다음 글의 요지로 알맞은 것은?

서점에 들러 책을 꾸준히 사거나 도서관에서 계속해서 빌리는 사람들이 있다. 그들이 지금까지 사들이거나 빌린 책의 양만 본다면 겉보기에는 더할 나위 없이 훌륭한 습관처럼 보인다. 그러나 과연 그 모든 사람들이 처음부터 끝까지 책을 다 읽었고, 그 내용을 온전히 이해하고 있는지를 묻는다면 이야기는 달라진다. 한 권의 책을 사거나 빌리기 위해 우리는 돈을 지불하고, 틈틈이 도서관을 들리는 수고로움을 감수하지만, 우리가 단순히 책을 손에 쥐고 있다는 사실만으로는 그 안에 담긴 지혜를 배우는 필요조건을 만족시키지 못하기 때문이다. 그러므로 책을 진정으로 소유하기 위해서는 책의 '소유방식'이 바뀌어야 하고, 더 정확히 말하자면 책을 대하는 방법이 바뀌어야 한다.
책을 읽는 데 가장 기본이 되는 것은 천천히, 그리고 집중해서 읽는 것이다. 보통의 사람들은 책의 내용이 쉽게 읽히지 않을수록 빠르게 책장을 넘겨버리려고 하는 경향이 있다. 지겨움을 견디기 힘들기 때문이다. 그러나 속도가 빨라지면 이해하지 못하고 넘어가는 부분은 점점 더 많아지고, 급기야는 중도에 포기하는 경우가 생기고 만다. 그러므로 지루하고 이해가 가지 않을수록 천천히 읽어야 한다. 천천히 읽으면 이해되지 않던 것들이 이해되기 시작하고, 비로소 없던 흥미도 생기는 법이다.
또한, 어떤 책을 읽더라도 그것을 자신의 이야기로 읽는 것이다. 책을 남의 이야기처럼 읽어서는 결코 자신의 것으로 만들 수 없다. 다른 사람이 쓴 남의 이야기라고 할지라도, 자신과 글쓴이의 입장을 일치시키며 읽어나가야 한다. 그리하여 책을 다 읽은 후 그 내용을 자신만의 말로 설명할 수 있다면, 그것은 성공한 책 읽기라고 할 수 있을 것이다. 남의 이야기처럼 읽는 글은 어떤 흥미도, 그 글을 통해 얻어가는 지식도 있을 수 없다.
그러나 아무 책이나 이러한 방식으로 읽으라는 것은 아니다. 어떤 책을 선택하느냐 역시 책 읽는 이의 몫이기 때문이다. 좋은 책은 쉽게 읽히고, 누구나 이해할 수 있을 만큼 쉽게 설명되어 있는 책이 좋은 책이다. 그런 책을 분별하기 어렵다면 주변으로부터 책을 추천받거나 온라인 검색을 해보는 것도 좋다. 그렇다고 해서 책이 쉽게 읽히지 않는다고 하더라도 쉽게 좌절하거나 포기해서도 안 됨은 물론이다.
현대사회에서는 더 이상 독서의 양에 따라 지식의 양을 판단할 수 없다. 지금 이 시대에 중요한 것은 얼마나 많은 지식이 나의 눈과 귀를 거쳐 가느냐가 아니라, 우리에게 필요한 것들을 얼마나 잘 찾아내어 효율적으로 습득하며, 이를 통해 나의 지식을 확장할 수 있느냐인 것이다.

① 글쓴이의 입장을 생각하며 책을 읽어야 한다.
② 책은 쉽게 읽혀야 한다.
③ 독서의 목적은 책의 내용을 온전히 소유하는 것이다.
④ 독서 이외의 다양한 정보 습득 경로를 확보해야 한다.

32 K회사는 충남지사 제2별관을 신축하고자 한다. 부지 선정기준에 따라 후보지 A ~ D부지를 평가한 점수는 다음과 같다. 제2별관의 입지 선정방식이 아래와 같을 때, 다음 중 입지로 선정될 부지는?

〈후보지 평가결과〉

(단위 : 점)

선정기준 / 부지	건설	교통	환경	거리
A	7	5	5	7
B	3	8	4	2
C	6	6	6	5
D	6	9	4	5

〈입지 선정방식〉

- 각 후보지들 중 입지점수가 가장 높은 후보지를 신축별관 입지로 선정한다.
- 각 후보지의 입지점수는 선정기준별 평가 점수에 다음 가중치를 적용하여 산출한다.

구분	건설	교통	환경	거리
가중치	0.3	0.4	0.2	0.1

- 입지점수가 가장 높은 후보지가 두 곳 이상인 경우, 건설 점수가 가장 높은 후보지를 입지로 선정한다.

① A부지
② B부지
③ C부지
④ D부지

33 L씨는 W금융회사의 투자자문을 받고 다음과 같은 투자자산 포트폴리오에 1백만 원을 투자하려고 한다. 우선 채권에 투자금의 40%를 투자하고, 주식은 위험이 낮은 순서대로 투자금의 30%, 20%, 10%씩 각각 투자하려고 한다. 투자자산의 기대수익률과 베타가 다음과 같다면, 1년 후 L씨가 얻을 수 있는 기대수익은 얼마인가?

구분	기대수익률(연)	베타
A주식	12%	1.4
B주식	6%	0.8
C주식	10%	1.2
채권	4%	-

※ 베타계수 : 증권시장 전체의 수익률의 변동이 발생했을 때, 이에 대해 개별기업 주식수익률이 얼마나 민감하게 반응하는가를 측정하는 계수

① 66,000원
② 68,000원
③ 70,000원
④ 74,000원

34 마케팅팀에는 부장 A, 과장 B와 C, 대리 D와 E, 신입사원 F와 G 총 일곱 명이 근무하고 있다. 마케팅팀 부장은 신입사원 입사 기념으로 팀원을 모두 데리고 영화관에 갔다. 영화를 보기 위해 주어진 〈조건〉에 따라 자리에 앉는다고 할 때, 항상 옳은 것은?

〈조건〉

- 모두 일곱 자리가 일렬로 붙어 있는 곳에 앉는다.
- 일곱 자리 양옆에는 비상구가 있다.
- D와 F는 나란히 앉는다.
- A와 B 사이에는 한 명이 앉아 있다.
- G는 오른쪽에 사람이 앉아 있는 것을 싫어한다.
- C와 G 사이에는 한 명이 앉아 있다.

① E는 D와 F 사이에 앉는다.
② G와 가장 멀리 떨어진 자리에 앉는 사람은 D다.
③ C 옆에는 A와 B가 앉는다.
④ D는 비상구와 붙어 있는 자리에 앉는다.

35 다음 문장의 밑줄 친 부분과 같은 의미로 쓰인 것은?

그는 돈을 버는 일이라면 수단과 방법을 <u>가리지</u> 않았다.

① 진 빚을 절반도 <u>가리지</u> 못했다.
② 아들이 낯을 보통으로 <u>가리는</u> 아이가 아니거든요.
③ 그는 자기 앞도 못 <u>가리는</u> 처지라 결혼은 꿈도 못 꾼다.
④ 그는 밤낮을 <u>가리지</u> 않고, 신들린 사람처럼 일을 하였다.

36 A ~ E는 각각 월요일 ~ 금요일 중 하루씩 돌아가며 당직을 선다. 이 중 2명이 거짓말을 하고 있다고 할 때, 다음 중 이번 주 수요일에 당직을 서는 사람은 누구인가?

- A : 이번 주 화요일은 내가 당직이야.
- B : 나는 수요일 당직이 아니야. D가 이번 주 수요일 당직이야.
- C : 나와 D는 이번 주 수요일 당직이 아니야.
- D : B는 이번 주 목요일 당직이고, C는 다음날인 금요일 당직이야.
- E : 나는 이번 주 월요일 당직이야. 그리고 C의 말은 모두 사실이야.

① A　　② B
③ C　　④ D

37 수현이는 노트 필기를 할 때 검은 펜, 파란 펜, 빨간 펜 중 한 가지를 사용하는데 검은 펜을 쓴 다음날은 반드시 빨간 펜을 사용하고, 파란 펜을 쓴 다음날에는 검은 펜이나 빨간 펜을 같은 확률로 사용한다. 또 빨간 펜을 쓴 다음날은 검은 펜과 파란 펜을 2 : 1의 비율로 사용한다. 만약 수현이가 오늘 아침에 주사위를 던져서 나온 눈의 수가 1이면 검은 펜을, 3이나 5가 나오면 빨간 펜을, 그리고 짝수가 나오면 파란 펜을 사용하기로 했다면, 내일 수현이가 검은 펜을 사용할 확률은?

① $\frac{5}{12}$
② $\frac{4}{9}$
③ $\frac{17}{36}$
④ $\frac{1}{2}$

38 L회사는 매달 마지막 주 금요일에 사내 동아리가 있다. 50명의 마케팅 팀 사원들이 영화 또는 볼링 동아리에서 활동한다. 영화 동아리는 39명, 볼링 동아리는 25명이 가입되어 있을 때, 두 동아리에 모두 가입한 사원은 최대 몇 명인가?

① 4명
② 8명
③ 10명
④ 14명

39 A씨는 무역회사의 영업부에서 근무하고 있으며, 출장이 잦은 편이다. 최근에 출장을 다녀온 국가의 화폐가 남아 이를 환전하여 추후 있을 출장을 대비해 미국 달러로 환전해 놓기로 하였다. A씨가 보유하고 있는 외화가 다음과 같을 때, 환전 후 보유하게 될 달러는 얼마인가?(단, 환전수수료는 없고, 환전 받을 달러는 소수점 이하 둘째 자리에서 반올림한다)

〈보유화폐〉

EUR	AED	THB
100	4,000	1,500

〈환전 기준〉

통화명	매매기준율(KRW)	스프레드(%)
미국 USD	1,160	1.5
유럽 EUR	1,305	2
아랍에미리트 AED	320	4
태국 THB	35	6

※ 스프레드 : 통화의 매매기준율과 대고객매매율의 차이를 계산하기 위해 매매기준율에 곱하는 백분율
※ 매입률을 구할 때는 1−(스프레드)로 계산하고 매도율을 구할 때는 1+(스프레드)로 계산한다.
※ 국내에서 외화를 다른 외화로 환전할 경우에는 원화로 먼저 환전한 후 다른 외화로 환전한다.

① USD 1,018.20
② USD 1,150.36
③ USD 1,194.19
④ USD 1,208.50

40 다음은 랜섬웨어에 관한 글이다. 다음 글의 주된 내용 전개 방식으로 적절한 것은?

> 생활 속 보안을 위해 우리들이 가장 먼저 생각해야 하는 것은 무엇일까? 그것은 우리가 무엇을 가지고 있으며, 그 가치가 얼마나 되는지 확인하는 것이다. 그 가치가 얼마인지 정확히 모르겠다면, 그것을 잃어버렸을 때 어떤 일이 벌어질지 생각해보자.
> 만약 당신이 기업연구소에서 일하고 있고, 몇 년 동안 쌓인 연구 자료가 컴퓨터에 저장되어 있다고 가정해 볼 때, 컴퓨터 속에는 구하기 힘든 각종 연구보고서, 논문, 발표자료, 회사의 기밀자료, 도면 등이 저장되어 있을 것이다. 열심히 연구하던 중에 잠깐 메일을 확인하다가 당신의 호기심을 자극하는 제목의 전자메일을 클릭한 뒤, 그 메일의 첨부파일을 열어보는 것만으로도 당신의 컴퓨터는 랜섬웨어에 감염될 수 있다. 몇 년 동안 쌓아두었던 연구자료가 모두 암호화되어서 열어 볼 수 없는 상황이 벌어질 수 있다는 것이다.
> 또 크리스마스 카드가 도착했다는 문자가 수신된 상황을 가정해 보자. 문자를 보고 흥분되고 기대되는 마음에 문자 속 인터넷주소(URL)를 클릭했더니, 크리스마스 카드를 보려면 앱을 설치하라고 한다. '좀 번거롭기는 하지만, 뭐 어때?'라는 마음으로 그 앱을 설치하면 스마트폰에 있는 당신의 모든 정보는 해커들의 손에 들어갈 수 있다. 당신의 연락처, 동영상, 사진, 통화 내역, 문자 메시지, 인증서 등이 해커의 손에 들어가고, 그 내용 중 공개되어서는 안 될 정보를 가지고 협박한다면 어떻게 되겠는가?
> 그렇다면 랜섬웨어에 대한 대비책은 무엇일까? 첫째, 철저한 백업이다. 백업이야말로 여러 가지 재난적인 상황에 효과적인 대비책이다. 둘째, 잘 알고 있는 사람이 보낸 메일이 아니라면 첨부파일 다운로드나 실행에 주의한다. 셋째, 인터넷에서 받은 실행 파일은 위변조를 확인한 뒤 설치한다. 그리고 스미싱 문자에 대한 대비책은 문자로 전송된 경로를 클릭하거나 출처가 확인되지 않은 앱을 설치하지 않는 것이다. 문자로 전송된 경로를 클릭하는 것만으로도 악성코드가 스마트폰에 설치되어 해킹을 당할 수 있으므로 문자 속 URL을 클릭하지 말아야 한다.
> 현재 새로운 해킹 기술들이 계속 나오고 있지만, 간단한 원칙만 실천해도 해킹당할 가능성이 확 낮아진다. 컴퓨터는 정해진 일을 위해서만 쓰는 것. 스마트폰에 남들이 보면 안 되는 사항을 저장해 놓지 않는 것만으로도 우선은 안심이다. 내 것을 지키기 위해서는 내가 무엇을 가지고 있는지 그 가치를 제대로 알고 있어야 한다. 그리고 하지 말라고 주의를 주는 행위를 할 때는 주의를 기울여야 한다.

① 대상에 대한 장점을 부각시켜 상대방을 설득하고 있다.
② 두 가지 상반되는 주장을 비교하여 제시하고 있다.
③ 문제 상황에 대해 사례를 들어 설명하고, 그에 대한 대책방안을 제시하고 있다.
④ 대상에 대한 옳은 예와 옳지 않은 예를 제시하고 있다.

41 다음은 주요 선진국과 BRICs의 고령화율을 나타낸 표이다. 〈보기〉 중 2040년의 고령화율이 2010년 대비 2배 이상이 되는 나라를 모두 고른 것은?

〈주요 선진국과 BRICs 고령화율〉

(단위 : %)

구분	한국	미국	프랑스	영국	독일	일본	브라질	러시아	인도	중국
1990년	5.1	12.5	14.1	15.7	15.0	11.9	4.5	10.2	3.9	5.8
2000년	7.2	12.4	16.0	15.8	16.3	17.2	5.5	12.4	4.4	6.9
2010년	11.0	13.1	16.8	16.6	20.8	23.0	7.0	13.1	5.1	8.4
2020년	15.7	16.6	20.3	18.9	23.1	28.6	9.5	14.8	6.3	11.7
2030년	24.3	20.1	23.2	21.7	28.2	30.7	13.6	18.1	8.2	16.2
2040년	33.0	21.2	25.4	24.0	31.8	34.5	17.6	18.3	10.2	22.1
2010년 대비 2040년			1.5	1.4	1.5			1.4		2.6

〈보기〉

㉠ 한국
㉡ 미국
㉢ 일본
㉣ 브라질
㉤ 인도

① ㉠, ㉡, ㉢
② ㉠, ㉣, ㉤
③ ㉡, ㉢, ㉣
④ ㉡, ㉣, ㉤

※ 다음 글을 읽고, 이어지는 질문에 답하시오. [42~43]

(가) 인류가 바람을 에너지원으로 사용한 지 1만 년이 넘었고, 풍차는 수천 년 전부터 사용되었다. 풍력발전이 시작된 지도 100년이 넘었지만, 그동안 전력 생산비용이 저렴하고 사용하기 편리한 화력발전에 밀려 빛을 보지 못하다가 최근 온실가스 배출 등의 환경오염 문제를 해결하는 대안인 신재생에너지로 주목받고 있다.

(나) 풍력발전은 바람의 운동에너지를 회전에너지로 변환하고, 발전기를 통해 전기에너지를 얻는 기술로 공학자들은 계속적으로 높은 효율의 전기를 생산하기 위해 풍력발전시스템을 발전시켜 나가고 있다. 풍력발전시스템의 하나인 요우 시스템(Yaw System)은 바람에 따라 풍력발전기의 방향을 바꿔 회전날개가 항상 바람의 정면으로 향하게 하는 것이다. 또 다른 피치 시스템(Pitch System)은 비행기의 날개와 같이 바람에 따라 회전날개의 각도를 변화시킨다. 이 외에도 회전력을 잃지 않기 위해 직접 발전기에 연결하는 방식 등 다양한 방법을 활용한다. 또한 무게를 줄이면 높은 곳에 풍력발전기를 매달 수 있어 더욱 효율적인 발전이 가능해진다.

(다) 풍력발전기를 설치하는 위치도 중요하다. 풍력발전기의 출력은 풍속의 세제곱과 프로펠러 회전면적의 제곱에 비례한다. 풍속이 빠를수록, 프로펠러의 면적이 클수록 출력이 높아지는 것이다. 지상에서는 바람이 빠르지 않고, 바람도 일정하게 불지 않아 풍력발전의 출력을 높이는 데 한계가 있다. 따라서 풍력발전기는 최대 풍속이 아닌 최빈 풍속에 맞춰 설계된다. 이러한 한계를 극복하기 위해 고고도(High Altitude)의 하늘에 풍력발전기를 설치하려는 노력이 계속되고 있다.

(라) 그렇다면 어떻게 고고도풍(High Altitude Wind)을 이용할까? 방법은 비행선, 연 등에 발전기를 달아 하늘에 띄우는 것이다. 캐나다의 한 회사는 헬륨 가스 비행선에 발전기를 달아 공중에 떠 있는 발전기를 판매하고 있다. 이 발전기는 비행선에 있는 발전기가 바람에 의해 풍선이 회전하도록 만들어져 있으며, 회전하는 풍선이 발전기와 연결되어 있어 전기를 생산할 수 있다. 또 다른 회사는 이보다 작은 비행선 수십 대를 연결하여 바다 위에 띄우는 방식을 고안하고 있다. 서로 연결된 수십 대의 작은 비행선 앞에 풍차가 붙어 있어 발전할 수 있도록 되어 있다.

고고도풍을 이용한 풍력발전은 결국 대류권 상층부에 부는 초속 30m의 편서풍인 제트기류를 이용하게 될 것이다. 연구에 따르면 최대 초속 100m를 넘는 제트기류를 단 1%만 이용해도 미국에서 사용하는 전기에너지를 모두 충당할 수 있다고 한다. 우리나라 상공도 이 제트기류가 지나가기 때문에 이를 활용할 수 있다면 막대한 전기를 얻을 수 있을 것으로 전망된다.

42 다음 중 (가) 문단을 통해 추론할 수 있는 내용으로 적절하지 않은 것은?

① 풍력에너지는 인류에서 가장 오래된 에너지원이다.
② 화력발전은 풍력발전보다 전력 생산비용이 낮다.
③ 신재생에너지가 대두되면서 풍력발전이 새롭게 주목받고 있다.
④ 화력발전은 온실가스 배출 등 환경오염 문제를 일으킨다.

43 다음 중 (가)~(라) 문단에 대한 주제로 적절하지 않은 것은?

① (가) – 환경오염 문제의 새로운 대안인 풍력발전
② (나) – 바람 에너지를 이용한 다양한 풍력발전시스템
③ (다) – 풍력발전기 설치 위치의 중요성
④ (라) – 고고도풍을 이용하는 기술의 한계

44 ○○배달 앱으로 주문을 하면 꽃 배달 서비스를 이용할 수 있다. 〈조건〉을 보고 분홍색 장미와 흰색 안개꽃을 받게 될 사람을 고르면?

〈조건〉

- 장미꽃은 빨간색과 분홍색으로 컬러링할 수 있다.
- 목화꽃과 안개꽃은 빨간색과 흰색으로 컬러링할 수 있다.
- 지영이는 민지가 주문한 꽃을 그대로 주문하였고, 장미만 색이 같다.
- 민지는 장미꽃과 안개꽃을 주문하였다.
- 진아는 빨간색 장미를 주문하였다.
- 지우는 진아와 윤지에게 안개꽃을 선물하였다.
- 민지와 진아가 주문한 꽃 색깔은 모두 다르다.
- 윤지는 목화꽃을 주문하였다.
- 윤지, 지우는 흰색꽃을 주문하였다.

① 지영　　② 민지
③ 진아　　④ 윤지

45 다음은 미국의 수입 세탁기 세이프가드와 우리나라 국내 기업의 대미 세탁기 수출량을 나타낸 자료이다. 다음 설명 중 옳지 않은 것은?

〈미국의 수입 세탁기 세이프가드〉

'세이프 가드'란 특정 상품 수입이 급증하여 국내 산업계에 심각한 피해가 발생하거나 우려가 있을 경우 취하는 긴급 수입제한 조치이다.
미국은 2018년부터 한국의 세탁기에 대해 세이프가드를 적용하였으며, 첫 해는 세탁기 120만 대까지의 수입에 대해서만 관세를 20% 적용하고, 초과분은 50%를 적용한다. 2년째 되는 해의 관세는 세탁기 120만 대까지는 18%를, 초과분은 45% 적용한다. 3년째 되는 해의 관세는 세탁기 120만 대까지는 16%를, 초과분은 40%를 적용한다.

〈국내 기업의 대미 세탁기 수출량〉

(단위 : 대)

구분	2015년	2016년	2017년	2018년	2019년	2020년
국내 제조 수출량	909,180	619,070	229,190	162,440	313,590	398,360
국외 제조 수출량	504,430	1,447,750	1,893,780	2,754,770	2,206,710	2,287,840
총수출량	1,413,610	2,066,820	2,122,970	2,917,210	2,520,300	2,686,200

① 한국은 2019년에 세탁기 120만 대까지 미국으로부터 18%의 관세가 적용된다.
② 전년 대비 2016년 세탁기 총수출량은 40% 이상 증가하였다.
③ 2018년 초과분 관세를 적용받는 세탁기는 175만 대 이하이다.
④ 국내 제조 수출량 대비 국외 제조 수출량 비율은 2017년이 가장 높다.

※ H공사에서 일하는 B조의 팀장 K씨는 필리핀 연수 일정을 짜려고 한다. 다음 자료를 보고 이어지는 질문에 답하시오. [46~47]

프로그램	소요시간(h)	비고
세미나	2	-
토론	5	첫째 날에만 이수 가능
팀워크	4	-
리더십 교육	5	비상대응역량 교육 이수 후 참여 가능
비상대응역량 교육	2	-
어학	1	-
원전수출 대상국 현지 전문가 과정1	3	-
원전수출 대상국 현지 전문가 과정2	3	원전과정1 이수 후 참여 가능
원전수출 대상국 현지 전문가 과정3	3	원전과정2 이수 후 참여 가능
특강	1	-

46 A조와 B조는 같은 날 같은 비행기를 타고 출국할 예정이다. 첫째 날은 오전에 필리핀 공항에 도착하므로 오후부터 프로그램을 이수할 수 있다. A조의 연수 일정이 다음과 같이 정해졌을 때, B조는 A조와 연수 프로그램이 겹치지 않도록 최대한 빨리 일정을 끝내려 한다. B조의 총 연수기간은?

〈A조 연수 일정〉

구분		첫째 날		둘째 날		셋째 날	
		오전	오후	오전	오후	오전	오후
A조	프로그램	공항도착	토론	원전과정1	팀워크	비상대응 역량 교육	리더십 교육
	시간	×	5	3	4	2	5

〈조건〉

- 연수 프로그램 운영시간은 9:00 ~ 18:00이며 점심시간(12:00 ~ 13:00)을 기준으로 오전과 오후를 나눈다.
- 오전, 오후에 각각 한 개의 프로그램만 이수할 수 있다.
- 마지막 날에는 프로그램이 오후에 끝나도 그날 귀국하며 연수기간은 최대 5일까지 가능하다.
- 연수 프로그램은 최소 18시간을 이수해야 하며 B조는 어학 프로그램을 반드시 이수해야 한다.

① 1박 2일 ② 2박 3일
③ 3박 4일 ④ 4박 5일

47 다음은 B조가 연수를 다녀와야 할 달의 달력이다. 앞의 문제에서 구한 연수기간과 비행기 시간표를 참고할 때, 출국일과 귀국일로 알맞은 것은?

일	월	화	수	목	금	토
	1	2	3	4	5	6
7	8	9	10	11	12	13
14	15	16	17	18	19	20
21	22	23	24	25	26	27
28	29	30				

※ 연수 일정은 주말도 포함한다.
※ 귀국 다음 날 연수 과정을 정리하여 상사에게 보고해야 한다(주5일, 토·일 휴무).
※ 연수원은 공항에서 1시간 거리에 있다.
※ 5일, 9일은 회사 행사로 연수가 불가능하다.

〈비행기 시간표(출발지 시간 기준)〉

한국 → 필리핀	4일	6일	9일	16일	20일	22일
오전 출발	07:00	07:00	08:00	06:00	07:00	07:00
오후 출발	–	–	–	–	–	–

필리핀 → 한국	8일	11일	19일	23일	25일	26일
오전 출발	10:00	09:00	11:00	10:00	11:00	12:00
오후 출발	17:00	15:00	13:00	–	14:00	14:00

※ 한국 시각은 필리핀 시각보다 1시간 빠르다.
※ 한국 – 필리핀 간 비행시간은 4시간이다.

	출국일	귀국일
①	6일	8일
②	9일	11일
③	16일	19일
④	22일	25일

48 조선업에 종사하는 A씨는 해양안전 엑스포를 관람하려고 한다. A씨가 안내문을 보고 이해한 것으로 옳지 않은 것은?

〈제4회 대한민국 해양안전 엑스포〉

• 해양안전 / 사고예방 홍보전
• 해양(조선)안전 기술 및 기자재 산업전
• 국제 해양안전 콘퍼런스

1. 기간 : 2021.11.10(수) ~ 12(금), 3일간
2. 장소 : 부산 BEXCO 제1전시장
3. 주최 : 해양수산부, 부산광역시
4. 등록 : 2021.11.10(수) ~ 11(목), BEXCO 컨벤션홀 1층

※ 행사 공식 홈페이지에서 무료관람을 위한 사전등록이 가능합니다.

[콘퍼런스 프로그램]

▸ 1일 차(10일) : 해양 인명 재산 안전 비전

해양안전의 새로운 패러다임	해양안전을 위한 새로운 패러다임 : 레질리언스 엔지니어링
	사고 현장의 사람, 현장 밖의 사람
	해양안전을 위한 레질리언스적 접근 방안
중소형 선박의 해양안전	4차 산업혁명 시대 중소형 선박 안전관리 강화를 위한 비전과 전략
	어업인 스스로 지키는 안전문화 확산
	마리나항만 운영의 안전 및 위기관리 전략
해적사고와 대응	해적사고 대응 전략
	ReCAAP : 지역 협력 강화
	해적 사건 사례 및 해적 공격 특성
	해적사고 경험

▸ 2일 차(11일) : 해양안전 산업 비전

환경에 관한 해양안전 비전	부산항의 그린포트 현황과 미래 전략
	한국의 해양쓰레기 대응 현황
	선박 전기추진 시스템의 대용량, 고전압화에 따른 선박안전 및 평가
	NYK 슈퍼 에코십 2030
4차 산업혁명 시대 해양안전산업 혁명	선박안전 운영 서비스 측면에서의 MASS 개발 방향과 전망 분석
	스마트 자율운항선박 기술동향과 정부의 추진현황
	해사 메시지 서비스 : MCP의 가치 전달자
	UKCM 및 e-Navigation의 비즈니스 사례
	KT 재난 안전통신망 현황 및 기술

① 콘퍼런스가 몇 시부터 시작하는지 나와 있지 않으니 사무국에 전화해봐야겠어.
② 1일 차에는 해양 인명 재산 안전에 관한 프로그램이 구성되어 있다고 하니 시간을 확인해봐야겠군.
③ 이번 행사는 콘퍼런스로만 구성되어 있는 게 조금 아쉽네.
④ 한국의 해양쓰레기 대응 현황을 들으려면 11일 콘퍼런스에 참여해야지.

49 ○○공단은 대전시와 함께 4차 산업혁명 대비 청년고용지원정책 학술대회를 개최하고자 한다. 학술대회 프로그램과 기념품별 단가 및 제공대상은 다음과 같다. 다음 중 기념품 제작에 필요한 총비용으로 알맞은 것은?

〈4차 산업혁명 대비 청년고용지원정책 학술대회〉

시간	프로그램		비고
13:00 ~ 13:30	개회식 축사		대전시 부시장
13:40 ~ 14:20	강연	4차 산업혁명과 노동시장	○○대학교 교수
14:30 ~ 15:10		공공부문주도 고용촉진	□□대학교 교수
15:20 ~ 16:00		진화하는 고용정책	대전시 공무원 A
16:10 ~ 19:00	발표회		25명(참가자)
19:00 ~ 20:10	만찬		-
20:20 ~ 21:00	시상식		대상 1명, 금상 1명, 은상 1명, 동상 2명

※ 위 표에 언급되지 않은 참석자는 없다.
※ 축사나 강연을 한 사람은 참가자에 포함되지 않는다.

〈기념품별 단가 및 제공대상〉

품목	단가	제공대상
대상 트로피	98,000원/개	대상 수상자
금상 트로피	82,000원/개	금상 수상자
은상 트로피	76,000원/개	은상 수상자
동상 트로피	55,000원/개	동상 수상자
머그컵	5,500원/개	연사 전원, 수상자 전원
손수건	3,200원/개	연사 전원, 참가자 전원
에코백	2,400원/장	참가자 전원

① 546,600원
② 568,300원
③ 584,200원
④ 592,300원

※ A주임은 새 차량구입을 위한 목돈을 마련하기 위해 W은행의 적금상품에 가입하고자 한다. 다음 자료를 읽고 이어지는 질문에 답하시오. [50~51]

- 상품명 : 밝은미래적금
- 가입대상 : 실명의 개인
- 계약기간 : 18개월 이상 48개월 이하(월 단위)
- 정액적립식 : 신규 약정 시 약정한 월 1만 원 이상의 저축금액을 매월 약정일에 동일하게 저축
- 이자지급방식 : 만기일시지급식, 단리식
- 기본금리

가입기간	18개월 이상 24개월 미만	24개월 이상 36개월 미만	36개월 이상 48개월 미만	48개월
금리	연 1.4%	연 1.7%	연 2.1%	연 2.3%

※ 만기 전 해지 시 1.2%의 금리가 적용됨

- 우대금리

우대사항	우대조건	우대이율
우량고객	이 적금의 신규가입 시에 예금주의 W은행 거래기간이 4년 이상인 경우	연 0.5%p
스마트뱅킹	W은행 모바일앱을 통해 적금에 신규가입한 경우	연 0.2%p
주택청약	이 적금의 신규일로부터 2개월이 속한 달 말일을 기준으로 주택청약종합저축을 가입한 경우	연 0.4%p

※ 본 적금상품은 비과세상품임

50 A주임에 대한 정보 및 적금가입 계획이 다음과 같다고 할 때, A주임이 만기 시에 환급받을 금액으로 알맞은 것은?

- A주임은 2018년 11월 1일 자신의 스마트폰의 W은행 모바일앱을 통해 W은행의 밝은미래적금에 가입하고자 한다.
- A주임이 계획한 가입기간은 36개월이다.
- 매월 1일 20만 원을 적금계좌로 이체한다.
- A주임은 2015년 1월 1일부터 W은행 계좌를 개설해 거래하였다.
- A주임은 2012년 8월 1일에 ㅁㅁ은행의 주택청약종합저축에 가입하여 현재 보유하고 있다.

① 7,272,000원　　② 7,455,300원

③ 7,580,000원　　④ 7,624,000원

51 **A주임은 새 차량구입을 위해 더 큰 목돈을 마련하고자 적금가입계획을 다음과 같이 수정하여 W은행의 밝은미래적금에 가입하였다. A주임이 만기 시에 환급받을 이자액은?**

> • A주임은 2018년 11월 12일 자신의 스마트폰의 W은행 모바일앱을 통해 W은행의 밝은미래적금에 가입하였다.
> • A주임의 가입기간은 40개월이다.
> • 매월 1일 25만 원을 적금계좌로 이체한다.
> • A주임은 사정상 2018년 11월 9일에 ㅁㅁ은행의 주택청약종합저축을 해지하고, 2018년 12월 5일에 W은행 주택청약종합저축에 가입하였다.

① 408,720원
② 425,250원
③ 442,100원
④ 461,250원

52 **다음 중 매크로의 바로가기 키에 관한 설명으로 옳지 않은 것은?**

① 기본적으로 조합키 〈Ctrl〉과 함께 사용할 영문자를 지정 한다.
② 바로가기 키 지정 시 영문자를 대문자로 입력하면 조합키는 〈Ctrl〉+〈Shift〉로 변경된다.
③ 바로가기 키로 영문자와 숫자를 함께 지정할 때에는 조합키로 〈Alt〉를 함께 사용해야 한다.
④ 바로가기 키를 지정하지 않아도 매크로를 기록할 수 있다.

※ 다음은 창의적 사고 개발 기법 중 하나인 스캠퍼(SCAMPER) 기법에 대한 자료 내용이다. 다음 자료를 읽고 이어지는 질문에 답하시오. [53~54]

〈스캠퍼(SCAMPER) 기법〉

- 창의력 증진기법으로 아이디어를 얻기 위해 의도적으로 시험할 수 있는 7가지 규칙을 의미한다.

〈스캠퍼 기법의 유형〉

S	Substitute(대체)	기존 사물의 형태, 용도, 방법 등을 다른 것으로 대체하는 것이다.
C	Combine(조합)	두 가지 또는 그 이상의 것들을 결합·혼합해서 새로운 것을 생각하는 것이다.
A	Adapt(적용)	어떤 형태나 원리, 방법을 다른 분야의 조건이나 목적에 맞도록 적용하는 것이다.
M	Modify(수정)	기존 상품이나 아이디어에 색, 모양, 의미 등을 조금 수정해서 변화를 주는 것이다.
	Magnify(확대)	보다 크게, 무겁게, 강하게 만드는 것이다.
	Minify(축소)	작게, 가볍게, 가늘게 축소하여 만드는 것이다.
P	Put to Other Use (다른 용도)	어떤 사물이나 아이디어를 다른 방법으로 활용하는 방법이다.
E	Eliminate(삭제)	사물의 한 부분을 삭제해서 새로운 것이나 더 발전된 아이디어를 떠올리는 방법이다.
R	Rearrange(재배치)	형식, 순서, 구성 등을 바꾸어서 새로운 상품이나 문제 해결의 아이디어를 얻는 방법이다.
	Reverse(반전)	앞과 뒤, 왼쪽과 오른쪽, 안과 밖, 위와 아래, 원인과 결과 등 형태, 순서, 방법, 아이디어를 거꾸로 뒤집어서 새로운 것을 떠올리는 방법이다.

53 ○○회사는 다음 달에 신제품으로 베개를 출시하기 위해 아래와 같이 베개에 대한 아이디어 회의를 진행하였다. 다음 중 스캠퍼 기법이 적용된 아이디어 내용으로 거리가 먼 것은?

① 베개 외피를 제거하여 베개를 일체형으로 만들어보면 어떨까요?
② 캠핑족들을 위해 베개를 더 작고 가볍게 만들어 보는 것은 어떨까요?
③ 다른 경쟁사들의 베개와 비교해보는 것은 어떨까요?
④ 베개 속을 기존과 다르게 한약재나 구슬 등으로 바꿔보면 어떨까요?

54 다음 중 스캠퍼 기법의 유형에서 Adapt(적용) 유형의 사례로 적절한 것은?

① 새로운 소스를 개발하여 만든 파스타
② 씨앗이 옷에 붙는 것을 보고 만든 벨크로 찍찍이
③ 내구성을 더 강화시킨 강화유리
④ 불량 접착제를 활용해 만든 포스트 잇

55 다음 글의 빈칸에 들어갈 단어를 〈보기〉에서 적절하게 짝지은 것은?

> 한국계 이민 사회에서 자영업의 비중이 상대적으로 높은 것에 대해 여러 가지 이유를 찾을 수 있다. 일반적으로 영어 능력의 (가)에서 그 이유를 찾는다. 그런데 이민 1세대 한국계 자영업자들의 영어 능력과 교육 수준이 사기업에 (나)하는 한국계 임금 노동자보다 더 높다는 조사 결과도 있다. 그럼에도 불구하고 자영업자들의 영어 능력이 주류 사회의 직장에 취업할 정도에 이른다고 하기는 어렵고, 비록 대학 졸업자의 비중이 높다고 하나 한국에서 이들이 (다)한 학력이나 자격증은 자신들이 원하는 직업을 구하는 과정에서 거의 인정받지 못했다는 것도 사실이다. 이렇게 주류 사회의 선호 직업에 접근하기 어려운 사람들이 쉽게 가질 수 있는 직업은 주류 사회 사람들과의 직접적인 경쟁을 피할 수 있는 직업이다. 이는 주류 사회의 사람들이 더 이상 이익을 기대할 수 없어 (라)하거나 떠나 버린 분야이다. 대표적으로 소수 민족 소비자를 상대하는 사업이나 노동 집약적 사업 등이 있다. 이런 성격의 자영업이 한국계 미국인들의 사업상의 특징을 이룬다.

〈보기〉

㉠ 한계	㉡ 한도
㉢ 종사	㉣ 종속
㉤ 취득	㉥ 터득
㉦ 회피	㉧ 도피

	가	나	다	라
①	㉠	㉢	㉤	㉦
②	㉠	㉣	㉤	㉧
③	㉡	㉢	㉥	㉦
④	㉡	㉢	㉥	㉧

56 다음은 ○○공단의 등급별 인원비율 및 성과 상여금에 대한 자료이다. 마케팅부서의 인원은 15명이고, 영업부서 인원은 11명일 때, 상여금에 대한 설명으로 옳지 않은 것은?(단, 인원과 비율은 소수점 이하 첫째 자리에서 반올림한다)

〈등급별 인원비율 및 성과 상여금〉

구분	S	A	B	C
인원 비율	15%	30%	40%	15%
상여금(만 원)	500	420	330	290

① 마케팅부서의 S등급 상여금을 받는 인원과 영업부서의 C등급 상여금을 받는 인원의 수가 같다.
② A등급 상여금액은 B등급 상여금액보다 27% 많다.
③ 영업부서 A등급과 B등급의 인원은 마케팅부서 인원보다 각각 2명씩 적다.
④ 영업부서에 지급되는 총 상여금액은 마케팅부서 총 상여금액보다 1,200만 원이 적다.

57 워크시트의 [머리글 / 바닥글] 설정에 대한 설명으로 옳지 않은 것은?

① '페이지 레이아웃' 보기 상태에서는 워크시트 페이지 위쪽이나 아래쪽을 클릭하여 머리글 / 바닥글을 추가할 수 있다.
② 첫 페이지, 홀수 페이지, 짝수 페이지의 머리글 / 바닥글 내용을 다르게 지정할 수 있다.
③ 머리글 / 바닥글에 그림을 삽입하고, 그림 서식을 지정할 수 있다.
④ '페이지 나누기 미리보기' 상태에서는 미리 정의된 머리글이나 바닥글을 선택하여 쉽게 추가할 수 있다.

58 밑줄 친 부분을 설명할 수 있는 속담이 아닌 것은?

> 아이를 낳으면 엄마는 정신이 없어지고 지적 능력이 감퇴한다는 것이 일반 상식이었다. 그러나 이것에 반기를 드는 실험 결과가 발표되었다.
> 최근 보스턴 글로브지에 보도된 바에 의하면 킹슬리 박사팀은 몇 개의 실험을 통하여 흥미로운 결과를 발표하였다. 그들의 실험에 따르면 엄마 쥐는 처녀 쥐보다 후각능력과 시각능력이 급증하고 먹잇감을 처녀 쥐보다 세 배나 빨리 찾았다. 엄마 쥐가 되면 엄마의 두뇌는 에스트로겐, 코티졸 등에 의해 마치 목욕을 한 것처럼 된다. 그런데 주목할 것은 엄마 쥐 혼자 내적으로 두뇌의 변화가 오는 것이 아니라 새끼와 상호작용하는 것이 두뇌 변화에 큰 영향을 준다는 것이다. 새끼를 젖먹이고 다루는 과정에서 감각적 민감화와 긍정적 변화가 일어나고 인지적 능력이 향상된다.
> 그러면 인간에게서는 어떨까. 대개 엄마가 되면 너무 힘들고 일에 부대껴서 결국은 지적 능력도 떨어진다고 생각한다. 그러나 이런 현상은 상당 부분 사회공동체적 자기암시로부터 온 것이라고 봐야 한다. 오하이오 신경심리학자 줄리에 수어는 임신한 여성들을 두 집단으로 나누어, A집단에게는 "임신이 기억과 과제 수행에 어떤 영향을 주는가를 알아보기 위해서 검사를 한다."고 하고, B집단에게는 설명 없이 그 과제를 주었다. 그 결과 A집단의 여성들이 B집단보다 과제 수행점수가 현저히 낮았다. <u>A집단은 임신하면 머리가 나빠진다는 부정적 고정관념의 영향을 받은 것이다</u>.
> 연구결과들에 의하면 엄마가 된다는 것은 감각·인지 능력 및 용감성 등을 높여준다. 지금껏 연구는 주로 쥐를 중심으로 이루어졌지만, 인간에게도 같은 원리가 적용될 가능성은 크다.

① 암탉이 울면 집안이 망한다.
② 미꾸라지 한 마리가 온 물을 흐린다.
③ 여자는 제 고을 장날을 몰라야 팔자가 좋다.
④ 여편네 팔자는 뒤웅박 팔자라.

59 직장인 A씨는 업무 시간에는 도저히 은행에 갈 수 없어서 퇴근 후인 6시 30분에 회사 1층에 있는 W은행 자동화기기를 사용하여 거래하려고 한다. A씨는 W은행 카드로 10만 원을 우선 출금한 후 P은행 통장으로 5만 원을 이체한다. 그 후 남은 5만 원을 본인이 가지고 있는 N은행 카드에 입금하려고 한다. 이때 A씨가 지불해야 하는 총수수료는?

〈자동화기기 거래〉

<table>
<tr><th colspan="3" rowspan="2">구분</th><th colspan="6">영업시간 내</th><th colspan="6">영업시간 외</th></tr>
<tr><th colspan="2">3만 원 이하</th><th colspan="2">10만 원 이하</th><th colspan="2">10만 원 초과</th><th colspan="2">3만 원 이하</th><th colspan="2">10만 원 이하</th><th colspan="2">10만 원 초과</th></tr>
<tr><td rowspan="4">W은행 자동화기기 이용 시</td><td colspan="2">출금</td><td colspan="4">면제</td><td colspan="4">250원</td><td colspan="4">500원</td></tr>
<tr><td rowspan="2">이체</td><td>W은행으로 보낼 때</td><td colspan="6">면제</td><td colspan="6">면제</td></tr>
<tr><td>다른 은행으로 보낼 때</td><td colspan="2">400원</td><td colspan="2">500원</td><td colspan="2">1,000원</td><td colspan="2">700원</td><td colspan="2">800원</td><td colspan="2">1,000원</td></tr>
<tr><td colspan="2">타행카드 현금입금</td><td colspan="6">700원</td><td colspan="6">1,000원</td></tr>
<tr><td rowspan="2">다른 은행 자동화기기 이용 시</td><td colspan="2">출금</td><td colspan="6">800원</td><td colspan="6">1,000원</td></tr>
<tr><td colspan="2">이체</td><td colspan="3">500원</td><td colspan="3">1,000원</td><td colspan="3">800원</td><td colspan="3">1,000원</td></tr>
</table>

※ W은행 자동화기기 출금 시 수수료 감면 사항
- 만 65세 이상 예금주의 출금거래는 100원 추가 할인
- 당일 영업시간 외에 10만 원 초과 출금 시 2회차 거래부터 수수료 50% 감면

※ 영업시간 내 기준 : 평일 08:30 ~ 18:00, 토요일 08:30 ~ 14:00(공휴일 및 휴일은 영업시간 외 적용)

① 800원
② 1,300원
③ 1,600원
④ 2,300원

60 다음은 유배우 가구 중에서 맞벌이 가구의 비율을 나타낸 자료이다. 해당 자료를 보고 ⓐ+ⓑ와 ⓒ+ⓓ의 합을 각각 구하면?(단, 소수점 이하 둘째 자리에서 반올림한다)

〈맞벌이 가구 비율〉

(단위 : 천 가구, %)

구분	2013년			2014년			2015년		
	유배우 가구	맞벌이 가구	비율	유배우 가구	맞벌이 가구	비율	유배우 가구	맞벌이 가구	비율
전체	11,780	5,055	42.9	11,825	5,186	43.9	11,858	5,206	43.9
남자	10,549	ⓐ	43.3	10,538	4,611	ⓒ	10,528	4,623	43.9
여자	1,231	ⓑ	39.5	1,287	575	44.7	1,330	583	ⓓ

※ 유배우 가구 : 가구주의 혼인 상태가 '배우자가 있음'인 가구

※ 맞벌이 가구 : 유배우 가구 중 동거 여부와 상관없이 가구주와 배우자가 모두 취업자인 가구

※ $(\text{비율})=\frac{(\text{맞벌이 가구})}{(\text{유배우 가구})}\times 100$

① 5,055, 87.6
② 5,186, 87.6
③ 5,055, 87.8
④ 5,055, 87.7

61 주차장에 이 부장, 박 과장, 김 대리 세 사람의 차가 나란히 주차되어 있는데, 순서는 알 수 없다. 다음 중 한 사람의 말이 거짓이라고 할 때, 주차장에 주차된 순서로 알맞은 것은?

이 부장 : 내 옆에는 박 과장 차가 세워져 있더군.
박 과장 : 제 옆에 김 대리 차가 있는 걸 봤어요.
김 대리 : 이 부장님 차가 가장 왼쪽에 있어요.
이 부장 : 김 대리 차는 가장 오른쪽에 주차되어 있던데.
박 과장 : 저는 이 부장님 옆에 주차하지 않았어요.

① 김 대리 – 이 부장 – 박 과장
② 박 과장 – 김 대리 – 이 부장
③ 박 과장 – 이 부장 – 김 대리
④ 이 부장 – 김 대리 – 박 과장

62 K씨는 개인이 사용할 목적으로 한정판 게임기를 미국 소재 인터넷 쇼핑몰에서 물품가격과 운송료를 지불하고 구매했다. 다음 관세 관련 규정과 K씨의 구매 내역을 보고 K씨가 게임기 구매로 지출한 원화금액을 올바르게 구한 것은?

〈관세 관련 규정〉

- 물품을 수입할 경우 과세표준에 품목별 관세율을 곱한 금액을 관세로 납부해야 한다. 단, 과세표준이 15만 원 미만이고, 개인이 사용할 목적으로 수입하는 물건에 대해서는 관세를 면제한다.
- 과세표준은 판매자에게 지급한 물품가격, 미국에 납부한 세금, 미국 내 운송료, 미국에서 한국까지의 운송료를 합한 금액을 원화로 환산한 금액을 의미한다. 단, 미국에서 한국까지의 운송료는 실제 지불한 운송료가 아닌 다음의 국제선편요금을 적용한다.

※ 과세표준 환산 시 환율은 관세청장이 정한 고시환율에 따른다(현재 고시환율 : 1,100원/$).

〈국제선편요금〉

중량	0.5kg ~ 1kg 미만	1kg ~ 1.5kg 미만
금액(원)	10,000	15,000

〈K씨의 구매 내역〉

- 게임기 가격 : $120
- 미국에서 한국까지 운송료 : $35
- 구매 시 적용된 환율 : 1,200원/$
- 게임기 중량 : 950g
- 게임기에 적용되는 관세율 : 10%
- 미국 내 세금 및 미국 내 운송료는 없다.

① 174,800원
② 186,000원
③ 197,200원
④ 208,400원

※ 다음 글을 읽고 이어지는 질문에 답하시오. [63~65]

역사적으로 볼 때 기본권은 인권 사상에서 유래되었지만 개념상으로 인권과 기본권은 구별된다. 인권은 인간의 권리, 즉 인간이 인간이기 때문에 당연히 갖는다고 생각하는 생래적(生來的)・천부적(天賦的) 권리를 말하며, 기본권은 헌법이 보장하는 국민의 기본적인 권리를 의미한다. 기본권 중에는 생래적 권리가 헌법에 수용된 것도 있지만 헌법에 의해서 비로소 형성되거나 구체화된다고 생각하는 청구권적 기본권, 참정권, 환경권 등도 있으므로 엄격한 의미에서 인권과 기본권은 동일한 것으로 볼 수 없다.
기본권은 일반적으로 주관적 공권(公權)으로서의 성격을 가진다. 이는 기본권이 기본권의 주체인 개인이 자기 자신을 위하여 가지는 현실적이고 구체적인 권리이기 때문에 국가 권력을 직접적으로 구속하고, 따라서 개인은 국가에 대하여 작위(作爲)나 부작위(不作爲)*를 요청할 수 있으며 헌법 질서를 형성하고 개선해 나갈 수 있다는 것을 뜻한다. 그런데 이러한 주관적 공권으로서의 권리가 어떠한 성질의 것이냐에 대하여서는 자연권설, 실정권설, 통합가치설 등으로 견해가 나뉘고 있다.
자연권설(自然權說)에서는 기본권의 자연권적 성격은 시대나 국가에 따라 차이가 있을 수 있지만 기본권은 본질적으로 인간의 본성에 의거하여 인간이 가지는 권리이고, 국가 권력의 침해와 간섭을 배제하는 기본권의 방어적・저항적 성격은 오늘날에도 여전히 부정될 수 없다고 주장한다. 그리고 헌법 제정 권력자도 기본권 존중이라는 근본 규범에는 구속되는 것이기 때문에 기본권은 전(前)국가적, 초(超)국가적인 천부적 자연권이라고 본다. 또한 헌법상의 기본권 보장 규정은 그 헌법의 규정이 기본권을 창설(創設)하는 것이 아니라 단지 인간이 인간으로서 당연히 가지고 있는 권리를 문서로 확인, 선언하고 있는 것에 지나지 않는 것으로 본다.
실정권설(實定權說)에서는 헌법에 규정된 모든 기본권은 실정권으로 파악한다. 사상과 언론의 자유, 신체의 자유 등과 같은 전통적인 자유권적 기본권도 그 역사적인 전개 과정에서는 자연법상의 권리로 주장된 것이지만, 사회는 공동 생활체이므로 개인의 자유는 조정되지 않으면 안 된다. 또한 국가 영역 안에서는 그 최후의 조정자가 국가인 이상 국가에 의한 국민의 자유의 제한・조정은 필요 불가결하므로, 결국 자유권도 헌법 또는 법률에 의하지 않고는 제한되지 않는 인간의 자유를 말하는 것이다. 그렇다면 자유권도, 그것을 제한할 수도 있다는 헌법 또는 법률이 국가의 실정법인 이상 그것에 의해서만 제한될 수 있다는 의미에서 실정법상의 권리일 수밖에 없다고 주장한다. 실정권설에 의하면 기본권도 헌법에 규정되어야만 비로소 권리로서 인정되기 때문에 헌법의 기본권 보장 규정은 기본권을 확인, 선언하는 것이 아니라 기본권을 창설하는 것이라고 본다.
통합가치설(統合價値說)에서는 질서와 관련하여 기본권을 바라본다. 현실의 인간은 일정한 질서 속에서 존재하기 때문에 인간의 자유와 권리는 질서 내의 자유와 권리를 뜻할 수밖에 없다. 그에 따라 통합가치설에서 기본권은 헌법적인 질서 속에서의 자유와 권리를 뜻하고 사회 공동체가 동화되고 통합되어 가기 위한 실질적인 원동력을 의미하므로, 본질적으로 사회 공동체의 구성원 모두가 공감할 수 있는 가치의 세계를 나타내는 것으로 본다. 또한 헌법 질서 내의 국가 권력은 국민에 앞서 존재하는 것이 아니라 국민의 기본권 행사에 의해서 창설되고, 국가 내에서 행사되는 모든 권력이 국민의 기본권에 의해 통제되고 정당화된다고 주장한다. 그에 따라 통합가치설은 기본권의 국가 형성적 기능과 동화적(同化的) 통합 기능을 강조하고 이러한 기능을 가능하게 하는 기본권의 정치적 성격을 중시한다.

*작위, 부작위 : '작위'는 의식적으로 한 적극적인 행위나 동작이고, '부작위'는 마땅히 해야 할 일을 의식적으로 하지 않는 일

63 위 글의 내용을 잘못 이해한 것은?

① 기본권은 인권 사상에서 유래한 것으로 주관적 공권으로서의 성격을 가진다.
② 기본권은 국가 권력을 직접적으로 구속하므로 개인은 국가에 대해 작위나 부작위를 요청할 수 있다.
③ 자연권설에서는 기본권이 자연권으로서 가지는 방어적 · 저항적 성격이 점차 약화되고 있음을 인정하고 있다.
④ 실정권설에서는 자유권을 헌법 또는 법률에 의하지 않고는 제한되지 않는 자유로 이해한다.

64 위 글에 근거하여 〈보기〉의 헌법 조문을 이해한 반응으로 적절하지 않은 것은?

〈보기〉

제10조 모든 국민은 인간으로서의 존엄과 가치를 가지며, 행복을 추구할 권리를 가진다. 국가는 개인이 가지는 불가침의 기본적 인권을 확인하고 이를 보장할 의무를 진다.
제37조 ① 국민의 자유와 권리는 헌법에 열거되지 아니한 이유로 경시되지 아니한다.
② 국민의 모든 자유와 권리는 국가안전보장 · 질서유지 또는 공공복리를 위하여 필요한 경우에 한하여 법률로써 제한할 수 있으며, 제한하는 경우에도 자유와 권리의 본질적인 내용을 침해할 수 없다.

① 자연권설에 의하면 '제10조'의 '모든 국민은 인간으로서의 존엄과 가치를 가지며, 행복을 추구할 권리를 가진다.'는 기본권이 가지는 자연권으로서의 성격을 확인, 선언한 조항이라 할 수 있다.
② '제37조 ①'의 '헌법에 열거되지 아니한' 자유와 권리를 인정하는 내용과, '제37조 ②'의 '자유와 권리의 본질적인 내용을 침해할 수 없다.'는 내용은, 자연권설의 주장을 지지하는 근거로 삼을 수 있다.
③ '제37조 ②'의 '자유와 권리는 국가안전보장 · 질서유지 또는 공공복리를 위하여 필요한 경우에 한하여 법률로써 제한'할 수 있다는 내용은, 기본권이 실정법상의 권리라는 실정권설의 관점을 뒷받침할 수 있다.
④ 통합가치설은 '제37조 ①'의 '헌법에 열거되지 아니한' 자유와 권리는, 헌법적 질서의 외부에 존재하는 자유와 권리를 지칭한 것으로 이해할 것이다.

65 위 글에 근거할 때, 밑줄 친 ⓐ의 이유로 가장 적절한 것은?

자연권설의 입장은 다시 절대적 자연권설과 상대적 자연권설로 나뉜다. 상대적 자연권설을 취하는 법 이론가들은 교육을 받을 권리, 근로의 권리, 사회 보장을 받을 권리 등의 '생존권적 기본권'과 사상과 언론의 자유, 신체의 자유 등과 같은 '자유권적 기본권'을 구분하여, ⓐ 전자는 후자와 달리 실정권임을 인정한다.

① 생존권적 기본권과 자유권적 기본권은 모두 헌법에 규정된 실정권이기 때문이다.
② 생존권적 기본권은 자유권적 기본권과는 달리 국가 권력에 앞서 존재하기 때문이다.
③ 생존권적 기본권과 자유권적 기본권은 모두 인간의 본성에 의거한 권리이기 때문이다.
④ 생존권적 기본권은 국가 권력의 적극적인 관여에 의해 보장될 수 있는 권리이기 때문이다.

66 W은행에 근무 중인 귀하는 퇴직연금 계약관리를 맡고 있다. 자사의 성과를 평가하기 위해 퇴직연금 시장의 현황을 파악하고자 한다. 퇴직연금사업장 취급실적 현황을 보고 판단한 내용으로 옳지 않은 것은?

〈퇴직연금사업장 취급실적 현황〉

(단위 : 건)

구분		합계	확정급여형 (DB)	확정기여형 (DC)	확정급여·기여형 (DB & DC)	IRP 특례
2018년	1/4	152,910	56,013	66,541	3,157	27,199
	2/4	167,460	60,032	75,737	3,796	27,893
	3/4	185,689	63,150	89,571	3,881	29,087
	4/4	203,488	68,031	101,086	4,615	29,756
2019년	1/4	215,962	70,868	109,820	4,924	30,350
	2/4	226,994	73,301	117,808	5,300	30,585
	3/4	235,716	74,543	123,650	5,549	31,974
	4/4	254,138	80,107	131,741	6,812	35,478
2020년	1/4	259,986	80,746	136,963	6,868	35,409
	2/4	262,373	80,906	143,450	6,886	32,131
	3/4	272,455	83,003	146,952	7,280	35,220
	4/4	275,547	83,643	152,904	6,954	32,046

① 퇴직연금을 도입한 사업장 수는 매 분기 꾸준히 증가하고 있다.
② 퇴직연금제도 형태별로는 확정기여형이 확정급여형보다 많은 것으로 나타난다.
③ 2019년 중 전년 동분기 대비 확정기여형을 도입한 사업장 수가 가장 많이 증가한 시기는 2/4분기이다.
④ 2020년 4/4분기에 IRP 특례를 제외한 나머지 퇴직연금 취급실적은 모두 전년 동분기 대비 증가하였다.

67 직원들의 사기증진과 친화력 도모를 위해 전 직원이 참여하는 사내 가족 체육대회를 열기로 하였다. 11월 달력과 〈조건〉을 보고 체육대회를 열기에 가장 적합한 날은?

〈11월 달력〉

월	화	수	목	금	토	일
	1	2	3	4	5	6
7	8	9	10	11	12	13
14	15	16	17	18	19	20
21	22	23	24	25	26	27
28	29	30	31			

〈조건〉

- 11월 3일부터 7일까지는 장마기간으로 비가 온다.
- 가족 모두가 참여해야 하므로 주말로 정한다.
- 마케팅팀은 토요일에 격주로 출근을 한다.
- 서비스팀은 토요일에 격주로 출근을 한다.
- 사장님은 11월 11일부터 15일까지 중국으로 출장을 간다.
- 마케팅팀 M사원은 12일에 출근을 했다.
- 서비스팀 L과장은 5일에 출근을 했다.
- ○○운동장은 둘째, 넷째 주말에는 개방하지 않는다.

① 11월 6일 ② 11월 12일
③ 11월 13일 ④ 11월 20일

68 다음 중 엑셀의 데이터 입력 및 편집에 관한 설명으로 옳지 않은 것은?

① 한 셀에 여러 줄의 데이터를 입력하려면 〈Alt〉+〈Enter〉를 이용한다.
② 음수는 숫자 앞에 '–' 기호를 붙이거나 괄호( )로 묶는다.
③ 셀에 날짜 데이터를 입력한 뒤 채우기 핸들을 아래로 드래그하면 1일 단위로 증가하여 나타낼 수 있다.
④ 시간 데이터는 세미콜론(;)을 이용하여 시, 분, 초를 구분한다.

69 다음 중 빈칸에 들어갈 말로 가장 적절한 것은?

글은 회사에서 쓰는 보고서, 제안서, 품의서, 기획안, 발표문, 홍보문과 학창시절 써야 하는 자기소개서, 과제 리포트, 그리고 서평, 기행문 등 종류가 많다.
글을 쓸 때 가장 중요한 것은 독자가 무엇을 기대하는지 파악하는 것이다. 따라서 글에서 무엇을 알고 싶어 하는지, 무엇을 줘야 독자가 만족할 것인지를 파악하는 것이 중요하다. "독자가 무엇을 원하는지 안다는 것은 글을 어떻게 써야 하는지 아는 것이다." 그러나 대부분 이를 소홀히 한다. 글에 있어서 무게중심은 읽는 사람이 아니라, 쓰는 사람에게 있다. '내가 많이 알고 있는 것처럼 보여야겠다, 내가 글을 잘 쓰는 것처럼 보여야겠다.'라는 생각이 앞설수록 중언부언하게 되고, 불필요한 수식어와 수사법을 남발한다. 이때 독자는 헷갈리고 화가 나게 된다.
독자에게 필요한 것은 글이 자신에게 전하고자 하는 내용이 무엇인가 하는 것이다. 그리고 그 전하고자 하는 내용이 자신에게 어떤 도움을 주는가 하는 것이다. 모르던 것을 알게 해주는지, 새로운 관점과 해석을 제공해주는지, 통찰을 주는지, 감동을 주는지, 하다못해 웃음을 주는지 하는 것이다. 예를 들어 자기소개서를 읽었는데, 그 사람이 어떤 사람인지 확연히 그려지면 합격이다. 제안서를 읽고 제안한 내용에 관해 확신이 들면 성공이다.
그렇다면 글은 어떻게 써야 할까? 방법은 간단하다. 먼저 구어체로 쓰는 것이다. 그래야 읽는 사람이 말을 듣듯이 편하게 읽는다. 눈으로 읽는 것 같지만 독자는 스스로 소리 내 귀로 듣는다. 구어체로 쓰기 위해서는 누군가를 만나 먼저 말해보는 것이 중요하다. "내가 무슨 글을 써야 하는데, 주로 이런 내용이야." 이렇게 말하다 쓸거리가 정리될 뿐만 아니라 없던 생각도 새롭게 생겨난다. 그리고 말할 때 느낌이 글에서 살아난다.
글을 쓸 때도 독자를 앞에 앉혀놓고 써야 한다. 독자는 구체적으로 한 사람 정해놓고 쓰는 게 좋다. 연애편지 쓰는 것처럼. 그러면 그 사람의 목소리를 들으며 쓸 수 있다. '아, 됐고 결론이 뭐야?' 또는 '다짜고짜 무슨 말이야, 좀 쉽게 설명해봐.' 뭐 이런 소리 말이다.
(   ) 대상이 막연하지 않기 때문에 읽는 사람이 공감할 확률이 높아진다. 나를 위해 무언가를 전해주려고 노력한다는 것을 느끼면서 고마워한다. 말을 심하게 더듬는 사람이 내게 무엇인가를 전해주려고 노력하는 모습을 상상해보라. 그런 진심이 전해지면 된다. 글을 유려하게 잘 쓰고 박식한 것보다 더 독자의 심금을 울린다. 글에도 표정과 느낌이 있다. 독자를 위하는 마음으로 쓰면 그 마음이 전해진다.

① 무엇이 틀렸는지 알고 잘 고쳐 쓰면 된다.
② 독자를 정해놓고 쓰면 진정성이 살아난다.
③ 독자에게 주는 것이 없으면 백전백패다.
④ 글을 일정한 시간, 장소에서 습관적으로 쓰라.

70 다음 중 아래 차트에 설정되어 있지 않은 차트 요소는?

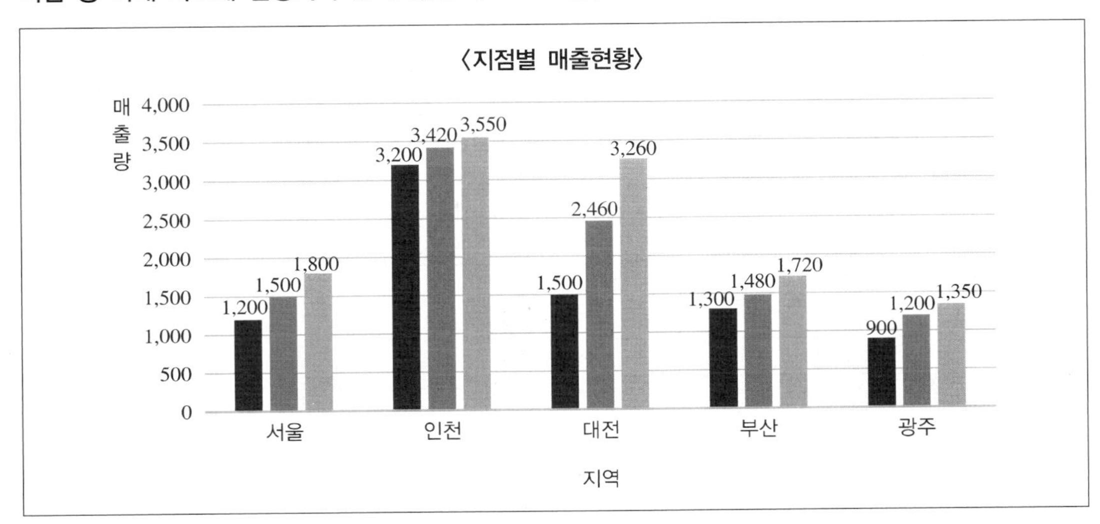

① 범례 ② 차트 제목

③ 축 제목 ④ 데이터 레이블

71 토요일이 의미 없이 지나간다고 생각한 직장인 S씨는 자기계발을 위해 집 근처 문화센터에서 하는 프로그램에 수강신청을 하려고 한다. 문화센터 프로그램 안내표를 참고했을 때 적절하지 않은 것은?(단, 시간이 겹치는 프로그램은 수강할 수 없다)

〈문화센터 프로그램 안내표〉

프로그램	수강료(3달 기준)	강좌시간
중국어 회화	60,000원	11:00 ~ 12:30
영어 회화	60,000원	10:00 ~ 11:30
지르박	180,000원	13:00 ~ 16:00
차차차	150,000원	12:30 ~ 14:30
자이브	195,000원	14:30 ~ 18:00

① 시간상 김 대리가 선택할 수 있는 과목은 최대 2개이다.
② 자이브의 수강 시간이 가장 길다.
③ 중국어 회화와 차차차를 수강할 때 한 달 수강료는 7만 원이다.
④ 차차차와 자이브를 둘 다 수강할 수 있다.

※ A회사는 직원들의 자기계발과 업무능력 증진을 위해 다음과 같이 다양한 사내교육을 제공하고 있다. 이어지는 질문에 답하시오. [72~73]

〈2021년 사내교육 일정표〉

구분	일정	가격
신입사원 사규 교육	2, 3월 첫째 주 목요일	10만 원
비즈니스 리더십	짝수달 셋째 주 월요일	20만 원
Excel 쉽게 활용하기	홀수달 셋째, 넷째 주 목요일	20만 원
One page 보고서 작성법	매월 첫째 주 화요일	23만 원
프레젠테이션 코칭	3, 7, 9월 둘째 주 수요일	18만 원
생활 속 재테크	4, 8월 셋째 주 월요일	20만 원
마케팅 성공 전략	5, 11월 둘째 주 금요일	23만 원
성희롱 예방교육	짝수달 첫째 주 금요일	15만 원
MBA	짝수달 둘째 주 화요일	40만 원

※ 사내교육은 1년에 2번 이수해야 한다.
※ 회사 지원금(40만 원)을 초과하는 경우 추가금액은 개인이 부담한다.
※ 교육을 신청할 때는 팀장의 승인을 받는다.
※ 3월 1일은 월요일이다.
※ 교육은 모두 오후 7시에 시작하여 9시에 종료한다.

72 다영이는 올해 3월 24일에 입사를 했다. 지원금액 한도 안에서 가장 빠르게 교육을 받으려고 할 때, 다영이가 신청할 수 있는 교육으로 옳은 것은?

① 비즈니스 리더십, 생활 속 재테크
② 생활 속 재테크, 마케팅 성공 전략
③ 비즈니스 리더십, 프레젠테이션 코칭
④ Excel 쉽게 활용하기, 성희롱 예방교육

73 동수는 다영이의 입사동기이다. 동수가 사내교육을 신청하기 위해 결재를 올렸으나 팀장이 다음과 같은 이유로 반려하였다. 동수가 신청하려고 했던 교육은?

보낸 사람 기획팀 – 팀장 – 김미나
받는 사람 기획팀 – 사원 – 이동수
동수 씨, 자기계발을 위해 적극적으로 노력하는 모습이 아주 보기 좋습니다. 하지만 같은 주에 두 개를 한꺼번에 듣는 것은 무리인 듯 보입니다. 다음 차수에 들을 수 있도록 계획을 조정하십시오.

① 신입사원 사규 교육, One page 보고서 작성법
② One page 보고서 작성법, 성희롱 예방교육
③ MBA, 프레젠테이션 코칭
④ Excel 쉽게 활용하기, 마케팅 성공 전략

74 다음은 확정급여형과 확정기여형 2가지의 퇴직연금제도에 대한 자료이다. A의 근무정보 및 예상투자수익률 등에 대한 정보가 〈보기〉와 같을 때, 퇴직연금제도별로 A가 수령할 것으로 예상되는 퇴직금 총액이 바르게 연결된 것은?

〈퇴직연금제도〉

○ 확정급여형(DB형)
- 근로자가 받을 퇴직금 급여의 수준이 사전에 결정되어 있는 퇴직연금제도로서, 회사는 금융기관을 통해 근로자의 퇴직금을 운용하고 근로자는 정해진 퇴직금을 받는 제도이다.
- 퇴직금=(직전 3개월 평균임금)×(근속연수)

○ 확정기여형(DC형)
- 회사가 부담해야 할 부담금 수준이 사전에 결정되어 있는 제도로서, 회사가 회사부담금을 금융기관에 납부하고, 회사부담금 및 근로자부담금을 근로자가 직접 운용해서 부담금(원금) 및 그 운용손익을 퇴직금으로 받는 제도이다.
- $(\text{퇴직금}) = \left[\left\{\frac{(\text{연 임금총액})}{12}\text{의 총합}\right\} \times \left\{1 + (\text{운용수익률})\right\}\right]$

〈보기〉

- A는 퇴직하려는 회사에 2008년 5월 7일에 입사하였고, 2018년 8월 2일에 퇴직할 예정이다.
- A가 퇴직하려는 해의 A의 월급은 평균 900만 원이다.
- A의 월급은 매년 1월 1일에 50만 원씩 인상되었다.
- A의 예상 운용수익률은 매년 10%이다.
- 매년 회사의 퇴직금 부담률은 A의 당해 연도 평균월급의 50%이다.

	확정급여형	확정기여형
①	1억 원	7,425만 원
②	1억 원	6,750만 원
③	9,000만 원	7,425만 원
④	9,000만 원	6,750만 원

75 총무부의 K부장은 오늘까지 처리해야 할 부서 업무를 다음과 같이 정리하였고, 금일 스케줄을 바탕으로 부서원에게 해당 업무를 배정하려고 한다. 총무부의 금일 스케줄을 참고할 때, 처리해야 할 업무가 잘못 배정된 사람은?(단, 한 사람당 하나의 업무만 배정한다)

〈총무부 금일 업무〉

- 부서장 회의 참석(09:30 ~ 11:00)
- 사무용품 주문서 작성 및 주문 메일 발송
  ※ 주문서 최종 결재자 : K부장, 메일은 퇴근 전에 발송할 것
- 행사 용품 오배송건 반품
  ※ 택배 접수 마감 시간 16:00
- ○○프로젝트 보고서 초안 작성
- 행사 참여 안내문 등기 발송
  ※ 우체국 영업시간(09:00 ~ 18:00) 내 방문

〈총무부 금일 스케줄〉

<table>
<tr><th>시간</th><th>K부장</th><th>G과장</th><th>J대리</th><th>L사원</th><th>O사원</th></tr>
<tr><td>09:00 ~ 10:00</td><td></td><td></td><td rowspan="3">오전반차</td><td colspan="2" rowspan="2">사내 교육 프로그램 참여</td></tr>
<tr><td>10:00 ~ 11:00</td><td></td><td rowspan="2">○○프로젝트 회의</td></tr>
<tr><td>11:00 ~ 12:00</td><td></td><td></td><td></td></tr>
<tr><td>12:00 ~ 13:00</td><td colspan="5">점심시간</td></tr>
<tr><td>13:00 ~ 14:00</td><td></td><td></td><td>오전반차</td><td></td><td></td></tr>
<tr><td>14:00 ~ 15:00</td><td rowspan="3">외근</td><td></td><td rowspan="2">행사 진행 업체 사전미팅</td><td></td><td></td></tr>
<tr><td>15:00 ~ 16:00</td><td></td><td></td><td></td></tr>
<tr><td>16:00 ~ 17:00</td><td></td><td></td><td></td><td></td></tr>
<tr><td>17:00 ~ 18:00</td><td colspan="2">업무 보고</td><td></td><td colspan="2">비품 정리</td></tr>
</table>

① K부장 – 부서장 회의 참석
② G과장 – ○○프로젝트 보고서 초안 작성
③ J대리 – 행사 용품 오배송건 반품
④ L사원 – 우체국 방문 및 등기 발송

76 다음 자료는 ○○공사의 고객의 소리 운영 규정의 일부이다. 고객서비스 업무를 담당하고 있는 1년 차 사원인 K씨는 7월 18일 월요일에 어느 한 고객으로부터 질의 민원을 접수받았다. 그러나 부득이한 사유로 기간 내 처리가 불가능할 것으로 보여 본사 총괄부서장의 승인을 받고 지연하였다. 해당 민원은 늦어도 언제까지 처리가 완료되어야 하는가?

> **제1조(목적)**
> 이 규정은 ○○공사에서 고객의 소리 운영에 필요한 사항에 대하여 규정함을 목적으로 한다.
>
> **제2조(정의)**
> "고객의 소리(Voice Of Customer)"라 함은 ○○공사 직무와 관련된 행정 처리에 대한 이의신청, 진정 등 민원과 ○○공사의 제도, 서비스 등에 대하여 불만이나 불편사항, 건의·단순 질의 등 모든 고객의 의견을 말한다.
>
> **제7조(처리기간)**
> ① 고객의 소리는 다른 업무에 우선하여 처리하여야 하며 처리기간이 남아있음 등의 이유로 처리를 지연시켜서는 아니 된다.
> ② 고객의 소리 처리기간은 24시간으로 한다. 다만, 서식민원은 별도로 한다.
>
> **제8조(처리기간의 연장)**
> ① 부득이한 사유로 기간 내에 처리하기 곤란한 경우 중간답변을 하여야 하며, 이 경우 처리기간은 48시간으로 한다.
> ② 중간답변을 하였음에도 기간 내에 처리하기 어려운 사항은 1회에 한하여 본사 총괄부서장의 승인을 받고 추가로 연장할 수 있다. 이 경우 추가되는 연장시간은 48시간으로 한다.
> ③ 업무의 성격이나 중요도, 본사 총괄부서의 처리시간에 임박한 재배정 등으로 제1항 내지 제2항의 기간 내에 처리할 수 없는 사항은 부서장 또는 소속장이 본사 총괄부서장에게 특별 기간연장을 요구할 수 있다.

① 7월 19일
② 7월 20일
③ 7월 21일
④ 7월 22일

※ 다음은 통계청에서 발표한 부처별 · 지역별 국가연구개발사업 집행 추이에 관한 자료이다. 다음 자료를 읽고 이어지는 질문에 답하시오. [77~78]

〈부처별 국가연구개발사업 집행 추이〉

(단위 : 억 원)

구분	2018년	2019년	2020년
교육부	15,987	16,494	17,114
국방부	299	353	409
국토교통부	4,107	4,421	4,442
농림축산식품부	1,832	2,014	1,969
문화체육관광부	660	772	821
미래창조과학부	60,467	64,696	65,246
보건복지부	4,508	5,042	5,191
산업통상자원부	31,900	34,348	34,184
해양수산부	5,424	5,780	5,640
환경부	2,929	3,203	3,005

〈지역별 국가연구개발사업 집행 추이〉

(단위 : 억 원, %)

구분	수도권		대전광역시		지방		합계	
	금액	비중	금액	비중	금액	비중	금액	비중
2016년	64,635	42.5	44,052	29.0	43,294	28.5	151,981	100.0
2017년	68,594	42.4	47,122	29.1	46,178	28.5	161,894	100.0
2018년	67,744	40.2	49,823	29.5	51,083	30.3	168,650	100.0
2019년	66,771	36.7	54,584	30.0	60,452	33.3	181,807	100.0
2020년	64,051	34.9	56,115	30.6	63,190	34.5	183,356	100.0

77 다음은 부처별 국가연구개발사업 집행 추이에 대한 설명이다. 다음 중 옳지 않은 설명은?

① 2019년과 2020년 산업통상자원부와 농림축산식품부의 국가연구개발사업 집행 금액의 전년 대비 증감 추이는 동일하다.

② 한 해 동안 집행한 국가연구개발사업 금액이 가장 큰 부처는 2019년과 2020년에 동일하다.

③ 2018년에 전체 부처의 국가연구개발사업 총 집행 금액은 2019년보다 크다.

④ 해양수산부의 국가연구개발사업 집행 금액은 2018년부터 2020년까지 매년 환경부의 2배 미만이었다.

78 다음은 부처별 국가연구개발사업 집행 추이 및 지역별 국가연구개발사업 집행 추이에 대한 설명이다. 〈보기〉의 설명 중 옳은 것을 모두 고른 것은?

〈보기〉

ㄱ. 2016년 이후 지방의 국가연구개발사업 집행 금액이 대전광역시를 추월한 첫해에 수도권의 국가연구개발사업 집행 금액의 비중은 전체의 40% 이상이다.
ㄴ. 2020년에는 문화체육관광부와 지방의 국가연구개발사업 집행 금액이 모두 전년대비 10% 이상 증가하였다.
ㄷ. 수도권의 국가연구개발사업 집행 금액은 2019년에 2016년 대비 10% 이상 증가하였다.

① ㄱ
② ㄴ, ㄷ
③ ㄱ, ㄷ
④ ㄱ, ㄴ, ㄷ

79 지우네 가족은 명절을 맞아 주말에 할머니 댁을 가기로 하였다. 다음 교통편에 따른 금액 및 세부사항을 참고하여 〈조건〉에 맞는 교통편을 고를 때, 교통편과 그에 따라 지불해야 할 총 교통비는 얼마인가?

〈교통편별 비용 및 세부사항〉

구분	왕복 금액	걸리는 시간	집과의 거리	비고
비행기	119,000원	45분	1.2km	3인 이상 총 금액 3% 할인
E열차	134,000원	2시간 11분	0.6km	4인 가족 총 금액 5% 할인
P버스	116,000원	2시간 25분	1.0km	
K버스	120,000원	3시간 02분	1.3km	1,000원씩 할인 프로모션

※ 걸리는 시간은 편도기준이며, 집과의 거리는 집에서 교통편까지 거리이다.

〈조건〉

- 지우네 가족은 성인 4명이다.
- 집에서 교통편 타는 곳까지 1.2km 이내이다.
- 계획한 총 교통비는 50만 원 이하이다.
- 왕복 시간은 5시간 이하이다.
- 가장 저렴한 교통편을 이용한다.

	교통편	총교통비
①	비행기	461,720원
②	비행기	461,620원
③	E열차	461,720원
④	P버스	464,000원

80 W은행에서 근무하는 강 과장은 '한여름 밤의 음악회'와 관련하여 유 대리에게 다음과 같이 부탁하였다. 유 대리가 가장 먼저 처리해야 할 일은 무엇인가?

> 유 대리님, 퇴근하기 전에 음악회 장소를 다시 점검하러 가보셔야 할 것 같아요. 저번에 김 과장님이 오른쪽 조명이 깜빡인다고 말씀하시더라고요. △△조명은 11시부터 영업을 시작하고, 음악회 주최 위원들은 점심시간에 오신다고 하니 함께 점심 드시고 오후에 연락하여 점검을 같이 나가자고 연락드려주세요. 아, 그리고 제가 지금 외근을 나가야 하는데 오늘 몇 시에 들어올 수 있을지 모르겠어요. 일단 점심 식사 후 음악회 주최 위원들께 음악회 일정표를 전달해주세요. 그리고 조명 점검하시고 꼭 김 과장님께 상황보고해 주세요.

① 한여름 밤의 음악회 장소 점검
② △△조명에 조명 점검 협조 연락
③ 음악회 주최 의원들과 점심
④ 음악회 주최 의원들에게 일정표 전달

공통금융

01 다음 중 빈부격차 현상과 관련이 없는 것은?

① 로렌츠곡선
② 지니계수
③ 엥겔지수
④ 앳킨슨지수

02 한국의 한 제약 회사가 베트남에 공장을 설립하면서 한국인과 현지의 베트남인을 각각 관리자와 직원으로 채용하였다. 다음 중 한국과 베트남 경제에 나타날 수 있는 현상으로 가장 적절한 것은?

① 한국의 GDP만 상승한다.
② 양국 모두 GDP가 상승한다.
③ 베트남의 GNP만 상승한다.
④ 양국 모두 GNP가 상승한다.

03 4차 산업 혁명으로 등장한 인공지능, 사물인터넷 등의 기술이 인간의 일자리를 위협하고 있다. 다음 중 노동이 기계로 대체됨에 따라 발생하는 실업은 무엇인가?

① 계절적 실업
② 기술적 실업
③ 구조적 실업
④ 마찰적 실업

04 다음 중 간접비에 속하지 않는 것은?

① 복지후생비
② 보험료
③ 광고비
④ 근로자 임금

05 다음 빈칸에 들어갈 용어로 적절한 것은?

> (　　　　　)은(는) 한 나라에서 통용되는 모든 지폐나 동전에 대해 실질가치는 그대로 두고 액면을 동일한 비율의 낮은 숫자로 변경하는 조치를 말한다. 즉 화폐 단위를 100대 1, 또는 1000대 1 등으로 하향조정하는 것이다.

① 테이퍼링
② 테뉴어보팅
③ 오퍼레이션 트위스트
④ 리디노미네이션

06 다음 사례에 나타난 현상을 나타내는 말이 바르게 연결된 것은?

> ㉠ 유행에 뒤떨어지거나 소외되지 않기 위해서 최근 유행하는 특정 브랜드의 상품을 구매한다.
> ㉡ 주로 한정판으로 제작되는 '리미티드 에디션' 상품에 관심을 갖는다.

	㉠	㉡
①	밴드왜건 효과	스놉 효과
②	밴드왜건 효과	전시 효과
③	베블런 효과	스놉 효과
④	베블런 효과	전시 효과

07 하나의 물건을 구입한 후 그 물건에 어울릴만한 다른 물건을 계속 구매하여 또 다른 소비로 이어지는 현상을 일컫는 말로 적절한 것은?

① 언더독 효과
② 분수 효과
③ 디드로 효과
④ 마태 효과

08 다음 중 GDP에 포함되지 않는 것은?

① 국내 기업의 주택 구매
② 국내 기업의 주식 구매
③ 국내 기업의 공장 신설
④ 해외 기업의 국내에서 제품 생산

09 다음 사례에 대한 설명으로 적절한 것은?

> 맞벌이 부부인 A씨와 B씨는 회사 일이 바빠 대부분의 식료품을 온라인으로 주문한다. 이들은 온라인 사이트에서 판매하는 제품의 금액이 오르든 말든 별로 상관하지 않고 구매하는 편이다.

① 가격탄력성이 높다.
② 가격탄력성이 낮다.
③ 소득탄력성이 높다.
④ 소득탄력성이 낮다.

10 적은 돈을 장기간 저축하는 습관의 중요성을 나타내는 말로, 하루에 4,000원을 30년간 꾸준히 저축하면 약 2억 원의 목돈을 만들 수 있다는 경제용어는 무엇인가?

① 카페라테 효과
② 아메리카노 효과
③ 핫초코 효과
④ 카페모카 효과

11 다음 중 인터넷 경제의 3원칙 가운데 하나로, 마이크로칩의 성능이 24개월마다 2배로 늘어난다는 법칙은?

① 황의 법칙
② 가치사슬을 지배하는 법칙
③ 무어의 법칙
④ 메트칼프의 법칙

12 1920년대 미국 재즈클럽 주변에서 단기 계약으로 연주자를 섭외해 공연한 데서 유래한 용어로, 비정규 프리랜서 근로 형태가 확산되는 현상을 뜻하는 용어는?

① 긱 이코노미(Gig Economy)
② 캐시 이코노미(Cash Economy)
③ 블랙 이코노미(Black Economy)
④ 모럴 이코노미(Moral Economy)

13 서킷브레이커(Circuit Breakers)는 주식시장에서 주가가 급등 또는 급락하는 경우 주식매매를 일시 정지하는 제도를 의미한다. 다음 중 서킷브레이커에 대한 설명으로 옳지 않은 것은?

① 미국에서 발생한 주가 대폭락사태인 블랙먼데이 이후 도입된 제도이다.
② 서킷브레이커 1단계는 종합주가지수가 전일에 비해 15% 이상 하락한 경우 발동된다.
③ 서킷브레이커는 각 단계별로 하루에 한 번만 발동할 수 있다.
④ 현물 서킷브레이커는 현물주가가 폭락하는 경우에만 발동한다.

14 다음 빈칸에 들어갈 용어로 적절한 것은?

> 세이프가드는 특정품목의 수입이 급증하여 국내 업계에 중대한 손실이 발생하거나 그 우려가 있을 경우 (　　　　　) 가맹국이 발동하는 긴급 수입제한조치이다.

① TBT
② FTA
③ IPPC
④ GATT

15 다음 빈칸에 들어갈 수치로 적절한 것은?

> 엥겔지수는 일정 기간 가계 소비지출 총액에서 식료품비가 차지하는 비율로서, 가계의 생활수준을 가늠하는 척도이다. 독일의 통계학자 엥겔은 연구를 통해 가계 소득이 높아질수록 식료품비의 비중이 감소한다는 가계 소비의 특징을 발견했다. 이를 통해 엥겔은 엥겔지수가 (　　　　　) 이하이면 소득 최상위로 정의했다.

① 15%
② 20%
③ 25%
④ 30%

16 완전고용에 대해 바르게 설명한 것은?

① 일자리가 노동자보다 더 많아진 상태
② 실업자가 한 명도 없는 상태
③ 일하고자 하는 사람들이 모두 고용된 상태
④ 비자발적 실업자가 완전히 없어진 상태

17 국내총생산을 뜻하는 GDP의 G는 무엇의 약자인가?

① Gross
② Grand
③ Grace
④ Good

18 유산으로 집 한 채를 물려받은 형제자매가 있다. 그중에는 집을 임대하고 싶은 사람도 있을 것이고, 팔아서 자기 몫을 챙기고 싶은 사람도 있을 것이다. 그들이 합의하지 못하면, 결국 집은 텅 빈 채 덩그러니 남아 있을 것이다. 이제 소유자가 200명 정도 된다고 상상해보자. 이처럼 지나치게 많은 소유권은 경제활동을 방해할 수 있음을 의미하는 용어는?

① 그리드패리티(Gridparity)
② 골디락스(Goldilocks)
③ 코드골드(Code Gold)
④ 그리드락(Gridlock)

19 다음 설명에 적합한 경제용어는?

> • 아프리카 유목민들은 척박한 땅에 너무 많은 가축을 풀어놓아 그 땅이 모두 사막으로 변해버렸다.
> • 북대서양 대구어장의 경우 주변국 어선들의 경쟁적인 남획으로 결국 어장이 폐쇄되었다.

① 공유의 종말
② 소유의 비극
③ 공유지의 비극
④ 승자의 저주

20 개발도상국의 경제개발을 지원하고 우리나라의 국제적 지위 향상에 상응하는 역할을 수행하기 위하여 1987년 6월 1일 설립된 정부의 개발원조자금인 대외협력기금을 무엇이라 하는가?

① ODA
② UNICEF
③ EDCF
④ OECD

금융일반

21 다음 중 제로 웨이스트에 대한 설명으로 가장 적절한 것은?

① 음식쓰레기를 줄이기 위해 음식을 조금 만들거나 다 먹는 생활 습관
② 포장을 줄이거나 재활용이 가능한 재료를 사용하여 쓰레기를 줄이려는 생활 습관
③ 낭비되는 시간을 줄이기 위해 계획적으로 움직이는 생활 습관
④ 낭비되는 생활비를 줄이기 위해 검소하게 생활하는 습관

22 다음에서 설명하고 있는 것은?

현실을 외면하지 않고 정면 대응하면 살아남을 수 있지만, 근거 없이 막연히 일이 잘 풀릴 거라고 낙관하면 쉽게 무너지게 된다는 '희망의 역설'을 의미하는 심리학 용어

① 옵티미스트
② 칵테일 파티 효과
③ 회전 달걀의 패러독스
④ 스톡데일 패러독스

23 다음 중 MZ세대에 대한 설명으로 옳은 것은?

① 1970년대 중반 이후에 태어난 세대 중 컴퓨터에 익숙한 세대로, TV보다 컴퓨터를 좋아하고 전화보다 이메일에 더 익숙하다.
② 용감하고, 다양하며, 생기발랄한 2010년대 세대로, 디지털 기기를 잘 다루고 글로벌 환경에 잘 적응한다.
③ 1980년대 ~ 2000년대 초에 출생한 세대로, 디지털 환경에 익숙하고 최신 트렌드와 남과 다른 이색적인 경험을 추구한다.
④ 1986 ~ 1988년 전후로 태어난 세대로, 글로벌 마인드와 외국어 구사능력이 높다.

24 다음 확정기여형 퇴직연금제도(DC)에 대한 설명 중 옳지 않은 것은?

① 사용자가 납입 할 부담금이 사전에 확정된 퇴직연금제도이다.
② 사용자가 근로자 개별 계좌에 부담금을 정기적으로 납입하면, 근로자가 직접 적립금을 운용하며, 근로자 본인의 추가 부담금 납입도 가능하다.
③ 근로자는 사용자가 납입한 부담금과 운용 손익을 최종 급여로 지급받는다.
④ 적립금 운용의 책임은 기업에 있으며, 기업이 부담할 금액은 운용결과에 따라 달라진다.

25 다음 '위대한 게츠비 곡선(The Great Gatsby Curve)'에 대한 설명 중 옳지 않은 것은?

① 앨런 크루거 전 미국 백악관 경제자문위원장이 지난 2012년 경제적 불평등을 비판하기 위한 목적으로 '위대한 게츠비 곡선'으로 명명하여 발표했다.
② 가난한 농부의 아들로 태어나 맨몸으로 막대한 부를 일군 개츠비가 주인공인 소설 '위대한 개츠비'에서 따왔다.
③ '위대한 개츠비 곡선'은 마일스 코락 캐나다 오타와대 교수가 소득불평등(지니 계수)과 소득 대물림 수준의 상관관계를 분석해 도출한 결과다.
④ 지니 계수가 낮은 국가일수록 계층이동이 어려웠다.

26 무역에서 보편적으로 사용하는 거래 조건의 해석에 대한 국제통일규칙을 인코텀즈(INCOTERMS)라고 한다. 인코텀즈에 대한 설명 중 옳지 않은 것을 모두 고른 것은?

가. 강행법규에 해당한다.
나. 국제상업회의소(ICC)에서 5년마다 개정한다.
다. 은행이나 운송인에 대하여는 다루지 않는다.
라. 국제거래뿐 아니라 국내거래에서도 사용 가능하다.

① 나
② 가, 나
③ 나, 다
④ 다, 라

27 인터넷 사용후기를 참조해 물건을 구매하는 소비자를 무엇이라 하는가?

① 넥소블리안
② 트윈슈머
③ 크리슈머
④ 트레저 헌터

28 다음 중 구세군에 대한 설명으로 옳지 않은 것은?

① 19세기 후반기에 영국의 감리교 목사였던 윌리엄 부스가 창시하였다.
② '세상을 구하는 군대'라는 명칭처럼 성직자를 '사관', 교인을 '병사, 군우'라고 부른다.
③ 우리나라에서는 1908년 로버트 호가드 사관이 구세군 선교사업을 시작하였다.
④ 구세군 자선냄비 모금활동은 일제 강점기에 우리나라에서 최초로 시작되었다.

29 다음 빈칸 안에 들어갈 알맞은 용어는?

(   )란/이란 한 나라의 인구가 그 나라의 사용 가능한 자원에 의해 생활할 수 있는 능력을 말한다. 즉, 한 지역이 얼마만큼의 인구를 수용할 능력을 가지고 있는가를 나타낸 것이다.

① 인구피라미드
② 인구부양력
③ 인구센서스
④ 인구오너스

30 어느 한 경제에서 생산 활동에 참가하는 당사자는 A와 B이고, 각각의 효용을 U와 V로 나타낸다고 가정하자. 이 경우 롤스(J. Rawls)의 사회후생함수를 옳게 표현한 것은?(단, W는 사회 전체의 후생을 나타낸다)

① $W=\min(U,\ V)$
② $W=\max(U,\ V)$
③ $W=U\times V$
④ $W=\frac{(U+V)}{2}$

31 운동선수 A의 올해 연봉은 50억 원이라고 한다. 이 선수는 15억 원만 받아도 운동을 계속할 생각을 가지고 있다. 이 경우 이 선수의 연봉 중 이전수입(Transfer earnings)과 경제적 지대(Economic earnings)의 크기를 각각 구하면?

① 15억 원, 35억 원
② 15억 원, 50억 원
③ 35억 원, 15억 원
④ 35억 원, 50억 원

32 X재의 시장수요곡선은 Q=120−2P이다. 이 시장이 꾸르노(Cournot) 복점시장인 경우의 시장균형생산량과 독점시장인 경우의 시장균형생산량의 차이는 얼마인가?(단, Q : 생산량 P : 가격을 나타내고, 각 시장에 참여하는 기업들의 한계비용은 0이다)

① 20
② 30
③ 40
④ 50

33 다음의 단체와 관련된 설명으로 옳지 않은 것은?

국내에서 8·15 해방 직후 전국에 145개의 지부를 조직하고 본격적인 건국 작업에 들어갔다.

① '조선민주주의인민공화국'을 선포하였다.
② 좌파와 우파 인사들로 조직되었으나, 좌파의 득세로 우파 민족주의자들이 탈퇴하였다.
③ 국내 치안을 담당하기 위해 치안대를 조직하였다.
④ 여운형이 중심이 되어 조직된 조선건국동맹이 모태가 되었다.

34 4·19 혁명에 대한 설명으로 옳지 않은 것은?

① 이승만 대통령의 독재정치와 장기 집권이 배경이 되었다.
② 3·15 부정선거가 도화선이 되었다.
③ 대학교 수단의 시국 선언은 4월 19일 학생 시위를 촉발시켰다.
④ 학생이 앞장서고 시민이 참여한 민주혁명이었다.

35 3·1 운동에 대한 설명으로 옳지 않은 것은?

① 대한민국 임시정부가 출범하는 계기가 되었다.
② 민족자결주의와 2·8 독립 선언의 영향을 받았다.
③ 반제국주의 민족운동의 선구로 다른 아시아 지역의 민족운동에 영향을 주었다.
④ 비폭력주의에서 무력적인 저항운동으로 변모하였고, 농촌에서 도시로 점차 확산되었다.

36 형돈이는 완전경쟁적인 햄버거 시장에서 매월 햄버거를 1,000개 팔고 있다. 형돈이의 월간 총비용은 100만 원이고, 이 중 고정비용은 40만 원이다. 형돈이가 단기적으로는 햄버거 가게를 운영하지만 장기적으로는 폐업할 계획이라고 할 때 햄버거 1개당 가격의 범위는?

① 400원 이상 600원 미만
② 600원 이상 1,000원 미만
③ 800원 이상 1,200원 미만
④ 1,000원 이상 1,400원 미만

37 다음 표를 보고 국내총생산(GDP)과 국민총생산(GNP) 간의 관계를 옳게 표현한 것은?

구분	자국민이	외국인이
자국에서 생산한 것	A	B
외국에서 생산한 것	C	D

① GNP＝GDP＋B
② GNP＝GDP＋C
③ GNP＝GDP＋D
④ GNP＝GDP－B＋C

38 아래 표는 양의 외부효과(Positive externality effect)가 발생하는 시장의 사적 한계효용, 사적 한계비용, 그리고 사회적 한계효용을 제시해주고 있다. 이 경우 ㉠ <u>사회적 최적거래량</u>과 시장의 균형거래수준이 사회적 최적수준과 같아지도록 하기 위한 ㉡ <u>세금 혹은 보조금</u>은 얼마인가?

거래량	사적 한계효용	사적 한계비용	사회적 한계효용
1	3,000	1,600	4,000
2	2,600	1,900	3,500
3	2,200	2,200	3,000
4	1,800	2,500	2,500
5	1,500	2,800	2,000
6	1,100	3,100	1,500

① ㉠ : 4개, ㉡ : 700원의 보조금이 필요
② ㉠ : 4개, ㉡ : 700원의 세금이 필요
③ ㉠ : 4개, ㉡ : 500원의 세금이 필요
④ ㉠ : 5개, ㉡ : 500원의 보조금이 필요

39 다음 중 (가)와 관련된 사건으로 적절한 것은?

> 조선왕조의궤도는 (가) 사건 때, 약탈을 당했다. 조선왕조의궤는 조선의 중요한 행사를 글과 그림으로 기록한 것으로 왕실의 행사를 의궤 형식으로 남긴 것은 조선이 유일하였다. 그 가치를 인정받아 2007년 세계 기록 유산으로 등재되었으며, 우리나라 보물로 지정되어 있다.

① 흥선대원군이 프랑스 선교사들을 박해하였다.
② 상선인 제너럴셔먼호가 불에 탔다.
③ 군함 운요호가 함포사격을 하였다.
④ 오페르트가 남연군묘를 도굴하려 하였다.

40 다음 중 흥선 대원군의 정책으로 옳지 않은 것은?

① 사창제를 시행하였다.
② 호포제를 시행하였다.
③ 서원을 철폐하였다.
④ 개방정책을 시행하였다.

41 다음 중 조선시대의 과거제도에 대한 설명으로 옳지 않은 것은?

① 문과, 무과, 잡과 등의 시험이 있었다.
② 법적으로 양인 신분이면 모두 응시할 수 있었다.
③ 별시는 나라에 경사가 있을 때 시행되었다.
④ 식년시는 4년마다 정기적으로 시행되었다.

42 A국에서 중앙은행이 최초로 100단위의 본원통화를 공급하였다. 민간현금보유비율이 0.1이고, 은행의 지급준비율이 0.2일 때, A국의 통화량은?(단, 소수점 첫째 자리에서 반올림하여 정수 단위까지 구한다)

① 333
② 357
③ 500
④ 833

43 전체인구 중에서 15세 이상의 인구가 200만 명, 경제활동인구가 160만 명, 취업자가 140만 명이면 실업률은 얼마인가?

① 10.5%
② 11.5%
③ 12.5%
④ 13.5%

44 다음 중 실업으로 간주되는 사람을 모두 합하면 몇 명인가?

가. A는 취업준비생이다.
나. B는 실망노동자이다.
다. C는 살인죄로 감옥에 수감중이다.
라. D는 군복무중이다.
마. E는 다니던 회사를 그만두고 더 좋은 직장을 찾고 있다.

① 1명
② 2명
③ 3명
④ 4명

45 다음 중 영국 웨스트엔드와 미국 브로드웨이에서 탄생한 세계 4대 뮤지컬에 속하지 않는 작품은?

① 〈햄릿〉
② 〈레미제라블〉
③ 〈미스 사이공〉
④ 〈오페라의 유령〉

46 다음 중 한국 예술가에 대한 설명으로 옳지 않은 것은?

① 이중섭 : 대향(大鄕)이라는 호를 지녔다.
② 김홍도 : 신윤복 장승업과 함께 삼원(三園)이라 불렸다.
③ 안견 : 몽유도원도를 그렸다.
④ 나혜석 : 한국 최초의 서양화가이다.

47 미국의 영상물 심의 등급 'G-rated'와 가장 근접한 대한민국의 영상물 심의 등급은 무엇인가?

① 전체관람가
② 15세 이상 관람가
③ 청소년 관람불가
④ 제한상영가

48 휴대폰을 생산하는 한 회사에서 구식 휴대폰을 재고로 보유하고 있다. 총 제조원가가 50만 원이나, 처분하는 경우에는 25만 원밖에 받을 수 없다. 이러한 상황에서 수리 후 얼마 이상 받을 수 있다고 생각해야 35만 원을 투자하여 신식으로 수리하겠는가?

① 35만 원
② 50만 원
③ 60만 원
④ 85만 원

49 도담이는 만기가 도래한 적금 3,000만 원을 기대수익률이 10%인 주식에 투자해야 할지 이자율이 5%인 예금에 저축해야 할지 고민 중이다. 결국 도담이가 주식에 투자하기로 결정한 경우, 이 선택에 대한 연간 기회비용은 얼마인가?

① 0원
② 150만 원
③ 300만 원
④ 3,000만 원

50 생산물시장에서 독점기업인 A는 노동시장에서 수요독점자이다. 노동공급곡선은 $W=100+5L$, 근로자를 추가로 고용할 때 A기업이 얻는 노동의 한계수입생산물은 $MRP_L=300-10L$이다. 이때 A기업이 이윤극대화를 위해 근로자에게 지급하는 임금은?(단, W는 임금, L은 고용량이다)

① 100
② 150
③ 200
④ 250

51 모토로라의 엔지니어 빌 스미스가 정립한 제품 개발 기법 6시그마에서 '6시그마'가 의미하는 것은 무엇인가?

① 불량품 발생의 빈도
② 신제품 평가의 척도
③ 개발 영감 획득 경로
④ 조직의 공통된 목표

52 금융 및 증권업계에서 자산 유동화를 위해 설립한 페이퍼 컴퍼니로, 특별한 목적을 수행하기 위해 일시적으로 만든 회사는?

① AMC(Asset Management Company)
② PFV(Project Financing Vehicle)
③ SPV(Special Purpose Vehicle)
④ PEF(Private Equity Fund)

53 다음 글에서 설명하는 용어는?

> 처음에는 사업이 잘되는 것처럼 보이다가 더 이상 발전하지 못하고 마치 깊은 수렁에 빠지는 것과 같은 심각한 정체 상태에 이른 것을 말한다. 특히 인터넷 비즈니스에 이런 현상이 심각하다. 벤처기업이 활짝 꽃을 피우기 전에 상당 기간의 침체기를 갖게 되는 것을 가리킨다. 실리콘밸리에서 활동하는 컨설턴트인 제프리 무어 박사가 1991년에 이 이론을 만들었다. 원래 지질학 용어로, 지층 사이에 큰 틈이나 협곡이 생긴 것을 말하는데 벤처기업의 경우 계속해서 성장하는 것이 아니라 성장하다 단절이 생기는 것을 피할 수 없다는 뜻으로 빗대어 이른 말이다. 아무리 뛰어난 기술도 일반인들이 쉽게 사용하기까지는 시간이 걸리기 때문이다.

① 쓰나미 ② 캐즘
③ 스노우빌 ④ 엠커브 현상

54 다음 그림은 주어진 생산요소(자원과 기술)를 이용하여 최대한 생산할 수 있는 X재와 Y재의 생산량 조합을 나타낸 곡선이다. 이 곡선이 점선과 같이 이동하였을 때 이에 대한 설명으로 옳지 않은 것은?

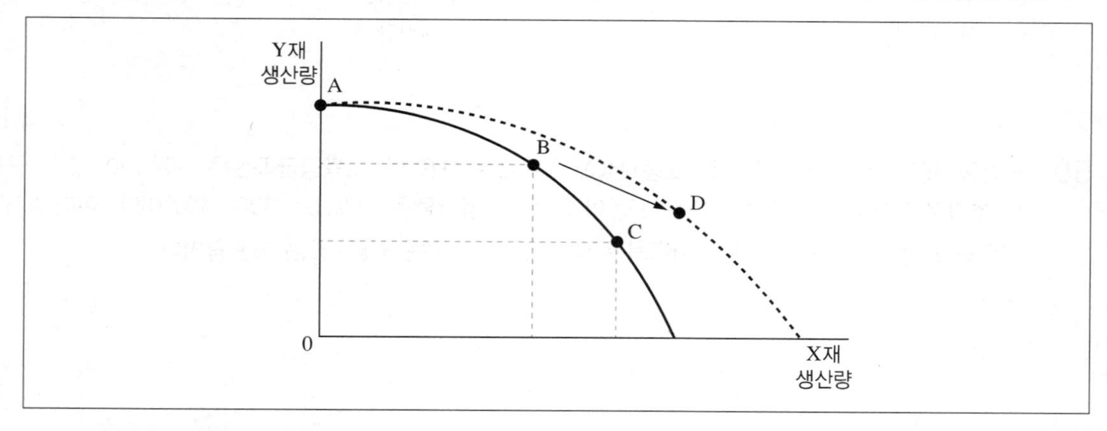

① 생산가능곡선이라고 한다.
② 곡선이 이동한 후 B점은 비효율적이어서 생산하지 않는다.
③ 곡선이 이동한 후 X재 생산량뿐만 아니라 Y재의 생산량도 증가할 수 있다.
④ X재 1단위를 추가로 생산할 때마다 단위당 기회비용은 체감한다.

55 엥겔곡선(EC; Engel Curve)이 아래 그림과 같다면, 다음 중 X재는 무엇인가?

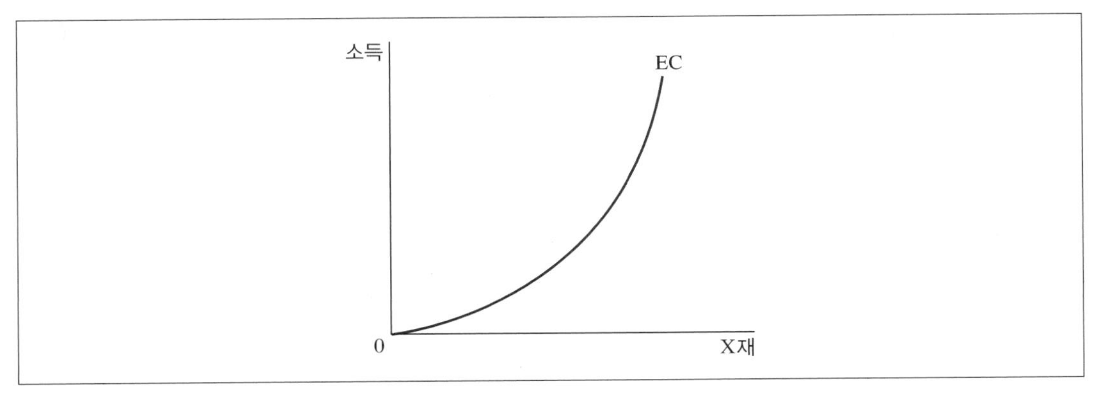

① 열등재
② 필수재
③ 보완재
④ 대체재

56 다음 등량곡선과 등비용선에 대한 설명 중 옳지 않은 것은?

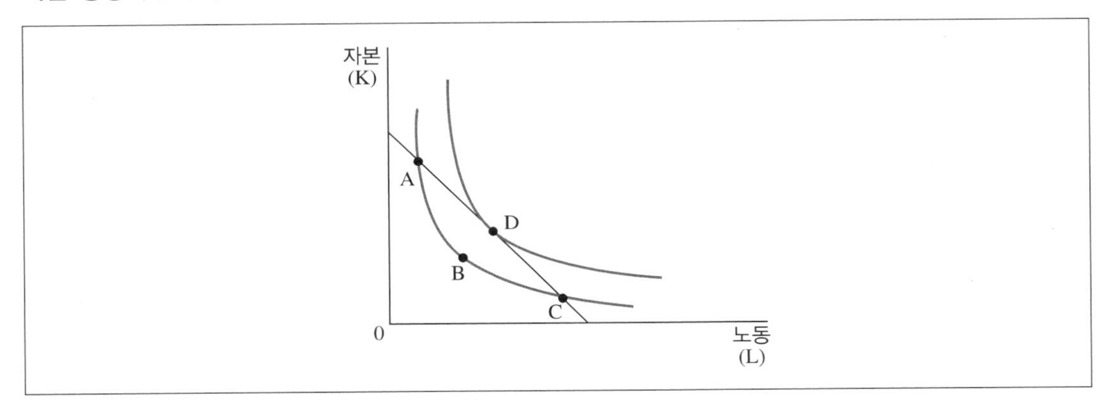

① A, B, C는 모두 동일한 생산량을 생산할 수 있는 요소조합점이다.
② A, C, D는 모두 동일한 총비용이 드는 요소조합점이다.
③ A보다 D의 요소조합에서 생산량이 더 많다.
④ C보다 D의 요소조합에서 비용이 더 많이 든다.

57 다음 중 원가에 관한 설명으로 옳은 것은?

① 기회원가는 미래에 발생할 원가로서 의사결정시 고려하지 않는다.
② 관련 범위 내에서 혼합원가는 조업도가 0이라도 원가는 발생한다.
③ 관련 범위 내에서 생산량이 감소하면 단위당 고정원가도 감소한다.
④ 관련 범위 내에서 생산량이 증가하면 단위당 변동원가도 증가한다.

58 다음 중 당기순이익에 영향을 미치는 항목이 아닌 것은?

① 감자차익
② 재고자산평가손실
③ 유형자산손상차손
④ 단기매매금융자산평가손실

59 다음 데이터 링크 제어 문자 중 수신측에서 송신측으로 부정 응답으로 보내는 문자는?

① NAK(Negative AcKnowledge)
② ACK(ACKnowledge)
③ STX(Start of TeXt)
④ SOH(Start Of Heading)

60 실제 전송할 데이터를 갖고 있는 터미널에게만 시간슬롯(Time Slot)을 할당하는 다중화 방식은?

① 통계적 시분할 다중화
② 주파수 분할 다중화
③ 디벨로프 다중화
④ 광파장 분할 다중화

디지털/IT

21 다음 중 4차 산업혁명에 대한 설명으로 가장 적절한 것은?

① 가내 수공업에서 공장제공업으로 생산노동 변화
② 전기 동력을 통한 대량생산
③ 컴퓨터를 통한 자동화 시대
④ 실제와 가상의 통합으로 사물의 자동적 · 지능적 제어시스템

22 다음 중 가상이동통신망사업자(MVNO)에 대한 설명으로 옳은 것은?

① 무선인터넷 게임에 등장하는 가상의 이동통신사업자이다.
② 원격으로 로봇을 조종하는 서비스를 제공하는 업체이다.
③ 가상의 이동통신망을 사용해 온라인게임서비스를 제공하는 사업자이다.
④ 이동통신업체의 통신망을 빌려 이동통신서비스를 제공하는 업체이다.

23 각종 물품에 소형칩을 부착해 무선주파수로 정보를 전송 · 처리하는 무선전자태크를 무엇이라 하는가?

① 와이브로
② 블루투스
③ IrDA
④ RFID

24 'ICT'는 정보통신기술(Information & Communication Technology)의 약자이다. 미래의 ICT 트렌드로 요즘 강조하는 것이 아닌 것은?

① 사물인터넷
② 빅데이터
③ 해외직구
④ 3D프린팅

25 다음 중 LTE에 관한 설명으로 옳은 것은?

① 음성을 전송하는 형식이다.
② 디지털 형식으로 변환하는 형식이다.
③ 동영상 사진을 보낼 수 있다.
④ 고화질의 동영상을 실시간으로 감상할 수 있다.

26 다음 중 아날로그 신호를 디지털로 변환하여 저장하고, 디지털 데이터를 아날로그로 변환해서 재생하는 장비를 무엇이라고 하는가?

① 모뎀
② DSU
③ 코덱
④ 멀티플렉서

27 기존 사물인터넷(IoT) 중 저속, 저전력, 저성능의 특징을 갖는 것을 지칭하는 말은?

① 스몰 인터넷
② 프리 인터넷
③ 소물 인터넷
④ 미니 인터넷

28 다음 중 증강현실에 대한 설명으로 옳지 않은 것은?

① 현실세계에 3차원 가상물체를 겹쳐 보여준다.
② 스마트폰의 활성화와 함께 주목받기 시작했다.
③ 실제 환경은 볼 수 없다.
④ 위치기반 서비스, 모바일 게임 등으로 활용 범위가 확장되고 있다.

29 자동차 안에서 도로상황 등 교통정보를 실시간으로 주고받을 수 있는 차세대 고속도로는?

① 스마트 그리드
② 스마트 시티
③ 스마트 하이웨이
④ 스마트 머니

30 다음 각 용어에 대한 설명이 잘못 연결된 것은?

① ITS : 지능형 교통시스템
② RFID : 스스로 빛을 내는 현상을 이용한 디스플레이
③ ESM : 통합보안관리시스템
④ LAN : 한정된 공간에서 컴퓨터와 주변장치들 간에 정보와 프로그램을 공유할 수 있도록 하는 네트워크

31 다음 내용이 설명하는 것은?

> 1970년 일본의 모리 마사히로에 의해 널리 알려진 것으로 인간과 유사한 형태를 가지고 행동을 하는 로봇 또는 인간이 아닌 대상에 대해 느끼는 거부감을 설명하는 것이다.

① 불쾌한 골짜기
② 테크노스트레스
③ 일라이자 효과
④ 테크노포비아

32 다음 빅데이터에 대한 설명 중 옳은 것을 모두 고른 것은?

> ㉠ 빅데이터는 정형화된 수치 자료뿐만 아니라 비정형의 문자, 영상, 위치 데이터도 포함한다.
> ㉡ 빅데이터는 클라우드 컴퓨팅 등 비용 효율적인 장비의 활용이 가능하다.
> ㉢ 빅데이터의 소프트웨어 분석 방법으로는 통계패키지(SAS), 데이터 마이닝 등이 대표적이다.
> ㉣ 빅데이터는 크기(Volume), 속도(Velocity), 다양성(Variety), 가치(Value), 복잡성(Complexity)의 특징을 가지고 있다.

① ㉠, ㉣
② ㉡, ㉢
③ ㉠, ㉡, ㉢
④ ㉠, ㉡, ㉣

33 다음 중 IoT(Internet of Things)에 대한 특징으로 옳지 않은 것은?

① 사물에 부착된 센서를 통해 실시간으로 데이터를 주고받는다.
② 사용자가 언제 어디서나 컴퓨터 자원을 활용할 수 있도록 정보 환경을 제공한다.
③ 인터넷에 연결된 기기는 인간의 개입 없이도 서로 알아서 정보를 주고받는다.
④ 유형의 사물 외에 공간이나 결제 프로세스 등의 무형의 사물도 연결할 수 있다.

34 다음 중 클라우드 컴퓨팅에 대한 설명으로 옳지 않은 것은?

① 클라우드 컴퓨팅이란 정보처리를 자신의 컴퓨터가 아닌 인터넷으로 연결된 다른 컴퓨터로 처리하는 기술이다.
② 클라우드를 가능하게 해주는 핵심 기술은 집중화와 분산처리이다.
③ 클라우드 컴퓨팅은 소프트웨어 서비스, 플랫폼 서비스, 인프라 서비스로 나눌 수 있다.
④ 클라우드 컴퓨팅 서비스 제공자는 수많은 서버를 한 곳에 모아 데이터를 운영함으로써 규모의 경제를 통한 자원의 공유를 극대화한다.

35 다음 글에서 설명하는 용어로 옳은 것은?

정보의 전달에 오락성을 가미한 소프트웨어 또는 미디어를 가리키는 용어로, 학습을 위한 읽기 전용 콤팩트디스크 기억 장치(CD-ROM), 인터넷상의 학습 전문 사이트 등에 이러한 유형이 많다.

① 에듀테인먼트
② 리테일테인먼트
③ 벤터테인먼트
④ 인포테인먼트

36 다음 설명과 가장 관련 있는 것은?

에스페란토는 1887년 폴란드의 안과 의사인 자멘호프 박사에 의해 창안되어 1887년 폴란드 바르샤바에서 발표된 국제 공용어이다. 이때 발표된 것으로는 서문, 알파벳, 16개 항의 형태론과 통합론상의 규칙, 주기도문, 편지의 예, 하이네의 시 번역 등의 텍스트, 918개의 어근을 포함하는 소사전 등이 있다. 국제공용어를 고안해 언어가 다른 인류 상호 간의 소통을 용이하게 하려는 시도는 200 ~ 300년 전부터 여러 번 발표된 바 있었다. 하지만 각종 기호들이 현실적으로 사용되고 있는 언어와는 무관하게 고안돼 모두 실패로 돌아갔다. 반면 에스페란토는 현실적으로 사용되고 있거나 명백하게 과거에 사용되었던 언어를 기초로 고안된 것이어서 비교적 쉽게 받아들여졌다. 출생지인 폴란드가 다언어 지역이라는 점에 영향을 받아 자멘호프는 어떤 언어 사용자에게도 언어적 우위를 주지 않는 국제 보조어를 고안하게 되었고, 이에 많은 공명자를 얻어 현재까지 고안된 국제 보조어 중 가장 널리 사용되고 있으며, 특히 언어적으로 비교적 불리한 민족, 즉 영어 – 독일어 – 프랑스어 – 러시아어 등의 대언어권 이외의 민족들 사이에 주로 보급되고 있다.

① 비트코인
② JAVA언어
③ 유니코드
④ GPS

37 인터넷상의 서버를 통하여 데이터 저장, 네트워크, 콘텐츠 사용 등 IT 관련 서비스를 한 번에 사용할 수 있는 컴퓨팅 환경은?

① 유비쿼터스(Ubiquitous)
② 스트리밍(Streaming)
③ IoT(Internet of Things)
④ 클라우드(Cloud)

38 다음 중 어디서나 인터넷 단말기를 이용해서 지속적으로 인터넷을 이용할 수 있는 서비스는?

① 랜
② 와이맥스
③ 와이브로
④ 와이파이

39 다음 사례에 등장하는 ㉠에 대한 설명으로 옳은 것은?

> 최근 ___㉠___ 서비스를 강화하는 기업들이 늘어나고 있다. 모바일이나 온라인 쇼핑몰에서 물건을 구매한 뒤 오프라인 매장에서 찾을 수 있도록 하는 등 온・오프라인, 모바일의 경계를 허무는 서비스를 제공하는 것이다.

① 쇼루밍, 역쇼루밍족의 등장과 관련이 있다.
② ㉠은 기업 주도적으로 온・오프라인 채널을 확장하는 특징이 있다.
③ 위치 기반 서비스나 NFC를 활용한 서비스를 제공하기도 한다.
④ 젊은 층의 고객을 유치하는 데 더욱 유리하다.

40 다음 글과 관련 없는 것은?

> 'Pokemon Go'는 나이앤틱(Niantic, Inc.)이 개발한 iOS 및 안드로이드용 부분 유료화 위치 기반 증강현실 게임이다. 2016년 7월 6일 미국, 오스트레일리아, 뉴질랜드에서 출시되어, 소셜 미디어를 통해 큰 화제가 되었으며, 대한민국에는 2017년 1월 24일, 구글 플레이 스토어와 앱스토어를 통해 출시되었다. 이용자의 현실 공간 위치에 따라 모바일 기기 상에 출현하는 가상의 포켓몬을 포획하고 훈련시켜, 대전을 하고 거래도 할 수 있는 것이 이 게임의 특징이다.

① VR 안경을 착용하고 잠수함 체험을 하는 경우 실제 잠수함 속에 있는 것처럼 느낀다.
② 스마트폰으로 길거리를 비추면 내가 찾고자 하는 위치가 스마트폰에 표시된다.
③ 스마트폰이 향한 방향의 별자리 위치를 화면을 통해 볼 수 있다.
④ 가구 회사의 카탈로그 앱을 통해 내 방에 가상의 가구 배치를 해 볼 수 있다.

41 다음 중 10cm 이내의 가까운 거리에서 다양한 무선 데이터를 주고받는 통신 기술은 무엇인가?

① WLAN
② 블루투스
③ NFC
④ MST

42 다음 중 반도체 칩이 내장된 태그(Tag), 라벨(Label), 카드(Card) 등에 저장된 데이터를 무선주파수를 이용하여 비접촉으로 읽어내는 인식시스템은?

① SCM
② RFID
③ NFC
④ TPMS

43 다음 중 미국의 차세대 ICT 기업 4강을 가리키는 'FANG'에 해당하는 곳이 아닌 곳은?

① 넷플릭스
② 알리바바
③ 아마존
④ 구글

44 이동 통신 기술 중 멀티캐리어(Multi Carrier) 방식을 제대로 이해하지 못한 사람을 고르면?

> 혜린 : 멀티캐리어 방식은 이동 통신사에서 공급하는 두 개의 주파수 중 좀 더 사용이 원활한 주파수에 접속하게 해준다는 것이지?
> 철수 : 응. 사람이 많은 곳에서도 좀 더 안정적으로 사용할 수 있겠지.
> 경훈 : 내 휴대전화기는 출시된 지 꽤 지나서 멀티캐리어 방식을 사용할 수 없을 것 같아.
> 한식 : 주파수가 두 개로 늘어나는 건 차선이 하나 더 생기는 것과 같은 효과가 있을 테니까 최대 속도가 두 배로 늘어나겠네.
> 권모 : 자동차로 비유하자면, 하나의 도로에서 차량들이 붐비지 않고 두 개의 도로로 교통량의 흐름을 분산하는 것과 비슷하다고 볼 수 있어.

① 혜린
② 철수
③ 경훈
④ 한식

45 다음 설명과 맞게 순서대로 나열한 것은?

> 1. 무선접속장치(AP)가 설치된 곳의 일정 거리 안에서 초고속 인터넷을 할 수 있는 근거리통신망(LAN)
> 2. 이동하면서도 초고속 인터넷을 이용할 수 있는 무선 휴대 인터넷
> 3. 비동기식 3G, 즉 핸드폰의 CDMA가 진화한 방식
> 4. 4G라고 하며, HSDPA보다 한층 진화된 휴대전화 고속 무선 데이터 패킷 통신규격

① WCDMA – WiFi – LTE – WiBro
② WiBro – WiFi – WCDMA – LTE
③ WiFi – WCDMA – LTE – WiBro
④ WiFi – WiBro – WCDMA – LTE

46 다음 중 웹사이트와 소셜 미디어에 나타난 여론과 의견을 분석하여 유용한 정보로 재가공하는 기술은 무엇인가?

① 워 드라이빙(War Driving)
② 오피니언 리더(Opinion Leader)
③ 오피니언 마이닝(Opinion Mining)
④ 콘텐츠 필터링(Cotents Filtering)

47 다음 중 아마존에서 개발한 스마트 스피커에 탑재된 인공지능의 이름은?

① 시리
② 코타나
③ 어시스턴트
④ 알렉사

48 다음에서 설명하는 기술로 올바른 것은?

> 이 장치는 병렬성(Parallelism)이 뛰어나다는 점에서 인간의 뇌 구조와 유사하여, 인공지능이 인간의 뇌와 같이 사고할 수 있도록 하는 일종의 비지도 기계학습인 딥러닝(Deep Learning)에 많이 활용되고 있다.

① SSD
② AI
③ HDD
④ GPU

49 다음 중 빈칸에 들어갈 단어를 알맞게 짝지은 것은?

> (㉠)은/는 센서 네트워크와 외부 네트워크(인터넷)를 연결하는 (㉡) 역할을 하며 (㉢)에게 임무를 부여하고, 감지된 모든 이벤트를 수집한다.

	㉠	㉡	㉢
①	싱크 노드	센서 노드	게이트웨이
②	센서 노드	싱크 노드	게이트웨이
③	게이트웨이	센서 노드	싱크 노드
④	싱크 노드	게이트웨이	센서 노드

50 다음에서 설명하는 기술로 바른 것은?

> 인간의 뇌 기능을 적극적으로 모방하려는 의도에 기초하고 있다. 제어 대상과 관련된 복수의 요인을 설정하고, 복수의 요인의 결합과 그 경중을 판단하는 일종의 통계학적 학습 알고리즘이다. 병렬적 처리와 분석이 이루어진다는 점에서 생물학적 신경망과 유사하다.

① 슈퍼 컴퓨터
② 양자 컴퓨터
③ 뉴럴 네트워크
④ 데이터 마이닝

51 28GHz의 초고대역주파수를 사용하는 5G 이동통신의 공식 기술명칭은 무엇인가?

① LTE
② LTE – A
③ IMT – 2020
④ ITU

52 다음 중 정보의 확산을 막으려다가 오히려 더 광범위하게 알려지게 되는 인터넷 현상을 일컫는 말은?

① 베블런 효과
② 스트라이샌드 효과
③ 헤일로 효과
④ 맥거핀 효과

53 우리 사회 여러 분야에서 막강한 영향력을 지닌 포털을 그저 시장 논리에 맡겨둘 수 없다는 여론이 형성되어 제정된 것으로 포털 시장에도 유 · 무선 통신시장처럼 경쟁 상황 평가를 도입해야 한다는 내용을 골자로 한 이것은 무엇인가?

① 크립토재킹
② IT 거버넌스
③ 레그테크
④ ICT 뉴노멀법

54 다음에서 설명하고 있는 기술은 무엇인가?

> 4세대 LTE(Long Term Evolution)보다 데이터 용량이 약 1,000배 많고 속도는 100배 빠른 기술로, 일본은 글로벌 일정에 맞춰 2020년 도쿄올림픽에서 세계 최초 상용화를 계획하고 있으나 한국은 그보다 2년 앞선 2018년 평창 동계올림픽에서 시범서비스를 하였다.

① Hi–Fi
② Wi–Fi
③ LTE–A
④ 5G

55 다음이 설명하는 기술과 가장 관련 있는 것은?

> 20년 전, 지금과 달리 인터넷이 발달하지 않았던 시절에 우리는 컴퓨터와 정보를 공유하기 위해 '플로피 디스켓'과 같은 물리적인 저장 장치를 이용해야만 했다. 인터넷이 등장하면서 우리는 네트워크를 통해 컴퓨터와 소통을 시작했다.
> 지금까지의 네트워크 소통이 주로 사용자의 의도와 조작에 의해 이루어졌다면, 이제는 컴퓨터가 스스로 네트워크를 이용해 다른 컴퓨터와 정보를 교환하고, 그 정보를 사용자에게 전달하거나 혹은 상황에 알맞은 행동을 스스로 할 수 있게 되었다. 구글의 스마트 안경 '구글글래스'나 나이키의 건강관리용 팔찌 '퓨얼밴드'가 이러한 기술의 대표적 예이다.
> 미국의 경우 이러한 기술을 적극적으로 활용하고 있는데, 디즈니랜드는 미키마우스 모형의 곳곳에 센서를 탑재해 놀이기구 현황, 방문객의 위치, 날씨 정보 등을 수집하고 그러한 정보를 방문객에게 실시간으로 전달한다. 또 다른 예로 차량 사고 발생 시 구조 요청이나 보험사에 연락을 하는 등의 사고 처리를 자동으로 할 수 있도록 적용한 차량이 생산되고 있다.

① 대쉬 버튼
② 블루투스 헤드셋
③ MST
④ 앱카드 결제 시스템

56 다음 중 시간의 경과에 따라 없어지거나 질이 떨어질 우려가 있는 정보들을 디지털화하여 보관하는 거대한 문서 저장고는?

① 디지털 부머
② 디지털 아카이브
③ 디지털 컨버전스
④ 디지털 디바이드

57 정보기술(IT)산업에 관해 얘기할 때 '도그 이어(Dog Year)'란 용어가 자주 거론된다. 다음 빈칸에 공통으로 들어갈 숫자는?

> 개의 1년이 사람의 ________ 년에 해당하고 IT업계의 1년은 우리가 생각하는 ________ 년과 맞먹는다.

① 3년
② 5년
③ 7년
④ 10년

58 다음 〈보기〉에서 스마트 팩토리(Smart Factory)의 특징으로 적절한 것을 모두 고르면?

〈보기〉

㉠ 소품종 대량생산
㉡ 소품종 소량생산
㉢ 공정별 설비의 연결성
㉣ 공정별 생산설비의 자동화
㉤ 데이터를 활용한 운영 패러다임의 변화

① ㉠, ㉢, ㉣, ㉤
② ㉡, ㉢, ㉣, ㉤
③ ㉠, ㉢, ㉣
④ ㉢, ㉤

59 다음 중 성층권에 여러 개의 기구를 띄워 지구 전체를 무료 와이파이 지역으로 만들겠다는 구글의 프로젝트는?

① 프로젝트 룬
② 와인 프로그램
③ 브래디 플랜
④ 스캔론 플랜

60 인터넷상 기관 형태에 따른 도메인 네임 중 한국의 연구기관을 나타내는 것은?

① edu
② gov
③ mil
④ re

합격의공식
시대
에듀

제3회 우리은행 필기전형

제1영역 NCS직업기초능력평가
제2영역 직무능력평가

〈문항 및 시험시간〉

구분	과목	시험시간	비고	모바일 OMR 답안분석
1교시	NCS직업기초능력평가	80분	80문항	
2교시	직무능력평가	60분	60문항	

※ 문항 및 시험시간은 해당 채용공고문을 참고하여 구성하였습니다.
※ 직무능력평가 영역에서 21번～60번 문항은 금융일반, 디지털 / IT 직무 구분이 있으니 참고하십시오.

NCS직업기초능력평가 + 직무능력평가

제3회 우리은행 필기전형

문항 수 : 140문항
시험시간 : 140분

제1영역 NCS직업기초능력평가

01 K씨는 대출 계산기에 다음과 같이 입력한 후, 〈보기〉와 같은 결과를 얻었다. 다음 중 〈보기〉의 (가) ~ (라)에 들어갈 수치로 적절하지 않은 것은?(단, 대출이자는 소수점 첫째 자리에서 반올림한 값이다)

대출금액	대출기간	연이자율	상환방법
3,000,000원	1년	5%	원금균등

〈보기〉

〈월별 상환금과 대출잔금〉

회차	납입원금	대출이자	월상환금	대출잔금
1	250,000원	12,500원	262,500원	2,750,000원
2	250,000원			2,500,000원
3	250,000원	10,417원	260,417원	2,250,000원
4	250,000원	9,375원	259,375원	2,000,000원
5	250,000원		(가)	1,750,000원
6	250,000원	7,292원	257,292원	1,500,000원
7	250,000원	(나)		1,250,000원
8	250,000원	5,208원	255,208원	1,000,000원
9	250,000원		(다)	750,000원
10	250,000원	3,125원	253,125원	500,000원
11	250,000원	(라)		250,000원
12	250,000원	1,042원	251,042원	0원

① (가) : 258,333원
② (나) : 6,250원
③ (다) : 254,167원
④ (라) : 2,067원

02 진희는 15% 이자율의 현금서비스를 받았다. 이달의 카드회사 청구금액이 97,750원이었다면, 이자는 얼마인가?

① 9,000원
② 11,350원
③ 12,100원
④ 12,750원

03 다음 중 엑셀의 틀 고정 및 창 나누기에 대한 설명으로 옳지 않은 것은?

① 화면에 나타나는 창 나누기 형태는 인쇄 시 적용되지 않는다.
② 창 나누기를 수행하면 셀 포인터의 오른쪽과 아래쪽으로 창 구분선이 표시된다.
③ 창 나누기는 셀 포인터의 위치에 따라 수직, 수평, 수직・수평 분할이 가능하다.
④ 첫 행을 고정하려면 셀 포인터의 위치에 상관없이 [틀 고정] – [첫 행 고정]을 선택한다.

04 엑셀에서 [데이터 유효성] 대화상자의 [설정] 탭 중 제한 대상 목록에 해당하지 않는 것은?

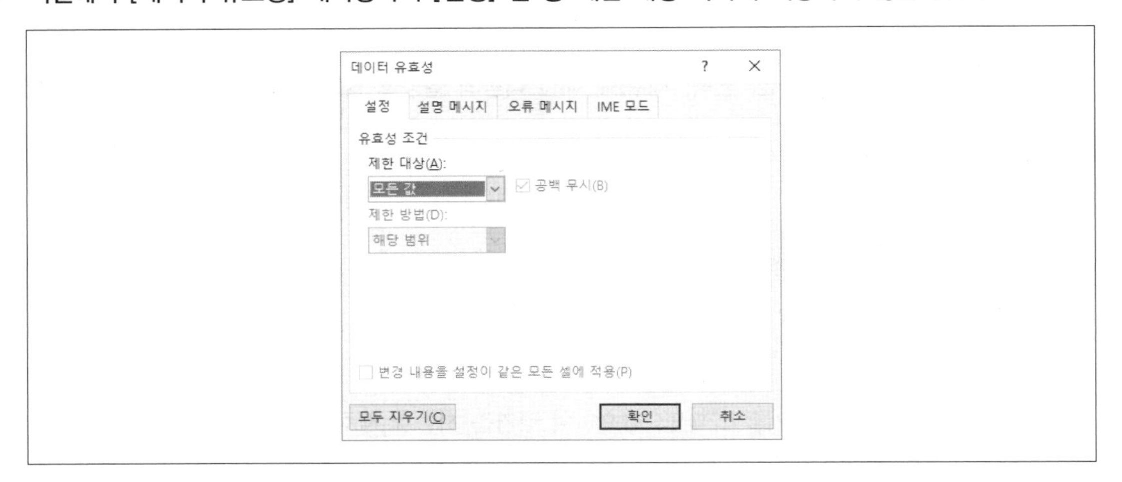

① 정수
② 날짜
③ 시간
④ 분수

05 다음 글의 중심 내용으로 가장 적절한 것은?

> 발전된 산업 사회는 인간을 단순한 수단으로 지배하기 위해 새로운 수단을 발전시키고 있다. 여러 사회 과학과 심층 심리학이 이를 위해 동원되고 있다. 목적이나 이념의 문제를 배제하고 가치 판단으로부터의 중립을 표방하는 사회 과학들은 인간 조종을 위한 기술적·합리적인 수단을 개발해 대중 지배에 이바지한다. 마르쿠제는 이런 발전된 산업 사회에서의 도구화된 지성을 비판하면서 이것을 '현대인의 일차원적 사유'라고 불렀다. 비판과 초월을 모르는 도구화된 사유라는 것이다.
> 발전된 산업 사회는 이처럼 사회 과학과 도구화된 지성을 동원해 인간을 조종하고 대중을 지배할 뿐만 아니라 향상된 생산력을 통해 인간을 매우 효율적으로 거의 완전하게 지배한다. 즉 발전된 산업 사회는 높은 생산력을 통해 늘 새로운 수요들을 창조하고, 모든 선전 수단을 동원하여 이러한 새로운 수요들을 인간의 삶을 위해 불가결한 것으로 만든다. 그리하여 인간이 새로운 수요들을 지향하지 않을 수 없게 한다. 이렇게 산업 사회는 늘 새로운 수요의 창조와 공급을 통해 인간의 삶을 지배하고 그의 인격을 사로잡아 버리는 것이다.

① 산업 사회에서 도구화된 지성의 문제점
② 산업 사회의 발전과 경제력 향상
③ 산업 사회의 특징과 문제점
④ 산업 사회의 대중 지배 양상

06 K리그의 네 팀(서울, 울산, 전북, 제주)에 대한 다음의 설명을 읽고 옳지 않은 것을 고른 것은?

> • 경기는 하루에 한 경기만 열린다.
> • 화요일에는 전북이 제주와 원정 경기를 하고, 토요일에는 서울이 전북과 홈경기를 한다.
> • 원정 경기를 치른 다음날은 반드시 쉰다.
> • 이틀 연속으로 홈경기를 하면 다음날은 반드시 쉰다.
> • 각 팀은 모두 일주일에 세 번 각각 다른 팀과 경기를 한다.
> • 각 팀은 적어도 한 번은 홈경기를 한다.

① 전북이 목요일에 경기를 한다면, 금요일의 경기는 서울과 제주의 경기이다.
② 제주가 수요일에 경기를 한다면, 목요일에는 경기를 할 수 없다.
③ 서울이 주말에 모두 경기를 한다면, 월요일에는 경기를 할 수 없다.
④ 제주가 원정 경기를 할 수 있는 날은 평일이다.

07 다음은 우리나라 역대 대통령 선거의 지역별 투표율에 관한 자료이다. 자료에 대한 설명으로 옳지 않은 것은?

〈역대 대통령 선거 지역별 투표율〉

(단위 : %)

구분	15대	16대	17대	18대
서울	80.5	71.4	62.9	75.1
부산	78.9	71.2	62.1	76.2
대구	78.9	71.1	66.8	79.7
인천	80	67.8	60.3	74
광주	89.9	78.1	64.3	80.4
대전	78.6	67.6	61.9	76.5
울산	81.1	70	64.6	78.4
세종	–	–	–	74.1
경기	80.6	69.6	61.2	75
강원	78.5	68.4	62.6	73.8
충북	79.3	68	61.3	75
충남	77	66	60.4	72.9
전북	85.5	74.6	67.2	77
전남	87.3	76.4	64.7	76.6
경북	79.2	71.6	68.5	78.2
경남	80.3	72.4	64.1	77
제주	77.1	68.6	60.9	73.3

① 15 ~ 18대 대통령 선거 전체에서 지역별 투표율의 최고치는 호남 지방 중 한 곳에서 기록되었다.
② 17대 대통령 선거에서 가장 투표율이 높은 지역은 경북이다.
③ 18대 대통령 선거 투표율이 15대 대통령 선거 투표율보다 높은 지역은 없다.
④ 15 ~ 18대 대통령 선거 지역별 투표율 중 최저치를 기록한 지역은 항상 같은 곳은 아니다.

08 다음 중 추세선을 추가할 수 있는 차트 종류는?

① 방사형
② 분산형
③ 원형
④ 표면형

09 **다음 중 데이터 입력에 대한 설명으로 옳지 않은 것은?**

① 셀 안에서 줄 바꿈을 하려면 〈Alt〉+〈Enter〉 키를 누른다.
② 한 행을 블록 설정한 상태에서 〈Enter〉 키를 누르면 블록 내의 셀이 오른쪽 방향으로 순차적으로 선택되어 행단위로 데이터를 쉽게 입력할 수 있다.
③ 여러 셀에 숫자나 문자 데이터를 한 번에 입력하려면 여러 셀이 선택된 상태에서 데이터를 입력한 후 바로 〈Shift〉+〈Enter〉 키를 누른다.
④ 열의 너비가 좁아 입력된 날짜 데이터 전체를 표시하지 못하는 경우 셀의 너비에 맞춰 '#'이 반복 표시된다.

10 **경기도 Y시에는 세계 4대 테마파크로 꼽히는 W랜드가 있다. W랜드는 회원제 시스템을 운영 중이다. 비회원은 매표소에서 자유이용권 1장을 20,000원에 구매할 수 있고, 회원은 자유이용권 1장을 20% 할인된 가격에 구매할 수 있다. 회원 가입비가 50,000원이라 할 때, W랜드를 최소 몇 번 이용해야 회원 가입한 것이 이익인가?(단, 회원 1인당 1회 방문 시 자유이용권 1장을 구매할 수 있다)**

① 11회
② 12회
③ 13회
④ 14회

11 **차트에 대한 설명으로 올바르지 않은 것은?**

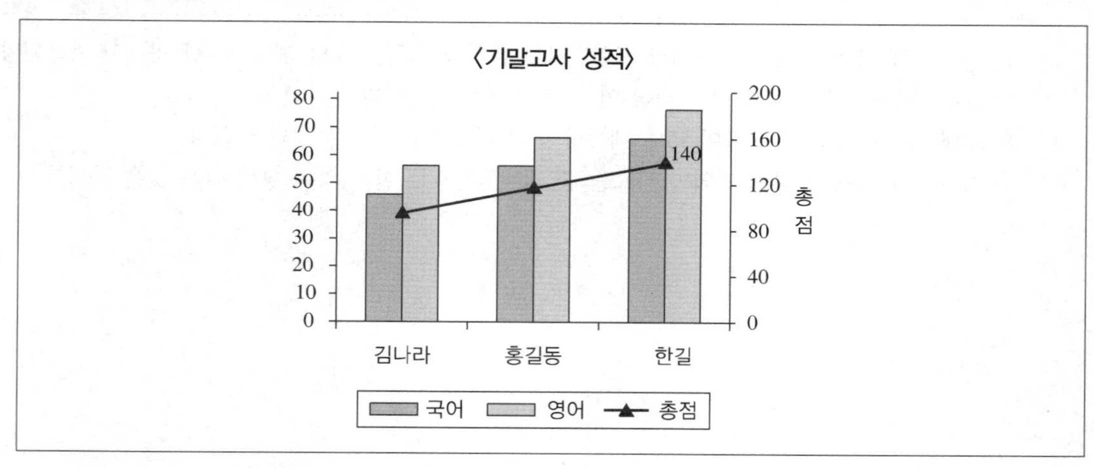

① [총점] 계열이 보조 축으로 표시된 이중 축 차트이다.
② 범례는 아래쪽에 배치되어 있다.
③ [영어] 계열의 [홍길동] 요소에 데이터 레이블이 있다.
④ 보조 세로(값)축의 주 단위는 40이다.

12 다음의 고객의 중도상환 수수료는 얼마인가?(단, 100원 미만은 절사한다)

〈고객 정보〉

- 2020년 6월, 담보대출 실행
  - 대출원금 : 12,000,000원
  - 대출이자 : 4%(원금 균등상환)
  - 대출기간 : 60개월
- 2021년 6월, 중도상환

〈중도상환 수수료〉

- {중도상환 수수료(100원 미만 절사)}=(중도상환 원금)×(중도상환 수수료율)×$\frac{\text{36개월}-(\text{대출경과월수})}{\text{36개월}}$
- (중도상환 원금)=(대출원금)−{원금상환액(월)×대출경과월수}
- 중도상환 수수료율(%)

대출상환기간	3 ~ 12개월	13 ~ 24개월	25 ~ 36개월
수수료율	3.8	2.8	2.0

※ 3년 초과 중도상환 시 면제

① 128,000원　② 179,200원
③ 243,200원　④ 274,400원

13 다음 〈보기〉를 참고하여 아래 기사를 읽고 한국자동차가 취할 수 있는 전략으로 옳은 것은?

〈보기〉

'SWOT'는 Strength(강점), Weakness(약점), Opportunity(기회), Threat(위협)의 머리글자를 따서 만든 단어로 경영 전략을 세우는 방법론이다. SWOT로 도출된 조직의 내·외부 환경을 분석하고, 이 결과를 통해 대응전략을 구상할 수 있다. 'SO(강점 – 기회)전략'은 기회를 활용하기 위해 강점을 사용하는 전략이고, 'WO(약점 – 기회)전략'은 약점을 보완 또는 극복하여 시장의 기회를 활용하는 전략이다. 'ST(강점 – 위협)전략'은 위협을 피하기 위해 강점을 활용하는 방법이며 'WT(약점 – 위협)전략'은 위협요인을 피하기 위해 약점을 보완하는 전략이다.

- 새로운 정권의 탄생으로 자동차 업계 내 새로운 바람이 불 것으로 예상된다. ○○○ 당선인이 이번 선거에서 친환경차 보급 확대를 주요 공약으로 내세웠고, 공약에 따라 전기자동차에 대한 지원과 함께 친환경차 보급 확대에 적극 나설 것으로 보이기 때문이다. ○○○ 당선인은 공공기관용 친환경차 비율을 70%로 상향시키기로 하고, 친환경차 보조금 확대 등을 통해 친환경차 보급률을 높이겠다는 계획을 세웠다. 또한 최근, 환경을 생각하는 국민 의식의 향상과 친환경차의 연비 절감 부분이 친환경차 구매욕구 상승에 기여하고 있다.
- 한국자동차는 기존에 전기자동차 모델들을 꾸준히 출시하여 성장세가 두드러지고 있는데다 고객들의 다양한 구매 욕구를 충족시킬만한 전기자동차 상품의 다양성을 확보하였다. 또한 한국자동차의 전기자동차 미국 수출이 증가하고 있는 만큼 앞으로의 전망도 밝을 것으로 예상된다.

① SO전략　② WO전략
③ SW전략　④ WT전략

※ 다음 기사를 읽고 이어지는 질문에 답하시오. [14~15]

플랫폼의 어원은 'Flat(평평한)+Form(모습)'이다. 즉, 사람들이 기차를 쉽게 타고 내릴 수 있도록 평평하게 만든 장소를 의미한다. 처음에는 '승강장'을 뜻하는 표현으로 시작되었다가 '무대', '놀이터', '그릇' 등에도 비유되는 만큼 특정 행동이나 일을 하는 '장'을 일컫는 방향으로 확대되었다. 플랫폼은 다양한 종류의 시스템이나 서비스를 제공하기 위해 공통적이고 반복적으로 사용하는 기반 모듈, 어떤 서비스를 가능하게 하는 일종의 '토대'로 정의한다. 제품・서비스・자산・기술・노하우 등 모든 형태가 가능하다.
콩나물 심부름을 하던 어린 시절을 회상해보자. 전통 시장의 모습이 떠오르는가? 그렇다면 '콩나물 사는 놀이'의 플랫폼은 전통 시장이었던 것이다. 그러나 근래에 들어서 우리는 전통 시장에서 소비하고 지출하는 규모가 몇 퍼센트나 될까? 얼마 되지 않을 것이다. 상당수는 대형마트로, 지금은 인터넷 쇼핑으로 옮겨 가고 있다. 그렇다면 전통 시장도 소비라는 놀이의 플랫폼이요, 대형마트와 온라인 쇼핑몰도 소비의 플랫폼인 것이다. 여기서 한 가지 주목할 사항은 그 플랫폼이 이동하고 있다는 것이고, 특히 최근에는 온라인 기반 플랫폼으로 급속히 이동하고 있다는 점이다.
온라인 기반 플랫폼은 금융 서비스 부분에서도 이미 잘 나타나 있다. 각종 금융 서비스를 이용하는 플랫폼의 모습이 '은행 점포에서 은행원을 만나는 모습'에서 점차 'ATM / CD기를 이용하는 모습'으로 진화했고, 근래에는 '인터넷 뱅킹 및 모바일 뱅킹을 이용해 손에서 금융 서비스를 누리는 모습'으로 진화한 것이다. 은행 서비스라는 놀이터가 대면 서비스에서 ATM으로, 그리고 모바일 뱅킹으로 이동하고 있다.
이처럼 세계적으로 테크(Tech) 기반의 기업들이 인터넷전문은행을 출범시키고, 금융사들이 자동화된 자산관리 서비스인 로보어드바이저(Robo – Advisor)를 도입하는 등 비대면 금융 플랫폼으로의 진화가 가속화되고 있다. 그밖에도 전화 상담사가 아닌, 챗봇(Chatbot)을 이용해 금융상담을 받는다거나 계좌 개설을 위해 점포에 방문할 필요가 생기지 않았고(규제 완화 및 핀테크 발전 등), 대출심사차 점포에 방문해 각종 서류를 제출하는 일이 사라져가고 있다. 이렇게 온라인 기반 플랫폼으로 이동하고, 기업 경영도 온라인 기반 플랫폼에 대한 의존도가 증대되는 현상을 플랫포마이제이션(Platformization)이라 한다.
비대면 금융 플랫폼은 금융 소비자들이 24시간, 원하는 시간, 원하는 장소에서, 맞춤형 서비스를 누릴 수 있다는 면에서 장점이 있다. 금융기관에서도 대면 금융 서비스를 제공하기 위한 인력 유지 비용 및 점포 운영 비용 절감 등의 차원에서 이점이 있다. 또한, 비용을 축소하는 만큼 저렴한 수수료 혜택을 소비자에게 제공한다는 점에서 경쟁력 구축의 기반이 된다. 나아가 해외 진출의 교두보로서도 비대면 금융 플랫폼을 적극 활용하는 트렌드가 나타나고 있다.
이러한 비대면 금융 플렛폼 트렌드와 함께 금융기관의 자산 경량화(Asset – Light Strategy) 트렌드가 뚜렷하다. 금융기관들은 수익성 개선을 위해 영업점포를 축소해 나가고 있는 것이다. 국내은행 영업점포 수는 2015년 7천446개에서 2017년 6천971개로 감소했다. 은행뿐만 아니라 생명보험사, 손해보험사, 증권사 등 대부분 금융기관들의 영업 점포가 줄어들고 있는 현상이 뚜렷하게 나타나고 있다. 실제로 금융 서비스의 전달 채널별 업무처리 비중을 보면, 영업점을 방문하는 대면 거래는 2005년 26.3%에서 2017년 10.6%로 크게 줄어들었다. 반면, 인터넷 뱅킹은 같은 기간 동안 18.6%에서 2017년 41.1%로 크게 늘어났다.

14 다음 중 위의 기사에 대한 서술전개 방식으로 적절하지 않은 것은?

① 질문을 통해 독자에 대한 관심을 환기하고 있다.
② 대상에 대한 장단점을 분석하여 비교하고 있다.
③ 의견의 타당성을 검증하기 위해 수치를 제시하고 있다.
④ 청유형 문장을 통해 독자로 하여금 기사의 내용에 몰입할 수 있도록 유도하고 있다.

15 다음 중 위의 기사를 읽고 이해한 내용으로 적절하지 않은 것은?

① 은행 업무를 위해 점포를 방문하는 일은 계속해서 줄어들 전망이다.
② 모바일 뱅킹은 금융기관의 온라인 기반 플랫폼 사례로 볼 수 있다.
③ 금융기관들의 영업점포는 축소될 것이며, 이로 인해 수수료는 낮아질 것이다.
④ 비대면 금융 플랫폼은 거래의 보안성이 높다는 점에서 장점을 가지고 있다.

※ 다음은 W은행의 서민형 적금 상품에 대한 설명 중 일부이다. 이어지는 질문에 답하시오. [16~17]

구분	내용
상품특징	서민 재산형성을 돕기 위한 적립식 장기저축상품
가입대상	일반 재형저축 가입 자격을 충족하고 아래항목 중 하나에 해당하는 경우 1) 직전 과세기간 총 급여액 2,500만 원 이하 거주자 2) 직전 과세기간 종합소득금액 1,600만 원 이하 거주자 3) 중소기업에 재직하는 청년으로 1), 2)에 해당하지 않는 거주자
가입기간	7년(연장 시 최대 10년)
금리	기본금리 연 3.1%
세제혜택안내	가입일로부터 의무가입기간(3년) 경과 후 해지 시 이자소득세(15%)를 비과세 처리(단, 이자소득세 감면에 따라 농어촌특별세(1.5%)가 과세, 만기일 이후 발생하는 이자에 대해서는 일반과세)
가입 안내	[가입서류] - 서민형 재형저축(소득형) : 소득확인증명서 - 소득확인증명서는 세무서 또는 인터넷 홈텍스에서 발급 가능하며, 청년형 재형저축 가입요건 확인서는 재직회사에서 발급 ※ 서민형 재형저축(청년형) 가입은 영업점에서 가능(인터넷뱅킹에서는 가입 불가)
특별중도해지	고객의 사망, 해외이주 또는 해지 전 6개월 이내에 다음 중 하나의 사유에 해당하여 계약기간(연장기간 포함) 만료 전에 해지하는 경우 이자소득세(15%) 면제 혜택 유지(농어촌특별세 1.5% 부과) - 천재・지변 - 저축자의 퇴직 - 사업장의 폐업, 저축자의 3개월 이상 입원치료 또는 요양을 요하는 상해・질병의 발생 - 저축취급기관의 영업정지, 영업인・허가 취소, 해산결의 또는 파산선고

16 A사원은 고객 안내를 위해 위 상품을 분석하고 다음과 같이 메모하였다. A사원의 메모 내용 중 서민형 적금 상품과 가장 관계가 먼 것은?

① 예상소득이 2,500만 원 초과면 가입 불가

② 고정 확정 금리

③ 의무가입기간 있음

④ 일정기간 이상 연장 불가

17 다음 〈조건〉을 참고하여 적금을 해지하는 K고객과, L고객에게 입금될 이자금액(세후)을 순서대로 나열한 것은?

〈조건〉

- K고객
  - 가입기간 : 5년
  - 이자(세전) : 400,000원
  - 구분 : 중도해지
  - 해지사유 : 타 적금상품 가입
- L고객
  - 가입기간 : 2년
  - 이자(세전) : 200,000원
  - 구분 : 중도해지
  - 해지사유(해지 1개월 전 교통사고로 인한 입원 – 전치 16주)

※ 단, 이자는 만기 또는 중도해지 시 일시 지급하며, 적용되는 세금 역시 만기 또는 중도해지 시 발생하는 이자 총금액에 적용함

	K고객	L고객
①	340,000원	170,000원
②	340,000원	197,000원
③	394,000원	170,000원
④	394,000원	197,000원

18 문화기획을 하는 A씨는 올해 새로운 공연을 기획하고자 한다. 문화예술에 대한 국민의 관심과 참여 수준을 파악하여 그것을 기획에 반영하고자 할 때, 자료를 해석한 것으로 옳지 않은 것은?

〈문화예술 관람률〉

(단위 : %)

구분		2014년	2016년	2018년	2020년
문화예술 성별·연령별 관람률	전체	52.4	54.5	60.8	64.5
	남자	50.5	51.5	58.5	62.0
	여자	54.2	57.4	62.9	66.9
	20세 미만	77.2	77.9	82.6	84.5
	20 ~ 29세	79.6	78.2	83.4	83.8
	30 ~ 39세	68.2	70.6	77.2	79.2
	40 ~ 49세	53.4	58.7	67.4	73.2
	50 ~ 59세	35.0	41.2	48.1	56.2
	60세 이상	13.4	16.6	21.7	28.9
문화예술 종류별 관람률	음악·연주회	13.9	13.6	11.6	10.7
	연극	13.9	13.5	13.2	11.8
	무용	1.1	1.5	1.4	1.2
	영화	44.8	45.8	50.3	52.8
	박물관	13.8	14.5	13.3	13.7
	미술관	12.5	11.1	10.2	9.8

① 문화예술 관람률은 계속해서 증가하고 있다.
② 2018년도의 전체 인구수를 100명으로 가정했을 때 그해 미술관을 관람한 사람은 10명이다.
③ 문화예술 관람률이 접근성을 반영한다면, 접근성이 가장 떨어지는 문화예술은 무용이다.
④ 문화예술 관람률은 남자보다는 여자, 고연령층보다는 저연령층의 관람률이 높다.

19 각 워크시트에서 채우기 핸들을 [A3]로 끌었을 때 [A3] 셀에 입력되는 값으로 옳지 않은 것은?

①
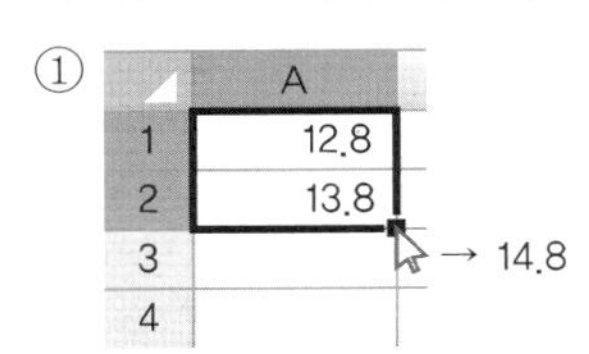

②

	A
1	12.8
2	13.8
3	
4	

→ 13.8

③
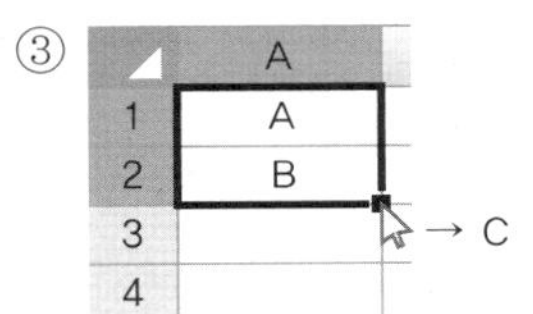

④

	A
1	A
2	B
3	
4	

→ B

20 아래 시트에서 [C2:C5] 영역을 선택하고 선택된 셀들의 내용을 모두 지우려고 할 경우 다음 중 결과가 다르게 나타나는 것은?

	A	B	C	D	D
1	성명	출석	과제	실기	총점
2	박경수	20	20	55	95
3	이정수	15	10	60	85
4	경동식	20	14	50	84
5	김미경	5	11	45	61

① 키보드의 〈Back Space〉 키를 누른다.
② 마우스의 오른쪽 버튼을 눌러서 나온 바로가기 메뉴에서 [내용 지우기]를 선택한다.
③ [홈] – [편집] – [지우기] 메뉴에서 [내용 지우기]를 선택한다.
④ 키보드의 〈Delete〉 키를 누른다.

※ 다음은 전체 인구를 유년인구, 생산가능인구 및 노인인구로 구분하여 인구구성비 추이를 나타낸 자료이다. 자료를 보고 이어지는 질문에 답하시오. [21~22]

〈인구구성비 추이〉

(단위 : %)

구분		1970년	1980년	1990년	2000년	2005년	2010년	2015년	2020년	2030년
유년 인구비	전국	42.5	34.0	25.6	21.1	19.1	16.3	13.9	12.6	11.2
	서울	36.3	31.3	24.7	18.6	16.8	14.7	13.4	12.4	10.5
	인천	39.8	31.9	27.1	23.4	20.2	16.5	13.8	12.7	11.4
	울산	40.2	36.2	30.1	25.1	21.9	17.4	13.9	12.4	11.2
	경기	42.9	32.7	26.8	24.1	21.5	18.1	15.4	13.9	12.2
	충남	45.9	35.6	24.3	20.1	18.8	16.3	13.8	12.4	11.5
	전남	46.8	38.9	25.8	20.0	18.4	13.9	11.3	9.2	9.1
생산가능 인구비	전국	54.4	62.2	69.3	71.7	71.8	72.8	73.2	71.7	64.7
	서울	62.1	66.2	71.8	76.1	76.1	75.9	74.6	72.5	66.9
	인천	58.0	65.2	68.9	71.2	72.9	75.0	75.5	73.7	64.7
	울산	56.4	61.0	66.7	70.9	72.9	75.7	76.8	74.6	64.9
	경기	54.0	63.6	68.8	70.2	71.5	73.4	74.6	73.7	66.7
	충남	50.3	58.9	67.8	68.0	66.9	68.3	69.7	69.5	64.2
	전남	48.9	55.6	66.4	66.6	64.1	64.8	65.6	64.9	55.7
노인 인구비	전국	3.1	3.8	5.1	7.2	9.1	10.9	12.9	15.7	24.1
	서울	1.7	2.5	3.5	5.3	7.1	9.4	12.0	15.1	22.6
	인천	2.2	2.9	4.0	5.5	6.9	8.5	10.6	13.6	23.9
	울산	3.5	2.9	3.1	4.0	5.2	6.9	9.3	13.0	23.9
	경기	3.0	3.7	4.5	5.7	7.1	8.5	10.0	12.4	21.1
	충남	3.8	5.5	7.9	11.9	14.4	15.5	16.5	18.0	24.3
	전남	4.3	5.5	7.9	13.4	17.5	21.3	23.2	25.9	35.2

※ 고령화사회 : 전체 인구 중 노인인구가 7% 이상 14% 미만

※ 고령사회 : 전체 인구 중 노인인구가 14% 이상 20% 미만

※ 초고령사회 : 전체 인구 중 노인인구가 20% 이상

② $(\text{인구부양비})=\frac{(\text{유년인구})+(\text{노인인구})}{(\text{생산가능인구})}$

③ $(\text{유년부양비})=\frac{(\text{유년인구})}{(\text{생산가능인구})}$

④ $(\text{노년부양비})=\frac{(\text{노인인구})}{(\text{생산가능인구})}$

21 2030년 전국 노년부양비는?(단, 소수점 이하 셋째 자리에서 버린다)

① 0.27　　② 0.32

③ 0.37　　④ 0.41

22 초고령사회로 분류되는 지역이 처음으로 발생하는 연도는?

① 2010년
② 2015년
③ 2020년
④ 2025년

23 다음은 우리은행의 국군희망준비적금 특약 안내의 일부분이다. 다음 특약 내용을 읽고 이해한 것으로 적절하지 않은 것은?

〈우리은행 국군희망준비적금 특약〉

제1조 적용범위
"우리은행 국군희망준비적금(이하 '이 적금'이라 합니다)" 거래는 이 특약을 적용하며, 이 특약에서 정하지 않은 사항은 예금거래 기본약관 및 적립식 예금약관을 적용합니다.

제2조 가입대상
이 적금의 가입대상은 실명의 개인인 군 의무복무 병(현역병, 상근예비역, 훈련병) 및 대체복무자로 하며, 1인 1계좌만 가능합니다.

제3조 예금과목
이 적금의 예금과목은 정기적금으로 합니다.

제4조 계약기간
이 적금의 계약기간은 6개월 ~ 24개월 이내 일 단위 또는 월 단위로 합니다.

제5조 저축방법
이 적금은 회차별 1천 원 이상 원단위로, 매월(월 초일부터 말일까지) 10만 원 이내에서 만기 1개월 전까지 자유롭게 저축할 수 있습니다.

제6조 이율적용
이 적금의 이율은 신규가입일 당시 영업점에 고시한 이 적금의 계약기간별 이율(이하 '기본이율'이라 합니다)을 적용합니다.

제7조 우대이율
① 이 적금은 신규가입일 당시 영업점에 게시된 제 2항의 '급여 이체 우대이율'을 기본이율에 더하여 적용합니다. 단, 우대이율은 만기 해지 계좌에 대하여 계약기간 동안 적용합니다.
② '급여이체 우대이율'은 신규일로부터 3개월 이내에 1회 이상의 급여이체 실적이 있는 고객의 계좌에 연 0.3%p 적용합니다.
③ 급여이체 실적이란, 우리은행과 급여이체 또는 대량이체 계약에 따른 급여성 선일자, 탑라인, 기업인터넷뱅킹 등에 의한 이체를 말하며, 국군재정관리단을 통한 급여이체 실적을 포함합니다.

제8조 중도해지이율 및 만기 후 이율
① 이 적금의 가입자가 만기일 전에 지급 청구한 때에는 월저축금마다 입금일부터 지급일 전날까지의 기간에 대해 신규가입일 당시 영업점에 게시한 중도해지이율로 셈한 이자를 원금에 더하여 지급합니다.
② 이 적금의 가입자가 만기일 후 지급청구한 때에는 만기지급액에 만기일부터 지급일 전날까지 기간에 대해 신규가입일 당시 영업점에 게시한 만기 후 이율로 셈한 이자를 더하여 지급합니다

① 우대이율은 만기 해지 계좌에 대하여 계약기간 동안 적용된다.
② 훈련병도 이 적금의 가입대상이 될 수 있다.
③ 만기 1개월 전까지 매월 10만 원 이내에서 저축 가능하다.
④ 급여이체 우대이율은 1개월 이내에 1회 이상의 급여이체 실적이 있어야 한다.

※ 다음은 2021년 ㅁㅁ호밀밭 축제와 관련한 자료이다. 자료를 보고 이어지는 질문에 답하시오. [24~25]

〈기본정보〉

- 위치 : 경기도 ㅁㅁ시 ○○읍 ◇◇길 ㅁㅁ팜랜드(031-8888-2222)
- 개장시간 : 10:00 ~ 18:00(17:00까지 입장)
- 입장료

구분	성인	소인(18세 미만)	기타
평일	12,000원	10,000원	36개월 미만 무료입장
주말	15,000원	12,000원	

〈주변 숙박 요금 비교(1박 기준)〉

구분		A민박	B펜션	C펜션
평일	2인실	45,000원	65,000원	90,000원
	4인실	60,000원	80,000원	100,000원
주말 / 공휴일	2인실	70,000원	80,000원	100,000원
	4인실	95,000원	100,000원	120,000원
추가비용		30,000원/인	25,000원/인	40,000원/인

※ A민박, B펜션, C펜션 모두 최대 4인실까지 있으며 인원 추가는 최대 2명까지만 가능하다.
※ 추가비용은 주말·평일 동일하다.

24 주희는 토요일에 주희네 가족 4명과 중학생, 초등학생인 사촌 동생 2명과 함께 ㅁㅁ팜랜드를 방문하는 1박 2일 여행을 다녀왔다. 6명이 다 같이 사용할 수 있으며 숙박비가 총 15만 원을 초과하지 않는 방을 예약한 주희는 여행을 다녀와서 총경비를 정리하였다. 다음 자료를 참고해 총경비를 올바르게 계산한 것은?(단, 주희네 가족은 모두 성인이고, ㅁㅁ팜랜드는 토요일에 방문한다)

- 총인원 : 6명
- 교통 : 6인승 차량 이용
  - 서울 → ㅁㅁ팜랜드(약 1시간 30분 소요)
    주유비 : 약 10,000원 / 통행료 : 약 5,800원
  - ㅁㅁ팜랜드 → 서울(서울 → ㅁㅁ팜랜드 교통 경비와 동일)
- 입장료 : (   )
- 숙박비 : (   )

- 총경비 : (   )

① 216,500원
② 265,600원
③ 281,000원
④ 285,600원

25 연준이는 일주일 뒤인 수요일에 친구들과 1박 2일로 ㅁㅁ팜랜드 방문 및 주변 여행을 위해 A민박에 예약을 하였다. 업체 사정에 따라 7명의 인원이 4인실에 4명, 2인실에 3명으로 나누어 예약하고 숙박비를 모두 냈으나, 부득이한 사정으로 못 가게 되었다. 숙박시설별 환불 규정에 따라 오늘 예약 취소할 경우, 연준이가 환불받는 금액과 지불해야 할 수수료는?

〈숙박시설별 환불 규정〉

구분	A민박	B펜션	C펜션
30일 전	전액 환불	전액 환불	전액 환불
14일 전	50% 환불, 수수료 5,000원 발생	40% 환불, 수수료 7,000원 발생	35% 환불, 수수료 9,000원 발생
7일 전	30% 환불, 수수료 10,000원 발생	20% 환불, 수수료 12,000원 발생	10% 환불, 수수료 13,000원 발생

※ 예약일 하루 전부터 예약 당일까지는 취소가 불가능하며, 노 쇼(No Show)의 경우에는 환불해드리지 않습니다.

① 30,000원, 10,000원
② 40,500원, 10,000원
③ 50,000원, 5,000원
④ 63,000원, 12,000원

26 피벗테이블에 대한 설명으로 옳지 않은 것은?

① 피벗테이블 결과가 표시되는 장소는 동일한 시트 내에만 지정된다.
② 피벗테이블로 작성된 목록에서 행 필드를 열 필드로 편집할 수 있다.
③ 피벗테이블 작성 후에도 사용자가 새로운 수식을 추가하여 표시할 수 있다.
④ 피벗테이블은 많은 양의 데이터를 손쉽게 요약하기 위해 사용되는 기능이다.

27 다음 표는 W은행의 고객 신용등급 변화 확률 자료이다. 〈보기〉에서 자료에 대한 설명으로 옳은 것을 모두 고른 것은?

〈고객 신용등급 변화 확률〉

(단위 : 원, %)

구분		(t+1)년			
		A	B	C	D
t년	A	0.7	0.2	0.08	0.02
	B	0.14	0.65	0.16	0.05
	C	0.05	0.15	0.55	0.25

※ 고객 신용등급은 매년 1월 1일 0시에 연 1회 산정되며, A등급이 가장 높고 B, C, D 순임
※ 한 번 D등급이 되면 고객 신용등급은 5년 동안 D등급을 유지함
※ 고객 신용등급 변화 확률은 매년 동일함

〈보기〉

ㄱ. 2019년에 B등급이었던 고객이 2021년까지 D등급이 될 확률은 0.08 이상이다.
ㄴ. 2019년에 C등급이었던 고객의 신용등급이 2022년에 변화할 수 있는 경우의 수는 모두 31가지이다.
ㄷ. B등급 고객의 신용등급이 1년 뒤에 하락할 확률은 C등급 고객의 신용등급이 1년 뒤에 상승할 확률보다 낮다.

① ㄱ
② ㄴ
③ ㄷ
④ ㄱ, ㄴ

28 다음 상황에서 팀장의 지시를 적절히 수행하기 위하여 오 대리가 거쳐야 할 부서명을 순서대로 올바르게 나열한 것은?

오 대리, 내가 내일 출장 준비 때문에 무척 바빠서 그러는데 자네가 좀 도와줘야 할 거 같군. 우선 박 비서한테 가서 오후 사장님 회의 자료를 좀 가져다주게나. 오는 길에 지난주 기자단 간담회 자료 정리가 되었는지 확인해 보고 완료됐으면 한 부 챙겨오고. 다음 주에 승진자 발표가 있을 거 같은데 우리 팀 승진 대기자 서류가 잘 전달되었는지 그것도 확인 좀 해 줘야겠어. 참, 오후에 바이어가 내방하기로 되어 있는데 공항 픽업 준비는 잘 해 두었지? 배차 예약 상황도 다시 한번 점검해 봐야 할 거야. 그럼 수고 좀 해 주게.

① 기획팀 – 홍보팀 – 총무팀 – 경영관리팀
② 비서실 – 홍보팀 – 인사팀 – 총무팀
③ 인사팀 – 법무팀 – 총무팀 – 기획팀
④ 경영관리팀 – 법무팀 – 총무팀 – 인사팀

29 다음은 한국생산성본부에서 작성한 혁신클러스터 시범단지 현황이다. 반월시화공단과 울산공단의 업체당 평균 고용인원의 차이는 얼마인가?(단, 업체당 평균 고용인원은 소수점 이하 둘째 자리에서 반올림한다)

〈혁신클러스터 시범단지 현황(2021년)〉

단지명	특화업종	입주기업(개사)	생산규모(억 원)	수출액(백만 불)	고용인원(명)	지정시기
창원	기계	1,893	424,399	17,542	80,015	2004년
구미	전기전자	1,265	612,710	36,253	65,884	2004년
반월시화	부품소재	12,548	434,106	6,360	195,635	2004년
울산	자동차	1,116	1,297,185	57,329	101,677	2004년

① 83.1명
② 75.5명
③ 71.4명
④ 68.6명

30 스프레드 시트의 차트에 대한 설명으로 옳지 않은 것은?

① 표면형 차트 : 두 개의 데이터 집합에서 최적의 조합을 찾을 때 사용한다.
② 방사형 차트 : 분산형 차트의 한 종류로 데이터 계열 간의 항목 비교에 사용된다.
③ 분산형 차트 : 데이터의 불규칙한 간격이나 묶음을 보여주는 것으로 주로 과학이나 공학용 데이터 분석에 사용된다.
④ 이중 축 차트 : 특정 데이터 계열의 값이 다른 데이터 계열의 값과 현저하게 차이가 날 경우나 두 가지 이상의 데이터 계열을 가진 차트에 사용한다.

31 ○○회사에서는 신입사원 2명을 채용하기 위하여 서류와 필기 전형을 통과한 갑, 을, 병, 정 네 명의 최종 면접을 실시하려고 한다. 아래 표와 같이 네 개 부서의 팀장이 각각 네 명을 모두 면접하여 최종 선정 우선순위를 결정하였다. 면접 결과에 대한 〈보기〉의 설명 중 적절한 것을 모두 고른 것은?

〈면접 결과〉

순위 \ 면접관	인사팀장	경영관리팀장	영업팀장	회계팀장
1순위	을	갑	을	병
2순위	정	을	병	정
3순위	갑	정	정	갑
4순위	병	병	갑	을

※ 우선순위가 높은 사람 순으로 2명을 채용한다.
※ 동점자는 인사, 경영관리, 영업, 회계팀장 순으로 부여한 고순위자로 결정한다.
※ 각 팀장이 매긴 순위에 대한 가중치는 모두 동일하다.

〈보기〉

㉠ '을' 또는 '정' 중 한 명이 입사를 포기하면 '갑'이 채용된다.
㉡ 인사팀장이 '을'과 '정'의 순위를 바꿨다면 '갑'이 채용된다.
㉢ 경영관리팀장이 '갑'과 '병'의 순위를 바꿨다면 '정'은 채용되지 못한다.

① ㉠
② ㉠, ㉡
③ ㉠, ㉢
④ ㉡, ㉢

32 A건설은 지방정부종합청사 건설사업과 관련한 입찰부정 의혹사건으로 인해 감사원으로부터 집중감사를 받았다. 감사원에서는 이 사건에 연루된 윤 부장, 이 과장, 김 대리, 박 대리, 입찰담당자 강 주임을 조사하여 최종적으로 다음과 같은 결론을 내렸다. 다음 내용이 사실이라면 이 중에서 입찰부정에 실제로 가담한 사람은 누구라고 볼 수 있는가?

㉠ 입찰부정에 가담한 사람은 정확히 두 명이다.
㉡ 이 과장과 김 대리는 함께 가담했거나 혹은 가담하지 않았다.
㉢ 윤 부장이 가담하지 않았다면, 이 과장과 입찰담당자 강 주임도 가담하지 않았다.
㉣ 박 대리가 가담하지 않았다면, 김 대리도 가담하지 않았다.
㉤ 박 대리가 가담하였다면 입찰담당자 강 주임도 분명히 가담하였다.

① 윤 부장, 이 과장
② 이 과장, 김 대리
③ 김 대리, 박 대리
④ 윤 부장, 강 주임

33 폼 작성기에서 작성된 컨트롤을 클릭한 후 방향키를 이용하여 이동시킬 때 사용되는 기능키는?

① 〈Alt〉
② 〈Alt+Shift〉
③ 〈Ctrl〉
④ 〈Shift〉

34 다음 밑줄 친 단어의 의미와 가장 유사한 것은?

돌아오는 어버이날에는 어머님을 찾아뵈어야겠다.

① 어머니 얼굴에 혈색이 돌아왔다.
② 그들의 비난이 나에게 돌아왔다.
③ 고향집에 드디어 돌아간다.
④ 회식이 한 달에 한 번씩 돌아온다.

※ 다음 글을 읽고 이어지는 질문에 답하시오. [35~36]

국제간에 거래가 행하여지게 되면 동시에 거래 대금의 수급이 이루어지며, 이에 따라 국제간에 자금 이동이 필요하게 된다. 외국환이라는 것은 이 자금 이동을 현금 이동 방법으로 하지 않고 *격지자간의 채권・채무 관계를 제3자를 통한 지급 위탁의 방법으로 결제하는 수단을 말한다. 이처럼 오늘날 국제간에 널리 이용되고 있는 외국환이라고 하는 대차 결제 수단은 일반적으로 두 가지 의미로 사용되고 있다. 하나는 추상적 의미로서 국제간의 대차 결의 방법으로서의 외국환이고, 다른 하나는 구체적인 신용수단으로서의 외국환이다.

우리나라의 「외국환관리법」은 외국환을 외국 통화와 외국 통화로 표시된 모든 지급 수단, 즉 증권・채권을 망라하여 매우 포괄적으로 정의하고 있다. 그러나 이 가운데 실제 국제간의 대차 관계를 결제하는 지급 수단으로 널리 사용되고 있는 것은 외국환어음・전신환・우편환이다. 외국환은 별다른 제약이 없는 내국환과는 달리 외국과의 대차 관계를 발생시키는 모든 거래에 적용되므로 한 나라의 국제수지와 매우 밀접한 연관을 가지고 있다. 또한 외국환의 효과적인 이용은 산업과 경제발전에 커다란 원동력이 되기 때문에 중요한 역할을 한다. 따라서 우리나라에서도 귀중한 외화가 무제한으로 해외로 유출되거나 그 반대로 투기성 외화가 일시적으로 크게 들어 오는 것을 방지하기 위하여 국제수지의 상태에 따라 외국환 거래를 정부의 관리하에 두고 있다. 우리나라에서는 외국환과 기타의 대외 거래를 관리함으로써 국제수지의 균형과 통화가치를 안정시키고 외화 자금을 효율적으로 운용하기 위하여 1961년 12월에 제정된 「외국환관리법」을 중심으로 외국환을 관리하고 있다. 외국환 집중 제도를 일정한 기관에 관리 기능을 집중시키고 허가・승인된 거래에만 외국환을 사용할 수 있도록 「외국환관리법」・「외국환관리규정」・「외자도입법」・「외자관리법」・「한국은행법」 등의 법령을 통하여 조정하고 있다. 외국환 관리에 관한 중요 사항을 조사・심의하기 위하여 재경원에 외국환심의위원회를 두고 있으며, 외국환 수급 계획은 외국환심의위원회와 국무회의의 심의를 거쳐 대통령의 승인을 얻어 수립하도록 하고 있다.

우리나라의 외국환 보유액은 1970년에 약 6억 달러, 1975년에 약 15억 달러, 1980년에 약 65억 달러, 1985년에 약 77억 달러에서 1988년에는 약 123억 달러로 점차 증가 추세에 있었으며, 1990년대에 들어서도 증가 속도는 느려졌으나 여전히 증가하고 있었다. 그러던 것이 1997년 4분기에 들어서면서 그동안의 수출 부진에서 오는 외화가득률 하락, 핵심 기업들의 경영 악화 및 줄 이은 도산, 관치금융과 정경유착에 의한 불합리한 투자 및 부조리, OECD(경제협력개발기구) 가입에 따른 갑작스러운 금융시장 개방, 김영삼 정권 말기의 권력 누수 현상과 경제관리 소홀 등으로 인해 외국자본이 빠른 속도로 금융시장을 이탈하기 시작하였다. 이러한 국내 경제의 불안정은 곧바로 외국 투자가들을 자극하여 1997년 말 우리나라 외환 보유액은 80억 달러라는 최악의 상황을 맞게 되었다. 한국 경제의 안정적인 운영을 위해 700억 달러가 필요하다고 일컬어지고 있는 점을 생각하면, 1997년 말 한국의 외환 보유고는 위험 수준에 와 있었던 것이다.

1998년 들어 새 정권이 시작되면서 대내외에 강한 개혁 의지를 천명하고 다각도로 외자 유치 활동을 벌임으로써 위기는 진정되기 시작하였다. 1997년 말 현재 외채는 1,500억 달러였는데 반하여, 외환 보유고는 80억 달러였다는 점을 생각한다면 당시의 급박한 상황을 알 수 있다. 이후 강력한 수출 확대, 수입 억제 정책이 채택되었고, 이에 따라 1998년 3월에 6.4%, 4월에 6.5%의 증가율을 보이던 수출이 5월부터 마이너스로 바뀌면서 또다시 외환 보유고에 대한 불안감을 고조시키고 있다. 1998년 8월 현재 외환 보유고는 400억 달러 수준인데, 이중 상당 부분이 국제기구에서 빌려온 것으로 높은 이자를 지불해야 하는 외자이며, 경상수지 흑자도 그 내용은 수출 증대보다는 수입 감소 때문이라는 사실을 기억하여야 한다. 따라서 1997년 4분기에 시작된 외환・금융 위기에서 시작된 경제 위기는 아직도 완전히 해소되었다고 보기는 어려운 상황이다.

*격지자 : 의사표시를 한 후 이를 알 수 있는 상태가 될 때까지 상당한 시간적 경과를 필요로 하는 관계에 있는 사람

35 위 글을 읽고 이해한 것으로 적절하지 않은 것은?

① 외국환과 내국환은 외국과의 대차 관계를 발생시키는 모든 거래에 적용된다.
② 1997년 말 우리나라의 외채는 외환 보유액의 약 18배 이상이었다.
③ 우리나라의 외국환 보유액은 1970년부터 1997년 전까지는 계속 증가하는 모습을 보였다.
④ 우리나라는 외국환 거래를 정부의 관리하에 두고 있다.

36 위 글을 읽고 답할 수 있는 질문이 아닌 것은?

① 1997년 말 우리나라의 외국자본이 이탈한 원인은 무엇인가?
② 우리나라의 외국환 관리는 어떻게 진행되고 있는가?
③ 우리나라가 사용 중인 국제간의 대차 관계를 결제하는 지급 수단은 무엇인가?
④ 효과적인 외국환 이용을 위한 앞으로의 방안은 무엇인가?

37 W연구원은 같은 온실에서 A ~ E식물을 하나씩 동시에 재배하는 실험을 시행한 후 식물재배온도를 결정하려고 한다. 다섯 가지 식물의 재배가능 온도와 상품가치가 다음과 같을 때, 가장 많은 식물을 재배할 수 있는 온도와 상품가치의 총합이 가장 큰 온도를 올바르게 나열한 것은?(단, W연구원은 온도만 조절할 수 있으며, 주어진 조건 외에 다른 조건은 고려하지 않는다)

〈A ~ E의 재배가능 온도와 상품가치〉

식물 종류	재배가능 온도(℃)	상품가치(원)
A	0 이상 20 이하	10,000
B	5 이상 15 이하	25,000
C	25 이상 55 이하	50,000
D	15 이상 30 이하	15,000
E	15 이상 25 이하	35,000

※ 식물의 상품가치를 결정하는 유일한 것은 온도이다.
※ 온실 온도는 0℃를 기준으로 5℃ 간격으로 조절할 수 있고, 한 번 설정하면 변경할 수 없다.

	가장 많은 식물을 재배할 수 있는 온도	상품가치의 총합이 가장 큰 온도
①	15℃	15℃
②	15℃	20℃
③	15℃	25℃
④	20℃	20℃

※ 일정한 규칙으로 수를 나열할 때, 괄호 안에 들어갈 알맞은 숫자를 고르시오. [38~39]

38

−15 −21 −26 −30 −33 −35 ( )

① −36
② −37
③ −38
④ −39

39

−28 −21 ( ) −14 0 −7 14

① −21
② −14
③ −7
④ 0

40 매일의 날씨 자료를 수집 및 분석한 결과, 전날 날씨를 기준으로 그다음 날의 날씨가 변할 확률은 다음과 같았다. 만약 내일 날씨가 화창하다면, 사흘 뒤에 비가 올 확률은 얼마인가?

전날 날씨	다음 날 날씨	확률
화창	화창	25%
화창	비	30%
비	화창	40%
비	비	15%

※ 날씨는 '화창'과 '비'로만 구분하여 분석함

① 15%
② 14%
③ 13%
④ 12%

41 다음 중 밑줄 친 부분의 맞춤법 수정방안으로 적절하지 않은 것은?

옛것을 본받는 사람은 옛 자취에 얽메이는 것이 문제다. 새것을 만드는 사람은 이치에 합당지 않은 것이 걱정이다. 진실로 능히 옛것을 변화할줄 알고, 새것을 만들면서 법도에 맞을 수만 있다면 지금 글도 옛글만큼 훌륭하게 쓸 수 있을 것이다.

① 본받는 → 본 받는
② 얽메이는 → 얽매이는
③ 합당지 → 합당치
④ 변화할줄 → 변화할 줄

42 한 수입상이 외국 회사와 거래를 하고 있다. 5월분 상품 수입에 대한 대금 50,000달러를 결제하려고 할 때 환율은 결제일 당일의 환율이 적용되고, 운송요금도 결제일의 요금으로 부과된다. 가장 비용이 적게 드는 날은 언제인가?

날짜	환율(원/달러)	운송요금(원)
5월 1일	1,150	3,500,000
5월 2일	1,153	3,500,000
5월 3일	1,156	3,500,000
5월 4일	1,170	2,500,000
5월 5일	1,180	2,500,000
5월 6일	1,194	2,500,000
5월 7일	1,130	3,500,000
5월 8일	1,125	4,000,000
5월 9일	1,160	2,500,000
5월 10일	1,200	2,000,000
5월 11일	1,220	1,500,000
5월 12일	1,200	2,000,000
5월 13일	1,180	2,000,000
5월 14일	1,170	2,000,000
5월 15일	1,165	2,500,000

① 5월 1일
② 5월 7일
③ 5월 8일
④ 5월 14일

※ 다음은 W은행의 올원페이(앱카드) 관련 자주 묻는 질문이다. 이어지는 질문에 답하시오. [43~44]

Q1. 올원페이(앱카드) 설치 시 기존 W모바일카드는 어떻게 되는 건가요?

올원페이는 기존의 W모바일카드의 앱카드 기능을 분리하여 새롭게 리뉴얼하여 제작되었습니다. 올원페이 이용 시 신규 설치 및 카드 등록이 필요합니다.

Q2. 올원페이(앱카드) 설치는 어떻게 하나요?

플레이스토어, 앱스토어에서 올원페이, W카드 등으로 검색하여 다운로드 가능하며, 쇼핑몰 결제 시 올원페이가 설치되어 있지 않다면 결제창 내에서 연동하여 설치가 가능합니다.

Q3. 올원페이(앱카드) 이용가능 회원은 어떻게 되나요?

카드 소지자와 스마트폰 명의가 일치하는 회원만 이용이 가능합니다. 또한 W브랜드 개인 / 기업(지정자) / 가족카드 이용대상이며, 스마트폰 명의자 불일치, 기업(공용)카드, 기프트카드이용 회원은 사용할 수 없습니다.

Q4. 올원페이(앱카드)와 기존 USIM 모바일카드는 다른가요?

네, 다른 서비스입니다. 올원페이(앱카드)는 유심카드와 달리 기존에 사용하던 플라스틱 카드를 등록하여 사용할 수 있습니다. 또한 휴대폰 기종이나 제조사, 통신사 등의 제한이 없어 아이폰 사용자도 이용할 수 있습니다. 올원페이(앱카드)는 올원페이 앱을, 유심카드는 W모바일카드 앱을 통해 결제하실 수 있습니다.

Q5. 타인 명의의 스마트폰에서는 가입이 안 되나요?

본인 명의의 스마트폰에서만 사용 가능합니다. 타인 명의 스마트폰, 법인명의 스마트폰은 안전한 거래를 위해 가입이 불가합니다.

Q6. 어떤 스마트폰에서 이용할 수 있나요?

ios 8.0 이상 버전, 안드로이드 4.1 이상 OS가 탑재된 스마트폰에서 이용할 수 있습니다. 단, 3G / 4G 요금제 가입 없이 Wifi 환경에서 오프라인 결제는 불가합니다.

Q7. 등록 카드 수의 제한이 있나요?

카드 등록 수의 제한은 없습니다. 고객님이 소지하신 모든 W은행카드를 등록할 수 있습니다.

43 다음 중 올원페이(앱카드) 설치에 관한 대화 내용 중 옳지 않은 것은?

① 난 기존에 W모바일카드를 사용했는데, 올원페이(앱카드)는 새롭게 리뉴얼하여 제작된 건가봐! 다시 설치해서 카드를 등록해야겠어.
② 맞아. 설치 방법도 생각보다 까다롭지 않은데? 앱스토어에 들어가서 올원페이를 검색하면 다운로드가 가능하네!
③ 그런데 리뉴얼했다고 하지만 휴대폰 기종이나 제조사, 통신사 등의 제한이 있는 건 여전히 불편해.
④ 그리고 타인 명의 스마트폰은 안 되고 본인 명의의 스마트폰에서만 사용 가능하니까 나같이 휴대폰 명의가 부모님으로 되어있으면 가입할 수 없는 거네.

44 W은행 고객상담센터에서 근무하는 귀하는 올원페이(앱카드)와 관련한 문의 전화를 받았다. 자주 묻는 질문 내용을 바탕으로 고객의 문의에 답하려고 할 때 다음 중 옳은 것은?

> 고객 : 현재 W모바일카드를 사용하고 있습니다. 앞으로 결제를 올원페이로 하려고 하는데 어떻게 해야 하나요?

① 플레이스토어나 앱스토어에서 다운받아 이용 가능하시지만 휴대폰 기종에 따라 제한이 있을 수도 있습니다.
② 올원페이는 W모바일카드와 분리되어 제작되었습니다. 따라서 올원페이를 이용하시려면 신규 설치 후 카드 등록을 해주시면 됩니다.
③ 결제하실 때 W모바일페이로 연동하시면 따로 등록할 필요 없이 올원페이로 결제하실 수 있습니다.
④ 보안을 위해 고객님이 소유하고 계신 W카드 중 주로 이용하시는 카드 한 장만 등록이 가능하니, 신중하게 선택하십시오.

45 다음 사실을 근거로 한 진술 중 옳지 않은 것은?

> ASEM에서 논의 중인 아시아 지역에서의 무역자유화를 위해 한국 정부에서는 A와 B, 두 가지 협상안 중 한 가지를 선택하고자 한다. A안이 선택되었을 때, 다른 회원국들의 협조가 있다면 한국은 연간 약 30억 원의 경제적 이익을, 다른 회원국들은 230억 원의 경제적 이익을 볼 수 있다. 그러나 A안이 선택되었을 때, 다른 회원국들의 협조가 없다면 한국이 얻을 수 있는 경제적 이익은 없고, 다른 회원국들의 이익은 150억 원 정도가 된다. B안이 선택될 경우, 다른 회원국들의 협조가 있다면 한국은 연간 20억 원의 경제적 이익을, 다른 회원국들은 200억 원의 경제적 이익을 얻을 수 있다. 그러나 다른 회원국들의 협조가 없다면 한국은 연간 10억 원의 경제적 손실을, 다른 회원국들은 180억 원의 경제적 이익을 얻을 수 있다.

① 한국의 입장에서는 다른 회원국들이 협조할 것이라고 판단되면, A안을 선택하는 것이 유리하다.
② 제안국인 전체 아시아 지역의 경제적 이익을 모두 고려하는 ASEM은 다른 회원국들이 협조할 것으로 판단되면, A안을 선택하는 것이 유리하다.
③ 한국의 입장에서는 다른 회원국들이 비협조할 것이라고 판단되면, B안을 선택하는 것이 유리하다.
④ 아시아 전체적으로 보아 A안이 선택되면, 모든 회원국이 협조하는 것이 유리하다.

46 다음 자료는 여러 국가의 자동차 보유 대수를 나타낸 자료이다. 자료를 올바르게 이해한 것은?

(단위 : 천 대)

구분	총수	승용차	트럭 · 버스
미국	129,943	104,898	25,045
독일	18,481	17,356	1,125
프랑스	17,434	15,100	2,334
영국	15,864	13,948	1,916
이탈리아	15,400	14,259	1,414
캐나다	10,029	7,823	2,206
호주	5,577	4,506	1,071
네덜란드	3,585	3,230	355

① 자동차 보유 대수에서 승용차가 차지하는 비율이 가장 높은 나라는 프랑스이다.
② 자동차 보유 대수에서 트럭 · 버스가 차지하는 비율이 가장 높은 나라는 미국이다.
③ 자동차 보유 대수에서 승용차가 차지하는 비율이 가장 낮은 나라는 호주지만, 그래도 90%를 넘는다.
④ 유럽 국가는 미국, 캐나다, 호주와 비교했을 때, 자동차 보유 대수에서 승용차가 차지하는 비율이 높다.

47 다음 빈칸에 들어갈 내용으로 가장 적절한 것은?

키는 유전적인 요소가 크다. 그러나 이러한 한계를 극복할 수 있는 강력한 수단이 있다. 바로 영양이다. 키 작은 유전자를 갖고 태어나도 잘 먹으면 키가 커질 수 있다는 것이다. 핵심은 단백질과 칼슘이다. 이를 가장 손쉽게 섭취할 수 있는 것은 우유다. 가격도 생수보다 저렴하다. 물론 우유의 효과에 대한 부정적 견해도 존재한다. 아토피 피부염과 빈혈 · 골다공증 등 각종 질병이 생길 수 있다는 주장이다. 그러나 이는 일부 학계의 의견이 침소봉대(針小棒大)되었다고 본다. 당뇨가 생기니 밥을 먹지 말고, 바다가 오염됐다고 생선을 먹지 않을 순 없지 않은가.
(　　　　　　　　　　　　　　　　　　　　)

① 아이들의 건강을 위해 우유 소비를 줄여야 한다.
② 키에 관한 유전적 요소를 극복하는 방법으로는 수술밖에 없다.
③ 키는 물론 건강까지 생각한다면 자녀들에게 우유를 먹여야 한다.
④ 우유는 아이들의 혀를 담백하게 길들이는 데 중요한 역할을 한다.

※ 다음은 음식 업종 사업자 수 현황에 관한 자료이다. 이어지는 질문에 답하시오. [48~49]

〈음식 업종 사업자 수 현황〉

(단위 : 명)

구분	2017년	2018년	2019년	2020년
커피음료점	25,151	30,446	36,546	43,457
패스트푸드점	27,741	31,174	32,982	34,421
일식전문점	12,997	13,531	14,675	15,896
기타외국식전문점	17,257	17,980	18,734	20,450
제과점	12,955	13,773	14,570	15,155
분식점	49,557	52,725	55,013	55,474
기타음식점	22,301	24,702	24,818	24,509
한식전문점	346,352	360,209	369,903	375,152
중식전문점	21,059	21,784	22,302	22,712
호프전문점	41,796	41,861	39,760	37,543
간이주점	19,849	19,009	17,453	16,733
구내식당	35,011	31,929	29,213	26,202
합계	632,026	659,123	675,969	687,704

48 2017년 대비 2020년 사업자 수의 감소율이 두 번째로 큰 업종의 감소율을 올바르게 구한 것은?(단, 소수점 이하 둘째 자리에서 반올림한다)

① −25.2%
② −18.5%
③ −15.7%
④ −10.2%

49 음식 업종 사업자 수 현황에 대한 설명으로 옳지 않은 것은?

① 기타음식점의 2020년 사업자 수는 전년보다 309명 감소했다.
② 2018년의 전체 음식 업종 사업자 수에서 분식점 사업자 수가 차지하는 비중과 패스트푸드점 사업자 수가 차지하는 비중의 차이는 5%p 미만이다.
③ 사업자 수가 해마다 감소하는 업종은 두 곳이다.
④ 2017년 대비 2019년 일식전문점 사업자 수의 증감률은 약 15.2%이다.

※ 다음은 우리은행의 체크카드에 대한 설명 자료이다. 다음 자료를 읽고 이어지는 질문에 답하시오. [50~51]

〈우리은행 체크카드〉

• 발급대상
  - 만 17세 이상으로 우리은행 요구불예금을 보유한 개인 고객
  - 만 14세 이상 ~ 만 17세 미만 고객은 우리은행 영업점 방문 시 비교통카드에 한해 발급 가능합니다(인터넷 발급 불가).
  - 특수채권 잔액 보유 또는 은행연합회 신용관리대상 등 일부 고객은 후불교통기능이 탑재된 우리은행 체크카드의 발급이 제한될 수 있습니다.
• 카드이용
  - 국내 신용카드 가맹점에서 결제계좌 잔액 범위 내에서 사용(즉시 결제), 후불교통카드 기능 탑재, 소액신용결제 서비스
• 이용제한
  - 우리은행 오프라인 시간 및 전산가동 중단 시 이용이 제한될 수 있습니다(매월 세 번째 일요일 00:00 ~ 06:00).
  - 체크카드 소액신용결제서비스 신청 시 우리은행 전산가동 중단 시간대 이용은 전체 체크신용한도 범위 내 신용 승인됩니다.
  - 우리은행 전산가동 중단 시 또는 예금 잔액을 즉시 확인할 수 없어 매출승인이 불가능한 가맹점에서의 사용은 제한될 수 있습니다.
• 체크카드 국내 직불 이용한도

구분	1회	1일	월간	비고
기본 부여한도	600만 원	600만 원	2,000만 원	체크카드 발급 시 자동 부여
최고한도	2,000만 원	2,000만 원	5,000만 원	영업점 / 인터넷 / 모바일 앱 / 고객센터에서 신청
특별승인한도	1억 원	1억 원	1억 원	영업점 / 고객센터에서 신청(신청 후 30일 이내)

• 후불교통 기능 탑재(교통카드로 신청 시)
  - 버스, 지하철 등 대중교통 이용이 가능합니다.
  - 보증금 : 내국인 면제(단, 외국인의 경우 보증금 3만 원)
  - 대중교통 이용대금은 월 2회 지정된 결제일에 체크카드 결제계좌에서 자동 출금되며, 정상 출금되지 않은 경우 2영업일 이후 교통기능 사용이 불가할 수 있습니다.
  - 체크카드 후불교통 이용대금 출금일

이용일	1일 ~ 15일	16일 ~ 말일
출금일	15일+3영업일	말일+3영업일

50 다음은 우리은행의 체크카드에 대한 설명으로 적절한 것은?

① 월간 우리은행 체크카드의 최고한도는 2,000만 원이다.
② 매월 두 번째 일요일 00:00 ~ 06:00에는 체크카드 이용이 제한될 수 있다.
③ 체크카드의 기본 부여한도는 체크카드 발급 시 자동 부여된다.
④ 체크카드의 후불교통 기능을 이용하기 위해서는 외국인의 경우 보증금 5만 원이 필요하다.

51 다음 10월 달력을 참고하여 우리은행 체크카드 이용고객의 9월 16일부터 9월 말일까지 사용한 후불교통 이용대금의 출금일과 10월 1일부터 10월 15일까지 사용한 후불교통 이용대금의 출금일을 계산한 값으로 적절한 것은?(단, 영업일은 주말 및 공휴일을 제외한 은행 영업 기간을 의미하며, 1영업일은 기준일의 다음 날이다. 예 11일+1영업일=12일)

〈10월 달력〉

일	월	화	수	목	금	토
9/30	1	2	3	4	5	6
7	8	9	10	11	12	13
14	15	16	17	18	19	20
21	22	23	24	25	26	27
28	29	30	31			

※ 10월 3일(개천절)과 10월 9일(한글날)은 공휴일이다.

	9월 16일 ~ 말일	10월 1일 ~ 15일		9월 16일 ~ 말일	10월 1일 ~ 15일
①	10월 4일	10월 18일	②	10월 3일	10월 17일
③	10월 4일	10월 19일	④	10월 3일	10월 18일

52 다음 기사를 읽고 이해한 내용으로 적절하지 않은 것은?

> ○○은행이 모바일 전문은행 '□□뱅크'를 통해 은행 방문 없이 스마트폰으로 간편하게 전세대출을 신청할 수 있는 '□□뱅크 전월세보증금대출'을 14일 출시했다. '□□뱅크 전월세보증금대출'은 스마트폰에서 대출신청 정보를 입력하면 스크래핑 기술을 통해 대출 필요서류가 자동으로 수집되어 별도의 서류 제출 없이도 대출한도와 금리 등을 실시간으로 확인할 수 있다. 대출대상자는 1년 이상 재직 중인 근로소득자로 공인중개사를 통해 공동주택(아파트, 연립 / 다세대 주택) 임대차계약을 체결하고 계약금 5% 이상을 지급한 개인고객이다. 대출심사 기간을 최소화해 대출 신청 후 10일 만에 대출금 지급이 가능하며 △△시 협약 청년 임차보증금 지원제도인 '머물자리론'도 '□□뱅크'를 통해 신청이 가능하다. 대출금리는 금융권 최저 금리 수준인 최저 연 2.74%이며, △△시에서 추천한 청년 및 사회초년생의 경우 최저 연 0.99%까지 지원된다.
> ○○은행은 지역주민의 주거안정에 기여하기 위해 영업점에서 취급하고 있는 전세자금대출 상품 금리도 인하한다고 밝혔다. 전세자금대출 상품 금리를 은행 거래실적에 따라 최대 0.4% 인하하여 최저 연 2.84%에 지원 가능하다.
> 또한 전세금대출 상품 금리에서 최대 0.2% 추가 금리 우대를 받을 수 있는 '전세자금대출 특별펀드'도 시행한다. '전세자금대출 특별펀드'는 1,000세대 이상의 대단지 아파트 및 현재 입주 중인 신규아파트에 대한 전세자금대출 수요고객을 타깃으로 한 펀드이다.
> ○○은행 영업본부장은 "이번 □□뱅크 전월세보증금대출 출시로 지역을 넘어서 전국적인 영업망을 갖춘 은행으로 한 단계 성장하는 계기가 될 것으로 예상한다."며 "향후에도 정부가 추진 중인 포용적 금융 실천은 물론 항상 고객의 관점에서 서비스를 개선해 나가는 고객 중심경영을 위해 최선의 노력을 다해 나가겠다."고 전했다.

① ○○은행은 전세자금대출 상품 금리도 인하할 예정이다.
② ○○은행의 전세자금대출 특별펀드는 대단지 아파트 및 신규아파트의 수요고객을 타깃으로 한 펀드이다.
③ □□뱅크 전월세보증금대출은 은행 방문을 통해 간편하게 전세대출을 신청할 수 있다.
④ □□뱅크 전월세보증금대출은 스크래핑 기술을 통해 대출한도와 금리를 실시간으로 확인할 수 있다.

53 다음 제시된 〈보기〉를 읽고, 이어질 내용을 논리적 순서대로 나열한 것은?

〈보기〉

DNA는 이미 1896년에 스위스의 생물학자 프리드리히 미셔가 발견했지만, 대다수 과학자는 1952년까지는 DNA에 별로 관심을 보이지 않았다. 미셔는 고름이 배인 붕대에 끈적끈적한 회색 물질이 남을 때까지 알코올과 돼지 위액을 쏟아부은 끝에 DNA를 발견했다. 그것을 시험한 미셔는 DNA는 생물학에서 아주 중요한 물질로 밝혀질 것이라고 선언했다. 그러나 불행하게도 화학 분석 결과, 그 물질 속에 인이 다량 함유된 것으로 드러났다. 그 당시 생화학 분야에서는 오로지 단백질에만 관심을 보였는데, 단백질에는 인이 전혀 포함돼 있지 않으므로 DNA는 분자 세계의 충수처럼 일종의 퇴화 물질로 간주되었다.

(A) 그래서 유전학자인 알프레드 허시와 마사 체이스는 방사성 동위원소 추적자를 사용해 바이러스에서 인이 풍부한 DNA의 인과, 황이 풍부한 단백질의 황을 추적해 보았다. 이 방법으로 바이러스가 침투한 세포들을 조사한 결과, 방사성 인은 세포에 주입되어 전달된 반면 황이 포함된 단백질은 그렇지 않은 것으로 드러났다.
(B) 그러나 그 유전 정보가 바이러스의 DNA에 들어 있는지 단백질에 들어 있는지는 아무도 몰랐다.
(C) 따라서 유전 정보의 전달자는 단백질이 될 수 없으며 전달자는 DNA인 것으로 밝혀졌다.
(D) 1952년에 바이러스를 대상으로 한 극적인 실험이 그러한 편견을 바꾸어 놓았다. 바이러스는 다른 세포에 무임승차하여 피를 빠는 모기와는 반대로 세포 속에 악당 유전 정보를 주입한다.

① (A) – (C) – (B) – (D)
② (A) – (D) – (B) – (C)
③ (B) – (A) – (C) – (D)
④ (D) – (B) – (A) – (C)

54 신입사원인 윤지, 순영, 재철, 영민이는 영국, 프랑스, 미국, 일본으로 출장을 간다. 출장은 나라별로 한 명씩 가야하며, 출장 기간은 서로 중복되지 않아야 한다. 다음의 〈조건〉에 따를 때 참인 것은 무엇인가?

〈조건〉

- 윤지는 가장 먼저 출장을 가지 않는다.
- 재철은 영국 또는 프랑스로 출장을 가야한다.
- 영민은 순영보다는 먼저 출장을 가야하고, 윤지보다는 늦게 가야한다.
- 가장 마지막 출장지는 미국이다.
- 영국 출장과 프랑스 출장은 일정이 연달아 잡히지 않는다.

① 윤지는 프랑스로 출장을 간다.
② 재철은 영국으로 출장을 간다.
③ 영민은 세 번째로 출장을 간다.
④ 순영은 두 번째로 출장을 간다.

55 다음은 ○○행사기획업체의 행사안전 점검표이다. 점검표의 점검내용을 확인한 후 다음과 같이 확인란에 체크 표시를 하였을 때, 다음 점검표에 대한 해석으로 옳지 않은 것은?

〈행사안전 점검표〉

구분	점검내용	확인	비고
1	바닥이 미끄러운 곳은 없는가?	✔	미끄럼방지 패드 구매 필요
2	위험한 장소에 보호망이 있는가?		
3	모든 시설, 설비는 잘 고정되어 흔들리지 않는가?	✔	
4	문이 부드럽게 열리고 닫히며 손끼임 방지장치가 있는가?	✔	
5	실외 놀이기구는 바닥에 안전하게 고정되어 있는가?	✔	
6	비상시 연락할 수 있는 휴대전화가 있는가?	✔	
7	유아들의 안전을 관리할 성인이 항상 있는가?		
8	비가 올 때 천장이나 벽에서 누수되는 곳은 없는가?	✔	
9	깨진 유리창이 없고 창틀에 파손된 부분은 없는가?		
10	창문에 안전장치와 방충망이 되어 있는가?	✔	
11	놀이기구에 유해색소가 칠해져 있거나 칠이 벗겨져 있는 부분은 없는가?	✔	친환경 페인트 구매 필요
12	약품이나 교사용 물품 등 위험한 물건이 영유아의 손이 닿지 않는 곳에 보관되어 있는가?		
13	앰프설비는 영유아가 열지 못하도록 잠금장치가 되어 있는가?	✔	더 안전한 잠금장치 구매 필요

① 보호망과 창틀에 대한 확인이 필요한 상황이다.
② 유아들의 안전 관리를 위한 성인의 존재와 휴대전화 여부의 확인이 필요하다.
③ 미끄럼방지 패드와 친환경 페인트에 대한 구매가 요구된다.
④ 문에 손끼임 방지장치 설치 여부와 앰프설비의 잠금 여부는 확인되었다.

56 제시된 글에서 틀린 단어는 모두 몇 개인가?

> ● 관심지구 알리미
> "관심지구 알리미"란 LH 마이홈 콜센터로 분양 및 임대를 받고자 하는 관심지구를 등록한 고객에 대하여 해당지구 모집공고 시 안내사항을 장문메시지(LMS; Long Message Service)로 발송해 드리는 서비스입니다.
> 1. 등록기간
> 월요일 ~ 금요일, 오전 9시 ~ 오후 6시(주말과 공휴일은 관심지구 등록이 제공되지 안습니다)
> 2. 등록방법
> • 국번 없이 1600-1004번
> 일반통화요금이 부가되며, 별도의 정보이용료는 없습니다.
> • 관심지구 알리미 서비스는 1인에 한하여 3개 지역(시, 군, 구 단위)까지 신청가능하며, 신청한 지역별 1개의 공급유형을 선택하실 수 있습니다.
> • 등록일 기준 1년간 서비스되며, 기간만료 시 항후 연장이 가능합니다.

① 1개
② 2개
③ 3개
④ 4개

57 다음 중 〈보기〉의 빈칸 안에 들어갈 말로 적절한 것끼리 묶인 것은?

〈보기〉

> • 주식 투자 손실을 부동산 매각 대금으로 (㉠)하였다.
> • 경찰은 이 조항에 근거하여 처벌 대상자를 (㉡)하였다.
> • 예술 학교는 무용 학교를 (㉢)하여 그 정원이 두 배가 되었다.

	㉠	㉡	㉢
①	보존	선발	합병
②	보존	선별	통합
③	보전	선발	통합
④	보전	선별	합병

58 최근 시리얼 제품에 대한 소비자들의 관심이 높아지자 한 소비자단체가 시리얼 제품의 열량과 함량을 비교하여 다음과 같이 결과를 발표하였다. 다음 중 결과표를 보고 이해한 것으로 적절한 것은?

〈시중 시리얼 제품의 열량과 함량 비교(1회 제공량)〉

식품 유형	제품명	열량(Kcal)	탄수화물(g)	당류(g)	단백질(g)
일반 제품	콘프라이트	117	27.2	9.7	1.3
	콘프로스트	115	26.6	9.3	1.6
	콘프레이크	152	35	2.3	3
당 함량을 낮춘 제품	1/3 라이트	118	27.1	5.9	1.4
	라이트슈거	115	26.5	6.8	1.6
견과류 첨가 제품	후레이크	131	24.2	7.2	1.8
	크런치너트 프레이크	170	31.3	10.9	2.7
	아몬드 프레이크	164	33.2	8.7	2.5
초코맛 제품	오곡 코코볼	122	25	8.8	2
	첵스 초코	115	25.5	9.1	1.5
	초코볼 시리얼	151	34.3	12.9	2.9
체중조절용 제품	라이트업	155	31.4	6.9	6.7
	스페셜K	153	31.4	7	6.5
	바디랩	154	31.2	7	6.4
	슬림플러스	153	31.4	7.8	6.4

① 탄수화물 함량이 가장 낮은 시리얼은 당류 함량도 가장 낮은 수치를 보이고 있다.
② 일반 제품의 시리얼 열량은 체중조절용 제품의 시리얼 열량보다 더 높은 수치를 보이고 있다.
③ 견과류 첨가 제품은 당 함량을 낮춘 제품보다 단백질 함량이 높은 편이다.
④ 당류가 가장 많은 시리얼은 견과류 첨가 제품이다.

59 A사는 사무실에 공기청정기를 배치하려고 하며, 성능 비교 자료를 보고 공기청정기를 선택하려고 한다. 〈보기〉의 S대리가 공기청정기에 대하여 다음과 같이 요청하였을 경우, D씨가 선택해야 하는 공기청정기 모델은?

〈업체별 공기청정기 성능〉

업체명	모델명	성능			유지관리비용			A/S 기간	월 렌탈비
		사용면적(m^2)	탈취효율	유해가스 제거효율	소음방지 효율	에너지 사용량(kWh/년)	필터 교체비용		
S전자	AL112WS	36.4	★★★	★★	★★★	67	46,500원	1년	267,000원
S전자	DS302GV	39.9	★★★	★★★	★★★	67	51,000원	1년	273,000원
H전자	GT227QA	41.2	★★★	★★★	★★	80	43,000원	2년	232,000원
L전자	DC846PS	36.4	★★	★★★	★★★	73	52,500원	1년	215,000원
S전자	LT356FE	38.9	★★	★★★	★★	42	41,500원	2년	352,000원
H전자	PO946VG	45.3	★★★	★★	★★★	92	42,000원	1년	228,000원
H전자	ER754LF	40.2	★★	★★	★★	99	46,500원	2년	313,000원
L전자	CT754WE	35.3	★★★	★★★	★★★	84	45,000원	1년	225,000원
L전자	AX754LS	36.8	★★	★★	★★★	115	43,000원	2년	259,000원
S전자	PO754OU	38.7	★★★	★★★	★★★	103	42,500원	1년	262,000원
성능 등급 표시	★★★ : 매우 우수 ★★ : 우수 ★ : 보통								

※ L전자의 제품은 등록비 10만 원을 별도로 지불해야 한다.
※ S전자는 4개월 렌탈비 무료 이벤트를 진행 중이다.
※ 공기청정기 필터는 10개월에 한 번씩 교체해야 한다.

〈보기〉

S대리 : D씨, 우리 사무실에 공기청정기를 렌탈해서 배치하려고 하는데 적절한 공기청정기 좀 찾아주세요. 우선 탈취 효율은 우수 등급 이상이면 상관없지만, 사무실 분위기가 매우 조용한 편이니 소음 방지 효율 부분은 매우 우수 등급이어야 합니다. 유해가스 제거 효율도 우수 등급 이상이기만 하면 될 것 같아요. 사무실에 전기제품이 많다 보니 에너지 사용량도 신경 써야 할 것 같네요. 연간 사용량이 100kWh 이하인 제품으로 부탁합니다. A/S 기간은 1년 이상인 제품으로 선택해주세요. 공기청정기 사용면적은 35m^2 이상이면 되겠네요. 2년 렌탈할 예정이니 제품 등록비나 이벤트 확인해서 가장 저렴한 공기청정기를 저에게 알려주세요.

① AL112WS
② GT227QA
③ DC846PS
④ PO946VG

60 다음은 우리은행의 신용대출 상품에 대한 대출금리를 설명하는 자료이다. 자료를 참고하여 우리은행 고객들의 최종금리를 계산한 값으로 옳은 것은?

〈우리은행 신용대출 대출금리 안내〉

(1) 기준금리 : 고객별 기준금리는 고객님들의 신용등급에 따라 차등 적용됩니다.

1～2등급	3～4등급	5～6등급	7～8등급	9～10등급
1.77%	1.80%	1.88%	1.95%	1.97%

(2) 가산금리 : 고객별 가산금리는 고객님들의 신용등급에 따라 차등 적용됩니다.

1～2등급	3～4등급	5～6등급	7～8등급	9～10등급
2.18%	3.35%	4.88%	6.34%	8.74%

(3) 우대금리 : 최고 연 1.4%p 우대
① 실적연동 우대금리 : 최고 연 0.9%p
- 우리은행 신용카드 이용실적 우대 : 연 0.1%p ~ 0.3%p
: 결제계좌를 우리은행으로 지정하고 최근 3개월간 30만 원 이상(연 0.1%p), 60만 원 이상(연 0.2%p), 90만 원 이상(연 0.3%p)의 이용실적이 있는 경우
- 급여(연금)이체 실적 우대 : 연 0.3%p
- 자동이체 거래실적 우대(3건 이상) : 연 0.1%p
: 아파트관리비 / 지로 / 금융결제원CMS / 펌뱅킹
- 우리은행 스타뱅킹 이용실적 우대 : 연 0.1%p
: 우리은행 스타뱅킹을 통한 이체실적이 있는 경우
- 적립식예금 30만 원 이상 계좌 보유 우대 : 연 0.1%p
② 우리은행 스타클럽 우대금리 : 최고 연 0.5%p(스타클럽 고객등급에 따라 차등 적용)
- MVP스타 : 연 0.5%p
- 로얄스타 : 연 0.3%p
- 골드스타 : 연 0.2%p
※ 우대금리는 각 항목의 우대조건 충족여부에 따라 대출신규 3개월 이후 매월 재산정되어 적용됩니다.

(4) 종합통장자동대출 한도소진율에 의한 우대금리 : 최고 연 0.4%p 우대
: 종합통장자동대출의 경우 '한도소진율 우대금리(최고 연 0.4%p)'가 대출신규일로부터 1개월간 적용되며, 이후 한도소진율에 따라 매월 변경 적용됩니다.

(5) 최종금리 : 고객별 최종금리는 고객님들의 신용등급에 따라 산출된 기준금리와 가산금리, 우대금리에 따라 차등 적용됩니다(최종금리=기준금리+가산금리-우대금리).

구분	신용등급	우대금리 적용 평가사항	최종금리
A씨	4	• 우리은행 신용카드 3개월간 107만 원 사용 • 자동이체 거래실적 : 아파트, 지로, 펌뱅킹 • 적립식예금 100만 원 계좌 보유 • 우리은행 스타클럽 등급 : 로얄스타	4.23%
B씨	3	• 급여(연금)이체 실적 우대 • 우리은행 스타뱅킹 이체실적 있음 • 우리은행 스타클럽 등급 : MVP스타	4.36%

C씨	7	• 우리은행 신용카드 3개월간 72만 원 이상 사용 • 급여(연금)이체 실적 우대 • 적립식예금 25만 원 계좌 보유	7.69%
D씨	2	• 자동이체 거래실적 : 금융결제원CMS, 펌뱅킹 • 적립식예금 53만 원 계좌 보유 • 우리은행 스타클럽 등급 : 골드스타	3.65%

① A씨
② B씨
③ C씨
④ D씨

61 다음 글의 제목으로 가장 적절한 것은?

제4차 산업혁명은 인공지능이 기존의 자동화 시스템과 연결되어 효율이 극대화되는 산업 환경의 변화를 의미한다. 2016년 세계경제포럼에서 언급되어, 유행처럼 번지는 용어가 되었다. 학자에 따라 바라보는 견해는 다르지만 대체로 기계학습과 인공지능의 발달이 그 수단으로 꼽힌다.
2010년대 중반부터 드러나기 시작한 제4차 산업혁명은 현재진행형이며, 그 여파는 사회 곳곳에서 드러나고 있다. 현재도 사람을 기계와 인공지능이 대체하고 있으며, 현재 일자리의 80 ~ 99%까지 대체될 것이라고 보는 견해도 있다.
만약 우리가 현재의 경제 구조를 유지한 채로 이와 같은 극단적인 노동 수요 감소를 맞게 된다면, 전후 미국의 대공황 등과는 차원이 다른 끔찍한 대공황이 발생할 것이다. 계속해서 일자리가 줄어들수록 중·하위 계층은 사회에서 밀려날 수밖에 없는데, 반면 자본주의 사회의 특성상 많은 비용을 수반하는 과학기술의 연구는 자본에 종속될 수밖에 없기 때문이다. 물론 지금도 이러한 현상이 없는 것은 아니지만, 아직까지는 단순노동이 필요하기 때문에 노동력을 제공하는 중·하위층들도 불합리한 부분들에 파업과 같은 실력행사를 할 수 있었다. 그러나 앞으로 자동화가 더욱 진행되어 노동의 필요성이 사라진다면 그들을 배려해야 할 당위성은 법과 제도가 아닌 도덕이나 인권과 같은 윤리적인 영역에만 남게 되는 것이다.
반면에, 이를 긍정적으로 생각한다면 이처럼 일자리가 없어졌을 때 극소수에 해당하는 경우를 제외한 나머지 사람들은 노동에서 완전히 해방되어, 인공지능이 제공하는 무제한적인 자원을 마음껏 향유할 수도 있을 것이다. 하지만 이러한 미래는 지금의 자본주의보다는 사회주의 경제 체제에 가깝다. 이 때문에 많은 경제학자와 미래학자들은 제4차 산업혁명 이후의 미래를 장밋빛으로 바꿔나가기 위해, 기본소득제 도입 등의 시도와 같은 고민들을 이어가고 있다.

① 제4차 산업혁명의 의의
② 제4차 산업혁명의 빛과 그늘
③ 제4차 산업혁명의 위험성
④ 제4차 산업혁명에 대한 준비

62 한 심리상담사는 다음과 같은 일정표를 가지고 있다. 또한 상담일정에는 어떠한 〈조건〉이 있다고 한다. 일정표와 〈조건〉이 다음과 같을 때, 목요일 13 ~ 14시에 상담을 받을 수 있는 사람은?

〈일정표〉

구분	월요일	화요일	수요일	목요일	금요일
12 ~ 13시	돌이		돌이		순이
13 ~ 14시	돌이				
14 ~ 15시		철이		영이	
15 ~ 16시	순이	영이			철이

〈조건〉

- 한 사람은 하루에 두 시간, 일주일에 세 번까지 상담을 받을 수 있다.
- 전날 상담한 사람은 상담하지 않는다.
- 하루에 두 시간 상담하려면 두 시간 연속으로 상담을 받아야만 한다.

① 철이 ② 순이
③ 돌이 ④ 영이

63 출장 준비를 하는 김 과장은 출장지의 숙박을 선택하기 위해 선택지수를 사용하였다. 숙박수단별 날짜와 요금을 갖고 선택지수를 계산하였을 때 가장 비용이 적은 것은?(단, 250만 원 이상 사용해야 한다)

〈숙박수단별 날짜와 요금〉

구분	숙박수단	숙박일	요금/일
A	고급호텔	4	200,000
B	관광호텔	4	80,000
C	일반모텔	3	50,000
D	민박	4	40,000

※ 선택지수 : (숙박일)×1,000,000×0.7+(요금/일)×0.8

① A ② B
③ C ④ D

64 다음은 업무 수행 과정에서 발생하는 문제의 유형 3가지를 소개한 자료이다. 다음 자료에서 설명하는 문제의 유형에 대하여 〈보기〉의 사례가 적절하게 연결된 것은?

〈문제의 유형〉

발생형 문제	현재 직면한 문제로, 어떤 기준에 대하여 일탈 또는 미달함으로써 발생하는 문제이다.
탐색형 문제	탐색하지 않으면 나타나지 않는 문제로, 현재의 상황을 개선하거나 효율을 더 높이기 위해 발생하는 문제이다.
설정형 문제	미래지향적인 새로운 과제 또는 목표를 설정하면서 발생하는 문제이다.

〈보기〉

(가) A회사는 초코과자에서 애벌레로 보이는 곤충 사체가 발견되어 과자 제조과정에 대해 고민하고 있다.
(나) B회사는 점차 다가오는 초고령사회에 대비하여 노인들을 위한 애플리케이션을 개발하기로 했다.
(다) C회사는 현재의 충전지보다 더 많은 전압을 회복시킬 수 있는 충전지를 연구하고 있다.
(라) D회사는 발전하고 있는 드론 시대를 위해 드론센터를 건립하기로 결정했다.
(마) E회사는 업무 효율을 높이기 위해 근로시간을 단축하기로 결정했다.
(바) F회사는 올해 개발한 침대에 방사능이 검출되어 안전기준에 부적합 판정을 받았다.

	발생형 문제	탐색형 문제	설정형 문제
①	(가), (바)	(다), (마)	(나), (라)
②	(가), (마)	(나), (라)	(다), (바)
③	(가), (나)	(다), (바)	(라), (마)
④	(가), (나)	(마), (바)	(다), (라)

65 제시된 글을 바탕으로 전세 보증금이 1억 원인 전세 세입자가 월세 보증금 1천만 원에 전월세 전환율 한도 수준까지의 월세 전환을 원할 경우, 월 임대료 지불액을 계산한 것으로 옳은 것은?

> 나날이 치솟는 전세 보증금! 집주인이 2년 만에 전세 보증금을 올려달라고 하는데 사실 월급쟁이로 생활비를 쓰고 남은 돈을 저축하자면 그 목돈을 마련하지 못해 전세자금 대출을 알아보곤 한다. 그럴 때 생각해 볼 수 있는 것이 반전세나 월세 전환이다. 이렇게 되면 임대인들도 보증금 몇 천만 원에서 나오는 이자보다 월세가 매달 나오는 것이 좋다 보니 먼저 요구하기도 한다. 바로 그것이 '전월세 전환율'이다.
> 전월세 전환율은 {월세×12(개월)/(전세 보증금－월세 보증금)}×100으로 구할 수 있다.
> 그렇다면 전월세 전환율 비율의 제한은 어떻게 형성되는 걸까?
> 우리나라는 「주택임대차보호법」 하에서 산정률 제한을 두고 있다. 보통 10%, 기준금리 4배수 중 낮은 비율의 범위를 초과할 수 없다고 규정하고 있기 때문에 현재 기준 금리가 1.5%로 인상되어 6%가 제한선이 된다.

① 450,000원 ② 470,000원
③ 500,000원 ④ 525,000원

※ 다음은 슈퍼푸드로 선정된 토마토를 소개한 자료이다. 다음 자료를 읽고 이어지는 질문에 답하시오. [66~67]

> 토마토는 우리말로 '일년감'이라 하며, 한자명은 남만시(南蠻柹)라고 한다. 우리나라에서는 토마토를 처음에는 관상용으로 심었으나 차츰 영양가가 밝혀지고 밭에 재배하여 대중화되었다. 요즘은 비닐하우스 재배도 하여 일 년 내내 먹을 수 있다. 토마토는 가짓과에 속하는 일년생 반덩굴성 식물열매이며 원산지는 남미 페루이다. 16세기 초 콜럼버스가 신대륙을 발견한 즈음 유럽으로 건너가 스페인과 이탈리아에서 재배되었다. 우리나라에는 19세기 초 일본을 거쳐서 들어왔다고 추정하고 있다. 토마토가 과일이냐 채소냐 하는 것이 한때 미국에서 정부와 업자 사이에 논란이 되었는데, 이에 대법원에서는 토마토를 채소로 판결 내렸다. 어찌 됐든 토마토는 과일과 채소의 두 가지 특성을 갖추고 있으며 비타민과 무기질 공급원으로 아주 우수한 식품이다. 세계적인 장수촌으로 알려진 안데스 산맥 기슭의 빌카밤바(Vilcabamba) 사람들은 토마토를 많이 먹은 덕분으로 장수를 누렸다고 전해오고 있다.
>
> 토마토에 함유되어 있는 성분에는 구연산, 사과산, 호박산, 아미노산, 루틴, 단백질, 당질, 회분, 칼슘, 철, 인, 비타민 A, 비타민 B1, 비타민 B2, 비타민 C, 식이섬유 등이 있다. 특히 비타민 C의 경우 토마토 한 개에 하루 섭취 권장량의 절반가량이 들어 있다. 토마토의 빨간색은 '카로티노이드'라는 식물 색소 때문인데, 특히 빨간 카로티노이드 색소인 라이코펜이 주성분이다. 빨간 토마토에는 라이코펜이 7~12mg 들어 있고, 라이코펜은 베타카로틴 등과 더불어 항산화 작용을 하는 물질이 많다.
>
> 토마토는 파란 것보다 빨간 것이 건강에 더 유익하므로 완전히 빨갛게 익혀 먹는 것이 좋으며, 빨간 토마토에는 라이코펜이 많이 들어 있으나 그냥 먹으면 체내 흡수율이 떨어지므로 열을 가해 조리해서 먹는 것이 좋다. 열을 가하면 라이코펜이 토마토 세포벽 밖으로 빠져나와 우리 몸에 잘 흡수되기 때문이다. 예를 들면, 토마토 소스에 들어 있는 라이코펜의 흡수율은 생토마토의 5배에 달한다.
>
> 토마토의 껍질을 벗길 때는 끓는 물에 잠깐 담갔다가 건져서 찬물에서 벗기면 손쉽게 벗길 수 있으며, 잘 익은 토마토를 껍질을 벗기고 으깨면서 체에 밭쳐 졸인 것을 '토마토 퓨레(채소나 과일의 농축 진액)'라고 한다. 그리고 토마토 퓨레에 소금과 향신료를 조미한 것이 '토마토 소스'이며, 소스를 보다 강하게 조미하고 단맛을 낸 것이 '토마토 케첩'이다. 토마토의 라이코펜과 지용성 비타민은 기름에 익힐 때 흡수가 잘 되므로 기름에 볶아 푹 익혀서 퓨레 상태로 만들면 편리하다. 마늘과 쇠고기를 다져서 올리브유에 볶다가 적포도주 조금, 그리고 토마토 퓨레를 넣으면 토마토 소스가 된다. 토마토 소스에 파스타나 밥을 볶으면 쉽게 맛을 낼 수 있다.
>
> 그런데 토마토와 같이 산(酸)이 많은 식품을 조리할 때는 단시간에 조리하거나 스테인리스 스틸 재질의 조리 기구를 사용해야 한다. 알루미늄제 조리 기구를 사용하게 되면 알루미늄 성분이 녹아 나올 수 있기 때문이다. 세계보건기구(WHO)는 지난 1997년 알루미늄에 대해 신체 과다 노출 시 구토, 설사, 메스꺼움 등을 유발할 수 있다고 경고한 바 있다.

66 다음 자료의 각 문단 제목으로 적절하지 않은 것은?

① 첫 번째 문단 : 토마토가 우리에게 오기까지
② 두 번째 문단 : 토마토의 다양한 성분
③ 세 번째 문단 : 토마토를 건강하게 먹는 방법
④ 네 번째 문단 : 토마토가 사랑받는 이유

67 다음 중 자료를 읽고 이해한 내용으로 적절하지 않은 것은?

① 토마토는 그냥 먹는 것보다 열을 가해 먹는 것이 더 좋다.
② 우리나라에 토마토는 일본을 거쳐 들어온 것으로 추정된다.
③ 토마토는 알루미늄제 조리 기구를 사용해야 한다.
④ 토마토의 라이코펜은 기름에 익힐 때 흡수가 잘 된다.

68 김 팀장은 박 대리에게 다음과 같은 업무지시를 내렸다. 다음 중 박 대리가 가장 먼저 처리해야 할 일은 무엇인가?

김 팀장 : 박 대리, 지난주에 요청했던 사업계획서는 문제없이 진행되고 있나요? 이번 주 금요일까지 완료해서 부장님께 제출해 주세요. 그리고 오늘 오후 5시에는 본사에서 진행되는 금년도 사업현황보고 회의에 함께 참석해야 합니다. 따라서 금일 업무 보고는 오후 6시가 아닌 오후 4시에 받도록 하겠습니다. 오후 4시까지 금일 업무 보고서를 작성해서 전달해 주세요. 참! 이틀 전 박 대리가 예약한 회의실이 본사 2층의 대회의실이었나요? 혹시 모를 상황에 대비하여 적어도 회의 시작 3시간 전에 사내 인트라넷의 회의실 예약 현황을 확인하고, 변동사항이 있다면 저에게 알려주세요.

① 금일 업무 보고서 작성
② 본사 사업현황보고 회의 참석
③ 본사 대회의실 사용 신청
④ 회의실 예약 현황 확인

69 증권회사에 근무 중인 귀하는 자사의 HTS 및 MTS 프로그램 인지도를 파악하기 위하여 설문조사 계획을 수립하려고 한다. 장소는 유동인구가 100,000명인 명동에서, 시간은 퇴근시간대인 16:00 ~ 20:00에 30 ~ 40대 직장인을 대상으로 실시할 예정이다. 설문조사를 원활하게 진행하기 위해서 사전에 설문지를 준비할 계획인데, 유동인구 관련 자료를 찾아본 결과 일부 정보가 누락된 유동인구 현황을 확인할 수 있었다. 귀하는 직장인 30 ~ 40대에게 배포하기 위하여 최소 몇 장의 설문지를 준비하여야 하는가?

〈유동인구 현황〉

(단위 : %)

구분	10대	20대	30대	40대	50대	60대	70대	소계
08:00 ~ 12:00	1	1	3	4	1	0	1	11
12:00 ~ 16:00	0	2	3		3	1	0	13
16:00 ~ 20:00		3			2	1	1	32
20:00 ~ 24:00	5	6		13		2	0	44
소계	10	12	30		10		2	100

① 4,000장
② 11,000장
③ 13,000장
④ 21,000장

70 다음은 우리은행 체크카드의 할인 혜택을 정리한 자료이다. 다음 중 우리은행 체크카드의 할인 적용을 모두 받을 수 있는 사례는?

〈우리은행 체크카드 할인 혜택〉

서비스 구분	할인	이용금액 기준
A영화관	35%	이용금액 건당 1만 원 ~ 2만 원까지 할인 적용
B레스토랑, C레스토랑	20%	이용금액 건당 3만 원 ~ 5만 원까지 할인 적용
D카페	20%	이용금액 건당 1만 원 ~ 2만 원까지 할인 적용
E놀이공원, F놀이공원	50%	이용금액 건당 3만 원 ~ 5만 원까지 할인 적용
G편의점	15%	이용금액 건당 1만 원 ~ 2만 원까지 할인 적용
H서점	15%	이용금액 건당 2만 원 ~ 5만 원까지 할인 적용
대중교통(버스·지하철)	10%	월 이용금액 2만 원까지 할인 적용
이동통신요금 자동이체	2,500원	이용금액 건당 5만 원 이상 시 할인(월 1회)

〈전월이용실적에 따른 월간 통합할인한도 적용〉

전월이용실적	20만 원 이상	30만 원 이상	50만 원 이상	100만 원 이상
월간 통합할인한도	1만 원	2만 원	3만 원	5만 원

- 우리은행 체크카드의 할인 서비스는 전월이용실적 20만 원 이상 시 제공됩니다(단, 대중교통 / 이동통신요금 할인 서비스는 30만 원 이상 시 제공).
- 우리은행 체크카드의 할인 서비스는 전월이용실적에 따라 월간 통합할인한도가 차등 적용됩니다.
- 월간 통합할인한도란 매월 할인받을 수 있는 최대금액을 의미하며, 월간 통합할인한도 잔여금액은 다음 달로 이월되지 않습니다.

① 전월이용실적이 35만 원이며, G편의점에서 2만 원 사용 (현재까지 할인받은 금액 : 1만 8천 원)
② 전월이용실적이 25만 원이며, D카페에서 1만 2천 원 사용 (현재까지 할인받은 금액 : 8천 원)
③ 전월이용실적이 24만 원이며, 대중교통 이용으로 1만 원 사용 (현재까지 할인받은 금액 : 8천 원)
④ 전월이용실적이 102만 원이며, H서점에서 4만 원 사용 (현재까지 할인받은 금액 : 4만 3천 원)

71 **다음 빈칸 안에 들어갈 문장으로 가장 적절한 것은?**

> 어떤 기업체에서 사원을 선발하는 방법으로 끈으로 묶은 꾸러미를 내놨는데 한 사람은 주머니칼을 꺼내어 끈을 잘라 버렸고, 다른 한 사람은 끈을 풀었다는 것이다. 채용된 쪽은 칼을 사용한 사람이었다고 한다. 기업주는 물자보다 시간을 아꼈던 것이다. (   ) 소비자는 낭비된 물자의 대가를 고스란히 떠맡는다. 자원의 임자인 지구나 그 혜택을 받는 뭇 생명들 차원에서 본다면 에너지와 자원의 손실을 떠맡아야 한다. 아주 미세한 얘긴지 모르겠다. 그러나 도처에서 지속적으로 행해온 그 후유증을 우리는 현재 겪고 있는 것이다. 그것은 보이지 않는 유령이며 그것들로 인하여 지구는 병들어가고 있다. 많은 종(種)들이 하나둘 사라져갔으며 이 활기에 넘쳐 보이는 현실은 실상 자원 고갈을 향해 행진을 멈추지 않고 있는 것이다.

① 왜냐하면 시간을 아껴 써야 기업이 성공할 수 있기 때문이다.
② 물론 기업주는 물자와 시간 가운데 더 중요한 것을 선택했다.
③ 그러나 이러한 선택으로 아껴지는 것은 기업주의 시간일 뿐이다.
④ 이러한 행동은 경제성만을 추구한 데서 비롯된 당연한 결과이다.

※ 다음은 국내 각 금융기관의 개인대출 현황 자료이며, 〈연령대별 차입자 현황〉 중에서 구성비가 모든 금융기관에 동일하게 적용된다. 자료를 보고 이어지는 질문에 답하시오. [72~74]

〈금융기관별 개인대출 취급현황〉

(단위 : 조 원, %)

구분	은행	상호저축 은행	할부 금융	신용 카드	보험	새마을 금고	신협	상호 금융	기타	전체
개인대출	234.8	6.3	10.6	5.4	12.2	17.8	12.4	80.2	1.1	380.8
구성비	61.7	1.7	2.8	1.4	3.2	4.7	3.3	21.1	0.3	100.0

〈금융기관의 연령대별 개인대출 비중(금액 기준)〉

(단위 : %)

구분	30세 미만	30 ~ 39세	40 ~ 49세	50 ~ 59세	60세 이상	계
은행	5.7	29.9	37.2	18.5	8.7	100.0
상호저축은행	5.8	23.8	39.3	19.3	11.8	100.0
상호금융	2.3	16.3	35.8	25.6	20.0	100.0
할부금융	19.4	37.6	29.8	9.7	3.5	100.0
신용카드	27.3	37.9	24.9	7.6	2.3	100.0
보험	5.3	34.4	38.9	15.6	5.8	100.0
전체	5.6	26.8	36.4	19.8	11.4	100.0

〈금융기관별 차입자수〉

(단위 : 만 명)

은행	상호저축 은행	할부 금융	신용 카드	보험	새마을 금고	신협	상호 금융	총계
660.0	15.3	92.9	92.1	46.8	58.5	40.1	208.5	1,214.2

〈연령대별 차입자 현황〉

(단위 : 천 명, %)

구분	30세 미만	30 ~ 39세	40 ~ 49세	50 ~ 59세	60세 이상	계
차입자수	1,358	3,156	2,998	1,482	1,013	10,007
구성비	13.6	31.5	30.0	14.8	10.1	100.0
인구대비 차입자수 비중	6.4	38.1	43.1	34.3	19.6	21.8

72 새마을금고를 이용하는 40대 차입인구는 몇 명인가?

① 17만 명
② 17만 5,500명
③ 18만 명
④ 18만 5,500명

73 은행을 통한 30대 차입인구의 개인대출 총액은?(단, 천억 원 단위 이하는 버림한다)

① 70조 원
② 75조 원
③ 80조 원
④ 85조 원

74 상호금융을 통한 60세 이상 차입인구의 평균 개인대출 금액은?(단, 백만 원 단위 이하는 버림한다)

① 7,200만 원
② 7,400만 원
③ 7,600만 원
④ 7,800만 원

※ 다음 자료를 보고 이어지는 물음에 답하시오. [75~76]

W회사는 2022년 초에 회사 내의 스캐너 15대를 교체하려고 계획하고 있다. 각 스캐너의 정보는 아래와 같다.

구분	Q스캐너	T스캐너	G스캐너
제조사	미국 B회사	한국 C회사	독일 D회사
가격	180,000원	220,000원	280,000원
스캔 속도	40장/분	60장/분	80장/분
주요 특징	• 양면 스캔 가능 • 50매 연속 스캔 • 소비전력 절약 모드 지원 • 카드 스캔 가능 • 백지 Skip 기능 • 기울기 자동 보정 • A/S 1년 보장	• 양면 스캔 가능 • 타 제품보다 전력소모 60% 절감 • 다양한 소프트웨어 지원 • PDF 문서 활용 가능 • 기울기 자동 보정 • A/S 1년 보장	• 양면 스캔 가능 • 빠른 스캔 속도 • 다양한 크기 스캔 • 100매 연속 스캔 • 이중급지 방지 장치 • 백지 Skip 기능 • 기울기 자동 보정 • A/S 3년 보장

75 스캐너 구매를 담당하고 있는 B씨는 사내 설문조사를 통해 부서별로 필요한 스캐너 기능을 확인하였다. 이를 참고하였을 때, 구매할 스캐너의 순위는?

• 양면 스캔 가능 여부
• 카드 크기부터 계약서 크기 스캔 지원
• 50매 이상 연속 스캔 가능 여부
• A/S 1년 이상 보장
• 예산 4,200,000원까지 가능
• 기울기 자동 보정 여부

① T스캐너 – Q스캐너 – G스캐너
② G스캐너 – Q스캐너 – T스캐너
③ G스캐너 – T스캐너 – G스캐너
④ Q스캐너 – G스캐너 – T스캐너

76 75번 문제에서 순위가 가장 높은 스캐너를 구입했다. 80장, 240장, 480장을 스캔하는 데 몇 초가 걸리겠는가?

	80장	240장	480장
①	120초	360초	720초
②	80초	240초	480초
③	100초	220초	410초
④	60초	180초	360초

77 다음 글에서 최적통화지역 이론과 관련하여 고려하지 않은 것은?

최적통화지역은 단일 통화가 통용되거나 여러 통화들의 환율이 고정되어 있는 최적의 지리적인 영역을 지칭한다. 여기서 최적이란 대내외 균형이라는 거시 경제의 목적에 의해 규정되는데, 대내 균형은 물가 안정과 완전 고용, 대외 균형은 국제수지 균형을 의미한다.
최적통화지역 개념은 고정환율 제도와 변동환율 제도의 상대적 장점에 대한 논쟁 속에서 발전하였다. 최적통화지역 이론은 어떤 조건에서 고정환율 제도가 대내외 균형을 효과적으로 이룰 수 있는지 고려했다.
초기 이론들은 최적통화지역을 규정하는 가장 중요한 경제적 기준을 찾으려 하였다. 먼델은 노동의 이동성을 제시했다. 노동의 이동이 자유롭다면 외부 충격이 발생할 때 대내외 균형 유지를 위한 임금 조정의 필요성이 크지 않을 것이고 결국 환율 변동의 필요성도 작을 것이다. 잉그램은 금융시장 통합을 제시하였다. 금융시장이 통합되어 있으면 지역 내 국가들 사이에 경상수지 불균형이 발생했을 때 자본 이동이 쉽게 일어 날 수 있을 것이며 이에 따라 조정의 압력이 줄어들게 되므로 지역 내 환율 변동의 필요성이 감소하게 된다는 것이다. 이러한 주장들은 결국 고정환율 제도 아래에서도 대내외 균형을 달성할 수 있는 조건들을 말해 주고 있는 것이다.
이후 최적통화지역 이론은 위의 조건들을 종합적으로 판단하여 단일 통화 사용에 따른 비용 – 편익 분석을 한다. 비용보다 편익이 크다면 최적통화지역의 조건이 충족되며 단일 통화를 형성할 수 있다. 단일 통화 사용의 편익은 화폐의 유용성이 증대된다는 데 있다. 단일 화폐의 사용은 시장 통합에 따른 교환의 이익을 증대시킨다는 것이다. 반면에 통화정책 독립성의 상실이 단일 통화 사용에 따른 주요 비용으로 간주된다. 단일 통화의 유지를 위해 대내 균형을 포기해야 하는 경우가 발생하기 때문이다. 이 비용은 가격과 임금이 경직될수록, 전체 통화지역 중 일부 지역들 사이에 서로 다른 효과를 일으키는 비대칭적 충격이 클수록 증가한다. 가령 한 국가에는 실업이 발생하고 다른 국가에는 인플레이션이 발생하면, 한 국가는 확대 통화 정책을, 다른 국가는 긴축 통화 정책을 원하게 되는데, 양 국가가 단일 화폐를 사용한다면 서로 다른 통화 정책의 시행이 불가능하기 때문이다. 물론 여기서 노동 이동 등의 조건이 충족되면 비대칭적 충격을 완화하기 위한 독립적 통화정책의 필요성은 감소한다. 반대로 두 국가에 유사한 충격이 발생한다면 서로 다른 통화정책을 택할 필요가 줄어든다. 이 경우에는 독립적 통화정책을 포기하는 비용이 감소한다.

① 시장 통합으로 인한 편익의 계산 방식
② 환율 변동을 배제한 경상수지 조정 방식
③ 화폐의 유용성과 시장 통합 사이의 관계
④ 단일 화폐 사용에 따른 비용을 증가시키는 조건

78 **기업의 해외 진출을 위해서는 국제적으로 다른 국가들이 어떤 방향성을 가지고 있는지 파악해야 하는데 이를 국제동향이라고 한다. 다음 중 국제동향을 파악하는 방법으로 적절하지 않은 것은?**

① 신문, 인터넷 등 각종 매체를 통해 국제적 동향을 파악한다.
② 업무와 관련된 국제적 법규나 규정을 숙지한다.
③ 특정 국가의 관련 업무에 대한 동향을 점검한다.
④ 현지인의 의견보다는 국내 전문가의 의견에 따른다.

79 **성경책을 리폼하는 J사는 현재 아래와 같은 할인 이벤트를 진행 중이다. 다음 중 할인 이벤트를 이해한 내용으로 적절하지 않은 것은?(단, 할인되지 않은 모든 디자인의 성경리폼 기존 원가는 3만 원이다)**

〈성경리폼 20%+10% 할인 이벤트〉

▶ 행사기간 : 오픈형 성경리폼 기존 20%할인+10% 추가할인 행사
▶ 대상 : 오픈형 성경책 리폼만 해당됨(지퍼형, 지갑결합형의 경우 10% 할인 행사중)
▶ 주문 및 할인방법
 – 검색어에 J사 성경리폼을 검색하여 N쇼핑에서 주문합니다.
 – 본 용지를 프린트하여 다음 빈칸을 작성한 후, 보내주실 성경책에 동봉해주셔야 추가 10% 할인을 받으실 수 있습니다.
 – 10% 추가 할인은 작업이 끝나는 동시에 고객님이 원하시는 방법으로 돌려드립니다.

성함		연락처	
신청 디자인	• 오픈형 ( ) • 지퍼형 ( ) • 지갑결합형 ( )	10% 환불 방법	• 성경책 받으실 때 10% 현금 동봉 ( ) • 작업완료 시 아래의 계좌로 입금 ( ) – 은행명 : ( ) – 예금주 : ( ) – 계좌번호 : ( )
택배 받을 주소			

〈성경리폼 구매평 이벤트〉

▶ 회원 가입 후 댓글을 통해 리폼된 성경책의 구매평을 남기면 1,000원 할인 쿠폰 지급
▶ 회원 가입 후 리폼된 성경책 사진과 함께 댓글로 구매평을 남기면 3,000원 할인 쿠폰 지급

① 10% 추가 할인 전에 오픈형 성경리폼의 가격은 2만 4천 원이었을 것이다.
② 사진과 함께 댓글로 구매평을 남길 경우 기존 원가의 20% 가격이 환급된다.
③ 지퍼형으로 성경을 리폼하고 사진과 함께 구매평을 남길 경우 기존 원가보다 6천 원 더 이익이다.
④ 오픈형으로 성경을 리폼하고 사진 없이 댓글로 구매평을 남길 경우 기존 원가보다 1만 원 더 이익이다.

80 다음 로가닉(Rawganic)에 대한 신문기사를 읽고 이해한 내용으로 적절하지 않은 것은?

> 오늘날 한국 사회는 건강에 대한 관심과 열풍이 그 어느 때보다 증가하고 있다. 우리 사회에서 유기농, 친환경, 웰빙과 같은 단어는 이미 친숙해진 지 오래이다. 제품마다 웰빙이라는 단어를 붙여야만 매출이 상승했던 웰빙 시대를 지나서 사람들은 천연 재료를 추구하는 오가닉(Organic) 시대를 접하였으며, 나아가 오늘날에는 오가닉을 넘어 로가닉(Rawganic)을 추구하기 시작한 것이다.
> 로가닉이란 '천연상태의 날것'을 의미하는 Raw와 '천연 그대로의 유기농'을 의미하는 Organic의 합성어이다. 즉 자연에서 재배한 식자재를 가공하지 않고 천연 그대로 사용하는 것을 말하는 것이다. 로가닉은 '천연상태의 날것'을 유지한다는 점에서 기존의 오가닉과 차이를 가진다. 재료 본연의 맛과 향을 잃지 않는 방식으로 제조되는 것이다. 이러한 로가닉은 오늘날 우리의 식품업계에 직접적으로 영향을 주고 있다. 화학조미료 사용을 줄이고 식재료 본연의 맛과 풍미를 살린 '로가닉 조리법'을 활용한 외식 프랜차이즈 브랜드가 꾸준히 인기를 끌고 있음을 확인할 수 있는 것이다.
> 로가닉은 세 가지의 핵심적인 가치요소가 포함되어야 한다. 첫째는 날것 상태인 천연 그대로의 성분을 사용하는 것이고, 둘째는 희소성이며, 셋째는 매력적이고 재미있는 스토리를 가지고 있어야 한다는 것이다. 예를 들면 ○○한우 브랜드는 당일 직송된 암소만을 엄선하여 사용함으로써 로가닉의 사고를 지닌 소비자들의 입맛을 사로잡고 있다. 품질이 우수한 식재료의 본연의 맛에서 가장 좋은 요리가 탄생한다는 로가닉 조리법을 통해 화제가 된 것이다. 또한 코펜하겐에 위치한 △△레스토랑은 '채집음식'을 추구함으로써 세계 최고의 레스토랑으로 선정되었다. 채집음식이란 재배한 식물이 아닌 야생에서 자란 음식재료를 활용하여 만든 음식을 의미한다.
> 다음으로 로가닉의 가치요소인 희소성은 루왁 커피를 예로 들 수 있다. 루왁 커피는 사향고양이인 루왁이 커피 열매를 먹고 배설한 배설물을 채집하여 만드는 커피로, 까다로운 채집과정과 인공의 힘으로 불가능한 생산과정을 거침으로써 높은 희소가치를 지닌 상품으로 각광받고 있는 것이다.
> 마지막으로 로가닉은 매력적이고 재미있는 스토리텔링이 되어야 한다. 로가닉 제품의 채집과정과 효능, 상품 탄생배경 등과 같은 구체적이고 흥미 있는 스토리로 소비자들의 공감을 불러일으켜야 한다는 것이다. 소비자들이 이러한 스토리텔링에 만족한다면 로가닉 제품의 높은 가격은 더 이상 매출 상승의 장애요인이 되지 않을 것이다.
> 로가닉은 이처럼 세 가지 핵심적인 가치요소들을 충족함으로써 한층 더 고급스러워진 소비자들의 욕구를 채워주고 있는 것이다.

① 로가닉의 희소성은 어려운 채집과정과 생산과정을 통해 나타난다.
② 직접 재배한 식물로 만들어진 채집음식은 로가닉으로 볼 수 있다.
③ 로가닉 천연 상태의 날것을 유지한다는 점에서 오가닉과 다르다.
④ 로가닉 제품의 높은 가격은 스토리텔링을 통해 보완할 수 있다.

제2영역 직무능력평가

공통금융

01 다음 중 설비 혹은 공장 전체를 수출하는 것을 지칭하는 말은 무엇인가?

① 녹다운수출
② 플랜트수출
③ 기아수출
④ 대행수출

02 사우디아라비아의 중장기 국가운영계획으로 제도를 개혁하여 민간산업을 발전시켜서 석유 의존도를 감소시키기 위한 정책으로 코트라가 협력하기로 한 경제 개혁은?

① 사우디 비전 2020
② 사우디 비전 2022
③ 사우디 비전 2025
④ 사우디 비전 2030

03 다음 빈칸에 들어갈 용어와 반대되는 용어는?

일반적으로 경기가 불황이면 물가가 하락하는 것이 정상이나, 중장기적으로 경제 성장률은 둔화하면서도 물가 상승률이 오르는 현상이 (　　　　)이다.

① 인플레이션
② 디플레이션
③ 골디락스
④ 슬럼프플레이션

04 어떤 현상이나 문제를 억제하면 다른 현상이나 문제가 새로이 불거져 나오는 상황을 가리키는 말은?

① 분수 효과
② 낙수 효과
③ 샤워 효과
④ 풍선 효과

05 경제가 디플레이션(Deflation) 상태에서 벗어났지만 심각한 인플레이션(Inflation)을 유발하지 않을 정도로 통화를 재팽창시키는 것은?

① 붐플레이션(Boomflation)
② 리플레이션(Reflation)
③ 바이플레이션(Biflation)
④ 팬플레이션(Panflation)

06 화폐의 형태를 갖지 않는 소득을 뜻하는 것은?

① 귀속소득
② 명목소득
③ 중위소득
④ 가처분소득

07 선진국에는 기술과 품질에서, 개도국에는 가격 경쟁력에서 밀리는 현상을 무엇이라 하는가?

① ODM
② BOP
③ 부메랑 효과
④ 넛크래커

08 다음 중 총수요곡선을 왼쪽으로 이동시키는 요인으로 옳은 것은?

① 저소득층에 대한 정부 보조금 증가
② 민간투자 분야에 대한 정부의 조세감면
③ 조세 증가
④ 통화량 증대

09 장기 총공급곡선이 수직이고, 단기 총공급곡선이 수평일 때, 통화공급의 증가가 미치는 효과에 대한 설명으로 옳은 것은?

	단기	장기
①	물가 상승	소득 증가
②	소득 증가	물가 상승
③	물가 / 소득 증가	물가 상승
④	물가 / 소득 증가	물가 / 소득 불변

10 A상품과 B상품을 생산하는 W기업의 생산가능곡선 상의 두 점이 X점(200, 300)과 Y점(240, 290)이라고 할 때, 기회비용체증의 법칙이 성립하기 위한 생산가능곡선 상 A상품과 B상품의 조합점으로 가장 적절한 것은?[단, 조합점=(A상품, B상품)이다]

① (160, 310)
② (160, 315)
③ (280, 270)
④ (280, 280)

11 다음 중 생산량의 증가와 더불어 가장 민감하게 움직이는 비용은?

① 평균비용
② 한계비용
③ 고정비용
④ 가변비용

12 **다음 밑줄 친 내용에 대한 설명으로 옳지 않은 것은?**

> 우리가 오늘날의 물질적 번영을 누릴 수 있게 된 것은 ㉠ 시장경제체제가 시장의 잠재력을 최대한으로 활용할 수 있게 만들어 주었기 때문이다. 시장 경제 체제가 거둔 눈부신 성과의 배경에는 ㉡ 가격 기구가 있다. 가격은 ㉢ 신호를 전달하고 ㉣ 유인을 제공하며 소득을 분배하는 세 가지 기능을 수행한다.

① ㉠과 대비되는 경제체제는 계획경제체제이다.
② ㉡을 활용하는 데에는 많은 비용이 소요된다.
③ ㉢은 수요와 공급의 변화 상황을 각 경제주체에게 알려주는 기능이다.
④ ㉣은 각 경제주체가 소비나 생산 활동에 대한 참여 여부를 판단하게 해주는 기능이다.

13 **다음 빈칸에 대한 설명으로 옳은 것은?**

구분	내용	비고
경제문제의 발생원인	(가)	
경제의 기본문제	(나)	
	(다)	생산 요소의 조합을 선택해야 한다.
	(라)	이 문제의 해결을 위해서는 형평성을 고려해야 한다.

① (가)는 자원의 절대적인 수량과 직접적으로 연관되어 있다.
② (나)는 생산 요소 제공의 대가를 결정하는 문제이다.
③ (다)의 대표적인 예로 공장자동화를 들 수 있다.
④ (라)는 생산물의 종류와 수량을 결정하는 문제이다.

14 **다음은 A, B 두 국가의 생산 1단위당 노동투입량을 나타낸 것이다. 비교우위론에 입각한다면 무역의 흐름은 어떻게 진행되는가?**

구분	C상품	D상품
A국가	6	10
B국가	6	2

① A국가는 B국가로 C, D상품을 모두 수출한다.
② B국가는 A국가로 C, D상품을 모두 수출한다.
③ A국가는 B국가로 D상품을, B국가는 A국가로 C상품을 수출한다.
④ B국가는 A국가로 D상품을, A국가는 B국가로 C상품을 수출한다.

15 다음 중 수요의 가격 탄력성에 대한 설명으로 옳지 않은 것은?

① '수요의 가격 탄력성>1'인 경우 가격이 하락하면 공급자의 수입이 증가한다.
② 수요의 가격 탄력성은 재화의 가격 변동에 따라 수요량이 변하는 양을 나타내는 것이다.
③ 대체재가 많은 재화일수록 수요의 가격 탄력성은 크다.
④ '수요의 가격 탄력성<1'인 경우 가격이 상승하면 소비자의 지출이 감소한다.

16 A씨는 월급 200만 원을 받던 직장에서 나가기로 결심했다. 직장에서는 퇴직을 만류하며 월 100만 원의 보수를 인상해주겠다고 했지만 거절하고 음식점을 차렸다. 음식점의 한 달 수입은 1,650만 원이고 가게 임대료 350만 원, 식자재비 450만 원, 종업원 임금 400만 원이 매달 지출된다. A씨의 경제적 이윤은 얼마인가?

① 400만 원
② 300만 원
③ 250만 원
④ 150만 원

17 어떤 재화를 생산하는 데 따르는 사회적 비용이 사적 비용보다 높은 경우는?

① 이 재화의 생산에 보조금을 지급하여야 한다.
② 이 재화의 소비를 억제하여야 한다.
③ 이 재화의 생산과 소비를 억제하여야 한다.
④ 이 재화의 생산에 보다 적은 자원이 배분되도록 정책이 강구되어야 한다.

18 한 기업이 생산을 하며 대기를 오염시키고 있다면 이는 어떤 현상을 초래하는가?

① 이 기업은 외부비경제를 낳고 있다.
② 이 기업은 외부경제를 낳고 있다.
③ 사회적 비용이 사적 비용보다 적다.
④ 사회적 편익이 사적 편익과 같다.

19 다음 중 공공재에 관한 설명과 관련이 없는 것은?

① 공공재는 경합성과 배제성이 큰 재화이다.
② 공공재의 시장수요곡선은 개별수요곡선을 수직으로 합하여 도출한다.
③ 민간부분도 공공재를 생산한다.
④ 비용을 부담하지 않으면서 소비에는 참여하고 싶어 하는 경향이 있다.

20 다음 중 경제지대를 가장 잘 설명해주고 있는 것은?

① 생산요소를 현재의 용도에 그대로 사용하도록 하기 위해 지불해야만 하는 대가이다.
② 리카르도의 토지에 대한 대가인 지대와 항상 동일한 개념이다.
③ 공급곡선이 수평인 경우에 존재하지 않는다.
④ 공급곡선이 수직인 경우에 존재하지 않는다.

| 금융일반 |

21 제약회사나 의료기기 제조사 등이 의료인에게 견본품 등 경제적 이익을 제공했을 때 지출보고서를 작성하고 이를 관리하게 하는 제도를 무엇이라 하는가?

① 드림액트 ② 메디케어
③ 문재인 케어 ④ 선샤인 액트

22 스마트기기를 사용하는 5 · 60대 인구가 대폭 늘어난 것으로 조사됐다. 다음 중 중장년층을 중심으로 늙지 않고 젊게 살아가려는 욕구가 확산되는 현상을 가리키는 용어는?

① 샹그릴라증후군 ② 스탕달증후군
③ 꾸바드증후군 ④ 코르사코프증후군

23 컴퓨터를 초기화시키듯 현실세계에서도 잘못되거나 실수한 부분이 있으면 얼마든지 새로 시작할 수 있다고 착각하는 현상을 가리키는 용어는?

① 리마증후군 ② 리셋증후군
③ 베르테르증후군 ④ 스톡홀름증후군

24 다음 중 유용한 재무정보의 질적 특성에 관한 설명으로 옳지 않은 것은?

① 명확하고 간결하게 분류되고 특징지어져 표시된 정보는 이해가능성이 높다.
② 어떤 재무정보가 예측가치나 확인가치 또는 이 둘 모두를 갖는다면 그 재무정보는 이용자의 의사결정에 차이가 나게 할 수 있다.
③ 검증가능성은 정보가 나타내고자 하는 경제적 현상을 충실히 표현하는지를 정보이용자가 확인하는데 도움을 주는 근본적 질적 특성이다.
④ 적시성은 정보이용자가 의사결정을 내릴 때 사용되어 그 결정에 영향을 줄 수 있도록 제때에 이용가능함을 의미한다.

25 12월 한 달간 상품판매와 관련된 자료가 다음과 같을 때 매출액은?(단, 상품판매가격은 단위당 100원으로 동일하다)

- 12월 1일에 상품 200개를 5개월 할부로 판매하고, 대금은 매월 말에 20%씩 받기로 하다.
- 12월 17일에 상품 100개를 판매하였다.
- 12월 28일에 위탁상품 50개를 수탁자에게 발송하였고, 12월 31일 현재 수탁자가 판매하지 않고 전량 보유 중이다.
- 12월 30일에 상품 50개를 도착지 인도조건으로 판매하여 다음 달에 도착할 예정이다.

① 14,000원 ② 15,000원
③ 19,000원 ④ 30,000원

26 다음 중 활동기준원가계산에 관한 설명으로 옳지 않은 것은?

① 전통적인 원가계산에 비해 배부기준의 수가 많다.
② 활동이 자원을 소비하고 제품이 활동을 소비한다는 개념을 이용한다.
③ 제조원가뿐만 아니라 비제조원가도 원가동인에 의해 배부할 수 있다.
④ 직접재료원가 이외의 원가를 고정원가로 처리한다.

27 나와 관계 있는 정보에 대해서는 나도 모르게 주의를 기울이게 되는 현상은?

① 코브라효과
② 허니문효과
③ 풍선효과
④ 칵테일파티효과

28 고객과 직접적으로 접촉하는 일이 많기 때문에, 의지를 가지고 미소와 친절 등 특정 감정 상태를 지속적으로 드러내야 하는 노동자를 가리키는 말은?

① 블랙컨슈머
② 헤비업로더
③ 감정노동자
④ 얼리어답터

29 일정한 직업 없이 필요할 때만 일시적으로 일하는 사람들을 지칭하는 용어는?

① 니트족
② 연어족
③ 프리터족
④ 캥거루족

30 다음 중 현금흐름표상 영업활동 현금흐름에 관한 설명으로 옳은 것은?

① 영업활동 현금흐름은 직접법 또는 간접법 중 하나의 방법으로 보고할 수 있으나, 한국채택국제회계기준에서는 직접법을 사용할 것을 권장하고 있다.
② 단기매매목적으로 보유하는 유가증권의 판매에 따른 현금은 영업활동으로부터의 현금유입에 포함되지 않는다.
③ 일반적으로 법인세로 납부한 현금은 영업활동으로 인한 현금유출에 포함되지 않는다.
④ 직접법은 당기순이익의 조정을 통해 영업활동 현금흐름을 계산한다.

31 다음에서 설명하고 있는 음악을 연주하던 시대와 가장 거리가 먼 사람은?

- 18세기 중엽에서 19세기 초에 성행
- 웅장함, 우아함, 단순미와 균형, 3화음 중심
- 오페라 부파의 유행
- 소나타 형식의 탄생
- 귀족과 교회를 벗어난 다양한 음악

① 베토벤(Beethoven)
② 하이든(Haydn)
③ 모차르트(Mozart)
④ 헨델(Handel)

32 다음 밑줄 친 7개국에 속하지 않는 국가는?

2021년 주요 7개국(G7) 정상회의를 개최하는 영국은 한국, 인도, 호주를 참관국으로 초대하겠다고 밝혔다. G7을 개최하는 의장국은 G7 외의 국가를 참관국으로 초청할 수 있는 권한이 있다. 미국은 2008년부터 G7을 D10 체제로 확대하는 것을 검토하고 있다.

① 프랑스
② 독일
③ 중국
④ 캐나다

33 다음 중 조선 시대 영조의 업적에 해당하는 것을 모두 고른 것은?

ㄱ. 속대전 편찬
ㄴ. 규장각 설치
ㄷ. 균역법 시행
ㄹ. 금난전권 폐지

① ㄱ, ㄴ
② ㄴ, ㄷ
③ ㄷ, ㄹ
④ ㄱ, ㄷ

34 다음 중 조선시대 백관을 통솔하는 최고의 행정기관은?

① 도평의사사
② 의정부
③ 중추원
④ 도병마사

35 다음에서 설명하고 있는 조선시대의 관리는?

> 조세·공부·요역 등 조세와 관련된 수취업무를 담당하는 실무집행자로 형옥(刑獄)·사송(詞訟) 등의 업무도 하였다. 이들은 토착적이고 세습적인 성격이 강하다.

① 수령 ② 관찰사
③ 역관 ④ 향리

36 다음 중 포괄손익계산서에 표시되는 계정과목은?

① 금융원가 ② 이익잉여금
③ 영업권 ④ 매출채권

37 다음 중 자산을 증가시키는 거래에 해당되지 않는 것은?

① 비품을 외상으로 구입하다.
② 차입금 상환을 면제받다.
③ 주주로부터 현금을 출자받다.
④ 은행으로부터 현금을 차입하다.

38 다음 자료로 계산한 당기총포괄이익은?

기초자산	5,500,000원	기초부채	3,000,000원
유상증자	500,000원	기말자산	7,500,000원
기말부채	3,000,000원		

① 500,000원 ② 1,000,000원
③ 1,500,000원 ④ 2,000,000원

39 다음 중 조선 후기의 통일 법전으로 정조 때 편찬된 것은?

① 속대전 ② 경국대전
③ 대전통편 ④ 대전회통

40 다음은 조선 성종 9년에 서거정이 편찬한 도서의 서문이다. 이 도서는 무엇인가?

> "조선 글은 송·원나라 글이 아니고 한·당의 글이 아니며 바로 조선의 글입니다. 마땅히 중국 역대의 글과 나란히 익히고 알려야 할 것이니, 어찌 묻히고 사라져 전함이 없겠습니까?"

① 『필원잡기』 ② 『동인시화』
③ 『동문선』 ④ 『동국여지승람』

41 다음 중 조선시대 향약에 대한 설명으로 옳지 않은 것은?

① 사림의 건의로 전국적으로 시행되었다.
② 농촌에서 자체적으로 운영한 자치규약이다.
③ 여씨향약이 시초이다.
④ 여자와 노비는 참여하지 못하고, 양반만 참여하였다.

42 어느 나라 국민의 50%는 소득이 전혀 없고, 나머지 50%는 모두 소득 100을 균등하게 가지고 있다면 지니계수의 값은 얼마인가?

① 0 ② 1
③ $\frac{1}{2}$ ④ $\frac{1}{4}$

43 다음은 한 국가의 생산가능곡선을 나타낸 그림이다. 다음 설명 중 옳지 않은 것은?

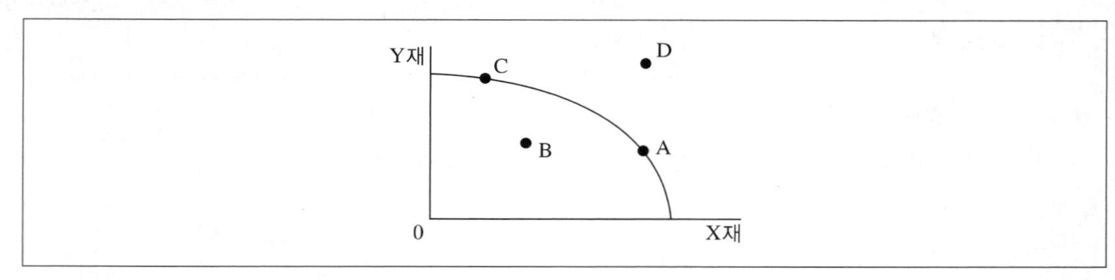

① 독점기업의 경우 점 B에서 생산된다.
② 기술개발을 통하여 점 D를 달성할 수 있다.
③ X재를 생산하는 기업이 해외로 이전하게 되면 점 A에서 점 C로 이동하게 된다.
④ 점 C에서 생산하는 경우보다 점 A에서 생산하는 경우에 X재 생산의 한계비용이 대적으로 크다.

44 황도 복숭아 시장에서 그림과 같은 변화를 가져올 수 있는 요인이 아닌 것은?

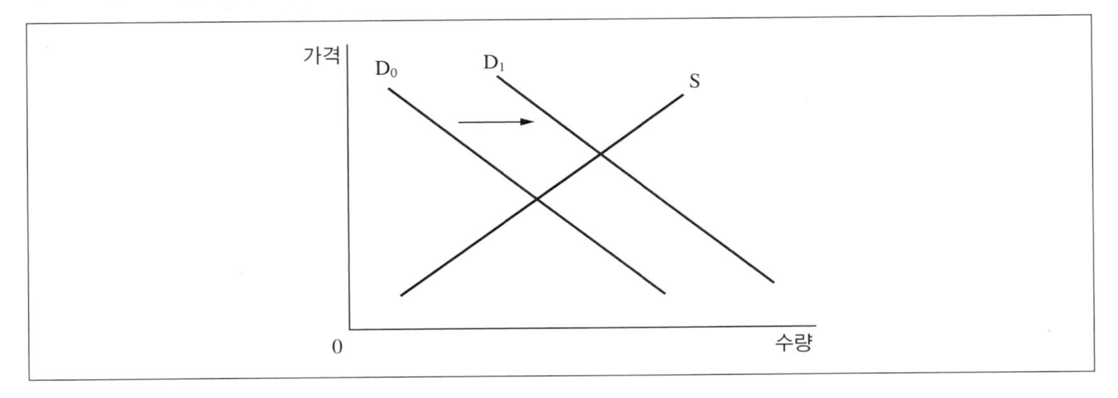

① 황도 복숭아 가격의 하락
② 복숭아가 정상재인 경우 소비자의 소득 증가
③ 복숭아가 위장기능을 개선시킨다는 연구결과 발표
④ 복숭아 가격이 점점 상승할 것이라는 소비자들의 예상

45 미국 유타주에서 열리는 독립영화만을 다루는 권위 있는 국제영화제는?

① 선댄스영화제
② 부산독립영화제
③ 로테르담국제영화제
④ 제라르메 국제판타스틱영화제

46 다음 중 앰비슈머(Ambisumer)에 대한 설명으로 옳은 것은?

① 가치관의 우선순위에 있는 것에는 소비를 아끼지 않지만, 우선순위에 없는 것에는 소비를 아낀다.
② 친환경 유기농 제품을 선호한다.
③ 아름다움을 추구하는 경향이 강하여 주로 미용과 관련된 상품을 구매한다.
④ 관습이나 광고에 얽매이지 않고, 항상 새로운 무언가를 시도하는 체험적 소비를 한다.

47 다음 중 신체와 정신뿐만 아니라 사회적으로도 건강한 상태를 뜻하는 것은?

① 필라테스(Pilates)
② 로하스(LOHAS)
③ 피트니스(Fitness)
④ 웰니스(Wellness)

48 다음 중 생산제품의 판매가치와 인건비와의 관계에서 배분액을 계산하는 집단성과급제는?

① 순응임금제
② 물가연동제
③ 럭커 플랜
④ 스캔론 플랜

49 다음은 욕구와 관련된 이론에 대한 설명이다. 빈칸에 들어갈 말로 알맞은 것은?

> ( ) - ( ) 이론
>
> • 인간의 욕구는 성취욕구, 권력욕구, 친교욕구로 구분되고 성취욕구가 가장 중요하다
> • 국가의 경제성장은 국민의 평균적 성취동기수준에 따라 달라진다.
> • 생존욕구를 제외하고 모든 욕구는 학습가능하며 개인별로 욕구수준이 다르다.
> • 권력욕이 강한 사람은 타인의 권력이 미치는 직무에 배치하기보다 자신이 타인의 행동을 통제하는 업무에 배치하는 것이 동기부여가 된다.

① 맥클리랜드 - 성취동기이론
② 허츠버그 - 2요인이론
③ 매슬로우 - 욕구단계이론
④ 노나카 - 지식경영이론

50 다음은 수요예측 기법의 종류를 나타낸 것이다. 시스템을 활용한 수요예측 기법으로 알맞은 것을 모두 고른 것은?

a. 컨조인트 분석	b. 정보 예측 시장
c. 시스템 다이나믹스	d. 시계열 분석
e. 회귀 분석	f. 확산 모형
g. 인덱스 분석	h. 인공 신경망

① a, b, c
② b, c, e
③ b, c, h
④ d, e, g

51 유명 예술가 또는 디자이너의 작품을 제품 디자인에 적용하여 소비자의 감성에 호소하고 브랜드 이미지를 높이는 마케팅 전략은?

① 니치 마케팅
② 데카르트 마케팅
③ MOT 마케팅
④ 풀 마케팅

52 다음 중 PB상품의 특징으로 옳지 않은 것은?

① 여타의 유통점과 차별화가 가능하다.
② 광고・마케팅 및 유통 비용을 절약할 수 있어 제조사 고유 브랜드 제품보다 가격을 저렴하게 책정할 수 있다.
③ 해당 점포에서만 판매된다는 점에서 NB상품과 구별되며, 이는 판매 장소에 제약이 있다는 한계로 작용할 수 있다.
④ PB상품 판매로 인해 NB상품을 취급하는 도소매업체와의 마찰이 심화될 수 있다.

53 기업 전체를 통합적으로 관리하여 경영의 효율화를 꾀하는 시스템은?

① JIT
② TQM
③ B2B
④ ERP

54 다음의 사례에서 소비자의 구매행동에 영향을 미친 요인으로 알맞은 것은?

> 최근, 카메라에 대한 관심이 생긴 철수는 얼마 전 같은 동네에 카메라관련 동호회에 가입할 만큼 열정이 생겼다. 동호회 회원들과 이곳저곳 촬영도 다니고 기술도 배우다 보니 점점 회원들과 가까워 졌고 만남도 잦아졌다. 그러던 중 자신의 카메라 장비를 업그레이드를 해야 할 필요성을 느꼈고, 이곳저곳 비교해볼 것 없이 주변 동호회원들과 같은 장비로 구매하게 되었다.

① 태도
② 라이프스타일
③ 사회계층
④ 준거집단

55 다음 중 CSR(Corporate Social Responsibility) 기업의 사회적 책임에 관한 사례와 관련하여 법률적 책임에 해당하는 것으로 올바른 것은?

① 이윤 극대화 추구
② 고용창출
③ 녹색경영
④ 회계의 투명성

56 다음은 적대적 M&A에 방어법에 대한 설명이다. 설명에 해당되는 알맞은 용어는?

> 상장기업의 주식을 대량 매입한 뒤 경영진을 위협하여 적대적인 인수합병을 포기하는 대가로 자신들이 확보한 주식을 시가보다 높은 값에 되사도록 강요한다. 만약 요구에 불응하면 경영권을 탈취하기도 한다. 그러나 간혹 대주주에게 협박하면서 주식을 매입하라고 강요하는 경우가 있는데, 이런 경우는 블랙메일에 해당된다.

① 그린메일(Green mail)
② 황금주 제도(Golden Share)
③ 황금 낙하산(Golden Parachute)
④ 백기사 전략(White Knight)

57 다음 중 프랑스의 사업가 앙리 페이욜(Henry Fayol)의 관리 5요소론에 해당하지 않는 것은?

① 계획
② 조직
③ 분업
④ 지휘

58 다음 중 일반적인 경영전략 유형으로 해당하지 않는 것은?

① 성장 전략
② 축소 전략
③ 안정화 전략
④ 시장세분화 전략

59 최초의 라디오 패킷(Radio Packet) 통신방식을 적용한 컴퓨터 네트워크 시스템은?

① DECNET
② ALOHA
③ SNA
④ KMA

60 HDLC(High－level Data Link Control)의 링크 구성 방식에 따른 세 가지 동작 모드에 해당하지 않는 것은?

① PAM
② NRM
③ ARM
④ ABM

21 BcN은 음성 · 데이터, 통신 · 방송 · 인터넷 등이 융합된 품질보장형 광대역 멀티미디어 서비스를 언제 어디서나 끊임없이 안전하게 이용할 수 있는 차세대 통합 네트워크를 말한다. 한국은 세계에서 BcN을 몇 번째로 시행한 나라인가?

① 첫 번째　　② 두 번째
③ 세 번째　　④ 네 번째

22 다음 빈칸 안에 공통으로 들어갈 알맞은 용어는?

> (　　　　)은/는 디지털 테크놀로지의 문화적 · 인식론적 영향과 사회적 활용을 연구하는 프랑스 철학자 레비(Pierre Levy)가 프랑스의 가톨릭계 신학자이자 고고학자인 테야르 드 샤르댕(Pierre Teilhard de Chardin)의 말에서 빌려온 개념이다. (　　　　)은/는 인류가 오랫동안 집적해 온 공동의 지적 능력과 자산을 바탕으로 사이버 공간에서 이뤄가는 세계를 뜻한다.

① 사이버 스쿼팅　　② 누스페어
③ 스마트몹　　④ 사이버 리터러시

23 기업 내 정보 교류를 차단하는 장치 및 제도를 일컫는 용어는?

① 열 차단벽　　② 해킹 방지 방화벽
③ 차이니즈월　　④ 방화벽

24 다음 중 고정된 패스워드 대신 무작위로 생성되는 일회용 패스워드를 이용하는 사용자 인증방식은 무엇인가?

① 공인인증서　　② 전자서명
③ OTP　　④ 블록체인

25 다음 중 블록체인 기술을 기반으로 하여 프로그래밍된 계약 조건을 만족시키면 자동으로 계약이 실행되는 프로그램의 명칭은?

① 이더리움 계약　　② 스마트 계약
③ 솔리디티 계약　　④ 블록체인 계약

26 IT분야에서 분실한 정보기기 내의 정보를 원격으로 삭제하거나 그 기기를 사용할 수 없도록 하는 기술을 뜻하는 용어는?

① 킬 스위치(Kill Switch)
② 핀펫(Fin Field Effect Transistor)
③ 어플라이언스(Appliance)
④ 키젠(Keygen)

27 다음 중 화학적 합성 공정을 통해 만드는 나노미터(nm=10억 분의 1m) 크기의 반도체 결정체는?

① 도체(Conductor)
② N형 반도체(N Type Semiconductor)
③ 양자점(Quantum Dot)
④ 다이오드(Diode)

28 다음 중 IPTV에 관한 설명으로 잘못된 것은 무엇인가?

① 방송·통신 융합서비스이다.
② 영화·드라마 등 원하는 콘텐츠를 제공받을 수 있다.
③ 양방향 서비스이다.
④ 별도의 셋톱박스를 설치할 필요가 없다.

29 웹 게시판, 개인 홈페이지 기능이 혼합된 '웹상에 기록된 일지'라는 뜻을 지닌 SNS는?

① 블로그
② 트위터
③ 페이스북
④ 유튜브

30 인터넷을 토대로 구축하여 한 조직 내의 업무 수행에 사용되는 네트워크 환경을 일컫는 용어는?

① 광역통신망
② 근거리통신망
③ 인트라넷
④ 엑스트라넷

31 휴대폰, 노트북, 이어폰·헤드폰 등의 휴대기기를 서로 연결해 정보를 교환하는 근거리 무선 기술 표준을 뜻하는 용어는?

① 블루투스
② 와이파이
③ 와이브로
④ 로밍

32 4차 산업혁명은 정보통신(ICT)의 융합으로 이뤄지는 차세대 산업혁명을 뜻한다. 다음 중 4차 산업혁명과 가장 관련이 깊은 것은?

① 인터넷
② 컴퓨터 정보화
③ 인공지능(AI)의 발달
④ 자동화 생산시스템

33 빅데이터는 공통적 특징을 3V로 설명할 수 있다. 다음 중 빅데이터의 3V가 아닌 것은?

① Volume
② Velocity
③ Variety
④ Visualization

34 지나치게 인터넷에 몰두하고 인터넷에 접속하지 않으면 극심한 불안감을 느끼는 중독증을 나타내는 증상은?

① INS증후군
② 웨바홀리즘
③ 유비쿼터스
④ VDT증후군

35 클라우드를 기반으로 하는 이 서비스는 하나의 콘텐츠를 여러 플랫폼을 통해 이용할 수 있다. 이 서비스는 무엇인가?

① N스크린
② DMB
③ IPTV
④ OTT

36 다음 중 드론을 활용한 사례로 가장 적절하지 않은 것은?

① 군사용 무인항공기에 이용
② 가상 수술 연습에 활용
③ 사람이 직접 촬영하기 어려운 장소의 촬영
④ 인터넷쇼핑몰 무인 택배 서비스에 활용

37 4차 산업혁명의 핵심내용인 빅데이터에 대한 설명으로 옳지 않은 것은?

① 빅데이터란 과거에 비해 규모가 크고, 주기가 짧고, 수치뿐 아니라 문자와 영상 등의 데이터를 포함하는 대규모 데이터를 말한다.
② 빅데이터는 크게 데이터의 양, 속도, 형태의 다양성으로 요약되어진다.
③ 빅데이터 기술을 활용하면 과거에 비해 빠른 시간 안에 분석하는 것이 가능하다.
④ 기존에는 비정형의 데이터를 분석했다면, 빅데이터 환경에서는 정형화된 데이터를 분석하는 데 중점을 둔다.

38 데이터 3법은 개인정보 보호에 관한 법이 소관 부처별로 나누어져 있기 때문에 생기는 불필요한 중복 규제를 없애 4차 산업 혁명의 도래에 맞춰 개인과 기업이 정보를 활용할 수 있는 폭을 넓히자는 취지로 마련되었다. 이 데이터 3법에 해당되는 것을 바르게 나열한 것은?

① 개인정보 보호법, 정보통신망법, 신용정보법
② 개인정보 보호법, 신용정보법, 컴퓨터프로그램 보호법
③ 개인정보 보호법, 정보통신망법, 컴퓨터프로그램 보호법
④ 정보통신망법, 신용정보법, 컴퓨터프로그램 보호법

39 다음 중 5G 이동통신의 특성이 아닌 것은?

① 초망박(超網箔)
② 초연결(超連結)
③ 초고속(超高速)
④ 초저지연(超低遲延)

40 다음 중 올바른 개인정보 이용에 대한 설명으로 적절하지 않은 것은?

① 최대한의 정보를 활용한다.
② 이용 목적을 명확하게 밝힌다.
③ 정보의 정확성, 완전성 및 최신성이 보장되도록 한다.
④ 정보주체의 동의를 받은 경우 제3자에게 개인정보를 제공할 수 있다.

41 다음 중 계산대와 계산원을 인공지능, 머신러닝, 컴퓨터 비전 등의 첨단기술이 대신하고 있는 세계 최초의 무인 매장의 이름은?

① 리테일테크
② 샘스클럽 나우
③ 허마
④ 아마존 고

42 다음 중 특정 인프라에 종속되지 않는 개방형 클라우드 플랫폼으로, 한국 정부가 개발한 이 클라우드 플랫폼의 이름은?

① SAP
② PaaS – TA
③ SaaS – TA
④ Open PaaS

43 다음 중 인공지능이 인간지능을 넘어서는 기점을 의미하는 용어는?

① 세렌디피티
② 싱귤래리티
③ 어모털리티
④ 리니어리티

44 필요한 모든 사물에 전자태그를 부착해 사물과 환경을 인식하고 네트워크를 통해 실시간 정보를 구축, 활용토록 하는 통신망은?

① RFID
② USN
③ VPN
④ NFC

45 다음 인터넷 용어 중 허가된 사용자만 디지털콘텐츠에 접근할 수 있도록 제한해 비용을 지불한 사람만 콘텐츠를 사용할 수 있도록 하는 서비스는?

① DRM(Digital Rights Management)
② WWW(World Wide Web)
③ IRC(Internet Relay Chatting)
④ SNS(Social Networking Service)

46 다음 빈칸에 들어갈 용어로 알맞은 것은?

> 이것은 다른 사이트의 정보를 복사한 사이트라고 해서 (   )라고 불린다. 사이트가 네트워크에서 트래픽이 빈번해지면 접속이 힘들고 속도가 떨어지는데, 이를 예방하려면 네트워크의 이용 효율을 향상시켜야 한다. 이것은 다른 사이트들에 원본과 동일한 정보를 복사하여 저장시켜 놓는 것을 뜻한다.

① 게더링 사이트
② 레이더 사이트
③ 옐로 페이지
④ 미러 사이트

47 통신망 제공사업자는 모든 콘텐츠를 동등하고 차별 없이 다뤄야 한다는 원칙을 뜻하는 용어는?

① 제로 레이팅
② 망 중립성
③ MARC
④ 멀티 캐리어

48 일종의 악성코드로 시스템에 침투해 사용할 수 없도록 암호화하여 금전을 요구하는 악성 프로그램은?

① 랜섬웨어(Ransomware)
② 다크 데이터(Dark Data)
③ 셰어웨어(Shareware)
④ 키 로거(Key Logger)

49 고객 동의 없이 요금변경을 해 불공정약관 논란이 일었던 N사는 글로벌 인터넷 영상 서비스 사업자이다. 이러한 인터넷 영상 서비스를 뜻하는 약자로 옳은 것은?

① CDN
② CP
③ CSP
④ OTT

50 다음 중 인공지능(AI), 사물인터넷(IoT), 빅데이터 등의 첨단기술을 농산물의 파종부터 수확까지 전 과정에 적용하는 기술은?

① 푸드테크
② 헙테크
③ 애그테크
④ 콜드체인

51 다음 밑줄 친 '이것'에 해당하는 용어는?

> 알파고 쇼크 이후 금융투자 시장에서 이것에 대한 높은 관심을 보이고 있다. 빅데이터와 투자 알고리즘을 활용해 개인의 자산 운용을 자문하고 관리해 주는 자동화된 서비스이다.

① 로보 어드바이저(Robo-advisor)
② 시스템 트레이딩(System Trading)
③ 홈 트레이딩 시스템(Home Trading System)
④ 모바일 트레이딩 시스템(Mobile Trading System)

52 다음 중 로봇이나 인공지능을 통해 실제와 가상이 통합돼 사물을 자동적 · 지능적으로 제어할 수 있는 가상 물리 시스템의 구축이 기대되는 산업상의 변화를 일컫는 4차 산업혁명과 가장 관련성이 없는 것은?

① 가상현실　② 드론
③ 사물인터넷　④ 자동화 생산

53 다음 중 로봇의 보험 상담 업무 대행, 블록체인을 이용한 안전 결제 시스템 등 IT 기술을 활용한 혁신적 보험 서비스를 의미하는 용어는?

① 사이버테크　② I－테크
③ 블랙테크　④ 인슈어테크

54 다음 내용이 설명하는 것은?

> 한국판 뉴딜 정책의 하나로 데이터 수집 · 가공 · 거래 · 활용기반을 강화하여 데이터 경제를 가속화하고, 5G 이동통신 전국망에 기반하여 모든 산업을 5G 이동통신과 인공지능의 융합 서비스로 하려는 사업이다. 분야별 데이터를 수집하고 가공하는 작업을 통해 새로운 산업을 육성하고, 신속하게 활용할 수 있도록 하는 것이 이 사업의 목표이다.

① 오픈 데이터　② 데이터 사이언스
③ 데이터 마이닝　④ 데이터 댐

55 다음 중 데이터 통신의 특징으로 옳지 않은 것은?

① 거리와 시간상의 제약을 극복할 수 있다.
② 대형 시스템과 대용량 파일의 공동 이용이 가능하다.
③ 광대역 전송과 다방향 전달 체계를 갖는다.
④ 시간과 횟수에 제한을 받으며, 같은 내용을 한 번만 전송할 수 있다.

56 **다음 중 DBMS(Data Base Management System)의 설명으로 옳지 않은 것은?**

① 현실 세계의 자료 구조를 컴퓨터 세계의 자료 구조로 기술하는 시스템이다.
② 기존 파일 시스템이 갖는 데이터의 종속성과 중복성 문제를 해결하기 위해 제안된 시스템이다.
③ 응용 프로그램과 데이터의 중재자로서 모든 응용 프로그램들이 데이터베이스를 공유할 수 있도록 관리한다.
④ 데이터베이스의 구성, 접근 방법, 유지 관리에 대한 모든 책임을 진다.

57 **데이터베이스 관리 시스템의 필수 기능 중 다양한 응용 프로그램과 데이터베이스가 서로 인터페이스를 할 수 있는 방법을 제공하는 기능은?**

① 정의 기능
② 조작 기능
③ 제어 기능
④ 저장 기능

58 **다음 중 정규형에 대한 설명으로 옳지 않은 것은?**

① 제2정규형은 반드시 제1정규형을 만족해야 한다.
② 제1정규형은 릴레이션에 속한 모든 도메인이 원자값만으로 되어 있는 릴레이션이다.
③ 정규화하는 것은 테이블을 결합하여 종속성을 제거하는 것이다.
④ BCNF는 강한 제3정규형이라고도 한다.

59 **다음 영상 데이터를 압축하는 방법 중 성격이 다른 하나는?**

① 예측 부호화 방식
② 허프만 부호화 방식
③ 사전 부호화 방식
④ 산술 부호화 방식

60 **디렉터리 구조 중 다음 설명에 해당하는 것은?**

> • 트리 구조에서 링크를 추가하여 순환을 허용하는 그래프 구조다.
> • 디렉터리와 파일 공유에 융통성이 있다.
> • 탐색 알고리즘이 간단하여 파일, 디렉터리에 접근하기 쉽다.
> • 불필요한 파일을 제거하여 사용 공간을 늘이기 위해 참조 계수기가 필요하다.

① 일반적 그래프 디렉터리 구조
② 1단계 디렉터리 구조
③ 2단계 디렉터리 구조
④ 트리 디렉터리 구조

합격의공식
시대
에듀

4권

우리은행
필기전형
정답 및 해설

잠깐!

도서 관련 최신 정보 및 정오사항이 있는지
우측 QR을 통해 확인해 보세요!

우리은행 필기전형

제1회 정답 및 해설

제 1 영역 NCS직업기초능력평가

01	02	03	04	05	06	07	08	09	10
④	①	③	④	②	④	③	④	③	②
11	12	13	14	15	16	17	18	19	20
①	④	④	③	③	④	③	③	④	④
21	22	23	24	25	26	27	28	29	30
④	②	④	④	②	①	③	④	④	②
31	32	33	34	35	36	37	38	39	40
④	④	④	①	④	③	④	③	①	①
41	42	43	44	45	46	47	48	49	50
②	③	③	②	②	②	④	④	④	④
51	52	53	54	55	56	57	58	59	60
①	④	①	③	④	④	④	③	④	④
61	62	63	64	65	66	67	68	69	70
③	④	②	②	④	④	②	④	②	④
71	72	73	74	75	76	77	78	79	80
④	②	①	①	④	②	③	②	③	②

01

정답 ④

A씨가 베트남 화폐 1,670만 동을 환전하기 위해 필요한 한국 화폐는 환전수수료를 제외하고 $1,670\times483=806,610$원이다. 이때, 환전수수료는 50만 원 이상 환전 시 70만 원까지는 환전수수료를 0.4%로 인하 적용하므로 70만 원은 0.4%, 나머지는 0.5%의 환전수수료를 적용한다. 이에 근거하여 환전수수료를 구하면 $700,000\times0.4\%+106,610\times0.5\%\fallingdotseq2,800+530$(∵ 십 원 미만 절사) $=3,330$원이다.

따라서 $x=806,610+3,330=809,940$원이다.

02

정답 ①

중도해지 시 이율은 중도해지이율이 적용되는데, 현재 가입기간은 18개월이므로 중도해지이율은 24개월 미만인 [약정금리(1%)]×50%가 적용된다. 따라서 해지환급금은

$3,000,000$원$\times\left(1+0.01\times0.50\times\frac{18}{12}\right)=3,022,500$원이 된다.

03

정답 ③

20대 청년(20 ~ 29세) 중 자가로 거주하는 청년의 비율은

$\frac{537+795}{13,874+15,258}\times100=\frac{1,332}{29,132}\times100\fallingdotseq4.6\%$이며,

전체 20 ~ 30대 청년 중 자가로 거주하는 청년의 비율은

$\frac{5,657}{80,110}\times100\fallingdotseq7.1\%$이므로 20대 청년 중 자가로 거주하는 청년의 비율이 더 낮다.

오답분석

① 20 ~ 24세 청년 중 월세로 거주하는 청년의 비율은 $\frac{5,722}{13,874}\times100\fallingdotseq41.2\%$이고, 자가로 거주하는 청년의 비율은 $\frac{537}{13,874}\times100\fallingdotseq3.9\%$이다.

② 20 ~ 24세 청년을 제외한 나머지 20 ~ 30대 청년 중 무상으로 거주하는 청년의 비율은 $\frac{13,091-5,753}{80,110-13,874}\times100=\frac{7,338}{66,236}\times100\fallingdotseq11.1\%$이므로 월세로 거주하는 청년의 비율인 $\frac{45,778-5,722}{66,236}\times100=\frac{40,056}{66,236}\times100\fallingdotseq60.5\%$보다 낮다.

④ 연령대가 높아질수록 자가로 거주하는 청년들의 수는 늘어나지만, 30 ~ 34세 청년 중 자가로 거주하는 청년의 비율은 $\frac{1,836}{21,383}\times100\fallingdotseq8.6\%$로 35 ~ 39세 청년의 경우($\frac{2,489}{29,595}\times100\fallingdotseq8.4\%$)보다 높다.

또한 연령대별로 월세로 거주하는 청년의 비율을 구하면 다음과 같으며, 연령대가 높아질수록 계속 낮아진다고 볼 수 없다.

- 20 ~ 24세 : $\frac{5,722}{13,874}\times100\fallingdotseq41.2\%$
- 25 ~ 29세 : $\frac{7,853}{15,258}\times100\fallingdotseq51.5\%$
- 30 ~ 34세 : $\frac{13,593}{21,383}\times100\fallingdotseq63.6\%$
- 35 ~ 39세 : $\frac{18,610}{29,595}\times100\fallingdotseq62.9\%$

04

정답 ④

i) 둘 다 호텔 방을 선택하는 경우

$_3P_2=3\times2=6$

ii) 둘 중 한 명만 호텔 방을 선택하는 경우

호텔 방을 선택하는 사람은 가, 나 둘 중에 한 명이고, 한 명이 호텔 방을 선택할 수 있는 경우의 수는 3가지이다.

$\therefore\ 2\times3=6$

따라서 두 명이 호텔 방을 선택하는 경우의 수는 두 명 다 선택 안 하는 경우까지 포함하면 6+6+1=13가지이다.

05

정답 ②

『일리아스』는 객관적 서술 태도와는 거리가 멀다고 할 수 있다.

06

정답 ④

A ~ D기관의 내진성능평가 지수와 내진보강공사 지수를 구한 뒤 내진성능평가 점수와 내진보강공사 점수를 부여하면 다음과 같다.

구분	A기관	B기관	C기관	D기관
내진성능 평가 지수	$\frac{82}{100}\times100=82$	$\frac{72}{80}\times100=90$	$\frac{72}{90}\times100=80$	$\frac{83}{100}\times100=83$
내진성능 평가 점수	3점	5점	1점	3점
내진보강 공사 지수	$\frac{91}{100}\times100=91$	$\frac{76}{80}\times100=95$	$\frac{81}{90}\times100=90$	$\frac{96}{100}\times100=96$
내진보강 공사 점수	3점	3점	1점	5점
합산 점수	3+3=6점	5+3=8점	1+1=2점	3+5=8점

B, D기관의 합산 점수는 8점으로 동점이다. 최종순위 결정조건에 따르면 합산 점수가 동점인 경우에는 내진보강대상 건수가 가장 많은 기관이 높은 순위가 된다.

따라서 최상위기관은 D기관이고 최하위기관은 C기관이다.

07

정답 ③

〈보기〉는 욕망의 확대가 힘의 확대로 이루어지지 않고, 역효과가 나타날 수 있으므로 우리의 힘이 미치는 반경을 생각해보아야 한다고 한다. 이는 (다) 바로 앞의 문단에서 인간이 만족할 때 강해지고 불만족할 때 약해진다는 내용과 함께, (다) 뒤의 내용인 '그 범위'에 대응되는 것이다. 따라서 답은 ③이다.

08

정답 ④

제11조에 당직근무자가 2명 이상인 경우에 상위직급에 있는 직원을 당직책임자로 한다고 명시되어 있다.

오답분석

① 제5조 제1항에 따라 당직근무자 2명 이상 중 1명은 공단과 계약한 사업주가 파견한 근로자로 편성할 수 있다.
② 제6조 제2항에 따라 지역본부의 경우에는 지역본부의 장인 지역본부장의 승인을 받아야 한다.
③ 제10조 제3항에 따라 재택당직근무자는 비상사태 발생 시 즉시 당직실에 복귀하여 상황을 파악하고 사태에 대한 지휘 및 상황보고를 하여야 한다.

09

정답 ③

C사원의 숙직근무가 끝나는 시간이 속하는 날은 설 연휴이므로 제12조 제2항에 의거하여 3일 이상 휴일이 연속되는 기간 중의 당직근무자는 그 마지막 휴일(18일)의 다음 날(19일)부터 7일 이내의 날을 정하여 휴무할 수 있다. 따라서 C사원의 대체휴무 신청이 가능한 기간은 19 ~ 25일 내이므로 26일에는 쉴 수 없다.

10

정답 ②

제4.1.항에 따르면 보안업무협의회의는 보안업무에 관한 중요한 사항을 협의하기 위해 설치된다.

오답분석

① 제1.2.항에 따르면 보안규정의 적용범위는 회사 전 임직원 외에도 업무상 관련회사 또는 인원을 대상으로 한다.
③ 제4.2.항의 협의회가 심의하는 사항에 보안 사고에 대한 수습 및 처리방안은 포함되지 않는다.
④ 제6.3.항에 따르면 모든 문서는 보안담당부서장이 아닌 각 담당자가 보안관리 책임을 진다.

11

정답 ①

앞의 항에 5씩 곱하는 수열이다.

따라서 3,125×5=15,625

12

정답 ④

디스크 정리는 메모리(RAM) 용량 부족이 아닌 하드디스크 용량 부족의 해결 방법이다.

13

정답 ④

홀수 항은 5씩 더하는 수열이고, 짝수 항은 −5씩 더하는 수열이다.

따라서 7+5=12

14
정답 ③

보이거나 통하지 못하도록 막다.

오답분석

① 여럿 가운데서 하나를 구별하여 고르다.
② 낯선 사람을 대하기 싫어하다.
④ 잘잘못이나 좋은 것과 나쁜 것 따위를 따져서 분간하다.

15
정답 ③

A씨의 평가 점수를 구해보면, 고객으로 등록한 2001년 3월부터 17년 2개월이 지났으므로 $17\times5=85$점, 입출식 예금 평균잔액이 152만 원이므로 $7\times15=105$점, 적립식 예금 평균잔액이 200만 원이므로 $1\times20=20$점, 최근 3개월 연속 급여가 이체되었고 급여액 평균이 300만 원이 넘으므로 200점, 신용카드 자동이체는 1개당 40점이지만 최대 50점이므로 신용카드 2개 자동이체는 50점, 고객정보 중 6개를 등록했으므로 $2\times6=12$점, 지난달 $500를 환전했으므로 $2\times5=10$점이다. 가계대출은 최근 3개월에 포함되지 않으므로 제외한다.
따라서 평가 점수는 $85+105+20+200+50+12+10=482$점이고, 금융자산은 $152+200=352$만 원이므로, A씨는 실버 등급에 해당된다.

16
정답 ④

A씨의 등급은 실버이므로(문제15 참조) 최대 2천만 원의 무보증대출과 송금 수수료 면제, 신용카드 연회비 면제, 환율 우대 50%를 혜택으로 받을 수 있다.

17
정답 ③

수단이나 도구, 재료에 의한 결과를 나타낼 때는 '~함으로써'가 옳은 어법이다.

18
정답 ③

B의 진술에 따르면 A가 참이면 B도 참이므로, A와 B는 모두 참을 말하거나 모두 거짓을 말한다. 또한 C와 E의 진술은 서로 모순되므로 둘 중에 한 명의 진술은 참이고, 다른 한 명의 진술은 거짓이 된다. 이때, A와 B의 진술이 모두 거짓일 경우 3명의 진술이 거짓이 되므로 2명의 학생이 거짓을 말한다는 조건에 맞지 않는다. 따라서 A와 B의 진술은 모두 참이 된다.

1) C와 D의 진술이 거짓인 경우
   C와 E의 진술에 따라 범인은 C이다.
2) D와 E의 진술이 거짓인 경우
   C의 진술에 따르면 A가 범인이나, A와 B의 진술에 따르면 A는 양호실에 있었으므로 성립하지 않는다.

따라서 범인은 C이다.

19
정답 ④

데이터가 입력된 셀에서 [Delete] 키를 누르면 셀의 내용만 지워지며, 서식은 남아있게 된다.

20
정답 ④

- 게관시간 ~ : 게관 → 개관
- 매주 일요일, 공유일, ~ : 공유일 → 공휴일
- 음식물을 바닙하지 ~ : 바닙 → 반입
- 문화유산이니 홰손하지 ~ : 홰손 → 훼손

21
정답 ④

'원형 차트'에 대한 설명이다.

오답분석

① 영역형 차트 : 시간에 따른 변화를 보여 주며 합계값을 추세와 함께 볼 수 있고, 각 값의 합계를 표시하여 전체에 대한 부분의 관계도 보여준다.
② 분산형 차트 : 가로·세로값 축이 있으며, 각 축의 값이 단일 데이터 요소로 결합되어 일정하지 않은 간격이나 그룹으로 표시된다. 과학, 통계 및 공학 데이터에 많이 이용된다.
③ 꺾은선형 차트 : 항목 데이터는 가로축을 따라 일정 간격으로 표시되고 모든 값 데이터는 세로축을 따라 표시된다. 월, 분기, 회계 연도 등과 같은 일정 간격에 따라 데이터의 추세를 표시하는 데 유용하다.

22
정답 ②

표를 만들 때 입력된 데이터 안에 셀포인터를 놓지 않아도 된다.

23
정답 ④

LAN카드 정보는 네트워크 어댑터에서 확인할 수 있다.

24
정답 ④

(라) 문단에서는 부패를 개선하기 위한 정부의 제도적 노력에도 불구하고 반부패정책 대부분이 효과가 없었음을 이야기하고 있다. 따라서 부패인식지수의 개선방안이 아닌 '정부의 부패인식지수 개선에 대한 노력의 실패'가 (라) 문단의 주제로 적절하다.

25
정답 ②

커브길은 총 $30\times3=90$m이고, 직선 도로는 총 180m이다. 이때, A가 달린 시간은 $\left(\frac{90}{90}+\frac{180}{120}\right)$분이고, 커브길에서 B의 속력을 x m/분이라고 하면 B가 달린 시간은 $\left(\frac{90}{x}+\frac{180}{180}\right)$분이다. 문제에서는 A가 이겼음을 가정하였으므로, B보다 달린 시간이 짧다.

따라서 $\frac{90}{90}+\frac{180}{120}<\frac{90}{x}+\frac{180}{180}$이고, 이를 정리하면 $\frac{2}{3}>\frac{x}{90}$이므로 $x<60$이다. 속력은 정수로만 나타낸다고 했으므로 커브길에서 B의 최대 속력은 59m/분이다.

26

정답 ①

오답분석

② 법정대리인이 자녀와 함께 방문한 경우 법정대리인의 실명확인증표로 인감증명서를 대체 가능하다.

③ 만 18세인 지성이가 전자금융서비스를 변경하기 위해서는 법정대리인 동의서와 성명・주민등록번호・사진이 포함된 학생증이 필요하다. 학생증에 주민등록번호가 포함되지 않은 경우, 미성년자의 기본증명서가 추가로 필요하다.

④ 법정대리인 신청 시 부모 각각의 동의서가 필요하다.

27

정답 ③

3주택자가 팔려고 하는 부동산은 취득한 지 3년이 지났으므로 일반지역 3주택 기본세율로 계산하면 된다.

4,600만 원 초과 8,800만 원 이하의 경우 세율은 24%이며, 누진공제액은 522만 원이다.

따라서 3주택자가 8,000만 원짜리 일반지역 부동산 1채를 팔려고 할 때, 지불해야 하는 세금은 $8,000\times0.24-522=1,398$만 원임을 알 수 있다.

28

정답 ④

엽산은 수용성이므로 과잉섭취의 위험이 없다.

29

정답 ④

글의 내용을 바탕으로 올바르게 정리하면 다음과 같다.

구분	효능・효과	복용방법	용량
엽산	태아의 척추・신경관 발달	식후 복용	0.6 ~ 0.8mg 신경관결손증의 경우 4 ~ 5mg
비타민 D	태아의 골격 형성	식후 복용	-
오메가-3	태아의 두뇌 발달	수술 한 달 전 복용 중지	주당 170g 이내
유산균	장 내 유익균 관리	공복 복용	-

30

정답 ②

ㄴ. B, C업체가 함께 작업을 할 때, 작업 완료까지 걸리는 시간을 x시간이라고 하자.

B업체와 C업체의 1m^2당 작업시간은 각각 1시간, 40분이므로 60m^2의 면적을 작업하는 데 걸리는 시간은 각각 $1\times60=60$시간, $\frac{40}{60}\times60=40$시간이다.

즉, 1시간당 작업 면적은 각각 $\frac{1}{60}\text{m}^2$, $\frac{1}{40}\text{m}^2$이므로

$\left(\frac{1}{60}+\frac{1}{40}\right)x=1 \rightarrow x=24$

$\therefore$ 24시간

오답분석

ㄱ. A업체가 60m^2을 작업하는 데 걸리는 시간은 $\frac{30}{60}\times60=30$시간, B업체와 C업체가 60m^2을 작업하는 데 걸리는 시간은 각각 60시간, 40시간이므로 세 업체의 1시간당 작업 면적은 각각 $\frac{1}{30}\text{m}^2$, $\frac{1}{60}\text{m}^2$, $\frac{1}{40}\text{m}^2$이다.

A, C업체가 함께 작업을 할 때, 작업 완료까지 걸리는 시간을 x시간이라고 하면

$\left(\frac{1}{30}+\frac{1}{40}\right)x=1 \rightarrow x=\frac{120}{7}$

A, B, C업체가 함께 작업을 할 때, 작업 완료까지 걸리는 시간을 y시간이라고 하면

$\left(\frac{1}{30}+\frac{1}{60}+\frac{1}{40}\right)x=1 \rightarrow y=\frac{120}{9}$

따라서 작업을 가장 빠르게 끝내기 위해서는 A, B, C업체 모두에게 작업을 맡겨야 한다.

ㄷ. • A, B, C업체에 작업을 맡기는 경우 지급되는 비용

: $(10+8+9)\times\frac{120}{9}=360$만 원

• B, C업체에 작업을 맡기는 경우 지급되는 비용

: $(8+9)\times24=408$만 원

따라서 A, B, C업체에 작업을 맡기는 경우, B업체와 C업체에 작업을 맡기는 경우보다 적은 비용이 든다.

31

정답 ④

담당자의 E-mail과 연락처는 이미 5번에 명시되어 있으므로 추가할 내용으로 적절하지 않다.

32

정답 ④

B는 8장의 응모권을 받은 A보다 2장 적게 받으므로 6장의 응모권을 받는다. 이때, C는 응모권을 A의 8장보다는 적게, B의 6장보다는 많이 받으므로 7장의 응모권을 받은 것을 알 수 있다.

33

정답 ④

6건 가입한 사례 수를 비교할 때, 서비스 종사자 가입 건수는 $259 \times \frac{4.1}{100} \fallingdotseq 10.6$건, 기능원 및 관련 종사자 가입 건수는 $124 \times \frac{6.2}{100} \fallingdotseq 7.7$건으로 기능원 및 관련 종사자 가입 건수가 더 적음을 알 수 있다.

오답분석

① 3건 가입한 사례 수를 비교할 때, 판매 종사자 가입 건수는 $443 \times \frac{14.5}{100} \fallingdotseq 64.2$건, 서비스 종사자 가입 건수는 $259 \times \frac{20.5}{100} \fallingdotseq 53$건이다.

② 직업별로 5건 가입한 사례 수를 비교할 때, 사무 종사자 가입 건수가 $410 \times \frac{18.9}{100} \fallingdotseq 77.5$건으로 가장 많다.

③ 2건 가입한 비율을 볼 때, 전문가 및 관련종사자는 20.1%, 단순 노무 종사자는 33.8%로 다른 가입 건수보다 비율이 높음을 알 수 있다.

34

정답 ①

내용상 기업 결합 심사의 '시작' 부분에 대하여 설명한 (C)가 맨 처음으로 오고, (C)에서 언급한 '단일 지배 관계의 형성'을 확인하는 예가 되는 (E)가 그 다음으로 온다. 다음으로, '반면에'라는 접속어를 사용하여 (E)와 상반되는 결합 성립의 경우에 대하여 설명한 (B), (B)에서 언급한 정부의 '시장 범위 확정'의 기준에 대한 설명인 (A), (A)의 '민감도'에 대한 보충설명인 (D)가 차례로 이어진다. 따라서 '(C) – (E) – (B) – (A) – (D)'이다.

35

정답 ④

세로로 총계에서 나머지 수를 빼면 ㄹ의 수치를 구할 수 있다.

ㄹ : $145-(21+28+17+30+20)=29$

오답분석

① ㄱ – 866

② ㄴ – 73

③ ㄷ – 202

36

정답 ③

ㄴ. 2018년 고덕 차량기지의 안전체험 건수 대비 인원수는 $\frac{633}{33} \fallingdotseq 19.2$명/건로, 도봉 차량기지의 안전체험 건수 대비 인원수인 $\frac{432}{24}=18$명/건보다 크다.

ㄷ. 2017년부터 2019년까지 고덕 차량기지의 안전체험 건수와 인원수는 둘 다 계속 감소하는 것을 알 수 있다.

오답분석

ㄱ. 2020년 방화 차량기지 견학 안전체험 건수는 2019년과 동일한 29건이므로 틀린 설명이다.

ㄹ. 신내 차량기지의 안전체험 인원수는 2020년에 2016년 대비 $\frac{385-692}{692} \times 100 \fallingdotseq -44.4\%$이며, 50% 미만으로 감소했다.

37

정답 ④

밑줄 친 '던지다'는 '재물이나 목숨을 아낌없이 내놓다.'의 의미로 쓰였으며, 이와 같은 의미로 사용된 것은 ④이다.

오답분석

① 어떤 행동을 상대편에게 하다.

② 바둑이나 장기에서, 도중에 진 것을 인정하고 끝내다.

③ 손에 든 물건을 다른 곳에 떨어지게 팔과 손목을 움직여 공중으로 내보내다.

38

정답 ③

제품 특성상 테이크 아웃이 불가능했던 위협 요소를 피하기 위해 버거의 사이즈를 줄이는 대신 사이드 메뉴를 무료로 제공하는 것은 독창적인 아이템을 활용하면서도 위협 요소를 보완하는 전략으로 적절하다.

오답분석

① 해당 상점의 강점은 주변 외식업 상권과 차별화된 아이템 선정이다. 그러므로 주변 상권에서 이미 판매하고 있는 상품을 벤치마킹해 판매하는 것은 강점을 활용하는 전략으로 적절하지 않다.

② 높은 재료 단가를 낮추기 위해 유기농 채소와 유기농이 아닌 채소를 함께 사용하는 것은 웰빙을 추구하는 소비 행태가 확산되고 있는 기회를 활용하지 못하는 전략이므로 적절하지 않다.

④ 커스터마이징 형식의 고객 주문 서비스 및 주문 즉시 조리하는 방식은 해당 상점의 강점이다. 약점을 보완하기 위해 강점을 모두 활용하지 못하는 전략이므로 적절하지 않다.

39

정답 ①

전자 우편은 기본적으로 7비트의 ASCll 코드를 사용하여 메시지를 전달한다.

40

정답 ①

제시문을 통해 '읽었다'의 '–었다'는 실질형태소에 붙는 의존형태소임을 제시하고 있는 것에서 '읽–'은 실질형태소임을 알 수 있다. 그리고 '읽–'은 '읽으니, 읽고, 읽게'처럼 다른 형태소와 결합하여야만 하는 의존형태소라는 점도 알 수 있다. 따라서 실질형태소가 모두 자립성을 지니고 있다는 설명은 적절하지 않다.

41

정답 ②

보증료=(대지비 부분 보증료)+(건축비 부분 보증료)이고,
대지비 부분 보증료=(대지비 부분 보증금액)×(대지비 부분 보증료율×365÷365)이며,
건축비 부분 보증료=(건축비 부분 보증금액)×(건축비 부분 보증료율×365÷365)이므로
보증료는 (대지비 부분 보증금액×대지비 부분 보증료율)+(건축비 부분 보증금액×건축비 부분 보증료율)이다.
대지비 부분 보증금액과 건축비 부분 보증금액이 모두 10억 원이고 대지비 부분 보증료율은 0.138%로 고정이므로, 건축비 부분 보증료율에 따라서 보증료 금액이 변한다. 건축비 부분 보증료율의 최솟값은 AAA의 1등급인 0.158%이고, 최댓값은 D의 5등급인 0.468%이므로 그 차이는 0.31%이다. 그러므로 신용등급별로 내는 보증료의 최댓값과 최솟값의 차이는 10억 원×0.0031=310만 원이다.

42

정답 ③

합계를 구할 범위는 [D2:D6]이며, [A2:A6]에서 "연필"인 데이터와 [B2:B6]에서 "서울"인 데이터는 [D4] 셀과 [D6] 셀이다. 이들의 판매실적은 300+200=500이다.

43

정답 ③

단추뿐만 아니라 도형에도 하이퍼링크 지정이 가능하다.

44

정답 ②

먼저 3과 2에 의해 '날 수 있는 동물은 예외 없이 벌레를 먹고 산다. 벌레를 먹고 사는 동물의 장 안에는 세콘데렐라는 도저히 살 수가 없다.'는 것으로부터 '날 수 있는 동물은 장 안에 세콘데렐라가 없다.'는 명제를 쉽게 얻을 수 있다.
그러므로 ②의 동고비새 역시 세콘도가 없다. 1의 (다)를 보면 옴니오는 프리모와 세콘도가 둘 다 서식하는 것이므로 ②는 명백하게 거짓이다.

오답분석

① 2와 3에 의해 명백한 참이다.
③ 2와 3에 의해 벌쥐는 그것은 프리모이거나 눌로에 속하므로 반드시 거짓이라고 할 수 없다.
④ 플라나리아는 벌레를 먹지 않으므로 눌로가 아니다. 그러므로 프리모, 세콘도, 옴니오 중에 하나가 될 수 있다. 역시 반드시 거짓은 아니다.

45

정답 ②

'(A) 비서실 방문'은 브로슈어 인쇄를 위해 미리 파일을 받아야 하므로, '(D) 인쇄소 방문'보다 먼저 이루어져야 한다. '(B) 회의실, 마이크 체크'는 내일 오전 '(E) 업무보고' 전에 준비해야 할 사항이다. '(C) 케이터링 서비스 예약'은 내일 3시 팀장회의를 위해 준비하는 것이므로 24시간 전인 오늘 3시 이전에 실시하여야 한다. 따라서 위 업무순서를 정리하면 (C) – (A) – (D) – (B) – (E)가 되는데, 여기서 (C)가 (A)보다 먼저 이루어져야 하는 이유는 현재 시각이 2시 50분이기 때문이다. 비서실까지 가는 데 걸리는 시간이 15분이므로 비서실에 갔다 오면 3시가 지난다. 그러므로 케이터링 서비스 예약을 먼저 하는 것이 옳다.

46

정답 ②

제시문을 통해 조선 시대 금속활자는 왕실의 위엄과 권위를 상징하는 것임을 알 수 있다. 특히 정조는 왕실의 위엄을 나타내기 위한 을묘원행을 기념하는 의궤를 정리자로 인쇄하고, 화성 행차의 의미를 부각하기 위해 그 해의 방목만을 정리자로 간행했다. 이를 통해 정리자는 정조가 가장 중시한 금속활자였다는 것을 알 수 있으며, 나머지 문항은 제시문의 단서만으로는 추론할 수 없다.

47

정답 ④

- 남성 : 11.1×3=33.3>32.2
- 여성 : 10.9×3=32.7<34.7

따라서 남성의 경우 국가기관에 대한 선호 비율이 공기업 선호 비율의 3배보다 작다.

오답분석

① 3%, 2.6%, 2.5%, 2.1%, 1.9%, 1.7%로 가구소득이 많을수록 중소기업을 선호하는 비율이 줄어들고 있음을 알 수 있다.
② 연령을 기준으로 3번째로 선호하는 직장은 모두 전문직 기업이다.
③ 국가기관은 모든 기준에서 선호 비율이 가장 높은 모습을 보여주고 있다.

48

정답 ④

엑셀에서 F12와 Shift+F12는 '다른 이름으로 저장'의 단축키이다.

오답분석

① Alt+F : 파일 메뉴 / Alt+N : 삽입 메뉴
② Alt+Enter : 한 셀에 두 줄 입력 / Alt+= : 자동합계
③ Shift+F5 : 찾기 / Shift+F3 : 함수 마법사

49

정답 ④

시트 탭에서는 인쇄 영역, 인쇄 제목, 눈금선·메모 등의 인쇄 여부, 페이지 순서 등을 설정한다.

50

정답 ④

가모프와 앨퍼는 대폭발 이론을 제안했으며 슈미트와 크리슈너는 초신성 관측을 통해 우주의 팽창 속도가 빨라지고 있다는 사실을 밝혔다. 즉, 슈미트와 크리슈너의 관측은 가모프와 앨퍼의 이론을 바탕으로 한걸음 더 나아가 구체화한 것이지 그들의 이론을 수정한 것은 아니다.

51

정답 ①

원화로 표시된 매매기준율에 따라 미화환산율을 구하면 아래와 같다. 매매기준율은 원화로 표시되어 있다는 점에 착안하면 구체적인 수치를 구하지 않아도 매매기준율이 높은 순서대로 구하면 된다.

미화환산율은 $\frac{(\text{통화별 매매기준율})}{(\text{미국 달러 매매기준율})}$로 계산한다.

통화	통화명	매매기준율	미화환산율
USD	미국 달러	1,119.20	1.0000
EUR	EU 유로	1,297.71	1.1595
CNY	중국 위안	164.02	0.1466
GBP	영국 파운드	1,442.87	1.2892
AUD	호주 달러	830.45	0.7420

따라서 미국 달러 대비 가치가 낮은 순서는 'GBP >EUR >USD >AUD >CNY'임을 알 수 있다.

52

정답 ④

오답분석

① 차량 담보로도 진행할 수 있는 대출에 아파트라는 과도한 담보를 요구하고 있으므로 제5조 제2호에 어긋난다.
② 제6조 제2호에서 정한 취약한 금융소비자에 대한 이해수준 등을 파악하지 않고 일방적으로 상품 가입을 권유하고 있다.
③ 소비자가 충분히 고민하고 결정한 상품을 부정하고, 다른 상품을 강제로 권유하고 있으므로 제5조 제1호에 어긋난다.

53

정답 ①

〈조건〉에 따라 가중치를 적용한 각 후보 도서들의 점수를 나타내면 다음과 같다.

도서명	흥미도 점수	유익성 점수	1차 점수	2차 점수
재테크, 답은 있다	6×3 =18	8×2 =16	34	34
여행학개론	7×3 =21	6×2 =12	33	33+1 =34
부장님의 서랍	6×3 =18	7×2 =14	32	–
IT혁명의 시작	5×3 =15	8×2 =16	31	–
경제정의론	4×3 =12	5×2 =10	22	–
건강제일주의	8×3 =24	5×2 =10	34	34

1차 점수가 높은 3권은 '재테크, 답은 있다', '여행학개론', '건강제일주의'이다.
이 중 '여행학개론'은 해외저자의 서적이므로 2차 선정에서 가점 1점을 받는다.
1차 선정된 도서 3권의 2차 점수가 34점으로 모두 동일하므로, 유익성 점수가 가장 낮은 '건강제일주의'가 탈락한다.
따라서 최종 선정될 도서는 '재테크, 답은 있다'와 '여행학개론'이다.

54

정답 ③

B팀장은 단합대회에 참석하지 않는다는 의사표시를 한 것이 아니라, A부장이 갑작스럽게 단합대회 날짜를 정하게 된 이유를 듣고, 일정을 조율해 보겠다는 의미의 대답을 한 것이다.

55

정답 ④

(가)는 현대 사회에 효과적으로 대처할 수 있는 이론이라는 평가를 받았던 고전적 공리주의에 관해 설명하고 있으며, (나)와 (다)는 이러한 고전적 공리주의에 대해 제기된 비판에 대해 이야기하고 있다. 반면, (라)에서는 동물까지도 도덕적 배려의 대상으로 삼아야 한다는 새로운 실천 윤리학자 싱어의 입장을, (마)에서는 규칙 공리주의의 입장을 제시하여 고전적 공리주의에 대한 비판을 토대로 등장한 현대 공리주의에 관해 설명하고 있다. 마지막으로 (바)에서는 (라)와 (마)를 통해 나타난 현대 공리주의의 특징을 정리하고 있다. 따라서 글의 구조로 ④가 가장 적절하다.

56

정답 ④

㉮를 통해 도입할 소프트웨어는 사원 데이터 파일을 일원화시키고, 이를 활용하는 모든 응용 프로그램이 유기적으로 데이터를 관리하도록 하는 프로그램이다. 이를 통해 각 응용 프로그램 간에 독립성이 향상되며, 원래의 데이터를 일원화하는 효과를 볼 수 있다.

57

정답 ④

A팀장은 1박으로만 숙소를 예약하므로 S닷컴을 통해 예약할 경우 할인적용을 받지 못한다.

M투어를 통해 예약하는 경우 3박 이용 시 다음 달에 30% 할인쿠폰 1매가 제공되므로 9월에 30% 할인 쿠폰을 1개 사용할 수 있으며, A팀장은 총 숙박비용을 최소화하고자 하므로 9월 또는 10월에 30% 할인 쿠폰을 사용할 것이다.

H트립을 이용하는 경우 6월부터 8월 사이 1박 이상 숙박 이용내역이 있을 시 10% 할인받을 수 있으므로 총 5번의 숙박 중 7월, 8월에 10% 할인받을 수 있다.

T호텔스의 경우 멤버십 가입 여부에 따라 숙박비용을 비교해야 한다. 이를 고려하여 예약사이트별 숙박비용을 계산하면 다음과 같다.

예약 사이트	총 숙박비용
M투어	(120,500×4)+(120,500×0.7×1)=566,350원
H트립	(111,000×3)+(111,000×0.9×2)=532,800원
S닷컴	105,500×5=527,500원
T호텔스	멤버십 미가입 : 105,000×5=525,000원 멤버십 가입 : (105,000×0.9×5)+20,000 =492,500원

따라서 숙박비용이 가장 낮은 예약사이트는 T호텔스이며 총 숙박비용은 492,500원이다.

58

정답 ③

ⓛ • 15세 이상 외국인 중 실업자의 비율

: $\frac{15.6+18.8}{695.7+529.6}\times 100 \fallingdotseq 2.81\%$

• 15세 이상 귀화허가자 중 실업자의 비율

: $\frac{1.8}{52.7}\times 100 \fallingdotseq 3.42\%$

따라서 15세 이상 외국인 중 실업자의 비율이 귀하허가자 중 실업자의 비율보다 더 낮다.

ⓒ 560.5+273.7=834.2천 명>33.8×20=676천 명이므로 옳다.

오답분석

㉠ $\frac{695.7+529.6+52.7}{43,735}\times 100 \fallingdotseq 2.92\%$이므로, 국내 인구수 중 이민자의 비율은 4% 이하이다.

㉣ 국내 인구수 중 여성의 경제활동 참가율이 제시되어 있지 않으므로 알 수 없다.

59

정답 ④

김 팀장의 업무 지시에 따르면 이번 주 금요일 회사 창립 기념일 행사가 끝난 후 진행될 총무팀 회식의 장소 예약은 목요일 퇴근 전까지 처리되어야 한다. 따라서 이 대리는 ⓜ을 목요일 퇴근 전까지 처리해야 한다.

오답분석

① 첫 번째 표에서 외국은행 지점과 사무소를 모두 더하면 2017년도 말 기준 외국은행 영업소가 63개이므로 적절한 답변이다.

② 우리나라에 진출한 외국은행 63개 영업소 중 중국이 11개로 가장 많이 진출하였으며, 그 비중은 $\frac{11}{63}\times 100 \fallingdotseq 17.5\%$이다.

③ 우리나라에 진출한 상위 4개 국가는 중국・미국・프랑스・일본으로, 이들 4개 국가가 차지하는 비중은 $\frac{11+6+6+6}{63}\times 100 \fallingdotseq 46\%$이다.

60

정답 ④

제7조 제3항에 따르면 임금피크제 적용 중에는 피크임금을 초과하여 추가적인 수당 등을 지급받을 수 없다.

오답분석

① 제4조
② 제2조 제3호
③ 제6조 제1항

61

정답 ③

기타의 자격조건에 부합하는 사람을 찾아보면, 1960년 이전 출생자로 신용부서에서 24년간 근무하였고, 채용공고일을 기준으로 퇴직일로부터 2년을 초과하지 않은 홍도경 지원자가 가장 적합하다.

오답분석

① 퇴직일로부터 최근 3년 이내 1개월 감봉 처분을 받았다.
② 신용부문 근무경력이 없다.
④ 채용공고일 기준 퇴직일로부터 2년을 초과하였다.

62

정답 ④

D기업은 재무상황이 좋지 못한 현재의 문제에 대해서 비용 축소라는 해결책을 내놓았다. 그러나 그 해결책으로 인해 중국 시장에서 기대하는 수익을 얻지 못하는 결과를 얻게 되었다. 이는 당면한 문제에 대해 집착한 나머지 전체적인 입장에서의 문제 상황을 분석하지 못했기 때문이다.

63

정답 ②

- 역의 개수 : 47개
- 역과 역 사이 구간 : 47−1=46구간
- 당고개에서 오이도까지 걸리는 시간 : 2분×46구간=92분
- ㉮열차의 경우
  - ㉮열차와 오이도행 열차의 출발시간 차이 : 6시−5시 40분=20분
  - 오이도행 열차의 6시까지 이동 구간의 개수 : $\frac{20}{2}=10$구간
  - 오이도행 열차의 위치 순번 : 47−10=37번
  - 1번째 역과 37번째 역의 중간 역 : (1+37)÷2=19번째 역
- ㉯열차의 경우
  - ㉯열차와 오이도행 열차의 출발시간 차이 : 6시 24분−5시 40분=44분
  - 오이도행 열차의 6시 24분까지 이동구간의 개수 : $\frac{44}{2}=22$구간
  - 오이도행 열차의 위치 순번 : 47−22=25번
  - 1번째 역과 25번째 역의 중간 역 : (1+25)÷2=13번째 역
- ㉰열차의 경우
  - ㉰열차와 오이도행 열차의 출발시간 차이 : 6시 48분−5시 40분=68분
  - 오이도행 열차의 6시 48분까지 이동구간의 개수 : $\frac{68}{2}=34$구간
  - 오이도행 열차의 위치 순번 : 47−34=13번
  - 1번째 역과 13번째 역의 중간 역 : (1+13)÷2=7번째 역

64

정답 ②

㉡은 '농촌 지역 환경오염의 원인'이 아닐 뿐 아니라 '농촌 지역 환경오염의 문제점'에도 해당되지 않는다.
그러므로 ㉡을 '본론 – Ⅰ'의 하위 항목으로 옮기기보다는 삭제하는 것이 적절하다.

65

정답 ④

대기전력은 플러그를 꽂아둘 때와 같이 기기 본래의 기능과 무관하게 낭비되는 전력이다. 대기전력을 줄이는 노하우로는 절전형 멀티탭으로 바꾸기, 외출 전 멀티탭 끄는 습관 갖기 등이 있다.

66

정답 ④

전력사용량이 410kWh일 때, 전기요금 계산식으로 풀어보면 다음과 같다.

- 기본요금 : 7,300원
- 전력량요금 : 6,070(100×60.7)+12,590(100×125.9)+18,790(100×187.9)+28,060(100×280.6)+4,177(10×417.7)=69,687원
  → 69,680원(10원 미만 절사)
- 요금합계 : 7,300+69,680=76,980원
- 부가가치세 : 76,980×0.1=7,698원 → 7,690원(10원 미만 절사)
- 전력산업기반금 : 76,980×0.037=2,848.26원 → 2,840원(10원 미만 절사)

∴ 청구금액 : 76,980+7,690+2,840−4,500(복지할인)+2,500(TV 수신료)=85,510원

67

정답 ②

제시문에서는 자주 바뀌는 주택청약제도로 인해 많은 청약자들이 겪는 불편에 대해 이야기하고 있다. 따라서 제시문과 관련 있는 한자성어로는 '아침저녁으로 뜯어고친다.'는 뜻의 '계획이나 결정 따위를 일관성이 없어 자주 고침'을 의미하는 '조변석개(朝變夕改)'가 가장 적절하다.

오답분석

① 연목구어(緣木求魚) : 나무에 올라가서 물고기를 구한다는 뜻으로, 도저히 불가능한 일을 굳이 하려 함을 비유적으로 이르는 말
③ 교언영색(巧言令色) : 아첨하는 말과 알랑거리는 태도
④ 진퇴유곡(進退維谷) : 이러지도 저러지도 못하고 꼼짝할 수 없는 궁지

68

정답 ④

마지막 11번째 자리는 체크기호로 난수이다. 따라서 432번째 개설된 당좌예금이다.

69

정답 ②

<조건>에 따라 배정된 객실을 정리하면 다음과 같다.

<table>
<tr><th>301호</th><th>302호</th><th>303호</th><th>304호</th></tr>
<tr><td colspan="4">C, D, F사원(영업팀) / H사원(홍보팀)</td></tr>
<tr><th>201호</th><th>202호</th><th>203호</th><th>204호</th></tr>
<tr><td></td><td>사용 불가</td><td></td><td></td></tr>
<tr><th>101호</th><th>102호</th><th>103호</th><th>104호</th></tr>
<tr><td>I사원</td><td colspan="3">A사원(영업팀) / B, E사원(홍보팀)</td></tr>
</table>

※ 홍보팀 G사원은 201, 203, 204호 중 한 곳에 묵는다.

먼저 주어진 조건에 따르면 A, C, D, F사원은 영업팀이며, B, E, G, H사원은 홍보팀임을 알 수 있다.
첫 번째와 네 번째 조건에 따르면 3층의 한 객실에는 반드시 홍보팀 직원이 묵어야 하는데 세 번째 조건과 다섯 번째 조건을 통해 3층 객실을 사용하는 홍보팀 직원은 H사원임을 알 수 있다. 또한 홍보팀 G사원은 H사원 바로 아래층 객실에 묵어야 한다는 조건에 따라 G사원은 반드시 2층 객실을 사용해야 한다. 따라서 홍보팀 G사원이 2층에 묵는다는 ②는 항상 참이 된다.

오답분석

① 주어진 조건만으로는 I사원의 소속팀을 확인할 수 없으므로 워크숍에 참석한 영업팀의 직원 수는 정확히 알 수 없다.
③ 주어진 조건만으로는 C사원이 사용하는 객실 호수와 2층 객실을 사용하는 G사원의 객실 호수를 정확히 알 수 없으므로 항상 참이 될 수 없다.

④ 1층 객실을 사용하는 A, B, E, I사원을 제외한 C, D, F, G, H사원은 객실에 가기 위해 반드시 엘리베이터를 이용해야 한다. 이들 중 C, D, F사원은 영업팀이므로 영업팀의 수가 더 많다.

70

정답 ④

두 번째 문단의 '감지된 자기장이 핵의 고체화 이후에도 암석 속에 자석처럼 남아 있는 잔류자기일 가능성도 있었다.'에서 액체 핵의 가능성을 부정하는 견해임을 알 수 있다.

71

정답 ④

ⓛ HCHO가 가장 높게 측정된 역은 청량리역이고 가장 낮게 측정된 역은 신설동역이다. 두 역의 평균은 $\frac{11.4+4.8}{2}=8.1\mu g/m^3$로 1호선 평균인 $8.4\mu g/m^3$보다 낮다.

ⓔ 청량리역은 HCHO, CO, NO_2, Rn 총 4가지 항목에서 1호선 평균보다 높게 측정되었다.

오답분석

ⓖ·ⓒ 제시된 자료를 통해 확인할 수 있다.

72

정답 ②

표의 '출생성비'는 '여자 출생아 수 대비 남자 출생아 수의 비율'이므로 '남자 출생아 수 대비 여자 출생아 수의 비율'은 출생성비의 역수이다. 따라서 2018년 대비 2019년 출생성비는 감소하였으므로, '남자 출생아 수 대비 여자 출생아 수의 비율'은 반대로 증가하였음을 알 수 있다.

오답분석

① 합계출산율은 2018년에 1.239명, 2017년에 1.205명으로 $\frac{1.239-1.205}{1.205}\times100≒2.8\%$ 증가했으므로 10% 미만이다.

③ 출생성비의 경우 '감소 – 증가'하였으나, 합계출산율은 '감소 – 감소'하였으므로 옳지 않은 설명이다.

④ 합계출산율은 2018년에 전년 대비 증가하였다.

73

정답 ①

ㄱ. 이혼 건수 대비 혼인 건수 비율은 2017년에 $\frac{305,507}{115,510}≒2.6$이고, 2018년에 $\frac{302,828}{109,153}≒2.8$이므로 2018년의 비율이 높다.

ㄴ. 출생성비 대비 혼인 건수는 2017년에 $\frac{305,507}{105.3}≒2,901.3$건/명이고 2018년에는 $\frac{302.828}{105.3}≒2,875.9$건/명이므로 2017년의 비율이 더 높다.

이때, 분모인 출생성비는 2017년과 2018년이 동일하므로, 불필요한 계산 없이 분자인 혼인 건수의 대소만을 비교해 보면, 혼인 건수가 더 많은 2017년이 출생성비 대비 혼인 건수가 더 높다는 것을 빠르게 알 수 있다.

오답분석

ㄷ. 2018년 합계출산율의 전년 대비 증가율은 $\frac{1.239-1.205}{1.205}\times100≒2.8\%$이고, 같은 해 이혼 건수의 전년 대비 감소율 $\frac{109,153-115,510}{115,510}\times100≒-5.5\%$이다. 따라서 부호 상관없이 숫자로 대소비교하면, 2018년 이혼 건수의 전년 대비 감소율이 더 크다.

ㄹ. 2019년과 2020년의 합계출산율과 이혼 건수는 모두 전년 대비 감소하므로 옳은 설명이다.

74

정답 ①

제시문은 줄임말, 초성, 표기, 이모티콘, 야민정음 등과 같이 새롭게 나타난 조어방식들이 매체의 발달로 인한 새로운 인지 경험이 만들어 낸 현상이라고 규정하여 그 현상의 원인을 제시하고, 조어들의 인지 방식에 대해 분석하고 있다.

75

정답 ④

ⓛ B국의 대미무역수지와 GDP 대비 경상수지 비중은 각각 742억 달러, 8.5%로 X요건과 Y요건을 충족한다.

ⓒ 세 가지 요건 중 두 가지 요건만 충족하면 관찰대상국으로 지정된다.

- X요건과 Y요건을 충족하는 국가 : A, B, C, E
- X요건과 Z요건을 충족하는 국가 : C
- Y요건과 Z요건을 충족하는 국가 : C, J

C국가는 X, Y, Z요건을 모두 충족하므로 환율조작국이다. 따라서 관찰대상국으로 지정되는 국가는 A, B, E, J로 4개다.

ⓔ X요건의 판단기준을 '대미무역수지 150억 달러 초과'로 변경할 때, 새로 X요건을 충족하는 국가는 H국이다. 그러나 H국은 Y요건과 Z요건을 모두 충족하지 않으므로 환율조작국이나 관찰대상국으로 지정될 수 없다.

오답분석

ⓖ X, Y, Z요건을 모두 충족하면 환율조작국으로 지정된다. 각 요건을 충족하는 국가를 나열하면 다음과 같다.

- X요건을 충족하는 국가 : A, B, C, D, E, F, G
- Y요건을 충족하는 국가 : A, B, C, E, J
- Z요건을 충족하는 국가 : C, J

따라서 환율조작국으로 지정되는 국가는 C국가이다.

76

정답 ②

2 ~ 3일에 후보자 선별, 5일과 8일에 결격사유 심사, 10 ~ 11일에 실적평가, 15 ~ 17일에 인사고과 심사, 22 ~ 23일에 기관장면접, 25 ~ 26일에 승진자 취합을 하는 경우 A대리는 모든 진급심사 일정에 참여하면서도 18 ~ 19일에 가족과 여행도 다녀올 수 있다.

오답분석

① 진급심사의 첫 단계인 후보자 선별이 2일부터 시작되므로 적절하지 않다.
③ 최대한 진급심사 완료를 위해 일정을 조정하더라도, 2 ~ 3일에 후보자 선별, 5일과 8일에 결격사유 심사, 10 ~ 11일에 실적평가, 15 ~ 17일에 인사고과 심사, 19일과 24일에 기관장면접을 하게 된다. 이때, 진급심사 완료일 26일 이후 승진자 취합을 위해 근무일이 1일 더 필요하므로 적절하지 않다.
④ 최대한 진급심사 완료를 위해 일정을 조정하더라도, 2 ~ 3일에 후보자 선별, 5일과 8일에 결격사유 심사, 10 ~ 11일에 실적평가, 15 ~ 17일에 인사고과 심사, 19일과 22일에 기관장면접을 한 후 24 ~ 25일 동안 여행을 다녀온다면 진급심사 완료일 26일 이후 승진자 취합을 위해 근무일이 1일 더 필요하므로 적절하지 않다.

77

정답 ③

프로젝트에 소요되는 비용은 인건비와 작업장 사용료로 구성된다. 인건비의 경우 각 작업의 필요 인원은 증원 또는 감원될 수 없으므로, 조절이 불가능하다. 다만, 작업장 사용료는 작업기간이 감소하면 비용이 줄어들 수 있다. 따라서 최단기간으로 프로젝트를 완료하는 데 드는 비용을 산출하면 다음과 같다.

프로젝트	인건비	작업장 사용료
A작업	(10만 원×5명)×10일 =500만 원	50만 원×50일 =2,500만 원
B작업	(10만 원×3명)×18일 =540만 원	
C작업	(10만 원×5명)×50일 =2,500만 원	
D작업	(10만 원×2명)×18일 =360만 원	
E작업	(10만 원×4명)×16일 =640만 원	
합계	4,540만 원	2,500만 원

프로젝트를 완료하는 데 소요되는 최소비용은 7,040만 원이다. 따라서 최소비용은 6천만 원 이상이라고 판단하는 것이 옳다.

오답분석

① 각 작업에서 필요한 인원을 증원하거나 감원할 수 없다. 그러므로 주어진 자료와 같이 각 작업에 필요한 인원만큼만 투입된다. 따라서 가장 많은 인원이 투입되는 A작업과 C작업의 필요 인원이 5명이므로 해당 프로젝트를 완료하는 데 필요한 최소 인력은 5명이다.
② 프로젝트를 최단기간으로 완료하기 위해서는 각 작업을 동시에 진행해야 한다. 다만, B작업은 A작업이 완료된 이후에 시작할 수 있고, E작업은 D작업이 완료된 이후에 시작할 수 있다는 점을 고려하여야 한다. C작업은 50일, A+B작업은 28일, D+E작업은 34일이 걸리므로, 프로젝트가 완료되는 최단기간은 50일이다.
④ 프로젝트를 완료할 수 있는 최단기간은 50일이다. C작업은 50일 내내 작업해야 하므로 반드시 5명이 필요하다. 그러나 나머지 작업은 50일을 안분하여 진행해도 된다. 먼저 A작업에 5명을 투입한다. 작업이 완료된 후 그들 중 3명은 B작업에, 2명은 D작업에 투입한다. 그리고 5명 중 4명만 E작업에 투입한다. 이 경우 작업기간은 10일(A)+18일(B와 D 동시진행)+16일(E)=44일이 걸린다. 따라서 프로젝트를 최단기간에 완료하는 데 투입되는 최소인력은 10명이다.

78

정답 ②

ㄱ. (다) 문단에 따르면 아이슬란드는 육지 위에서 두 판이 확장되는 희귀한 지역이며, 아이슬란드에서는 다른 판의 경계에서 거의 볼 수 없는 지질학적 현상이 나타난다. 이러한 점은 아이슬란드의 지질학적 특징이 판구조론을 보다 더 깊게 이해할 수 있는 기회를 제공한다는 의미가 있다.
ㄷ. (라) 문단에 따르면 아이슬란드는 판의 절대 속도를 잴 수 있는 기준점이 있다는 점에서 관심의 대상이 된다. 아이슬란드에 있는 열점이 판의 절대 속도를 재는 열쇠가 되기 때문이다.

79

정답 ③

(나) 문단에 따르면 아이슬란드는 북아메리카 판과 유라시아 판의 경계선인 대서양 중앙 해령에 위치해 있다. 그러나 제시문에 어느 판의 이동 속도가 빠른지 판단할 수 있는 근거는 제시되어 있지 않다.

오답분석

① (가) 문단에 따르면 활발한 지각 변동 덕분에 아이슬란드 사람들은 화산의 열을 이용해 난방을 하고, 온천수로 작물을 재배하며, 화산 증기로 전기를 생산하는 등 지질학적 특성을 이용하며 살아가고 있다.
② (다) 문단에 따르면 아이슬란드가 위치한 판의 경계에서는 새로운 암석이 생성되면서 두 판이 서로 멀어지고 있다. 따라서 그 위에 위치한 아이슬란드 국토의 크기도 점점 커지고 있다.
④ (다) 문단에 따르면 아이슬란드의 중심부를 지나는 대서양 중앙 해령의 갈라져 있는 틈이 매년 약 15cm씩 벌어지고 있으며, 이 틈으로 해양 지각의 하부에서 고온의 마그마가 상승하면서 새로운 지각이 끊임없이 만들어지고 있다.

80

정답 ②

(나) 문단에 따르면 아이슬란드는 북아메리카 판과 유라시아 판의 경계선인 대서양 중앙 해령에 위치해 있다. 따라서 ②는 (나) 문단의 내용만으로 답을 구할 수 있으므로 심화 학습의 주제가 될 수 없다.

제2영역 직무능력평가

공통금융

01	02	03	04	05	06	07	08	09	10
①	①	④	②	④	④	③	①	④	④
11	12	13	14	15	16	17	18	19	20
②	②	③	③	④	②	③	③	②	④

01 정답 ①

자유무역협정(FTA)은 체결국간 경제통합 심화 정도에 따라 크게 자유무역협정, 관세동맹, 공동시간, 완전경제통합 4단계로 구분되며, 자유무역협정은 회원국 간 무역자유화를 위해 관세를 포함하여 각종 무역제한조치 철폐하는 것으로 NAFTA 등이 있다.

오답분석

② 관세동맹
③ 공동시장
④ 완전경제통합

02 정답 ①

실업급여 중 구직급여는 퇴직 다음 날로부터 12개월이 경과하면 소정급여일수가 남았어도 더 이상 지급받을 수 없다.

오답분석

② 구직급여를 지급받기 위해서는 이직일 이전 18개월(초단시간 근로자의 경우 24개월) 동안 피보험단위 기간이 통산하여 180일 이상이어야 한다.
③ 형법 또는 법률위반으로 금고 이상의 형을 선고받거나 막대한 재산상의 손해를 끼쳐 해고되는 등 본인의 중대한 귀책 사유로 해고된 경우에는 구직급여를 받을 수 없다.
④ 지급 기간은 보통 50세 미만의 경우 120 ~ 240일이며, 50세 이상 및 장애인의 경우 120 ~ 270일이다.

03 정답 ④

리쇼어링(Reshoring)이란 해외에 나가 있는 자국의 기업들을 각종 세제 혜택과 규제 완화 등을 통해 자국으로 불러들이는 것을 말한다. 국내의 투자와 일자리가 계속해서 줄어들거나 글로벌 공급망의 불확실성이 증가하는 등 경제 위기에 직면했을 때, 각국의 정부는 감세, 보조금 지급 등의 다양한 유인책을 이용하여 해외에 나가 있는 자국 기업의 유턴을 끌어내고자 노력한다.

오답분석

① 모라토리엄(Moratorium) : 국가의 공권력에 의해서 일정 기간 채무의 이행을 연기 또는 유예하는 일
② 아웃소싱(Outsourcing) : 경영 효과 및 효율의 극대화를 위한 방안으로, 기업 업무의 일부 프로세스를 제3자에게 위탁해 처리하는 것
③ 인소싱(Insourcing) : 기업이나 조직의 서비스와 기능을 조직 안에서 총괄적으로 제공, 조달하는 방식

04 정답 ②

줍줍 청약은 청약가점과 상관없이 당첨될 수 있는 무순위 청약으로, '돈을 줍고 또 줍는다.'는 의미에서 등장한 용어이다.

오답분석

① 매도 청약 : 증권의 매수 의사가 있는 사람에게 그 증권을 팔겠다고 하는 확정적 의사 표시
③ 공모주 청약 : 기업의 주식공모 시 일반 투자자가 주식을 사겠다고 표시하는 것
④ 확정 청약 : 청약자가 계약에 승낙해야 할 회답 기한을 정해 놓은 청약

05 정답 ④

퍼펙트 스톰은 크고 작은 악재들이 동시다발적으로 일어나면서 직면하게 되는 절체절명(絕體絕命)의 위기 상황으로, 초대형 복합적 위기를 표현하는 말로 주로 쓰인다.

오답분석

① 블랙 스완(Black Swan) – 예측 못한 일의 발생
네온 스완(Neon Swan) – 절대로 일어나지 않을 것 같은 상황
② 하인리히 법칙(Heinrich's Law)
③ 화이트 스완(White Swan)

06 정답 ④

펀더멘털(Fundamental)은 국가나 기업의 경제 상태를 가늠할 수 있는 기초경제여건으로, 대개 경제 성장률, 물가상승률, 실업률, 경상수지 등 경제 상태를 표현하는 데 기초적인 자료가 되는 주요 거시경제지표가 이에 해당한다.

오답분석

ㄱ. 금융기관 매출액은 미시경제지표이다.

07 정답 ③

동학개미운동은 2020년 초에 들어서 코로나19 사태로 유가증권 시장을 중심으로 외국인 투자자가 기록적인 매도 행진을 이어가자 개미라고 불리는 국내 개인 투자자들이 매도 물량을 고스란히 받아주면서 시장을 방어하게 된 현상으로, 구한말 동학농민운동에 빗댄 신조어이다.

08 정답 ①

모럴 해저드(도덕적 해이)는 특정인의 행위로 인한 위험의 부대비용을 타인이 부담하게 됨으로써 그 특정인이 위험행위에 대한 주의를 덜 기울이게 될 때를 의미한다.

오답분석

② 오럴 해저드 : 정부 당국자들의 말 실수로 인해 금융시장이 흔들리는 현상
③ 눔프현상 : 복지 확대를 원하면서도 필요 재원에 대한 부담은 지지 않으려는 현상
④ 버블현상 : 실체가 없는 가격상승이 투기를 유발, 가격이 급등했다가 급격히 원상태로 돌아가는 현상

09

정답 ④

GPA는 정부정책 수립과정의 투명성과 효율성을 높이기 위해 정책 수립과정의 회의록, 관련 자료 등을 공개하는 제도이다.

오답분석

① AML : 국내외적으로 이루어지는 불법자금의 세탁을 적발 및 예방하기 위한 법적·제도적 장치
② CDD : 금융회사는 자신의 서비스가 자금세탁 등 불법행위에 이용되지 않도록 고객의 신원, 실제 당사자 여부 및 거래목적을 확인하는 등 고객에 대해 적절한 주의를 기울이도록 하는 제도
③ CTR : 불법 자금거래를 효과적으로 차단하기 위해 금융회사가 고객과 일정 기준금액 이상의 현금거래를 할 경우 금융위원회 금융정보분석원에 보고해야하는 제도

10

정답 ④

바이플레이션이란 인플레이션과 디플레이션이 동시에 일어나는 경제적인 현상을 뜻하는 용어이므로, 가장 가까운 현상은 ④번이다.

오답분석

① 수산물 가격 급등에 영향을 받아 일반 물가 수준이 상승하는 현상인 피시플레이션이다.
② 농산물 가격의 급등으로 인하여 인플레이션이 발생하는 현상을 뜻하는 애그플레이션이다.
③ 임금이나 원재료비 등 생산요소의 가격상승으로 인하여 생산비가 올라가서 생기는 물가의 상승을 뜻하는 코스트 인플레이션 현상이다.

11

정답 ②

붐플레이션(Boomflation)은 경제호황 속에서 물가상승이 동시에 발생하고 있는 상태를 뜻한다.

오답분석

① 바이플레이션(Biflation) : 인플레이션과 디플레이션이 동시에 일어나는 경제적인 현상
③ 슬럼플레이션(Slumplation) : 경제불황 속에서 물가상승이 동시에 발생하고 있는 상태
④ 에코플레이션(Eco-flation) : 환경적 요인으로 발생하는 인플레이션 상태

12

정답 ②

필립스곡선은 실업률과 화폐임금상승률 사이에는 매우 안정적인 함수관계가 있음을 나타내는 모델이다. 즉, 실업율과 관련이 있는 ②와는 달리, ①·③·④는 소득 불평등과 관련이 있다.

오답분석

① 로렌츠곡선 : 로렌츠가 소득 분포의 불평등도를 측정하기 위해 개발한 것으로, 소득분배 정도를 나타낼 때 이용된다.
③ 지니계수 : 계층 간 소득 분포의 불균형 정도를 나타내는 수치로, 소득분배 정도를 평가하는 데 주로 이용된다.
④ 앳킨슨지수 : 불평등 정도를 측정하는 지표 중 하나로, 불평등에 대한 사회구성원의 주관적 판단을 반영하여 소득분배의 불평등도를 측정하는 데 이용된다.

13

정답 ③

근속연수에 따라 상승하는 임금체계로 인해 높은 임금을 받는 고령근로자가 증가하여 기업의 인건비 부담이 높아진다. 인건비 부담으로 인해 신규채용건은 감소하며, 청년실업 또한 증가하게 된다. 또한 연공서열형 임금체계에서 정년연장에 따른 부담으로 권고사직, 명예퇴직 등 비자발적 조기퇴직자가 증가할 것이다. 노동시장의 이중구조가 심각한 상황에서 정년연장의 혜택은 고용안정, 고임금 등 고용여력이 있고 근로조건이 좋은 '대기업·정규직·유노조' 중심으로 적용되어 양극화를 심화시킨다.

14

정답 ③

수입할당제는 특정 상품에 대해 수입할 수 있는 최대한의 양을 정해 놓고 그 이하로 수입하는 것을 허용하는 제도이다.

오답분석

① 정부조달제도 : 정부기관이 필요로 하는 물자나 기자재를 민간업자로부터 구입하는 것
② 수입과징금 : 수입화물에 대하여 관세 이외에 추가로 징수하는 부과금
④ 생산보조금 : 수입상품에 대한 국내산 상품의 경쟁력을 강화하기 위해 수입국 정부가 국내생산자에게 부여하는 금융 및 재정적 지원

15

정답 ④

우회수출한다는 것은 즉, 베트남산 제품도 한국산 제품으로 간주한다는 것이므로, 같은 관세를 부과하는 것이 가장 적절할 것이다.

16

정답 ②

프랑스산 와인 등 상품에 관세 100%를 부과할 경우, 2배나 되는 가격을 지불하여야 한다. 따라서 소비자들은 그 가격을 기꺼이 지불하기 힘들 것이며, 이에 프랑스산 와인을 취급하는 수입업체·유통업체·소매·도매업자들은 피해가 클 것이다. 반대로 값비싼 프랑스산에 비해 아메리카 상품은 상대적으로 가격이 저렴해 소비량이 증가할 것이다.

17

정답 ③

보복관세는 교역상대국이 국내 수출물품 등에 대하여 무역이익을 침해하는 경우 부과하는 관세이다.

오답분석

① 덤핑방지관세 : 외국물품이 정상가격 이하로 수입되어 국내산업에 실질적 피해 등이 있는 경우 이를 보호하기 위해 부과하는 관세

② 상계관세 : 외국에서 제조·생산·수출에 관하여 보조금 등을 받은 물품의 수입으로 인하여 국내산업이 피해를 입을 경우 이를 보호하기 위해 부과하는 관세

④ 긴급관세 : 특정물품의 수입증가로 인하여 국내산업이 심각한 피해 등이 있는 경우 이를 보호하기 위해 부과하는 관세

18

정답 ③

수출의 증가는 경제위기의 극복과 관련이 있다.

19

정답 ②

마치 남태평양의 갈라파고스 제도가 육지로부터 고립돼 고유한 생태계가 만들어진 것과 같아 붙여진 이름이다. 원래는 일본의 상황만을 일컫는 말로 일본 내에서 주로 사용되던 용어였으나, 최근에는 우리의 산업이나 미국의 자동차 산업 등 다른 나라의 비슷한 상황에도 확장, 사용되고 있다.

오답분석

① 혼합경제 : 정부가 경제활동 분야에 개입하는 경제체제

③ 공유경제 : 이미 생산된 제품을 여럿이 함께 공유해서 사용하는 협력 소비경제

④ 자전거경제 : 중국의 고도성장 이면에 금융기관 부실채권, 높은 실업률 등 심각한 내부문제로 인해 계속 높은 성장을 유지해야만 중국 경제가 붕괴되지 않는다는 뜻으로 붙여진 명칭

20

정답 ④

시장실패란 시장의 경제문제해결이 비효율적인 자원배분을 초래하는 경우를 가리키는 말로, 시장의 기능이 제대로 작동하지 못하는 경우를 의미한다.

한계생산체감의 법칙은 생산자 입장에서 생산량을 늘리면 늘릴수록 생산성은 떨어지고 비용은 크게 상승하여 총생산량의 변화분이 줄어든다는 법칙이다.

금융일반

21	22	23	24	25	26	27	28	29	30
②	④	②	④	④	④	③	③	④	④
31	32	33	34	35	36	37	38	39	40
①	④	①	①	④	③	④	④	②	②
41	42	43	44	45	46	47	48	49	50
④	①	③	④	①	①	②	④	②	④
51	52	53	54	55	56	57	58	59	60
②	①	④	④	②	③	②	④	③	③

21

정답 ②

임파워먼트(Empowerment)는 권한이양이라는 뜻으로 '주다'라는 의미를 가진 'Em'과 '권력'이란 의미의 'Power'가 결합된 용어다. 일반적으로 조직에서 리더가 업무수행에 필요한 책임과 통제력 등을 부하직원에게 이양하고 권한을 부여하는 과정을 일컫는다. 구성원이 직접 의사결정에 참여하도록 해 조직문화를 유연하게 이끌고 변혁이 신속하게 이루어진다는 점에서 활용도가 높아지고 있다.

22

정답 ④

아이돌봄서비스는 만 3개월 이상이면서 만 12세 이하 아동의 가정에 아이돌보미가 찾아가 1 : 1로 아동을 안전하게 돌보는 서비스다. 야간·공휴일 상관없이 원하시는 시간에, 필요한 만큼 이용할 수 있다. 이 중 영아종일제 서비스는 만 3개월 이상 ~ 만 36개월 이하 아동이 대상으로 정부지원시간은 월 200시간이며 횟수제한은 없다. 기본 1회 3시간 이상 신청 가능하며 30분단위로 시간을 추가할 수 있다.

23

정답 ②

'딥스테이트(Deep State)'는 국가의 공공이익에 봉사하지 않는 자기 권력화된 관료집단, 정부조직, 시민단체, 언론 등 기성세력을 의미한다. 이들은 기득권층으로 법 제도를 넘어서는 위치에서 국가에 강한 영향력을 행사한다. 터키, 이집트 등 권위주의 국가의 군부세력 겉으로는 행정가를 두고 수시로 정치에 개입하는 모습에서 처음 사용됐다. 트럼프 전 대통령과 그 지지자들이 대선패배 음모론을 꺼낼 때 자주 사용한다.

24

정답 ④

쿠즈네츠(Kuznets) 곡선는 사이먼 쿠즈네츠가 1950년대 내놓은 역(逆)유(U)자형 곡선으로, 소득 불평등 정도를 설명하는 그래프를 뜻한다. 쿠즈네츠는 산업화 과정에 있는 국가의 불평등 정도는 처음에 증가하다가 산업화가 일정 수준을 지나면 다시 감소한다고 주장했다. 쿠즈네츠는 이 연구로 1971년 노벨 경제학상을 받았다. 하지만 최근 '21세기 자본'의 저자 토마 피케티는 불평등이 감소한 이유로 산업화 진전이 아니라 대공황과 2차 세계대전에 따른 결과

라고 주장했으며, '왜 우리는 불평등해졌는가'를 쓴 브랑코 밀라노비치 뉴욕 시립대 교수는 최근 선진국에서는 세계화의 결과로 불평등이 다시 악화했다며 쿠즈네츠 곡선이 한 번 순환으로 끝나는 것이 아니라 불평등이 다시 상승하는 '파동' 형태를 가진다고 분석했다.

25

정답 ④

과점시장(Oligopoly)은 유사하거나 동일한 상품을 공급하는 소수의 공급자가 존재하는 시장구조다. 공급자 수가 많지 않은 까닭에 소수의 기업 대표가 담합해 판매 가격을 일치시키거나 생산량을 서로 할당하여 이윤을 극대화 하는 사례가 발생한다. 과점시장은 가격이 경직적이므로 광고・제품 차별화 등 비가격경쟁이 치열하다. 과점시장의 수요곡선은 우하향 하므로 제품 가격을 높일수록 판매량이 줄어 기업 이윤은 감소하게 된다. 독점시장(Monopoly)은 시장에 유일한 생산자가 존재하는 시장으로 특허권이나 정부 허가, 규모의 경제가 발생하는 경우 등에 의해 형성된다.

26

정답 ④

국내총생산(GDP)은 일정기간 동안 '자국 영토 내에서' 생산된 모든 최종 재화와 서비스의 시장가치의 합으로 정의된다. 반면 국민총생산(GNP)은 일정기간 동안 '자국민'이 생산한 모든 최종재화와 서비스의 시장가치의 합이다. Ⓐ 부분은 자국 영토 내에서 생산된 모든 시장가치의 합에서 자국민이 자국 영토 내에서 생산한 모든 시장가치의 합을 차감한 것을 의미한다. 즉, 외국인이 우리나라에서 노동하고 벌어들인 임금 등이 포함된다. Ⓑ부분은 자국 영토 내에서 자국민이 생산한 모든 시장가치의 합을 의미한다. Ⓒ 부분은 자국민이 생산한 모든 시장가치의 합에서 자국 영토 내에서 생산한 모든 시장가치의 합을 차감한 것을 의미한다.

27

정답 ③

키토제닉 식단(Ketogenic Diet)은 저(低)탄수화물 고(高)지방의 다이어트 식단으로, 키토시스 상태에서 섭취하는 지방은 주 에너지원이 되고 모자라면 체지방을 태우기 때문에 다이어트에 효과가 있다.

오답분석

① FMD 식단(Fasting Mimicking Diet) : 먹으면서도 단식 효과를 내는 식단으로, 한 달 중 5일을 800 ~ 1,100kcal의 식단으로 구성하는 다이어트
② 저인슐린 다이어트(Low Insulin Diet) : 혈당이 천천히 올라가는 음식 위주로 먹음으로써 인슐린 분비를 되도록 적게 하여 체중을 조절하는 다이어트
④ 황제 다이어트 : 탄수화물은 절제하고 단백질 섭취는 늘림으로써 지방 저장에 관여하는 인슐린 분비를 억제하여 살을 빼는 다이어트

28

정답 ③

코하우징(Co-Housing)은 개인 공간을 두고 공용 공간은 공유하는 공동주택으로, 우리나라에는 한국형 공동주택인 소행주(소통이 있어 행복한 주택)가 있다.

오답분석

① 타운 하우스(Town House) : 단독주택을 두 채 이상 붙여 나란히 지은 집으로, 벽을 공유하는 주택 형식
② 컬렉티브 하우스(Collective House) : 고령화 사회에서 건물의 관리나 운영을 공동으로 하는 주택 형식
④ 사회주택 : 지방자치단체가 구입한 부지를 저렴한 비용으로 사업자에게 빌려주면 사업자가 임대주택을 건설해 시세보다 낮은 비용으로 저소득층에게 빌려주는 주택 제도

29

정답 ④

아포페니아는 서로 무관한 현상들에서 의미, 규칙, 연관성을 찾아내어 믿는 현상을 가리키는 심리학 용어로, 자기가 보고 싶은 대로 보고, 듣고 싶은 말만 듣는다는 의미를 함축한다. '교실 이데아'는 청각 자극, '화성 사진'은 시각 자극에 의한 아포페니아로 볼 수 있다.

오답분석

① 리플리 증후군(Ripley Syndrome) : 현실 세계를 부정하고 허구의 세계만을 진실로 믿으며, 상습적으로 거짓된 말과 행동을 일삼는 반사회적 인격 장애
② 표퓰리즘(Populism) : 대중의 의견을 대변하는 등 대중을 중시하는 정치사상 및 활동
③ 인피어리오리티 콤플렉스(Inferiority Complex) : 인간은 자기 안에 존재하는 열등한 요소를 인정하지 않으려는 경향이 있으며, 그것이 억압되어 일종의 콤플렉스로 작용하는 것

30

정답 ④

기본적으로 통화량이 증가할 때 정부에서는 각종 출구전략을 통해 이자율을 상승시킨다.
통화량이 증가하면 채권수요가 증가하고, 이자율이 하락하기에 소비자의 구매욕구를 촉진시키거나 단위당 기대수익률이 높은 사업을 제시하여 투자를 활성화하며 향후 인플레이션 발생을 경고해서 구매력에 영향을 줄 수도 있다. 또한 대중들의 인지도가 높은 기업의 채권회수율의 하락을 공시하여 자연스럽게 이자율을 상승시킨다. 하지만 경제성장률과 물가상승률의 하락은 이자율을 낮춰 투자를 활성화 해야하는 상황이기에 시중에 통화량을 증가시키는 방안이다.

31

정답 ①

'절대소득가설'은 경제학자 케인스가 주장한 소비이론이다. 현재 소득이 소비를 결정하는 가장 중요한 요인으로 소득 이외 요인은 소비에 2차적인 영향만 미친다는 것이다. 하지만 현재 소비를 설명하기 위해 현재 소득에만 큰 비중을 두고 금융자산, 이자율, 장래소득의 기대 등 소비에 영향을 끼치는 다른 변수는 간과했다는 지적이 있다. '항상소득가설'은 항상소득이 소비를 결정한다는 이론이다. 경제학자 밀턴 프리드먼은 소득을 정기적으로 확실한 항상소득과 임시적인 변동소득으로 구분해 항상소득이 소비에 영향을 미친다고 주장했다.

32

정답 ④

밑줄 친 '싱가포르투자청(GIC)'은 싱가포르에 대표적인 국부펀드이다.

국부펀드란 중앙은행이 관리하는 외환보유고와는 달리 정부가 외환보유액의 일부를 투자용으로 출자해 만든 펀드다. 출자자금으로는 주로 외환보유액이나 원유를 수출해 벌어들인 오일달러가 활용된다. 각국 정부는 국부펀드를 통해 운용 수익을 높이거나 국제무대에서 정치적 영향력을 키우려는 목적도 포함돼 있다. 투자대상은 외국의 국채나 회사채에서부터 금융회사, 에너지회사, 항만, 통신, 원자재, 사모펀드 등으로 다양하다. 대표적 국부펀드로는 중국의 CIC, 싱가포르의 테마섹(TH)과 싱가포르 투자청(GIC), 아랍에미리트 연합(UAE)의 아부다비 투자청, 한국투자공사(KIC) 등을 꼽을 수 있다.

어피너티에쿼티파트너스(AEP)는 싱가폴, 홍콩, 서울, 시드니, 베이징, 자카르타 등에 거점을 두고 아시아 태평양 지역에 주로 투자하는 글로벌 사모펀드이다.

33

정답 ①

1952년 7월에 이루어진 것으로 1950년 국회의원 선거에서 이승만을 지지하는 세력이 낙선하자 간선제로 대통령에 뽑힐 수 없을 것 같았던 이승만은 발췌 개헌을 통해 대통령 직선제 등으로 변경하였다.

오답분석

② 1954년 대통령 중임을 1차로 제한한 규정을 초대 대통령에 한하여 폐지하는 개헌
③ 1960년 4·19혁명 이후 내각책임제로 전환되면서 시행한 개헌으로 의원내각제 도입
④ 1972년 대통령 장기집권을 위해 유신체제로 전환을 위한 개헌

34

정답 ①

6·15 남북 공동선언은 2000년 김대중 대통령이 북한의 김정일 국방위원장과 정상회담을 통해 합의된 내용을 발표한 것으로 통일 문제의 자주적 해결, 1국가 2체제 통일방안, 이산가족 문제의 인도적 해결, 남북 간 교류 활성화 등을 합의 하였다.

오답분석

② 88 서울 올림픽 개최 : 노태우 대통령 때인 1988년 서울에서 제24회 올림픽을 개최하였다.
③ 남북한 동시 UN가입 : 노태우 대통령 때인 1991년 남북한 UN 동시가입을 하였다.
④ 한반도 비핵화 선언 : 노태우 대통령 때인 1991년 남북한이 한반도 비핵화를 선언하였다.

35

정답 ④

조선태형령은 1912년에 시행되어 1920년에 폐지된 제도로 치안유지 명목으로 조선 사람을 재판 없이 태형(笞刑)으로 처벌할 수 있는 제도이다. 치안유지법은 1925년에 시행된 사회주의 운동이나 식민 체제를 반대하는 반정부·반체제 운동을 탄압하기 위한 법이다.

오답분석

① 토지 조사 사업 : 1910 ~ 1918년 일제가 한국의 식민지적 토지소유관계를 공고히 하기 위하여 시행한 대규모의 국토조사사업
② 3·1 만세운동 : 1919년 3월 1일을 기점으로 일어난 항일독립운동
③ 헌병 경찰제 : 1910년대 일제가 우리나라를 지배하기 위해 실시한 경찰제도(군인이 경찰 역할)로 3·1 만세운동 이후 폐지

36

정답 ③

화이트 스완(White Swan)이란 반복되는 위기라서 충분히 예측가능하고 예방할 수도 있으나 제때 적절한 대응책을 마련하지 않아 발생하는 위험을 말한다. 누리엘 루비니 뉴욕대교수가 2011년 처음 사용한 용어다. 그는 역사적으로 되풀이 되고 있는 금융위기를 화이트 스완이라 이름을 붙였다. 예측이 가능하다는 점에서 도저히 일어날 것 같지 않은 일이 발생한다는 의미의 블랙 스완과 대비된다.

37

정답 ④

뱅크런(Bank Run)이란 은행의 대규모 예금 인출 사태를 말한다. 은행이 부실해질 것을 두려워한 예금자들이 돈을 찾기 위해 은행으로 달려간다는 데서 유래됐다. 뱅크런이 발생하면 은행이 부실해지는 것으로 끝나지 않는다. 금융기관들은 서로 긴밀히 연결돼 있기 때문에 뱅크런이 발생하여 은행이나 기타 금융기관들이 파산하게 되면 다른 은행이나 금융기관들에도 부정적인 영향을 주어 금융시스템 전체의 위기로 이어진다.

38

정답 ④

필립스곡선이란 영국의 경제학자 필립스가 찾아낸 실증 법칙으로, 실업률이 낮으면 임금상승률이 높고 실업률이 높으면 임금상승률이 낮다는 반비례 관계를 나타낸 곡선이다. 현재는 인플레이션율과 실업률 사이에 존재하는 역의 상관관계를 나타내는 곡선이다. B국 국민은 높은 실업률에 민감한 상태다. 필립스곡선에 따르면 B국 정부는 실업률을 개선하기 위해 확장적 통화·재정정책을 시행해야 한다. 〈보기〉의 다른 대책들과 달리 SOC예산 축소는 투자를 축소시켜 실업률을 높일 수 있다.

39

정답 ②

서재필은 갑신정변 실패 이후 미국에 망명해 근대 문명을 배우고 한국으로 돌아와 자유주의와 민주주의 개혁 사상으로 민중을 계발하고자 독립협회를 창립하였다.

오답분석

① 신민회 등 설립
③ 대한광복회 등 설립
④ 대한협회 등 설립

40

정답 ②

우리 민족의 전통과 문화의 뿌리를 말살하려 한 일본은 식민지 지배정책으로 민족말살정책을 수행하였고, 1939년 창씨개명이라 하여 성과 이름을 일본식으로 만들어 등록하도록 강요하였다. 창씨개명을 하지 않으면 취학, 취업, 우편물 이용 등의 공공생활을 규제하거나 신체적 학대를 가하기도 하였다.

오답분석

① 신사참배 : 황국신민화 정책으로 전국에 신사를 세우고 한국인들로 하여금 매일 참배하도록 하였다.
③ 병참기지화 정책 : 중일전쟁, 태평양전쟁 등을 일으킨 일본은 한국을 전쟁물자 보급창으로 사용하기 위해 병참기지화 정책을 시행하여 국내의 물적·인적 자원을 수탈하였다.
④ 한국어 교육 폐지 : 일본은 한국어 교육을 폐지하고 일본어만 가르쳤으며, 초등학교 에서도 평상시에 일본어를 쓰도록 강제하였다.

41

정답 ④

3·15 부정선거는 1960년 3월 15일, 4·19 혁명은 1960년 4월 19일, 5·16 군사정변은 1961년 5월 16일에 일어났다.

오답분석

① 헌법제정 : 1948년 5월
② 발췌개헌 : 1952년 7월
③ 사사오입 개헌 : 1954년 11월

42

정답 ①

그래프 상에서 국민소득이 증가할 때 저축이 증가하므로 저축은 국민소득의 증가함수이다. 현재 국민총생산이 Y_0에서 달성되고 있을 때 소득 중 소비되지 않은 부분을 나타내는 저축이, 기업의 새로운 자본재 구입액인 투자를 초과하므로 생산물 중 일부가 덜 팔리면서 의도했던 것보다 재고가 증가한다.

43

정답 ③

공공자가주택은 환매조건부주택, 토지임대부주택 등을 말한다. 정부에서는 시세의 50 ~ 60% 저렴한 분양가로 주택을 공급하고 개인은 주택가격의 일부만 내고 입주한 뒤 후에 정부에게만 매도하는 정책이다. 변창흠 신임 국토부 장관이 제안한 것으로 변 장관은 3기 신도시에 공공자가주택 공급방침을 밝혔다.

44

정답 ④

이 문제 수요곡선의 방정식은 $P=-Q+100$이다. 예를 들면, 가격이 100원이면 X재의 수요량은 0이고, 가격이 30원이면 X재의 수요량은 70이다. 수요곡선이 우하향의 직선인 경우 수요곡선 상의 우하방으로 이동할수록 수요의 가격탄력성이 점점 작아진다. 그러므로 수요곡선 상의 모든 점에서 수요의 가격탄력성이 다르게 나타난다. X재는 정상재이므로 소득이 증가하면 수요곡선이 오른쪽으로 이동한다. 한편, X재와 대체관계에 있는 Y재의 가격이 오르면 X재의 수요가 증가하므로 X재의 수요곡선은 오른쪽으로 이동한다. 수요의 가격탄력성이 1일 경우는 수용곡선상의 중점이므로 이 때의 X재 가격은 50원이다. 독점기업은 항상 수요의 가격탄력성이 보다 큰 구간에서 재화를 생산하므로 독점기업이 설정하는 가격은 50원 이상이다.

45

정답 ①

슈퍼푸드는 인체노화 분야 권위자인 스티븐 프랫 박사의 저서에 나온 영양가 높은 식재료 명단이다. 프랫 박사의 14가지 슈퍼푸드는 콩, 귀리, 시금치, 브로콜리, 오렌지, 요구르트, 녹차, 홍차, 토마토, 호두, 마늘, 호박, 블루베리, 연어, 레드와인이다.

46

정답 ①

에드윈 포터는 1870년생 미국 영화감독으로 많은 연출 기법을 정립한 인물이다. 그의 작품 〈대열차 강도〉는 분량을 달리한 교차편집의 두 가지 변형판으로 남아 있다.

47

정답 ②

〈기생충〉은 2019년 개봉한 봉준호 감독의 작품이다. 부유층과 빈곤층을 코믹하고 시니컬하게 대비시켜 좋은 평을 받았다. 2019 칸 영화제에서 황금종려상을 수상하고 2020년 아카데미 시상식에서 감독상·작품상 등 4관왕을 달성했다.

48

정답 ④

두 나라 간 화폐의 교환비율인 환율을 결정하는 요소는 물가와 이자율 차이다. 빅맥지수로 잘 알려진 구매력평가설이 물가에 따른 환율결정이론이라고 한다면 이자율평가는 이자율에 따른 환율결정이론이라고 할 수 있다.

자본은 투자의 수익과 위험을 고려하여 동일한 위험에 대해 최대의 수익을 얻기 위해 국가 간에 이동한다. 이자율평가는 자본의 국가 간 이동이 자유로운 경우 국제 자본거래에서 이자율과 환율 간 관계를 나타낸다. 이자율평가는 국내금리=외국의 금리+(미래환율−현재환율)/현재환율의 식으로 표현된다.

따라서 0.1=(미래환율−1,000)/1,000의 식에서 미래환율은 1,100원임을 알 수 있다.

즉, 이자율이 높은 나라로 국제 자본이 유입하게 되는데, 이자율의 차이(10%)만큼 이자율이 높은 나라의 환율이 오르면(통화가치가 하락하면) 자본이 국가 간에 이동하지 않게 된다.

49

정답 ②

균형재정승수란 정부가 균형재정을 유지하는 경우에 국민소득이 얼마나 증가하는가를 측정하는 것이다. 균형재정이란 정부의 조세수입과 정부지출이 같아지는 상황으로 $\Delta G=\Delta T$라고 할 수 있다. 정부지출과 조세를 동일한 크기만큼 증가시키는 경우로 정부지출승수는 $\frac{\Delta Y}{\Delta G}=\frac{-MPC}{1-MPC}=\frac{-0.8}{1-0.8}=-4$이다.

따라서 정부지출과 조세를 동시에 같은 크기만큼 증가시키면, $\frac{\Delta Y}{\Delta G}+\frac{\Delta Y}{\Delta T}=\frac{1}{1-0.8}+\frac{-0.8}{1-0.8}=5-4=1$이 된다.

즉, 균형재정승수는 1이다.

50

정답 ④

완전경쟁시장의 장기균형에서 $LAC=LMC$의 관계가 성립하며, 그때의 LAC 값이 시장균형가격이다. $LAC(q)=40-6q+\frac{1}{3}q^2$ $=LMC(q)=40-12q+q^2$에서 $q=9$이고, 그때의 $LAC=13$이므로 시장균형가격은 $P=13$이다. 이를 시장수요곡선에 대입하면 $Q=900$이다. 동일한 비용구조를 가진 기업은 동일한 가격에서 동일한 양을 생산하므로 $Q=n\times q$가 성립한다.

따라서 $900=n\times 9$에서 기업의 수 $n=100$이다.

51

정답 ②

채권시장안정펀드는 채권시장의 경색으로 자금난을 겪는 기업에 유동성을 지원하고, 국고채와 회사채의 과도한 스프레드(금리) 차이를 해소하기 위해 조성하는 펀드이다. 2020년 코로나19 사태로 금융 시장의 불안감이 확대됨에 따라 정부는 채권시장안정펀드를 조성하였다.

오답분석

① 통화채권펀드 : 증권회사가 통화안정증권 또는 보유회사채를 투사신탁회사에 맡기고, 투자신탁회사에서 발행하는 수익증권을 인수하여 이를 투자자에게 판매하는 형태의 펀드

③ 모태펀드 : 개별 기업에 직접 투자하는 대신 펀드(투자조합)에 출자하여 간접적으로 투자하는 방식의 펀드로, 국내에서는 정부가 중소・벤처기업을 육성하기 위해 벤처캐피털에 출자하는 방식의 펀드를 말함

④ IP펀드 : NPE(특허 괴물)로부터 기업을 보호하는 동시에 기업 특허를 투자대상으로 삼아 수익을 창출하는 펀드

52

정답 ①

기초생활보장대상자(수급자)에게 현금으로 지급하는 돈은 생계급여이다. 기본소득제는 재산이나 소득, 고용 여부, 노동 의지 등과 무관하게 정부 재정으로 모든 국민에게 동일하게 최소 생활비를 지급하는 제도이다. 핀란드 정부가 처음으로 중앙정부 차원에서 시범적으로 진행하였으나 결과가 좋지 않아 취소되었고, 스위스는 국민투표를 진행하였으나 부결되었다.

53

정답 ④

콜 차입은 금융사 간에 단기 자금을 빌려주는 것으로, 일시적인 여유자금을 운용하는 것을 콜 론(Call Loan), 일시적인 자금 부족으로 차입하는 것을 콜 머니(Call Money)라고 칭한다.

오답분석

① 핫 머니(Hot Money) : 국제금융시장을 이동하는 단기자금과 국내시장에서 단기적인 차익을 따라 이동하는 단기적인 투기자금

② 스마트 머니(Smart Money) : 고수익의 단기차익을 노리는 기관이나 개인투자자들이 장세 변화를 신속하게 파악하여 투자하는 자금

③ RP(Repurchase Agreement) : 환매조건부 채권으로, 채권 발행자가 일정 기간 후에 금리를 더해 다시 사는 것을 조건으로 파는 채권

54

정답 ④

순현재가치(NPV) $= -1,000 + 600/(1.1) + 600/(1.1)(1.1)$
$= -1,000 + 1,041 = 41$

즉, 1,000만 원을 투자하면 41만 원 만큼 이득을 보는 것이므로 투자를 하는 것이 이득이다. 1,041만 원 미만을 투자하면 이득인 셈이다. 따라서 프로젝트 수행자가 시장에서 투자 자금을 공개적으로 모집한다면 이 프로젝트를 구입하려는 금액(가격)은 1,041만 원에 수렴할 것이다. 이처럼 미래에 현금수입이 발생하는 모든 수익성 자산의 가격은 미래에 들어올 현금유입액의 현재가치에 접근하게 된다. 주식 채권 상가 등 모든 자산의 이론가격은 미래 현금유입액의 현재가치라고 할 수 있다. 미래 현금이 영구적으로 들어온다면 연현금흐름을 시장이자율로 나눠주면 바로 그 자산의 가격이 된다.

55

정답 ②

비용함수는 생산량과 비용 사이의 관계를 나타내는 함수이다. 주어진 비용함수에서 생산량(Q)이 늘어날수록 총비용이 증가한다. 하지만 평균비용(총비용÷생산량)은 줄어든다. 예를 들어 생산량이 1, 2, 3개로 늘어날 경우 총비용(TQ)은 75, 100, 125로 증가하지만 평균비용은 75, 50(100÷2), 41.6(125÷3)으로 감소한다. 이는 평균 고정비(고정비÷생산량)가 생산량이 늘어날수록 줄어들기 때문이다. 고정비는 생산량과 관계없이 들어가는 비용으로 문제의 함수에선 50이다. 이처럼 생산량이 늘어날 때 평균비용이 줄어드는 것을 규모의 경제가 존재한다고 한다. 한계비용은 생산량이 하나 더 늘어날 때 들어가는 비용으로 문제에선 25로 일정하다.

56

정답 ③

실업률은 실업자 수를 경제활동인구 수로 나눈 비율이다. 하지만 실망 실업자와 같이 구직활동을 지속하다 취업을 포기한 사람 등이 경제활동인구에서 제외되므로 실업률이 낮게 추정될 수 있다. 이런 한계로 경제협력개발기구(OECD)는 고용률을 함께 활용하도록 권장한다. 고용률은 만 15세 이상 생산가능인구 가운데 취업자 수 비율로 실질적인 고용창출 능력을 나타낸다. 문제에서 2019년도, 2020년도 생산가능인구가 같으므로 비율을 인원수로 바꿔서 실업률과 고용률을 구하면 된다.
2019년도는 경제활동인구 500명, 취업자 475명, 실업자 25명이고, 2020년도에는 경제활동인구 400명, 취업자 384명, 실업자 16명이다. 따라서 고용률은 47.5%에서 38.4%로 하락했고 실업자 수와 취업자 수도 감소했다.

57

정답 ②

'절대우위'는 다른 생산자에 비해 더 적은 생산요소를 투입해 같은 상품을 생산할 수 있는 능력이고 '비교우위'는 다른 생산자보다 더 적은 기회비용으로 생산할 수 있는 능력이다. A사는 B사보다 모터, 펌프 모두 시간당 최대 생산량이 많으므로 모터, 펌프에 절대우위가 있다. 비교우위는 상대적인 기회비용 크기를 비교한다. 따라서 A사의 펌프 생산 기회비용은 모터 1개이지만 B사의 펌프 생산 기회비용은 모터 2/3개다. 따라서 B사가 펌프 생산에 비교우위가 있다.

58

정답 ④

지급준비금은 은행이 고객들의 예금 반환 요구에 대비해 갖고 있는 돈이다. 지급준비율(지준율)은 예금 중 지급준비금으로 보유하는 돈의 비율이다. 법정 지준율은 중앙은행이 정하면, 중앙은행이 찍어낸 돈은 은행을 통해 시중에 유통되면서 또 다른 돈을 만들어낸다. 이를 신용창조(예금창조)라고 한다. 예금창조액은 지준율의 역수다.
예를 들어 지준율이 20%일 때, 1,000만 원의 예금으로 만들어지는 예금창조액은 예금액(1,000만 원)÷지준율(0.2)=5,000만 원이다. 지준율이 100%로 인상되면 예금통화액은 1,000만 원÷1=1,000만 원이 돼 4,000만 원이 감소한다.

59

정답 ③

물리 계층은 통신 회선, 채널 등과 같이 시스템 간에 정보 교환을 위한 전기적인 통신 매체로 전화선이나 동축 케이블 등의 물리적 특성을 관리한다.

60

정답 ③

오답분석

① RS-232C, X.21 : 물리 계층에 해당한다.
② HDLC, BSC, PPP : 데이터 링크 계층에 해당한다.
④ TCP, UDP : 전송 계층에 해당한다.

| 디지털/IT |

21	22	23	24	25	26	27	28	29	30
②	④	①	②	③	②	④	①	②	②
31	32	33	34	35	36	37	38	39	40
①	②	④	①	④	④	③	③	①	①
41	42	43	44	45	46	47	48	49	50
④	②	②	④	④	④	③	②	④	④
51	52	53	54	55	56	57	58	59	60
④	②	②	①	②	②	④	④	④	②

21

정답 ②

보헴은 폭포수 모형과 프로토타입 모형의 장점에 더해 위험 분석 기능을 추가한 나선형 모형(Spiral Model)을 제안하였다.

22

정답 ④

NUR(Not Used Recently)는 NRU와 비슷한 알고리즘으로, 최근에 사용하지 않은 페이지를 교체하는 기법이다. 최근에 사용되지 않은 페이지는 향후에도 사용되지 않을 가능성이 높다는 것을 전제로 LRU에서 나타나는 시간적인 오버헤드를 줄일 수 있다.

23

정답 ①

스푸핑(Spoofing)의 Spoof는 '도용하다, 패러디하다'라는 의미가 담겨 있다. 해킹 수법 중의 하나로써, 타인의 신분을 위조하거나 도용하여 공격을 진행하는 행위를 뜻한다.

오답분석

② 스니핑(Sniffing) : 네트워크망을 이용하는 패킷을 해킹하여 내용을 보는 행위
③ 피싱(Phishing) : 전자 우편이나 메신저를 믿을 만한 사람이나 기업 등이 보낸 것처럼 가장하여, 비밀번호 등의 정보를 부정하게 얻으려는 수법
④ 해킹(Hacking) : 타인의 컴퓨터 시스템에 침입하여 데이터와 프로그램을 없애거나 망치는 일

24

정답 ②

프리웨어는 라이선스 요금 없이 무료로 배포되는 소프트웨어로 최종 사용자가 대금을 지불할 필요는 없지만 영리를 목적으로 배포할 수 없다.

25

정답 ③

전자상거래는 종이에 의한 문서를 사용하지 않고 표준 전자문서를 컴퓨터 간에 교환해 즉시 업무에 활용하도록 하는 전자문서교환 팩시밀리 전자게시판, 전자우편(E-mail), 전자자금이체 등과 같은 전자 매체를 이용한 상거래이다.

26

정답 ②

XSS란 크로스사이트 스크립팅이다. 악의적인 스크립트가 사용자 측에서 실행되게 유도함으로써, 정보 유출 등의 공격을 유발할 수 있다.

오답분석

①·④ SQL삽입(InjectionSQL) : 보안 취약점을 이용해 악의적인 SQL문을 실행되게 만드는 공격방법
③ 경로조작 및 자원삽입 : 입력 값 조작으로 시스템이 보호하고 있는 자원에 접근하여 수정, 삭제, 누출 등을 하는 공격방법

27

정답 ④

구조패턴이란 구조가 복잡한 시스템을 개발하기 쉽도록 클래스나 객체들을 조합하여 더 큰 구조로 만드는 패턴으로 Facade는 생성패턴이 아닌 구조패턴이다.

- 생성패턴 : builder, Prototype, Factory Method, Abstract Factory, Singleton
- 구조패턴 : Bridge, Decorater, Facade, Flyweight, Proxy, Composite, Adapter

28

정답 ①

온라인상에서는 익명성이 보장되고, 정보가 동시다발적으로 확산되기 때문에 많은 이들이 정보를 그대로 받아들이고 별다른 죄책감 없이 관련 정보를 쉽게 퍼트린다. 소셜미디어 규제에 대한 시스템이 부족해 인포데믹스(Infodemics) 현상은 앞으로 더욱 다양한 분야에서 발생할 가능성이 높다.

29

정답 ②

딥페이크(Deepfake)는 안면윤곽 안쪽 부분만 피부톤을 맞춰 바꿔치기하는 방식으로 눈·코·입 부분만 합성한다. 사람의 인상에는 헤어스타일과 안면윤곽도 크게 작용하며, 합성 대상이 원본과 다른 안면윤곽을 가지고 있다면 합성 자체는 자연스럽게 이루어졌다 하더라도 전혀 동일인이 아닌 것처럼 보이게 된다. 음성에는 전혀 손대지 않지만, 얼굴 표정을 적절하게 합성을 하기 때문에 목소리가 다르다 하더라도 입모양이 발음과 일치하여 자연스럽게 느껴질 수 있다.

30

정답 ②

그린 컴퓨팅(Green Computing) 또는 그린 IT(Green IT)는 작업에 소모되는 에너지를 줄여보자는 기술캠페인이다. 그린 컴퓨팅은 녹색 ICT의 일환으로, 컴퓨터 자체를 움직이는 여러 에너지들뿐만 아니라 컴퓨터의 냉각과 구동 및 주변 기기들을 작동시키는 데 소모되는 전력 등을 줄이기 위해서 CPU나 GPU등 각종 프로세서들의 재설계, 대체 에너지 등을 활용하는 방안 등 탄소 배출을 최소화시키는 환경을 보호하는 개념의 컴퓨팅이다.

31
정답 ①

키오스크(KIOSK)는 터치스크린 방식으로 이용할 수 있는 무인단말기이다.

오답분석

② MultiRAT(다중 무선 접속 기술) : 이동통신 망에서 서로 다른 여러 무선 통신을 동시에 사용할 수 있는 무선 접속 기술
③ D2D Communication(단말 간 직접 통신) : 이동통신 단말기가 기지국을 통하지 않고 단말기끼리 직접 통신하는 기술
④ NFC : 가까운 거리에서 사용할 수 있는 근거리 무선 통신 기술

32
정답 ②

FDS(이상금융거래탐지시스템)은 금융 거래에서 부정 결제나 사기 등 이상 거래 징후를 사전에 탐지해서 차단하는 보안 시스템이다.

오답분석

① AML : 자금 세탁 방지
③ DID : 분산 신원 증명
④ KYC : 고객 확인 절차

33
정답 ④

이상금융거래 탐지시스템이란 결재자의 다양한 정보를 수집해 패턴을 만든 후 패턴과 다른 이상 결제를 잡아내고 결제 경로를 차단하는 보안 방식으로 지문은 모니터링 및 감사기능에 대한 설명이다.

FDS의 구성요소

- 정보수집기능 : 이상금융거래 탐지의 정확성을 위해 크게 이용자 매체 환경 정보와 유형 정보의 수집기능
- 분석 및 탐지기능 : 수집된 정보는 이용자 유형별, 거래 유형별 다양한 상관관계 분석 및 규칙 검사 등을 통해 이상 행위를 탐지하는 기능
- 대응기능 : 분석된 이상 금융거래 행위에 대한 거래 차단 등의 대응 기능
- 모니터링 및 감사기능 : 수집, 분석 대응 등의 종합적인 절차를 통합하여 관리하는 모니터링 기능과 해당 탐지 시스템을 침해하는 다양한 유형에 대한 감사기능

34
정답 ①

마이데이터 산업에 대한 설명이다. 마이데이터를 이용하면 각종 기관과 기업 등에 분산돼 있는 자신의 정보를 한꺼번에 확인할 수 있으며, 업체에 자신의 정보를 제공해 맞춤 상품이나 서비스를 추천받을 수 있다.

35
정답 ④

핀테크란 금융(Finance)과 기술(Technology)의 합성어로 최근에 발생한 디지털 혁신 흐름 중 하나이다. 디지털 기술과 금융 산업이 만나 나타나는 금융혁신 현상을 나타낸다. 모바일, SNS, 빅데이터 등 요즘 일상이 된 첨단 정보 기술을 활용하여 다양한 금융 서비스를 제공하는 것이며 서비스뿐만 아니라 금융시스템 개선을 위한 기술도 핀테크에 해당한다.

핀테크 기능적 분야

- 결제 및 송금 기능
- 대출 및 자금 조달
- 자산관리
- 금융 플랫폼

36
정답 ④

개방성은 프라이빗 블록체인의 특징과는 거리가 멀다. 개방성과는 반대인 폐쇄성을 띄는 블록체인으로 보안성이 높은 특징을 가지고 있다.

37
정답 ③

SAN(Storage Area NetWork)에 대한 설명으로 SAN은 서로 다른 종류의 데이터 저장장치를 한 데이터 서버에 연결하여, 총괄적으로 관리해주는 네트워크이다.

스토리지의 종류에는 DAS, NAS, SAN이 있다.

- DAS
  - 서버와 저장장치를 전용 케이블로 직접 연결한다.
  - 서버에서 저장장치를 관리한다.
  - 속도가 빠르고 설치 및 운영이 쉽다.
  - 초기 구축 비용, 유지보수 비용이 저렴하다.
  - 다른 서버에서 접근과 공유가 불가능하다.
- NAS
  - 서버와 저장 장치를 네트워크를 통해 관리한다.
  - NAS Storage가 내장된 저장장치를 직접 관리한다.
  - 이더넷 스위치를 통해 다른 서버에서도 스토리지에 접근할 수 있어 파일 공유가 가능하다.
  - DAS에 비해 확장성 및 유연성이 우수하다.
  - 접속률이 증가할 시 성능이 저하될 수 있다.

38
정답 ③

SSD(Solid State Driv)에 관한 설명이다. HDD는 플래터와 헤드를 이용해 데이터를 저장하는 기존 방식의 하드웨어로 고속으로 디스크를 회전시켜 저장하는 방식으로 충격에 약하며 소음이 발생한다. 이러한 HDD의 단점을 보완한 SSD의 사용이 증가하고 있다. ODD는 CD, DVD, 블루레이 디스크를 읽거나 자료를 저장할 수 있는 장치이다.

39

정답 ①

DDos은 일반 컴퓨터를 감염시켜 좀비PC로 만든다. 이런 좀비PC를 조정하는 서버는 C&C서버이다.

40

정답 ①

FIFO 알고리즘은 복수의 신호 혹은 잡(Job)이 처리대기로 되어 있을 경우 처리의 우선순위를 붙이지 않고 메모리에 먼저 올라온 페이지를 먼저 내보내는 방식이다. 페이지가 활동적으로 사용되는데도 불구하고 가장 먼저 들어오면 교체되기 때문에 페이지 프레임을 더 많이 할당해도 페이지 부재율이 증가하는 모순적인 현상이 나타난다.

41

정답 ④

교착상태 예방 기법은 교착상태가 발생하지 않도록 사전에 시스템을 제어하는 것으로 상호배제 부정, 점유 및 대기 부정, 비선점 부정, 환형 대기 부정 등의 방법이 있다. 은행원 알고리즘은 교착 상태 회피 기법으로 교착 상태가 발생할 가능성을 배제하지 않고 교착상태가 발생하면 적절히 피해나가는 방법이다.

42

정답 ②

우선순위 스케줄링 기법의 문제점인 낮은 순위의 프로세스가 높은 순위의 프로세스에 의해 무한정 기다리는 상태인 무한연기 현상을 방지하기 위해 에이징 기법을 적용한다.

43

정답 ②

Best Fit은 컴퓨터 시스템에서 메모리를 할당하는 방법의 하나로, 요구량보다 큰 부분 중 가장 작은 메모리 부분을 할당하는 방법이다.

오답분석

① First Fit : 프로그램이나 데이터가 들어갈 수 있는 크기의 빈 영역 중에서 첫 번째 분할 영역에 배치시키는 방법이다.
④ Worst Fit : 프로그램이나 데이터가 들어갈 수 있는 크기의 빈 영역 중에서 단편화를 가장 크게 남기는 분할 영역에 배치시키는 방법이다.

44

정답 ④

스케줄링의 목적(공정성, 처리율 증가, CPU 이용률 증가, 우선순위 제도, 오버헤드 최소화, 응답시간 최소화, 반환시간 최소화, 대기시간 최소화, 균형 있는 자원의 사용, 무한 연기 회피) 중 CPU 이용률, 처리량, 반환 시간, 대기 시간, 응답 시간은 여러 종류의 스케줄링 성능을 비교하는 기준이 된다. 바인딩 시간은 프로그램에서 어떤 요소의 이름을 그것이 나타내는 실제의 대상물과 연결하는 시간으로, 스케줄링 알고리즘과는 무관하다.

45

정답 ④

선점기법은 하나의 프로세스가 CPU를 할당받아 실행하고 있을 때 우선순위가 높은 다른 프로세스가 CPU를 강제로 빼앗아 사용할 수 있는 스케줄링 기법이다. 선점 스케줄링 기법에는 RR(Round Robin), SRT, 다단계 큐, 선점 우선순위 등이 있다. 비선점기법은 이미 할당된 CPU를 다른 프로세스가 강제로 빼앗아 사용할 수 없는 스케줄링 기법이다. 비선점 스케줄링 기법에는 FCFS(FIFO), SJF, HRN 등이 있다.

46

정답 ④

블록체인의 확장성에 대한 설명이다. 블록체인은 소스가 공개되어 있기 때문에 네트워크에 참여하는 누구나 구축, 연결 및 확장이 가능하다.

오답분석

① 블록체인의 분산성에 대한 설명이다.
② 블록체인의 안정성에 대한 설명이다.
③ 과거 은행과 신용카드 회사, 결제 제공자와 같은 중개자에 의존했던 것과 달리, 블록체인 기술은 중개자를 필요로 하지 않으며, 이는 신뢰가 필요 없는 시스템이라고도 불린다.

47

정답 ③

'5th Generation Mobile Communication'의 약자로, 2020년 초 상용화된 모바일 국제 표준을 말한다. 최대 20Gbps의 데이터 전송속도와 어디에서든 최소 100Mbps 이상의 체감 전송속도를 제공하는 것을 목표로 IoT와 4차 산업혁명을 본격화하는 기술로 평가된다.

48

정답 ②

그리드 컴퓨팅은 네트워크를 통해 PC나 서버, PDA 등 모든 컴퓨팅 기기를 연결해 컴퓨터 처리능력을 한 곳으로 집중할 수 있는 기술이다. 빅데이터 NCS는 인터넷 등의 발달로 방대한 데이터가 쌓이는 것, 그리고 데이터 처리기술의 발달로 방대한 데이터를 분석해 그 의미를 추출하고 경향을 파악하는 기술이다.

49

정답 ④

EVRC(Enhanced Variable Rate Codec)는 음성의 정보량에 따라 가변적으로 음성 정보를 부호화하는 방식이다. 따라서 클라우드 서버 내에 고객 정보, 문서 등이 유출되지 않도록 막는 클라우드 보안과는 거리가 멀다.

오답분석

① CASB(Cloud Access Security Broker) : 기업이 이용하는 클라우드 및 애플리케이션에 대해 가시화, 데이터 보호 및 거버넌스를 실현하는 서비스
② CWPP(Cloud Workload Protection Platform) : 클라우드 서버 워크로드 중심의 보안 방어를 위해 특별히 설계된 제품

③ CSPM(Cloud Security Posture Management) : 클라우드 서비스의 구성 위험 평가 및 관리

50

정답 ④

분산 컴퓨팅이란 여러 대의 컴퓨터를 연결하여 상호 협력하게 함으로써 컴퓨터의 성능과 효율을 높이는 것을 말한다. 데이터의 증가에 따라 이를 저장하고 처리하기 위해 컴퓨터 용량이 지속적으로 확대되어야 한다. 시스템의 확장성과 가용성을 제공하는 기술인 분산 컴퓨팅 기술의 기본적인 목적은 성능 확대와 높은 가용성으로, 빅데이터 활용을 지원하기 위한 가장 중요한 기반 기술이다. 또한 컴퓨터의 성능을 확대시키기 위한 방식에는 수직적 성능 확대와 수평적 성능 확대가 있다.

51

정답 ④

트랜잭션은 하나의 작업을 수행하기 위해 필요한 데이터 연산을 모아놓은 것으로, 논리적인 작업의 단위이다. 사물과 사물 사이 또는 사물과 인간 사이의 소통을 위해 만들어진 물리적 매개체나 프로토콜은 인터페이스(Interface)이다.

52

정답 ②

디지털 포렌식(Digital Forensic)이란 디지털 증거를 수집・보존・처리하는 과학적・기술적인 기법으로, 각종 디지털 데이터 및 통화기록, 이메일 접속기록 등의 정보를 수집・분석하여 범행과 관련된 증거를 확보한다.

오답분석

① 딥 페이크(Deep Fake) : 딥 러닝(Deep Learning)과 가짜(Fake)의 혼성어로, 인공지능을 기반으로 한 이미지 합성 기술
③ 리버스 엔지니어링(Reverse Engineering) : 소프트웨어 공학의 한 분야로, 이미 만들어진 시스템을 역으로 추적하여 처음의 문서나 설계기법 등의 자료를 얻어내는 일
④ 디지털 노마드(Digital Nomad) : 디지털 기기를 통해 온라인에 접속하여 공간의 제약 없이 재택・이동 근무를 하는 사람들이다. 일과 주거에 있어 유목민(Nomad)처럼 자유롭게 이동하면서도 창조적인 사고방식을 갖춘 점이 특징이다.

53

정답 ②

미국의 네트워크 장비 업체 3COM의 설립자인 밥 메칼프가 주장한 메칼프의 법칙에 따르면 인터넷 통신망이 지니는 가치는 사용자 수의 제곱에 비례한다.

오답분석

① 무어의 법칙(Moore's Law)
③ 가치사슬을 지배하는 법칙
④ 90대 9대 1 법칙

54

정답 ①

'해킹(Hacking)'과 '행동주의(Activism)'의 합성어인 핵티비즘(Hacktivism)은 경제적 이익이 아닌 정치적・사회적 목적을 위해 자행되는 해킹 공격으로, 인터넷이 일반화됨에 따라 등장한 새로운 유형의 사회운동이다.

오답분석

② 사이버 테러리즘(Cyber Terrorism) : 인터넷 등의 컴퓨터 통신망을 이용해 가상공간에서 상대방에게 피해를 주는 행위
③ 슈퍼 테러리즘(Super Terrorism) : 불특정 다수를 대상으로 하는 테러 방식
④ 에코 테러리즘(Eco Terrorism) : 급진적인 환경단체나 동물보호단체들이 환경보호라는 명분 아래 특정 기업 및 개발지역 등에 방화・파괴・협박 등의 과격한 행위를 보이는 것

55

정답 ②

슈퍼챗(Super Chat)은 구글이 운영하는 동영상 공유 서비스 유튜브의 콘텐츠 구매 플랫폼으로, 시청자들이 실시간 채팅창에서 유튜브 창작자(유튜버)에게 일정 금액을 후원할 수 있는 서비스이다. 국내 통신망 영역에서는 1,000원부터 500,000원까지 원화와 달러화로 결제할 수 있으며, 금액에 따라 전송할 수 있는 문자의 길이나 채팅창 최상단에 소개되는 시간 등에서 차이가 있다.

오답분석

① 별풍선 : 아프리카 TV
③ 팝콘 : 팝콘 TV
④ 캐시 : 팟빵

56

정답 ②

2020년 미국 CES에서 발표된 '목적 기반 모빌리티' PBV(Purpose Built Vehicle)는 개인화 설계 기반의 친환경 이동수단으로, 식당, 카페, 호텔 등의 여가 공간부터 병원, 약국 등의 사회 필수 시설까지 다양한 공간으로 연출되어 고객이 맞춤형 서비스를 누릴 수 있도록 해준다.

오답분석

① SUV(Sport Utility Vehicle) : 일반 승용 및 스포츠 등 여가생활에 맞게 다목적용으로 제작된 차량
③ RV(Recreational Vehicle) : 레저용 차량
④ MPV(Multi-purpose Vehicle) : 미니밴 자동차의 통칭

57

정답 ④

텔레그램(Telegram)은 광고 없는 오픈소스 메신저로, 니콜라이 두로프와 파벨 두로프 형제가 개발하였다. 독일과 영국 등에 서버를 두고 있으며, 일반적인 메신저와 달리 메시지, 사진, 문서 등을 암호화해 전송할 수 있고, 비밀대화 자동 삭제 기능 등으로 보안성을 높인 것이 특징이다.

오답분석

① VK : 러시아의 대표적인 소셜네트워크서비스
② Wickr : 미국의 인스턴트 메신저로, 일정한 기간 경과 후 자동적으로 메시지 삭제
③ MSN : 마이크로소프트(MS)의 개인용 컴퓨터 통신 네트워크 서비스

58

정답 ④

코드 커팅(Cord-cutting)은 N스크린 환경과 OTT 서비스가 발달하면서 기존의 유선 케이블이나 위성TV 서비스를 해지하고 인터넷TV나 동영상 스트리밍 서비스 등으로 옮겨가는 것을 말한다.

오답분석

① N스크린(N-screen) : 하나의 멀티미디어 콘텐츠(영화, 음악 등)를 N개의 다양한 기기환경에서 연속적으로 즐길 수 있는 기술이나 서비스
② OTT(Over The Top): 인터넷을 통해 TV 방송, 영화, 교육 등의 미디어를 시청할 수 있는 서비스
③ LoRa(Long Range) : IoT를 위한 중장거리 무선통신 기술

59

정답 ④

①·②·③은 부정적 영향인데 비해 ④는 4차 산업혁명 사회에 알맞은 제도와 문화를 갖추기 위한 준비이지 부정적 영향으로 보기는 어렵다.

60

정답 ②

알파고는 구글 딥마인드에서 개발한 컴퓨터 인공지능 바둑 프로그램으로 프로기사와 맞바둑을 두어 최초로 승리한 바둑 프로그램이다. 딥마인드사는 알파고의 알고리즘을 더욱 개발·활용하여 기후변화의 예측, 질병·건강관리시스템, 스마트폰 개인비서, 무인주행자동차 등 미래의 핵심서비스 용도에도 적용시킬 계획이다.

우리은행 필기전형

제2회 정답 및 해설

제 1 영역 NCS직업기초능력평가

01	02	03	04	05	06	07	08	09	10
①	②	④	④	③	③	②	④	②	①
11	12	13	14	15	16	17	18	19	20
④	①	③	①	①	④	③	②	④	④
21	22	23	24	25	26	27	28	29	30
④	④	④	③	④	③	④	④	②	①
31	32	33	34	35	36	37	38	39	40
③	④	①	③	④	②	③	④	③	③
41	42	43	44	45	46	47	48	49	50
②	①	④	①	④	③	④	③	②	②
51	52	53	54	55	56	57	58	59	60
④	③	③	②	①	④	④	②	④	①
61	62	63	64	65	66	67	68	69	70
④	②	③	④	④	③	④	④	②	①
71	72	73	74	75	76	77	78	79	80
①	④	②	③	③	④	③	①	①	③

01

정답 ①

현찰을 팔 때는 (매매기준율)−(환전수수료)가 적용되고, 송금을 할 때는 (매매기준율)+(환전수수료)가 적용되므로 환전수수료는 (매매기준율)−(환율)임을 알 수 있다. 이를 적용하여 계산하면 다음과 같다.

1) 12월 31일 현찰을 팔 때
   - 매매기준율 : 1월 2일의 매매기준율은 전일 대비 6.5원/달러 증가한 1,222.5원/달러이므로 12월 31일의 매매기준율은 1,222.5−6.5=1,216.0원/달러임을 알 수 있다.
   - 환전수수료 : 1,216.0−1,106.0=110원이나, K씨의 경우 50% 할인을 받으므로 110×0.5=55원/달러가 적용된다.

   따라서 1,216.0−55=1,161.0원/달러의 판매 환율이 적용되어 K씨는 1,000×1,161.0=1,161,000원을 받았다.
2) 1월 2일 송금할 때
   - 매매기준율 : 1,222.50원/달러
   - 환전수수료 : 매매기준율과 송금 환율이 동일하므로 환전 수수료는 0원임을 알 수 있다.

   따라서 K씨가 1,000달러를 보낼 때는 1,222원/달러(∵ 소수점 이하에서 버림)의 판매 환율이 적용되어 1,000달러×1,222=1,222,000원의 금액이 필요하다.

1)과 2)에 따라 K씨가 송금을 보낼 때 추가해야 하는 금액은 1,222,000−1,161,000=61,000원이다.

02

정답 ②

홀수 항은 2씩 나누는 수열이고, 짝수 항은 12씩 더하는 수열이다.
따라서 $-88 \div 2 = -44$

03

정답 ④

A B C → $B^2 = A \times C$
따라서 $x^2 = 8 \times 2$ → $x = 4$

04

정답 ④

- 수혜(受惠) : 은혜를 입음 또는 혜택을 받음
- 수효(數爻) : 낱낱의 수

05

정답 ③

- ~ 안전대진단 홍보물 계시 협조 : 홍보물 계시 → 홍보물 게시
- ~ 협조를 다음과 같이 요청하니 조취하여 주시기 바랍니다. : 조취하여 → 조치하여
- 협조 요총 내용 : 요총 내용 → 요청 내용
- 행사 안내 리플렛~ : 안내 리플렛 → 안내 리플릿

06

정답 ③

데이터 레이블은 데이터 계열을 대상으로 전체 데이터나 하나의 데이터 또는 하나의 데이터 요소를 선택하여 계열 이름, 항목 이름, 값 등을 표시하는 것이다. 이러한 데이터 레이블은 차트에서는 입력이 가능하나, 스파크라인에서는 입력이 불가능하다.

07

정답 ②

다른 공사에서 생산한 정보이더라도 청구대상 정보를 공유하거나 관리하고 있는 공공기관에 정보의 공개를 청구할 수 있다.

오답분석

① 공사에서 관리 중인 전자문서도 공개대상 정보에 해당한다.
③ 문서, 테이프 등이 아니더라도 정보통신망을 활용하여 정보를 공개할 수 있다.
④ 외국인이라도 학술연구를 위해 일시적으로 체류 중이거나 외국인등록증이 있는 외국인 등의 경우, 정보공개를 청구할 수 있다.

08

정답 ④

ㄴ. 이미 공개된 정보의 경우, 정보공개 청구를 받은 기관은 정보를 직접 제공하는 대신 URL 등 정보의 소재를 제공할 수 있다.
ㄹ. 교도소에 수감 중이어도 정보공개 청구의 주체가 될 수 있으며, 정보공개 청구를 받은 기관에서 생산한 정보가 아니더라도 정보공개 청구 대상이 된다.

오답분석

ㄱ. 학술연구를 위해 국내에 체류 중이었다 하더라도 비자가 만료되어 불법체류자가 된 이상 정보공개 청구의 주체가 될 수 없다.
ㄷ. 공공기록물 관리에 관한 법률에 따라 보존연한이 경과하여 폐기된 정보는 정보공개 청구 대상이 되지 못하며, 따라서 ○○공사는 정보공개를 할 의무가 없다.

09

정답 ②

수준 높은 금융 서비스를 통해 글로벌 경쟁에서 우위를 차지하는 것은 강점을 이용해 글로벌 금융사와의 경쟁 심화라는 위협을 극복하는 'ST전략'이다.

오답분석

① 해외 비즈니스 TF팀을 신설해 해외 금융시장 진출을 확대하는 것은 글로벌 경쟁력이 낮다는 약점을 극복하고 해외 금융시장 진출 확대라는 기회를 활용하는 'WO전략'이다.
③ 탄탄한 국내 시장점유율이 국내 금융그룹의 핀테크 사업 진출의 기반이 되는 것은 강점을 통해 기회를 살리는 'SO전략'이다.
④ 우수한 자산건전성 지표를 홍보하여 고객 신뢰를 회복하는 것은 강점으로 위협을 극복하는 'ST전략'이다.

10

정답 ①

조건에 따라 소괄호 안에 있는 부분을 순서대로 풀이하면 '1A5'에서 A는 좌우의 두 수를 더하는 것이지만, 더한 값이 10 미만이면 좌우에 있는 두 수를 곱해야 한다. $1+5=6$으로 10 미만이므로 두 수를 곱하여 5가 된다.

'3C4'에서 C는 좌우의 두 수를 곱하는 것이지만, 곱한 값이 10 미만일 경우 좌우에 있는 두 수를 더한다. 이 경우 $3\times4=12$가 된다.

중괄호를 풀어보면 '5B12'이다. B는 좌우에 있는 두 수 가운데 큰 수에서 작은 수를 빼는 것이지만, 두 수가 같거나 뺀 값이 10 미만이면 두 수를 곱한다. $12-5=7$로 10 미만이므로 두 수를 곱하면 $12\times5=60$이 된다.

마지막으로 '60D6'에서 D는 좌우에 있는 두 수 가운데 큰 수를 작은 수로 나누는 것이지만, 두 수가 같거나 나눈 값이 10 미만이면 두 수를 곱해야 한다. 따라서 나눈 값이 10이 되므로 연산의 결과 값은 $60\div6=10$이다.

11

정답 ④

정보공개 대상별 정보공개수수료 자료를 바탕으로 각 보기의 정보열람인들이 지급할 금액을 정리하면 다음과 같다.

이때, A가 열람한 문서는 각 1일 1시간 이내는 무료이고 출력한 문서도 첫 장의 가격만 다르다는 점과, C가 열람한 사진필름은 첫 장은 200원, 두 번째 장부터 50원이라는 점, D가 출력한 문서는 첫 장의 가격만 다르며, 열람한 사진필름에 대해서도 첫 장만 가격이 다르다는 점에 주의한다.

구분	정보공개수수료
A	$(5\times1,000)\times2+\{300+(25-1)\times100\}=12,700$원
B	$2,000+(13\times200)+(6\times3,000)=22,600$원
C	$(2\times1,000)+(3\times5,000)+\{200+(8-1)\times50\}$ $=17,550$원
D	$\{250+(35-1)\times50\}+\{200+(22-1)\times50\}$ $=3,200$원

따라서 지급할 정보공개수수료가 큰 사람부터 나열하면 'B－C－A－D' 순서이다.

12

정답 ①

첫 번째 문단은 휘슬블로어를 소개하며, 휘슬블로어가 집단의 부정부패를 고발하는 것이 쉽지 않다는 점을 제시하고 있다. 따라서 이후에 내부고발이 어려운 이유를 설명하는 (다)가 적절하며, 뒤이어 휘슬블로우의 실태와 그들의 법적인 보호의 필요성을 제기하는 (나), 휘슬블로우를 보호하기 위한 법의 실태를 설명하는 (라), 마지막으로 법 밖에서도 보호받지 못하는 휘슬블로우의 모습을 설명하는 (가)가 적절한 순서이다.

13

정답 ③

관리자가 설정해 놓은 프린터를 프린터 목록에서 제거하려면 [관리자 계정]으로 접근해야 한다.

14

정답 ①

실행 중인 여러 개의 작업 창에서 다른 프로그램 실행 창으로 전환할 때 [Alt]를 누른 상태에서 [Tab]을 계속 눌러 전환할 창을 선택한다.

15

정답 ①

한국의 업무 시간인 오전 8시 ~ 오후 6시는 파키스탄의 오전 4시 ~ 오후 2시이다.

화상 회의 시간인 한국의 오후 4 ~ 5시는 파키스탄의 오후 12 ~ 1시이며 점심시간에는 회의를 진행하지 않으므로 파키스탄은 회의 참석이 불가능하다.

16

정답 ④

오답분석

① 일비와 식비는 여행일수에 따라, 숙박비는 숙박하는 야수(夜數)에 따라 지급한다.

② ㅇㅇ공사 임직원이 전보에 의해 신임지로 부임할 때도 여비를 지급한다.

③ 보통은 위임전결규정에 따라 결재권자의 승인을 얻으면 되지만, 국외출장 및 국외교육 시에는 사장의 승인을 얻어 실비 부족분을 추가로 지급할 수 있다.

17

정답 ③

〈Alt〉+〈Enter〉는 하나의 셀에 두 줄 이상의 데이터를 입력할 때 사용한다.

18

정답 ②

차트 작성 순서

- 1단계 : 차트 종류 설정
- 2단계 : 차트 범위와 계열 설정
- 3단계 : 차트의 각종 옵션(제목, 범례, 레이블 등) 설정
- 4단계 : 작성된 차트의 위치 설정

19

정답 ④

OR조건은 조건을 모두 다른 행에 입력해야 한다.

20

정답 ④

i) Y대리가 10월에 보유한 마일리지 : 50,000점

ii) Y대리가 11월 3일에 사용한 마일리지

마일리지로 편도 항공권을 구매하려면 비행구간별 편도 마일리지의 30배가 필요하다. '인천 – 오사카' 편도 마일리지가 525점이므로 편도 항공권을 구매하기 위해서는 $525\times30=15,750$점이 필요하다. 마일리지는 출발지와 도착지가 바뀌어도 동일하므로 '인천 – 오사카' 편도 항공권을 구매하기 위해 필요한 마일리지와 '오사카 – 인천' 편도 항공권을 구매하기 위해 필요한 마일리지는 같다.

그러므로 Y대리가 11월 3일 항공권 구입을 위해 사용한 마일리지는 $15,750\times2=31,500$점이다.

iii) Y대리가 11월 20일에 적립한 마일리지

마일리지는 경유지와 상관없이 항공권상의 출·도착지 기준으로 적립하므로 '부산 – 나리타 – 괌' 항공의 편도 마일리지는 '부산 – 괌' 편도 마일리지와 같다. 즉, '부산 – 괌' 편도 마일리지는 1,789점이다. 마일리지는 출발지와 도착지가 바뀌어도 동일하므로 '괌 – 나리타 – 부산' 항공의 편도 마일리지는 '괌 – 부산'의 편도 마일리지와 동일하며, '부산 – 괌' 편도 마일리지와 '괌 – 부산' 편도 마일리지는 같다.

그러므로 Y대리가 11월 20일 해외출장으로 적립한 마일리지는 $1,789\times2=3,578$점이다.

따라서 Y대리가 12월 20일 현재 보유하고 있는 마일리지는 $50,000-31,500+3,578=22,078$점이다.

21

정답 ④

(라)의 앞 문단에서는 정보와 지식이 커뮤니케이션 속에서 살아 움직이며 진화함을 말하고 있다. 따라서 정보의 순환 속에서 새로운 정보로 거듭나는 역동성에 대한 설명의 사례로 〈보기〉의 내용이 이어질 수 있다. 한 나라의 관광 안내 책자 속 정보가 섬세하고 정확한 것은 소비자들에 의해 오류가 수정되고 개정되는 것이, 정보와 지식이 커뮤니케이션 속에서 새로운 정보로 거듭나는 것을 잘 나타내고 있기 때문이다.

22

정답 ④

김 팀장의 업무 지시에 따르면 이번 주 금요일 회사 창립 기념일 행사가 끝난 후 진행될 총무팀 회식의 장소 예약은 목요일 퇴근 전까지 처리되어야 한다. 따라서 이 대리는 ⓜ을 목요일 퇴근 전까지 처리해야 한다.

23

정답 ④

- 우대금리 : ⓐ+ⓑ=0.7%p
- 만기 시 적용되는 금리 : $2.3+0.7=3.0\%$
- 만기 시 이자수령액(단리적용)

$$:100,000\times\frac{24\times25}{2}\times\frac{0.03}{12}=75,000\text{원}$$

- 만기 시 원리금수령액

$$:100,000\times24+75,000=2,475,000\text{원}$$

24

정답 ③

〈Ctrl〉+〈3〉은 글꼴 스타일에 기울임 꼴을 적용하는 바로가기 키이다. 〈Ctrl〉+〈4〉를 사용해야 선택한 셀에 밑줄이 적용된다.

25

정답 ④

제시문에서는 탑을 복원할 경우 탑에 담긴 역사적 의미와 함께 탑과 주변 공간의 조화가 사라지고, 정확한 자료 없이 탑을 복원한다면 탑을 온전하게 되살릴 수 없다는 점을 들어 탑을 복원하기보다는 보존해야 한다고 주장한다. 따라서 이러한 근거들과 관련이 없는 ④는 주장에 대한 반박으로 적절하지 않다.

26

정답 ③

〈조건〉을 충족하는 경우를 표로 나타내보면 다음과 같다.

A	B	C	D
주황색	남색 또는 노란색	빨간색	남색 또는 노란색
파란색	보라색		
	초록색		

〈조건〉에서 A – 주황색, C – 빨간색, B – 초록색(∵B는 C의 구두와 보색 관계의 구두), B·D – 남색 또는 노란색 중 각각 하나씩(∵ B와 D는 보색 관계의 구두. 빨간색 – 초록색을 제외한 나머지 보색 조합인 노란색 – 남색 중 각각 하나씩을 산다)임을 알 수 있다. 또한 B, D는 파란색을 싫어하므로 A 혹은 C가 파란색을 사야 한다. 그러나 C가 두 켤레를 사게 되면 A는 한 켤레만 살 수 있으므로 조건에 어긋난다. 따라서 A가 파란색을 샀고, 또한 C나 D가 보라색을 사면 네 번째 조건을 충족할 수 없으므로, B가 보라색을 샀다.

27

정답 ④

제시된 운항시설처의 업무분장표에서 항공기 화재진압훈련과 관련된 업무는 찾아볼 수 없다.

오답분석

① · ② 기반시설팀 : 운항기반시설 제설작업 및 장비관리 업무, 전시목표(활주로 긴급 복구) 및 보안시설 관리 업무

③ 항공등화팀 : 항공등화시설 개량계획 수립 및 시행 업무

28

정답 ④

이동지역 내의 안전관리를 담당하는 운항안전팀이 발간하는 안전회보에는 이동지역 내의 안전과 관련된 내용을 싣는 것이 적절하다. 따라서 여객터미널에서 실시하는 대테러 종합훈련은 운항안전팀의 안전회보에 실릴 내용으로 적절하지 않다.

29

정답 ②

놀이 공원이나 휴대전화 요금제 등을 미루어 생각해 볼 때, 이부가격제는 이윤 추구를 최대화하려는 기업의 가격 제도이다.

30

정답 ①

B기업에서 오후 회의실 사용을 취소한다고 하였으므로, 오전 회의실 사용에 관해서는 고려하지 않아도 된다.

i) B기업에서 오후에 예약한 회의실

〈조건〉에서 예약 시 최소 인원은 수용 인원의 $\frac{1}{2}$ 이상이어야 한다고 하였으므로 충족하는 회의실은 세미나 3·4이다. 또한, 예약 가능한 회의실 중 비용이 저렴한 쪽을 선택한다고 하였으므로 세미나 3과 세미나 4의 사용료를 구하면 다음과 같다.

- 세미나 3 : 74,000(기본임대료)+37,000(추가임대료)+20,000(노트북 대여료)+50,000(빔프로젝터 대여료)=181,000원이다.
- 세미나 4 : 110,000(기본임대료)+55,000(추가임대료)+20,000(노트북 대여료)+50,000(빔프로젝터 대여료)=235,000원이다.

그러므로 B기업에서 오후에 예약한 회의실은 세미나 3이다.

ii) B기업이 환불받을 금액

B기업에서는 이용일 4일 전에 사용을 취소했으므로 〈환불규칙〉에 의해 취소수수료 10%가 발생한다. 따라서 환불받을 금액을 구하면 181,000×0.9=162,900원이다.

31

정답 ③

지문에서는 책을 사거나 빌리는 것만으로는 책을 진정으로 소유할 수 없으며, 책을 진정으로 소유하기 위한 독서의 방법과 책을 고르는 기준을 제시하고 있다.

오답분석

① · ②는 전체 문단을 포괄하지 못하며, ④는 지문의 논점에서 벗어난 내용이다.

32

정답 ④

각 선정기준별 가중치에 따라 각 부지별 입지점수를 계산하면 다음과 같다.

부지 \ 선정기준	입지점수
A	(7×0.3)+(5×0.4)+(5×0.2)+(7×0.1)=5.8점
B	(3×0.3)+(8×0.4)+(4×0.2)+(2×0.1)=5.1점
C	(6×0.3)+(6×0.4)+(6×0.2)+(5×0.1)=5.9점
D	(6×0.3)+(9×0.4)+(4×0.2)+(5×0.1)=6.7점

따라서 6.7점의 D부지가 입지로 선정된다.

33

정답 ①

베타는 시장수익률의 변동에 개별주식의 수익률이 얼마나 민감하게 반응하는지를 나타낸 것으로, 시장수익률이 1% 증가하거나 감소할 때 개별주식의 수익률이 0.8% 증가하거나 감소한다면 개별주식의 베타는 0.8이다. 또한 베타가 낮을수록 개별주식의 위험이 낮다는 것을 의미하며, 무위험 자산의 베타는 0이다. 이러한 내용을 이해하고 주어진 자산들의 투자비중을 나열하면 A주식은 10%, B주식은 30%, C주식은 20%가 된다. 따라서 기대수익률을 구하면 (12×0.1)+(6×0.3)+(10×0.2)+(4×0.4)=6.6%이며, 기대수익은 1,000,000×0.066=66,000원이 된다.

34

정답 ③

스크린을 마주 보고 왼쪽부터 차례대로 1 ~ 7좌석이라 하면, 다음과 같다.

비상구	1	2	3	4	5	6	7	비상구
스크린								

다섯 번째 조건에 따라 G는 오른쪽이 비어있는 첫 번째 자리에 앉고, 여섯 번째 조건에 따라 C는 세 번째 자리에 앉는다. 만약 A와 B가 네 번째, 여섯 번째 또는 다섯 번째, 일곱 번째 자리에 앉는다면 D와 F가 나란히 앉을 수 없다. 따라서 A와 B는 두 번째, 네 번째 자리에 앉는다.

남은 자리는 다섯, 여섯, 일곱 번째 자리이므로 D와 F는 다섯, 여섯 번째 또는 여섯, 일곱 번째 자리에 앉게 되고, 나머지 한 자리에 E가 앉는다.

오답분석

①·②·④ E가 다섯 번째, D가 여섯 번째, F가 일곱 번째 자리에 앉으면 성립하지 않는다.

35

정답 ④

여럿 가운데서 하나를 구별하여 고르다.

오답분석

① 치러야 할 셈을 따져서 갚아 주다.
② 낯선 사람을 대하기 싫어하다.
③ 자기 일을 알아서 스스로 처리하다.

36

정답 ②

A ~ E의 진술에 따르면 C와 E는 반드시 동시에 참 또는 거짓이 되어야 하며, B와 C는 동시에 참이나 거짓이 될 수 없다.

1) A와 B가 거짓일 경우
B의 진술이 거짓이 되므로 이번 주 수요일 당직은 B이다. 그러나 D의 진술에 따르면 B는 목요일 당직이므로 이는 성립하지 않는다.

2) B와 D가 거짓인 경우
B의 진술이 거짓이 되므로 이번 주 수요일 당직은 B이다. 또한 A, E의 진술에 따르면 E는 월요일, A는 화요일에 각각 당직을 선다. 이때 C는 수요일과 금요일에 당직을 서지 않으므로 목요일 당직이 되며, 남은 금요일 당직은 자연스럽게 D가 된다.

3) C와 E가 거짓인 경우
A, B, D의 진술에 따르면 A는 화요일, D는 수요일, B는 목요일, C는 금요일 당직이 되어 남은 월요일 당직은 E가 된다. 그러나 E의 진술이 거짓이므로 이는 성립하지 않는다.

37

정답 ③

내일 검은 펜을 사용하려면 오늘은 파란 펜이나 빨간 펜을 사용해야 한다.

$$\left(\frac{1}{2}\times\frac{1}{2}\right)+\left(\frac{1}{3}\times\frac{2}{3}\right)=\frac{17}{36}$$

38

정답 ④

영화 동아리에 가입하는 사건을 A, 볼링 동아리에 가입하는 사건을 B라고 하면, $n(U)=n(A\cup B)$일 때, $n(A\cap B)$가 최대이다.

$n(A\cap B)=n(A)+n(B)-n(A\cup B)=39+25-50=14$

따라서 최대 14명이 두 동아리에 모두 가입할 수 있다.

39

정답 ③

국내에서 외화를 다른 외화로 환전할 경우에는 원화로 먼저 환전한 후 다른 외화로 환전한다.

1) 현찰매입률(은행이 고객으로부터 외화를 살 때 적용하는 환율) 산출

통화명	매매기준율 (KRW)	스프레드 (%)	현찰매입률
EUR	1,305	2	$1,305\times(1-0.02)$ $=1,278.9$
AED	320	4	$320\times(1-0.04)$ $=307.2$
THB	35	6	$35\times(1-0.06)$ $=32.9$

2) 원화로 환전
• EUR : $100\times1,278.9=127,890$원
• AED : $4,000\times307.2=1,228,800$원
• THB : $1,500\times32.9=49,350$원
∴ (총액)$=1,406,040$원

3) 현찰매도율(은행이 고객으로부터 외화를 팔 때 적용하는 환율) 산출
• $1,160\times(1+0.015)=1,177.4$

4) 달러로 환전
• $1,406,040\div1,177.4\fallingdotseq1,194.19$

따라서 USD 1,194.19를 환전할 수 있다.

40

정답 ③

특정 상황을 가정하여 컴퓨터와 스마트폰이 랜섬웨어에 감염되는 사례를 통해 문제 상황을 제시한 뒤, 이에 대한 보안 대책방안을 제시하고 있으므로 글의 주된 전개 방식으로 ③이 적절하다.

41

정답 ②

2040년의 고령화율이 2010년 대비 2배 이상 증가하는 나라는 ㉠ 한국(3.0배), ㉣ 브라질(2.5배), ㉤ 인도(2.0배)이다.

㉠ 한국 : $\frac{33.0}{11.0}=3.0$배

㉡ 미국 : $\frac{21.2}{13.1}\fallingdotseq1.6$배

㉢ 일본 : $\frac{34.5}{23.0}=1.5$배

㉣ 브라질 : $\frac{17.6}{7.0}$ ≒2.5배

㉤ 인도 : $\frac{10.2}{5.1}$ =2.0배

42

정답 ①

(가) 문단에서는 인류가 바람을 에너지원으로 사용한 지 1만 년이 넘었다고 제시되어 있을 뿐이므로 단지 이를 통해 인류에서 풍력에너지가 가장 오래된 에너지원인지를 추론할 수 없다.

43

정답 ④

(라) 문단은 비행선 등을 활용하여 고고도풍(High Altitude Wind)을 이용하는 발전기 회사의 사례를 제시하고 있지만, 그 기술의 한계에 대한 내용은 언급하고 있지 않다. 따라서 ④는 (라) 문단에 대한 주제로 적절하지 않다.

44

정답 ①

주문한 내역을 표로 정리하면 다음과 같다.

구분	종류1	색상1	종류2	색상2
지영	장미	분홍색	안개	흰색
민지	장미	분홍색	안개	빨간색
진아	장미	빨간색	안개	흰색
윤지	목화	흰색	안개	흰색

따라서 분홍색 장미꽃과 흰색 안개꽃을 받게 될 사람은 지영이다.

45

정답 ④

2015 ~ 2020년 국내 제조 수출량 대비 국외 제조 수출량의 비율을 비교해 보면 다음과 같다.

- 2015년 : $\frac{504,430}{909,180}\times100≒55\%$
- 2016년 : $\frac{1,447,750}{619,070}\times100≒234\%$
- 2017년 : $\frac{1,893,780}{229,190}\times100≒826\%$
- 2018년 : $\frac{2,754,770}{162,440}\times100≒1,696\%$
- 2019년 : $\frac{2,206,710}{313,590}\times100≒704\%$
- 2020년 : $\frac{2,287,840}{398,360}\times100≒574\%$

따라서 국내 제조 수출량 대비 국외 제조 수출량 비율이 가장 높은 해는 2018년도이다.

오답분석

① 2019년은 미국이 한국에게 세이프가드를 적용한 지 2년째이므로 120만 대까지 관세는 18%이다.

② 2016년의 세탁기 총수출량은 2015년보다 $\frac{2,066,820-1,413,610}{1,413,610}\times100≒46.2\%$ 증가하였다.

③ 2018년에 총 수출한 세탁기 수는 2,917,210대이며, 초과분은 120만 대를 제외한 1,717,210대이다.

46

정답 ③

A조와 겹치지 않는 프로그램으로 조건에 맞춰 일정을 짜면 다음과 같다.

- 최소 18시간을 이수하여야 하므로, 소요시간이 긴 프로그램부터 고려한다.
- 토론은 첫째 날에만 가능한 수업이므로 이후 B조의 일정에서 제외한다.
- 첫째 날 : 토론을 제외하고 리더십 교육(5시간), 팀워크(4시간) 순으로 소요시간이 길지만 리더십 교육은 비상대응역량 교육을 수강해야 이수할 수 있으므로 팀워크(4시간)를 첫째 날 오후에 배치한다.
- 둘째 날 : 리더십 교육을 위해서는 비상대응역량 교육이 필요하다. 따라서 오전에는 비상대응역량 교육을, 오후에는 리더십 교육을 배치한다.
- 셋째 날 : 나머지 프로그램 중 소요시간이 3시간인 원전과정1, 2를 순서대로 배치한다.
- 넷째 날 : B조는 어학 프로그램을 반드시 이수한다는 조건에 맞춰 어학을 배치한다.

구분		A조		B조	
		프로그램	시간	프로그램	시간
첫째 날	오전	공항 도착	×	공항 도착	×
	오후	토론	5	팀워크	4
둘째 날	오전	원전과정1	3	비상대응역량 교육	2
	오후	팀워크	4	리더십 교육	5
셋째 날	오전	비상대응역량 교육	2	원전과정1	3
	오후	리더십 교육	5	원전과정2	3
넷째 날	오전			어학	1
	오후				

따라서 B조의 총 연수기간은 3박 4일이다.

47

정답 ④

한국 → 필리핀	4일	6일	9일	16일	20일	22일
	×	×	×	○	○	○
필리핀 → 한국	8일	11일	19일	23일	25일	26일
	×	×	×	○	○	×

- B조의 연수기간은 총 3박 4일이다. 5일과 9일은 회사 행사로 인해 연수에 참가하지 못하므로 해당일자가 연수기간에 포함되는 출국일인 4, 6, 9일은 불가능하다. 따라서 출국일은 16, 20, 22일이 가능하다.

• 제외된 출국일로 인해 귀국일에 해당하지 않는 8일, 11일을 제외한다.
• 귀국 다음 날 연수 과정을 정리해 상사에게 보고해야 하므로 귀국 다음날이 평일이 아닌 금요일, 토요일은 제외해야 한다. 따라서 19, 26일을 제외한다.
• 20 ~ 23일과 22 ~ 25일 모두 가능하지만 마지막 날 어학 프로그램이 오전 10시에 끝나므로 23일 오전 10시 비행기를 탈 수 없다.

따라서 출국일은 22일, 귀국일은 25일이다.

48
정답 ③

콘퍼런스뿐만 아니라 '해양안전 / 사고예방 홍보전'과 '해양(조선) 안전 기술 및 기자재 산업전'도 함께 열리므로 콘퍼런스로만 구성되어 있다고 한 ③이 옳지 않다.

49
정답 ②

축사나 강연을 한 사람은 대전시 부시장, ○○대학교 교수, □□대학교 교수, 대전시 공무원 A 이렇게 4명이고, 참가자는 25명이다. 또한 수상자는 대상 1명, 금상 1명, 은상 1명, 동상 2명으로 총 5명임을 알 수 있다.

품목별로 생산해야 할 수량과 제작비용을 계산하면 다음과 같다.

품목	제공대상	제작비용	총비용
대상 트로피	1명	98,000×1 =98,000원	568,300원
금상 트로피	1명	82,000×1 =82,000원	
은상 트로피	1명	76,000×1 =76,000원	
동상 트로피	2명	55,000×2 =110,000원	
머그컵	4+5=9명	5,500×9 =49,500원	
손수건	4+25=29명	3,200×29 =92,800원	
에코백	25명	2,400×25 =60,000원	

따라서 총비용은 568,300원이다.

50
정답 ②

A주임의 계획에 따르면 A주임은 기본금리를 연 2.1% 적용받으며, 스마트폰 가입 우대이율 연 0.2%p를 적용받아 총 연 2.3%의 금리를 적용받는다.

A주임이 만기 시 수령하는 이자액을 계산하면 다음과 같다.

$$200,000\times\frac{36\times37}{2}\times\frac{0.023}{12}=255,300\text{원}$$

가입기간 동안 납입한 적립 원금은 200,000×36=7,200,000원이다.

따라서 A주임의 만기환급금은

7,200,000+255,300=7,455,300원임을 알 수 있다.

51
정답 ④

A주임의 수정한 계획에 따르면 A주임은 기본금리를 연 2.1% 적용받으며, 스마트폰 가입 우대이율 연 0.2%p와 주택청약종합저축 우대이율 연 0.4%p를 적용받아 총 연 2.7%의 금리를 적용받는다.

따라서 A주임이 만기 시 수령하는 이자액은

$250,000\times\frac{40\times41}{2}\times\frac{0.027}{12}=461,250$원임을 알 수 있다.

52
정답 ③

매크로의 바로가기 키는 영어로만 만들 수 있다.

• 〈Ctrl〉+영어 소문자
• 〈Ctrl〉+〈Shift〉+영어 대문자

53
정답 ③

③은 스캠퍼 기법의 어느 유형에도 해당되지 않는다.

오답분석

① Eliminate(삭제) 유형에 해당한다.
② Minify(축소) 유형에 해당한다.
④ Substitute(대체) 유형에 해당한다.

54
정답 ②

②는 식물의 씨앗이 옷에 붙는 원리를 적용한 것으로 Adapt(적용) 유형에 해당함을 알 수 있다.

오답분석

① Substitute(대체) 유형에 해당한다.
③ Magnify(확대) 유형에 해당한다.
④ Put to Other Use(다른 용도) 유형에 해당한다.

55
정답 ①

㉠ 한계(限界) : 사물이나 능력, 책임 따위가 실제 작용할 수 있는 범위. 또는 그런 범위를 나타내는 선
㉢ 종사(從事) : 어떤 일을 일삼아서 함
㉤ 취득(取得) : 자기 것으로 만들어 가짐
㉦ 회피(回避) : 일하기를 꺼리어 선뜻 나서지 않음

오답분석

㉡ 한도(限度) : 일정한 정도. 또는 한정된 정도
㉣ 종속(從屬) : 자주성이 없이 주가 되는 것에 딸려 붙음
㉥ 터득(攄得) : 깊이 생각하여 이치를 깨달아 알아내는 것
㉧ 도피(逃避) : 적극적으로 나서야 할 일에서 몸을 사려 빠져나감

56
정답 ④

영업부서와 마케팅부서에서 S등급과 C등급에 배정되는 인원은 같고, A등급과 B등급의 인원이 영업부서가 마케팅부서보다 2명씩 적다. 따라서 두 부서의 총 상여금액 차이는 (420×2)+(330×2) =1,500만 원이므로 옳지 않다.

오답분석

①·③ 마케팅부서와 영업부서의 등급별 배정인원은 다음과 같다.

구분	S	A	B	C
마케팅부서	2	5	6	2
영업부서	2	3	4	2

② A등급 상여금은 B등급 상여금보다 $\frac{420-330}{330}\times 100 ≒ 27.3\%$ 많다.

57
정답 ④

워크시트의 화면 하단에서는 통합문서를 '기본', '페이지 레이아웃', '페이지 나누기 미리보기' 3가지 형태로 볼 수 있다. 머리글이나 바닥글을 쉽게 추가할 수 있는 형태는 '페이지 레이아웃'이며 '페이지 나누기 미리보기'에서는 파란색 실선을 이용해서 페이지를 손쉽게 나눌 수 있다.

58
정답 ②

밑줄 친 부분, 즉 '여성에 대한 부정적 고정관념'에 대한 설명이 아닌 것은 ②이다. '미꾸라지 한 마리가 온 물을 흐린다.'는 속담은 '못된 사람 하나가 그 집단을 다 망친다.'는 뜻이다.

오답분석

① 가정에서 아내가 남편을 제쳐 놓고 떠들고 간섭하면 집안일이 잘 안 된다는 말

③ 여자는 집 안에서 살림이나 하고 사는 것이 가장 행복한 것임을 비유적으로 이르는 말

④ 여자의 운명은 남편에게 매인 것이나 다름없다는 말

59
정답 ④

i) 출금 : W은행 자동화기기 이용·영업시간 외 10만 원 이하 → 500원

ii) 이체 : W은행 자동화기기 이용·다른 은행으로 송금·영업시간 외 10만 원 이하 → 800원

iii) 현금 입금 : W은행 자동화기기 이용·영업시간 외 타행카드 현금입금 → 1,000원

따라서 지불해야 하는 총수수료는 2,300원이다.

60
정답 ①

구분		전체	남자	여자
2013년	유배우 가구	11,780	10,549	1,231
	맞벌이 가구	5,055	4,569	486
	비율	42.9	43.3	39.5
2014년	유배우 가구	11,825	10,538	1,287
	맞벌이 가구	5,186	4,611	575
	비율	43.9	43.8	44.7
2015년	유배우 가구	11,858	10,528	1,330
	맞벌이 가구	5,206	4,623	583
	비율	43.9	43.9	43.8

ⓐ+ⓑ는 2013년 전체 맞벌이 가구의 수와 같으므로 5,055이다.

- ⓒ : $\frac{4,611}{10,538}\times 100 ≒ 43.8$
- ⓓ : $\frac{583}{1,330}\times 100 ≒ 43.8$

따라서 ⓒ+ⓓ는 87.6이다.

61
정답 ④

한 사람이 거짓이므로 서로 상반된 주장을 하고 있는 박 과장과 이 부장을 비교해본다.

i) 박 과장이 거짓일 경우 : 김 대리와 이 부장이 참이므로 이 부장은 가장 왼쪽에, 김 대리는 가장 오른쪽에 위치하게 된다. 이 경우 김 대리가 자신의 옆에 있다는 박 과장의 주장이 참이 되므로 모순이 된다.

ii) 이 부장이 거짓일 경우 : 김 대리와 박 과장이 참이므로 이 부장은 가장 왼쪽에 위치하고, 이 부장이 거짓이므로 김 대리는 가운데, 박 과장은 가장 오른쪽에 위치하게 된다. 이 경우 이 부장의 옆에 주차하지 않았으며 김 대리 옆에 주차했다는 박 과장의 주장과도 일치한다.

따라서 주차장에 주차된 순서는 이 부장 – 김 대리 – 박 과장 순서가 된다.

62
정답 ②

K씨가 구매한 게임기는 미국에 납부한 세금 및 미국 내 운송료가 없고, 미국에서 한국까지의 운송료는 국제선편요금을 적용하므로 판매자에게 지급한 물품가격을 원화로 환산한 뒤 해당 국제선편요금을 더해 과세표준을 구한다.

- 게임기의 원화환산 가격
  : 120×1,100=132,000원(∵ 고시환율)
- 국제선편요금 : 10,000원

∴ 과세표준 : 132,000+10,000=142,000원

즉, 과세표준이 15만 원 미만이고 개인이 사용할 목적으로 수입했기 때문에 관세는 면제된다.

따라서 K씨가 게임기 구매로 지출한 원화금액은 (120+35)×1,200=186,000원이다.

63

정답 ③

자연권설에서는 기본권이 지니는 방어적·저항적 성격은 오늘날에도 여전히 부정할 수 없다고 보았다.

오답분석

① 첫 문단에서 기본권이 인권 사상에서 발현되었음을 확인할 수 있다.

② 두 번째 문단에서 개인이 기본권에 대하여 작위나 부작위를 요청할 수 있음을 확인할 수 있다.

④ 네 번째 문단에서 '결국 자유권도 헌법 또는 법률에 의하지 않고는 제한되지 않는 인간의 자유를 말하는 것이다.'라고 설명하였다.

64

정답 ④

자유에 대해서 직접적으로 언급한 것은 실정권설이기 때문에 적절하지 못하다.

오답분석

① 자연권설은 인간의 본성에 의거하여 인간이 가지는 권리임을 주장했다.

② 자연권설은 기본권을 인간이 인간으로서 가지는 당연한 권리로서 인식했기 때문에 적절하다.

③ 실정권설은 국가의 테두리 안의 관점에서 자유권을 바라보았으므로 적절하다.

65

정답 ④

생존권적 기본권은 천부적인 권리로서 주어진 자유적 기본권과 달리 법 테두리 안에서 실현되기 때문에 실정권으로 보는 것이 옳다.

오답분석

① 전자는 후자와 달리 실정권임을 인정한다고 하였으므로 옳지 못한 논지이다.

② 국가 권력에 앞서 존재하는 것은 자연권을 의미하는 것이다.

③ 인간의 직접적인 본성과 연관되어 있는 것은 자유권적 기본권이다.

66

정답 ③

2019년 1/4 ~ 4/4분기의 전년 동분기 대비 증가폭을 구하면 다음과 같다.

- 1/4분기 : 109,820−66,541=43,279
- 2/4분기 : 117,808−75,737=42,071
- 3/4분기 : 123,650−89,571=34,079
- 4/4분기 : 131,741−101,086=30,655

따라서 2019년 중 전년 동분기 대비 확정기여형을 도입한 사업장 수가 가장 많이 증가한 시기는 1/4분기이다.

오답분석

① 통계자료 중 '합계'를 통해 확인할 수 있다.

② 분기별 확정급여형과 확정기여형 취급실적을 비교하면 확정기여형이 항상 많은 것을 확인할 수 있다.

④ 자료를 통해 확인할 수 있다.

67

정답 ④

체육대회는 주말에 한다고 하였으므로 평일과 비가 오는 장마기간은 제외한다. 12일과 13일에는 사장이 출장으로 자리를 비우고, 마케팅팀이 출근해야 하므로 적절하지 않다. 19일은 서비스팀이 출근해야 하며, 26일은 마케팅팀이 출근해야 한다. 또한, ○○운동장은 둘째, 넷째 주말엔 개방하지 않으므로 27일을 제외하면 남은 날은 20일이다.

68

정답 ④

시간 데이터는 세미콜론(;)이 아니라 콜론(:)을 사용한다.

69

정답 ②

제시문의 경우 글을 잘 쓰기 위한 방법은 글을 읽는 독자에게서 찾을 수 있음을 서술한 글이다. 그러므로 독자가 필요로 하는 것이 무엇인지 알아야 하며, 독자가 필요로 하는 것을 알기 위해서는 구어체로 적어보고, 독자를 구체적으로 한 사람 정해놓고 쓰는 게 좋다는 내용이다. 또한, 빈칸의 뒷 문장에서 '대상이 막연하지 않기 때문에 읽는 사람이 공감할 확률이 높아진다.'라고 하였으므로 빈칸에 들어갈 말로 ②가 가장 적절하다.

70

정답 ①

범례는 차트에 그려진 데이터 계열의 종류를 모아 놓은 표식이다.

오답분석

② 차트 제목은 '지점별 매출현황'으로 나타나 있다.

③ 축 제목은 '매출량'과 '지역'으로 나타나 있다.

④ 데이터 레이블은 데이터값이나 항목, 계열에 대한 정보를 제공하는 것으로 그래프 위에 나타나 있다.

71

정답 ①

회화(영어·중국어) 중 한 과목을 수강하고, 지르박을 수강하면 2과목 수강이 가능하고 지르박을 수강하지 않고, 차차차와 자이브를 수강하면 최대 3과목 수강이 가능하다.

오답분석

② 자이브의 강좌시간이 3시간 30분으로 가장 길다.

③ 중국어 회화의 한 달 수강료는 60,000÷3=20,000원이고, 차차차의 한 달 수강료는 150,000÷3=50,000원이므로 한 달 수강료는 70,000원이다.

④ 차차차의 강좌시간은 12:30 ~ 14:30이고 자이브의 강좌시간은 14:30 ~ 18:00이므로 둘 다 수강할 수 있다.

72

정답 ④

다영이가 입사한 3월 24일은 넷째 주 수요일이므로 가장 빠르게 이수할 수 있는 교육은 홀수달 셋째, 넷째 주 목요일에 열리는 'Excel 쉽게 활용하기'이다. 이후에 가장 빠른 것은 매월 첫째 주 화요일에 열리는 'One page 보고서 작성법'이지만 교육비가 각각 20만 원, 23만 원으로 지원금액인 40만 원을 초과하기 때문에 신청할 수 없다. 그 다음으로 빠른 것은 짝수달 첫째 주 금요일에 열리는 '성희롱 예방교육'으로 교육비는 15만 원이다. 따라서 총 교육비는 35만 원으로 지원금액을 만족하므로 다영이가 지원금액 한도 안에서 가장 빠르게 신청할 수 있는 강의는 ④이다.

73

정답 ②

일정표에 따라 겹치는 교육들을 정리해보면 먼저 '신입사원 사규 교육 – One page 보고서 작성법'은 2, 3월 첫째 주에 겹치지만 입사일이 3월 24일인 동수는 '신입사원 사규 교육'을 일정상 들을 수 없으므로 옳지 않다.

'비즈니스 리더십 – 생활 속 재테크'의 경우엔 4, 8월 셋째 주 월요일로 겹치지만 같은 월요일에 진행되므로 같은 주에 두 개를 듣는다는 조건에 부합하지 않아 옳지 않다.

'One page 보고서 작성법 – 성희롱 예방교육'은 2, 4, 6, 8, 10, 12월 첫째 주라는 점이 겹치며, 'One page 보고서 작성법'은 화요일, '성희롱 예방교육'은 금요일에 진행되므로 같은 주에 두 개를 듣는다는 조건에 부합한다. 따라서 동수가 신청하려고 했던 교육은 ②이다.

74

정답 ③

문제의 정보에 따라 퇴직금 총액을 계산하면 다음과 같다.

• 확정급여형의 경우

직전 3개월 평균임금	근속연수	총 퇴직금
900만 원	10	9,000만 원

• 확정기여형의 경우

구분	연 임금총액×1/12
1년 차	450만 원
2년 차	500만 원
3년 차	550만 원
4년 차	600만 원
5년 차	650만 원
6년 차	700만 원
7년 차	750만 원
8년 차	800만 원
9년 차	850만 원
10년 차	900만 원
계	6,750만 원

예상 운용수익률은 매년 10%로 동일하므로, '(연 임금총액)×1/12'의 총합의 110%를 구하면 퇴직금 총액과 동일한 금액으로 6,750×1.1=7,425만 원이 나온다.

75

정답 ③

오전반차를 사용한 이후 14시부터 16시까지 미팅 업무가 있는 J대리는 택배 접수 마감 시간인 16시 이전에 행사 용품 오배송건 반품 업무를 진행할 수 없다.

오답분석

① 부서장 회의이므로 총무부 부장인 K부장이 반드시 회의에 참석해야 한다.
② ○○프로젝트 보고서 초안 작성 업무는 해당 프로젝트 회의에 참석한 G과장이 담당하는 것이 적절하다.
④ 사내 교육 프로그램 참여 이후 17시 전까지 주요 업무가 없는 L사원과 O사원은 우체국 방문 및 등기 발송 업무나 사무용품 주문서 작성 및 주문 메일 발송 업무를 담당할 수 있다.

76

정답 ④

어느 고객의 민원이 기간 내에 처리하기 곤란하여 민원처리기간이 지연되었다. 우선 민원이 접수되면 규정상 주어진 처리기간은 24시간이다. 그 기간 내에 처리하기 곤란할 경우에는 민원인에게 중간답변을 한 후 48시간으로 연장할 수 있다. 연장한 기간 내에서도 처리하기 어려운 사항일 경우 1회에 한하여 본사 총괄부서장의 승인에 따라 48시간을 추가 연장할 수 있다.

따라서 해당 민원은 늦어도 48시간+48시간=96시간=4일 이내에 처리하여야 한다. 그러므로 7월 18일에 접수된 민원은 늦어도 7월 22일까지는 처리가 완료되어야 한다.

77

정답 ③

전체 부처의 국가연구개발사업 총 집행 금액은 2018년에 128,113억 원, 2019년에 137,123원으로 2019년에 더 크다.

오답분석

① 산업통상자원부와 농림축산식품부의 집행 금액은 모두 2019년에 전년 대비 증가하였고, 2020년에는 전년 대비 감소하였다.
② 한 해 동안 집행한 국가연구개발사업 금액이 가장 큰 부처는 2019년과 2020년 모두 미래창조과학부로 동일하다.
④ 해양수산부의 국가연구개발사업 집행 금액은 2018년부터 2020년까지 매년 환경부의 2배에 미치지 못하였음을 알 수 있다.

78

정답 ①

ㄱ. 2016년 이후 지방의 국가연구개발사업 집행 금액이 대전광역시를 추월한 첫해는 2018년으로, 이때의 수도권의 국가연구개발사업 집행 금액의 비중은 40.2%이므로 옳은 설명이다.

오답분석

ㄴ. 문화체육관광부의 경우, 2020년에 전년 대비 $\frac{821-772}{772}\times 100 \fallingdotseq 6.3\%$, 지방의 경우 $\frac{63,190-60,452}{60,452}\times 100 \fallingdotseq 4.5\%$로 둘 다 10% 미만의 증가율을 보인다.

ㄷ. 수도권의 국가연구개발사업 집행 금액은 2019년에 2016년 대비 $\frac{66,771-64,635}{64,635}\times 100 \fallingdotseq 3.30\%$으로, 약 3% 증가하였으므로 틀린 설명이다.

79

정답 ①

두 번째 조건에서 집과의 거리가 1.2km 이내여야 한다고 하였으므로 K버스는 제외된다. 네 번째 조건에서 나머지 교통편의 왕복 시간은 다음과 같이 5시간 이하임을 확인할 수 있다.

- 비행기 : 45분×2=1시간 30분
- E열차 : 2시간 11분×2=4시간 22분
- P버스 : 2시간 25분×2=4시간 50분

또한 각각에 해당하는 총 4인 가족 교통비를 구하면 다음과 같다.

- 비행기 : 119,000×4×0.97=461,720원
- E열차 : 134,000×4×0.95=509,200원
- P버스 : 116,000×4=464,000원

세 번째 조건에서 E열차는 총 금액이 50만 원을 초과하였으므로 〈조건〉에 부합하지 않는다. 따라서 비행기와 P버스 중 비행기의 교통비가 가장 저렴하므로, 지우네 가족이 이용할 교통편은 비행기이며, 총 비용은 461,720원임을 알 수 있다.

80

정답 ③

유 대리가 처리해야 할 일의 순서는 다음과 같다.
음악회 주최 의원들과 점심 → 음악회 주최 의원들에게 일정표 전달(점심 이후) → △△조명에 조명 점검 협조 연락(오후) → 한 여름밤의 음악회 장소 점검(퇴근 전) → 김 과장에게 상황 보고
따라서 가장 먼저 해야 할 일은 '음악회 주최 의원들과 점심'이다.

제2영역 직무능력평가

공통금융

01	02	03	04	05	06	07	08	09	10
③	④	②	④	④	①	③	②	②	①
11	12	13	14	15	16	17	18	19	20
③	①	②	④	③	③	①	④	③	③

01

정답 ③

엥겔지수는 총 가계지출액 중 식료품비가 차지하는 비율로, 특정 계층의 생활 수준을 나타내므로 빈부격차 현상과 관련이 없다.

오답분석

① 로렌츠곡선 : 로렌츠가 소득 분포를 나타내기 위해 개발한 것으로, 소득분배 정도를 나타낼 때 주로 이용한다.
② 지니계수 : 계층 간 소득 분포의 불균형 정도를 나타내는 수치로, 소득분배 정도를 평가하는 데 주로 이용된다.
④ 앳킨슨지수 : 불평등 정도를 측정하는 지표 중 하나로, 불평등에 대한 사회구성원의 주관적 판단을 반영하여 소득분배의 불평등도를 측정하는 데 이용된다.

02

정답 ④

국민총생산(GNP)은 한 나라의 국민이 생산한 것을 모두 합한 금액으로 장소와 관계없이 국민의 총생산을 나타낸다. 따라서 우리나라 국민이 베트남에 진출하여 생산한 것도 GNP에 해당하므로 한국과 베트남 모두 GNP가 상승한다.

오답분석

①·② GDP는 한 나라의 영토 내에서 이루어진 총생산을 나타내므로 베트남의 GDP만 상승한다.
③ 베트남의 GDP와 GNP 모두 상승한다.

03

정답 ②

기술적 실업이란 기술이 진보함에 따라 노동이 기계로 대체되면서 발생하는 실업을 의미한다.

오답분석

① 계절적 실업 : 수요의 계절적 변화에 따라 발생하는 실업
③ 구조적 실업 : 경제구조의 변화로 노동수요 구조가 변함에 따라 발생하는 실업
④ 마찰적 실업 : 노동시장의 정보가 불완전하여 노동자들이 구직하는 과정에서 발생하는 실업

04
정답 ④

직접비와 간접비

- 직접비 : 제품의 제조 또는 판매를 위하여 직접 소비되는 것이 인식되는 원가로 주요 원재료비, 근로자 임금 등이 직접비에 해당된다.
- 간접비 : 매매상품 또는 서비스와 직접 관련되지 않은 기업경영 시 발생되는 간접비용으로 복지후생비, 보험료, 광고비 등이 간접비에 해당된다.

05
정답 ④

오답분석

① 테이퍼링(Tapering) : 정부가 통화 유동성을 확대하기 위해 시행하던 양적완화(자산매입) 조치를 점진적으로 축소하는 것을 일컫는 말이다.
② 테뉴어보팅(Tenure Voting) : 장기간 보유한 주식에 더 많은 의결권을 부여하는 제도이다.
③ 오퍼레이션 트위스트(Operation Twist) : 장기국채를 사들이고 단기국채를 매도함으로써 장기금리를 끌어내리고 단기금리는 올리는 공개시장 조작방식이다.

06
정답 ①

- 밴드왜건(Band Wagon) 효과 : 유행에 따라 상품을 구입하는 소비현상
- 스놉(Snob) 효과 : 어떤 제품에 대한 소비가 증가하게 되면 그 제품의 수요가 줄어드는 현상으로 소비자들은 다수의 소비자들이 구매하지 않는 제품에 호감을 느끼게 된다.

오답분석

- 베블런 효과 : 가격이 오르는 데도 불구하고 상류층의 과시욕으로 인해 수요가 줄어들지 않고 오히려 증가하는 현상
- 전시 효과 : 개인의 소비행동이 사회의 소비수준의 영향을 받아 타인의 소비행동을 모방하려는 소비 현상

07
정답 ③

디드로 효과는 프랑스의 철학자 드니 디드로의 에세이에서 유래된 것으로 어떤 물건을 구입한 뒤 이와 어울리는 다른 물건들까지 구매하는 경향을 의미한다.

오답분석

① 언더독 효과 : 사람들이 경쟁에서 약자라고 믿는 주체를 더 응원하고 지지하는 심리 현상
② 분수 효과 : 저소득층의 소득 증가가 경기 활성화로 이어져 고소득층의 소득도 높이게 되는 효과
④ 마태 효과 : '부익부 빈익빈(富益富 貧益貧)'로 부유한 사람은 점점 더 부유해지고, 가난한 사람은 점점 더 가난해지는 현상

08
정답 ②

주식을 구매하는 행위는 실질적인 재화나 서비스와 관계없는 단순 소유권 이전의 금융자산 거래이므로 GDP에 포함되지 않는다.

09
정답 ②

가격탄력성이란 소비자가 가격 변화에 얼마나 민감하게 반응하는지를 확인하기 위한 지표로 사례에 나타난 부부는 제품의 가격 변화에 둔감하므로 가격탄력성이 낮다는 ②가 사례에 대한 설명으로 적절하다.

오답분석

- 소득탄력성 : 소득이 1% 증가하였을 때 수요는 몇 % 증가하는가를 나타내는 수치

10
정답 ①

미국의 재테크 전문가 데이비드 바흐(David Bach)가 쓴 책에서 처음 소개되어 알려진 개념으로, 하루에 카페라테 한 잔씩의 돈을 절약하여 목돈을 마련한다는 의미를 담고 있다. 데이비드 바흐에 따르면 카페라테 한 잔의 가격을 약 4달러(약 4,200원)로 가정하고 이를 30년 이상 저축하면 약 18만 달러(약 2억 원) 이상의 목돈을 마련할 수 있다.

11
정답 ③

오답분석

① 황의 법칙 : 반도체 메모리의 용량이 1년마다 2배씩 증가한다는 이론
② 가치사슬을 지배하는 법칙 : 조직의 계속 거래 비용은 비용이 적게 드는 쪽으로 변화한다는 법칙
④ 메트칼프의 법칙 : 인터넷 즉 네트워크의 가치는 참여자 수의 제곱에 비례한다는 법칙

12
정답 ①

'긱(Gig)'은 '임시로 하는 일'이라는 뜻이며, 긱 이코노미는 기업들이 정규직보다는 임시직 또는 계약직으로 인력을 채용하는 경향을 뜻한다. 글로벌 컨설팅회사 맥킨지는 2025년 긱 이코노미가 2조 7,000억 달러(약 3,031조 원)의 부가가치를 창출할 것으로 예측했다.

오답분석

②·③ 캐시 이코노미(Cash Economy)와 블랙 이코노미(Black Economy)는 세금을 비롯하여 갖가지 정부의 규제를 회피해서 보고되지 않는 경제. 흔히 지하경제 (underground economy)를 의미한다.
④ 모럴 이코노미(Moral Economy)는 사람들이 오랜 역사를 통하여 생활의 기반으로 해 온 전통사회·농촌사회가 현대의 시장경제와는 이질적인 제도였다고 주장하는 이론이다.

13
정답 ②

서킷브레이커가 3단계로 세분화되며, 1단계는 최초로 종합주가지수가 전일에 비해 8% 이상 하락한 경우 발동된다. 1단계 발동 시 모든 주식거래가 20분간 중단되며, 이후 10분간 단일가매매로 거래가 재개된다. 2단계는 전일에 비해 15% 이상 하락하고 1단계 발동지수대비 1% 이상 추가하락한 경우에 발동된다. 2단계 발동 시 1단계와 마찬가지로 20분간 모든 거래가 중단되며, 이후 10분간 단일가매매로 거래가 재개된다. 3단계는 전일에 비해 20% 이상 하락하고 2단계 발동지수대비 1% 이상 추가하락한 경우 발동되며, 발동시점을 기준으로 모든 주식거래가 종료된다.

14
정답 ④

세이프가드(Safeguard)는 미국과 멕시코 간 무역협정에 규정되었던 면책조항이 모델이 되어 GATT 제19조로 도입됨으로써 국제규범으로 자리 잡게 되었다. 세이프가드의 유형으로는 수입물품의 수량 제한, 관세율 조정, 국내산업의 구조조정을 촉진시키기 위한 금융 등의 지원이 있다.

15
정답 ③

엥겔은 엥겔지수가 25% 이하이면 소득 최상위, 25 ~ 30%이면 상위, 30 ~ 50%이면 중위, 50 ~ 70%이면 하위, 70% 이상이면 극빈층이라고 정의했다.

16
정답 ③

완전고용은 일할 의지와 능력을 갖추고 취업을 희망하는 모든 사람이 고용된 상태를 말한다.

17
정답 ①

국내총생산(GDP; Gross Domestic Product)은 한 나라의 영역 내에서 가계, 기업, 정부 등 모든 경제주체가 일정기간 동안 생산한 재화 및 서비스의 부가가치를 시장가격으로 평가하여 합산한 것이다.

18
정답 ④

그리드락(Gridlock)은 자원이 활용되지도 않고 새로운 것이 만들어지지도 않는 경제적 정체상황을 가리킨다. 지나치게 많은 소유권은 경제활동을 오히려 방해하고, 새로운 생산력의 창출을 가로막는다는 것이다.

19
정답 ③

공유지의 비극(Tragedy of Commons)이란 사적 소유권이 확립되지 않은 재화 또는 자원이 시장기구의 원리에 의해 사용될 때 효율적인 수준보다 과다하게 사용되어 결국에는 고갈되고 결과적으로 사회구성원 모두에게 바람직하지 않은 결과가 나타나는 현상을 말한다.

20
정답 ③

EDCF(Economic Development Cooperation Fund) : 개발도상국의 경제개발을 지원하고 우리나라의 국제적 지위 향상에 상응하는 역할을 수행하기 위하여 1987년 6월 1일 설립된 정부의 개발원조자금이다.

오답분석

① ODA(Official Development Assis-tant) : 공적개발원조 혹은 정부개발 원조
② UNICEF(United Nations Children's Fund) : 국제연합아동기금
④ OECD(Organization for Economic Cooperation and Development) : 경제협력개발기구

금융일반

21	22	23	24	25	26	27	28	29	30
②	④	③	④	④	②	②	④	②	①
31	32	33	34	35	36	37	38	39	40
①	①	①	③	④	②	④	①	①	④
41	42	43	44	45	46	47	48	49	50
④	②	③	①	①	④	①	③	②	②
51	52	53	54	55	56	57	58	59	60
①	③	②	④	②	④	②	①	①	①

21

정답 ②

제로 웨이스트(Zero Waste)는 일상생활 속 쓰레기를 줄이는 것으로, 활용 가능한 재료를 사용하거나 포장을 최소화해 쓰레기를 줄이거나 그것을 넘어 아예 썩지 않는 생활 쓰레기를 없애는 것을 의미한다. 환경 보호가 중요시되면서 전 세계적으로 제로 웨이스트 관련 캠페인이 벌어지고 있다.

22

정답 ④

스톡데일 패러독스(Stockdale Paradox)는 비관적인 현실을 냉정하게 받아들이면서도 신념을 잃지 않고 다가올 어려움에 대비함으로써 냉혹한 현실을 이겨내는 합리적인 낙관주의로, 베트남 전쟁 때 포로로 잡혔다 돌아온 제임스 스톡데일의 이름에서 유래하였다.

오답분석

① 옵티미스트(Optimist) : 어려운 환경이나 스트레스에 대해 적극적으로 대처하고 해결 방법을 찾아내는 사람
② 칵테일 파티 효과(Cocktail Party Effect) : 여러 사람이 모여 한꺼번에 이야기하고 있음에도 자신이 관심을 갖는 이야기를 골라 들을 수 있는 것
③ 회전 달걀의 패러독스(Spinning Egg Paradox) : 삶은 달걀을 옆으로 뉘어 놓고 돌렸을 때 중력의 법칙과 달리 똑바로 일어서는 현상을 일컫는 용어

23

정답 ③

MZ세대는 1980년대 ~ 2000년대 초에 출생하여 디지털과 아날로그를 함께 경험한 밀레니얼 세대(Millennials)와 1990년 중반 이후 디지털 환경에서 태어난 Z세대(Generation Z)를 통칭하는 말로, 이들은 일에 대한 희생보다 스포츠, 취미활동, 여행 등에서 삶의 의미를 찾으며, 여가와 문화생활에 관심이 많다.

오답분석

① N세대
② V세대 2020년 코로나19로 인해
④ G세대

24

정답 ④

적립금 운용의 책임이 기업에 있는 경우는 확정급여형(DB; Defined Benefit)에 해당한다.

DC확정기여형(Defined Contribution)

- 근로자는 자기책임의 투자기회, 사용자는 예측 가능한 기업운영
- 사용자가 매년 근로자의 연간 임금총액의 1/12 이상을 근로자의 퇴직연금 계좌에 적립하면 근로자가 적립금을 운용하고, 퇴직 시 기업이 부담한 금액과 운용결과를 합한 금액을 일시금 또는 연금형태로 받을 수 있다.
- 확정기여형 제도는 근로자의 운용실적에 따라 퇴직급여가 변동될 수 있다.

25

정답 ④

지니계수가 낮은 국가일수록 소득 불평도가 낮고 계층이동이 원활하다.

위대한 개츠비 곡선(GGC; the Great Gatsby Curve) 현상은 소득불평등 정도와 세대 간 소득 이동성의 관계를 보여준다. 캐나다 오타와대 교수 마이클 코락 교수는 OECD자료를 활용하여 구한 국가별 소득불평등도 지니계수와 각국의 세대 간 소득탄력성의 관계를 확인하였다. 그 결과 소득불평등도가 높은 국가일수록 세대 간 소득 이동성이 낮게 나타나는 현상을 확인하였다. 전 미국 백악관 경제자문위원장 앨런 크루거는 소득불평등과 세대 간 소득탄력성의 양의 상관관계를 '위대한 개츠비 곡선'이라 표현하였다.

26

정답 ②

인코텀즈(INCOTERMS)란 무역 거래에서 널리 쓰이는 무역조건에 대한 해석규칙으로서 국제상업회의소가 제정한다.

가. 인코텀즈를 제정하는 국제상업회의소는 민간조직이다. 따라서 인코텀즈가 국제법의 효력을 지니지는 않는다. 인코텀즈는 무역거래의 관습들을 명문화시켜놓은 '자치적 관습입법'에 해당한다.
나. 인코텀즈는 국제상업회의소가 10년마다 개정한다. 가장 최근의 개정은 '인코텀즈 2020'으로, 2020년 1월 1일부터 적용되고 있다.

오답분석

다. 인코텀즈가 무역거래의 모든 것을 다루지는 않는다. 인코텀즈는 무역거래의 당사자인 매도인(셀러)과 매수인(바이어) 간의 의무에 대하여만 다룬다.
라. 최근들어 국제거래에 있어 점차 국경의 중요도가 낮아지는 추세로, 국제거래와 국내거래의 차이가 희미해지고 있다. 순수한 국내거래에서도 인코텀즈가 사용되기도 한다.

27

정답 ②

트윈슈머(Twinsumer)

다른 구매자들의 후기를 읽고 구매를 결정하는 사람들로 트윈슈머라고 한다. 이들은 가격비교 사이트에서 가격을 비교하고 다른 구매자들의 사용 경험담을 읽어본 뒤 품질을 꼼꼼히 확인하고 결정한다. '트윈(Twin)'과 소비자를 의미하는 '컨슈머(Consumer)'의 합성어로 인터넷으로 상품을 구매하고, SNS 활용이 활발해짐에 따라 등장한 새로운 소비 흐름이다.

28

정답 ④

구세군 자선냄비는 1891년 샌프란시스코에서 난파한 배의 생존자를 돕기 위해 시작됐고, 한국에서는 1928년부터 이어지고 있다. 런던에 세계 본영을 두고, 세계 108개 나라에 본영·연대·소대·분대 등의 조직을 운영하고 있다.

29

정답 ②

오답분석

① 인구의 성별·연령별 분포를 나타낸 도표
③ 특정 지역의 인구 상태를 알아보기 위해 실시하는 인구주택 총조사
④ 생산연령인구의 비중이 낮아지는 것

30

정답 ①

롤스에 따르면 사회후생함수는 사회구성원 중 가난한 계층의 후생수준에 의해 결정된다. 즉, 사회후생함수 중 최빈자의 후생을 가장 중요하게 생각한다.

31

정답 ①

이전수입이란 어떤 생산요소가 현재 용도에서 다른 용도로 이전하지 않도록 하기 위해서 기업이 지급해야 하는 최소한의 금액을 말하며, 경제적 지대란 생산요소가 얻는 소득 중에서 기회비용을 초과하는 부분으로 생산요소공급자의 잉여에 해당한다. 이 문제의 선수는 15억 원만 받아도 운동을 계속할 것이므로 생산요소공급에 따른 기회비용인 이전수입은 15억 원이 되고, 생산요소공급자가 수취하는 금액에서 이전수입을 제한 경제적 지대의 크기는 35억 원이다. 한편, 요소소득은 이전수입과 경제적 지대의 합으로 도출된다.

32

정답 ①

완전경쟁시장에서는 P=MC를 만족할 때 시장균형 생산량이 산출된다. 즉, $P=60-\frac{1}{2}Q=0$, Q=120이다. 반면 꾸르노모형에서의 생산량은 완전경쟁의 $\frac{2}{3}$ 이므로 Q=80이 된다. 또한 독점시장에서는 수요함수가 $P=60-\frac{1}{2}Q$이고, 독점시장의 경우 MR은 수요함수 기울기의 2배 기울기를 가지므로 MR=60−Q이고, 문제에서 MC=0으로 주어졌다.

독점시장의 시장균형생산량은 MR=MC로 구할 수 있으므로, 60−Q=0, Q=60이다. 그러므로 꾸르노모형에서의 생산량이 독점일 때보다 20단위 더 많다.

33

정답 ①

제시문에서 설명하는 단체는 조선건국준비위원회로, 이 단체는 광복 이후 최초의 정치 단체이며 사회주의자 여운형이 민족주의 좌파인 안재홍 등과 함께 발족하였다. 1945년 9월에 '조선인민공화국'을 선포하였으나 미군정청에서 조선인민공화국을 부정하는 성명(1945년 10월 10일)을 발표하자 조선건국준비위원회도 해체되었다.

34

정답 ③

4·19 혁명의 전개

2월 28일 대구 시위 → 3월 15일 마산 시위 → 4월 11일 마산에서 김주열 사체 인양 → 4월 18일 고대생 피습 → 4월 19일 각지에서의 총궐기 → 4월 25일 대학 교수단의 시국 선언 → 4월 26일 미국 대사의 시위 지지 발언과 이승만 대통령의 하야

35

정답 ④

3·1 운동은 도시에서 농촌으로 확산되었다.

36

정답 ②

총가변비용(TVC)은 총비용(TC)에서 총고정비용(TFC)을 차감하여 구한다. 즉, TVC=100−40=60이다. 한편, 총가변비용과 총비용을 생산량(Q=1,000)으로 나누면 평균가변비용(AVC)은 600원, 평균비용(AC)은 1,000원이다. 그러므로 형돈이가 단기에는 햄버거 가게를 운영하나 장기적으로 폐업할 예정이라면 햄버거 가격은 600원 이상 1,000원 미만일 것이다.

37

정답 ④

국내총생산(GDP)은 일정기간 동안 '자국 영토 내에서' 생산된 모든 최종 재화와 서비스의 시장가치의 합으로 정의되므로 GDP=A+B로 표현된다. 반면 국민총생산(GNP)은 일정기간 동안 '자국민'이 생산한 모든 최종재화와 서비스의 시장가치의 합으로 정의되므로 GNP=A+C로 표현된다.

따라서 GNP=GDP−B+C로 표현된다.

38

정답 ①

사회적 한계효용(사회적 한계편익)이 사적 한계효용(사적 한계편익)보다 큰 것은 소비 측면에서 긍정적인 외부경제가 발생함을 의미한다. 생산에 있어서는 외부성이 발생하지 않으므로 사적 한계비용과 사회적 한계비용은 동일하다고 볼 수 있다. 4번째 단위의 재화가 생산될 때 사회적 한계효용과 사적 한계비용이 2,500으로 동일하다. 4번째 단위의 재화가 생산될 때 사회적 한계효용이 2,500이고 사적 한계효용이 1,800이므로 시장기구에 의해서 최적생산이 이루어지도록 하려면 최적생산량 수준에서 사회적 한계효용과 사적 한계효용의 차이에 해당하는 단위당 700원의 보조금이 지급되어야 한다.

39

정답 ①

(가) 사건은 병인양요이다. 병인양요(1866)는 흥선대원군이 프랑스 선교사들을 박해한 것을 빌미로 프랑스 순대가 강화도를 침입한 사건이다. 이 과정에서 프랑스군은 조선와조의궤 등 조선의 서적 등을 약탈하기도 하였으며, 정족산성 전투에서 패배하고 철수하였다.

오답분석

② 1866년 미국 상선인 제너럴셔먼호 평양에 군민들에 의해 불에 타는 사건이 일어났고, 미국은 이를 빌미로 신미양요를 일으켰다.
③ 1875년 일본 군함 운요호는 강화도로 불법 침입하여 함포를 사격하는 등 공격을 하였고, 이를 계기로 강화도 조약이 체결되었다.
④ 1868년 독일인 오페르트는 남연군묘를 도굴하려다 묘가 견고하여 실패하였다.

40

정답 ④

흥선 대원군은 쇄국정책을 시행하여 서양과의 교류를 거부하였다.

오답분석

① 저렴한 비용으로 곡식을 빌려주는 마을 공동 곡식 창고인 사창제를 시행하였다.
② 양반과 평민이 모두 가구당 세금을 걷는 호포제를 시행하였다.
③ 700여 개 넘는 서원을 혁파하여 47개의 중요 서원만 남기고 모두 철폐하였다.

41

정답 ④

식년시는 3년마다 정기적으로 시행되는 과거시험이다.

오답분석

① 문과는 문신을, 무과는 무신을, 잡과는 기술관료를 뽑았다.
② 법적으로 양인 신분이면 모두 응시할 수 있으나 실제로는 양반의 자제들이 응시하였다.
③ 별시는 식년시외에 임시로 시행된 과거시험으로 나라에 경사가 있거나 인재의 등용이 필요한 경우에 실시되었다.

42

정답 ②

통화량=통화승수×본원통화

통화승수

$=\frac{1}{x+z(1-x)}$ [x : 민간현금보유비율, z : 은행의 지급준비율]

$=\frac{1}{0.1+0.2(1-0.1)}$

$=3.571$

$\therefore$ 통화량$=3.571\times100=357.1\fallingdotseq357$

소수점 첫째 자리에서 반올림하여 정수 단위까지 구하므로 통화량은 357이 된다.

43

정답 ③

실업률은 경제활동인구 중에서 실업자가 차지하는 비율을 말하며, 경제활동인구는 실업자와 취업자를 합하여 계산한다. 따라서 문제에서 경제활동인구 160만 명, 취업자 140만 명, 실업자 20만 명(=160만 명−140만 명)이므로 실업률은 다음과 같이 계산한다.

$$\text{실업률}=\frac{\text{실업자 수}}{\text{경제활동인구}}\times100=\frac{\text{20만 명}}{\text{160만 명}}\times100=12.5\%$$

44

정답 ①

실업자란 일할 의사를 가지고 있으며, 적극적으로 구직활동을 하고 있으나 일자리를 갖지 못하는 사람이다. 경제활동 인구를 구분해보면 다음과 같다.

15세 이상 인구=생산가능인구+군인, 재소자, 전투경찰

생산가능인구=경제활동인구(=취업자+실업자)+비경제활동인구

- 가・나 : 취업준비생, 실망노동자, 주부, 학생, 고령자, 심신장애자 등은 비경제활동인구에 포함된다.
- 다・라 : 군인, 수감자, 전투경찰 등은 15세 이상 인구 중 생산가능한 인구에서 제외된다.
- 마 : 마찰적 실업에 해당하는 내용이다.

45

정답 ①

세계 4대 뮤지컬은 〈캣츠〉, 〈레미제라블〉, 〈오페라의 유령〉, 〈미스 사이공〉이다. 세계 4대 오페라는 〈마술피리〉, 〈토스카〉, 〈라트라비아타〉, 〈카르멘〉이다.

46

정답 ④

나혜석은 일제강점기 활동한 한국 최초의 여성 서양화가이다. 한국 최초의 서양화가는 고희동이다. 이중섭은 일제강점기 대한민국의 서양화가이다. 소와 닭 같은 가축 가족과 관련된 그림을 많이 그렸다. 김홍도는 조선 후기 풍속화로 유명한 화가이다. 단원(檀園) 김홍도, 혜원(蕙園) 신윤복, 오원(吾園) 장승업 등은 삼원(三園)이라 불렸다.

47

정답 ①

'G-rated'에서 G는 'General'로 모든 관객이 상영할 수 등급을 가리키는 미국의 영상 심의 등급이다. 우리의 '전체관람가'와 동일하다. 영상물 등급 제도는 상영되는 영화, 비디오, 텔레비전에 대한 시청 가능 연령을 선도하기 위해 만들어진 제도이다.

48

정답 ③

기업은 1대당 비용이 1대당 이익과 같거나 크게 되는 수준으로만 수리비용을 투입하려고 할 것이다. 이 문제에서 구식 휴대폰 수리에 비용 35만 원을 투입하는 경우, 구식 휴대폰 1대당 총 비용은 110만 원(제조원가 50만 원+명시적 비용인 수리비 35만 원+암묵적 비용인 '현재 수리함으로써 포기하는 한 대당 판매수익' 25만 원)이다. 그러나 매몰비용은 고려하지 않고 기회비용(명시적 비용+암묵적 비용)만을 고려하므로, 60만 원(35 만 원+25만 원) 이상 받을 수 있는 경우에만 35만 원을 투자할 것이다.

49

정답 ②

기회비용이란 어떤 행위를 선택함으로써 포기해야 하는 여러 행위 중 가장 가치가 높게 평가되는 행위의 가치를 의미한다. 따라서 도담이가 주식에 투자함으로써 포기해야 하는 연간 기회비용은 예금에 대한 이자수익 150만 원이다.

50

정답 ②

수요독점기업인 A의 노동공급곡선이 $w=100+5L$이면 MFC(한계요소비용)$=100+10L$이다. 이 경우 이윤극대화 조건이 $MRP=MFC$이므로, $300-10L=100+10L$이고, $L=10$이다. 따라서 $w=100+5\times10=150$이 된다.

51

정답 ①

6시그마 기법은 기업에서 전략적으로 완벽에 가까운 제품이나 서비스를 개발하고자 하는 경영 기법이다. 6시그마는 6 표준편차를 가리키는데, 100만 개의 상품 중 3.4개의 불량품만 나오는 것을 목표로 한다는 의미이다. 모토로라의 엔지니어 빌 스미스가 정립하였으며, 1995년 제너럴 일렉트릭에 도입되었다. 목표관리는 영어로 'Management by Objectives'라고 한다. 조직의 효율성을 향상시키기 위한 관리기법이다.

52

정답 ③

특수목적법인의 SPV(Special Purpose Vehicle)는 특별한 목적을 수행하기 위해 일시적으로 만든 회사로 일종의 페이퍼 컴퍼니이다. 국내의 문화 산업 분야에서는 프로젝트별 제작사와 법적으로 분리된 특수목적회사를 세워 투자금을 운용하고, 프로젝트에 따라 발생한 수익을 투명하게 배분하는 방안으로 활용되었다.

오답분석

① AMC(Asset Management Company) : 회사의 부실채권이나 부동산을 출자전환, 신규자금 지원 등으로 살려낸 후 매각하는 자산관리 및 업무위탁사
② PFV(Project Financing Vehicle) : 부동산 개발 사업을 효율적으로 추진하기 위해 설립하는 페이퍼 컴퍼니
④ PEF(Private Equity Fund) : 사모펀드. 일정 수 이하의 제한된 투자자들을 모집하여 비공개적으로 운영하는 펀드

53

정답 ②

오답분석

① 쓰나미 : 바다 밑에서 일어나는 지진이나 화산 폭발 등 급격한 지각 변동으로 인해 수면에 웨이브가 생기는 현상
④ 엠커브 현상 : 여성의 대부분이 20대 후반에서 30대 중후반 사이에 임신·출산·육아로 인해 경제활동 참가율이 급격히 떨어지고 자녀 양육시기 이후 다시 노동시장에 입성하려는 현상

54

정답 ④

생산가능곡선(Production Possibility Curve)이란 두 재화 생산의 등량곡선이 접하는 무수히 많은 점들을 연결한 계약곡선을 재화공간으로 옮겨놓은 것으로 생산가능곡선상의 모든 점들에서 생산이 파레토 효율적으로 이루어진다. 즉, 경제 내의 모든 생산요소를 가장 효율적으로 투입했을 때 최대로 생산가능한 재화의 조합을 나타내는 곡선을 생산가능곡선(PPC)이라고 한다. 일반적으로 생산가능곡선은 우하향하고 원점에 대해 오목한 형태인데, 그 이유는 X재 생산의 기회비용이 체증하기 때문이다.

55

정답 ②

소득증가비율보다 X재 구입량의 증가율이 더 작으므로 X재는 필수재이다.

56

정답 ④

등량곡선이란 모든 생산요소가 가변요소(노동, 자본)일 때, 동일한 생산량을 산출할 수 있는 노동(L)과 자본(K)의 조합을 연결한 곡선을 의미하므로 점 A, B, C에서 생산량은 모두 동일하다. 또한, 등비용선이란 장기에 있어서 기업이 총비용으로 구입할 수 있는 자본과 노동의 모든 가능한 조합들을 연결한 곡선을 의미하므로 점 A, C, D에서 총비용은 모두 동일하다.

57

정답 ②

관련 범위 내에서 조업도가 0이라도 일정액이 발생하는 원가를 혼합원가라 한다.

오답분석

① 기회원가는 현재 기업이 보유하고 있는 자원을 둘 이상의 선택 가능한 대체안에 사용할 수 있는 경우, 최선의 안을 선택함으로써 포기된 대체안으로부터 얻을 수 있었던 효익을 의미하며, 의사결정시 고려할 수 있다.

③ 관련 범위 내에서 생산량이 감소하면 단위당 고정원가는 증가한다.
④ 관련 범위 내에서 생산량이 증가하면 단위당 변동원가는 변함이 없다.

58

정답 ①

감자차익은 당기순이익에 영향을 미치지 않는다.

감자차익

- 주식회사의 자본금을 감소시킬 때 감소된 자본금액이 주식의 소각, 주금의 반환 또는 결손금을 보전한 금액을 초과하는 경우 처리하는 계정으로, 대차대조표에서 자본잉여금으로 분류된다. 자본잉여금은 포괄손익계산서를 거치지 않고 직접 자본에 가감되고, 원칙적으로 자본금전입 또는 결손보전에만 사용 가능하므로 당기순이익에 영향을 미치지 않는다.
- 감자차손에 대한 처리방법은 감자차익에서 우선적으로 차감한 후 자본조정계정에 계상하며, 나머지는 결손금의 처리순서에 준하여 처리한다. 재무제표에 표시방법은 자본잉여금의 부(−)에 감자차익계정으로 기재하여야 한다.

59

정답 ①

오답분석

② ACK(ACKnowledge) : 수신 정보 메시지에 대한 긍정 응답 신호이다.
③ STX(Start of TeXt) : 본문의 개시 및 정보 메시지 헤더의 종료를 표시하거나 실제 전송 데이터 집합의 시작이다.
④ SOH(Start Of Heading) : 헤딩의 시작과 정보 메시지 헤더의 첫 문자로 사용한다.

60

정답 ①

통계적 시분할 다중화란 전송할 데이터가 없는 경우에도 채널이 할당되는 동기식 시분할 다중화 방식의 문제점인 전송 효율의 감소를 방지하기 위해서 타임 슬롯을 동적으로 할당하여 전송할 데이터가 있는 터미널만 채널을 사용할 수 있도록 하는 방식이다.

오답분석

② 주파수 분할 다중화 : 전송 매체를 서로 다른 주파수 대역으로 구분되는 채널(Channel)로 분할하여 각각의 정보를 해당 주파수 대역의 전송파로 변환하여 전송하는 방식
④ 광파장 분할 다중화 : 다른 곳에서 온 여러 종류의 데이터를 하나의 광섬유에 함께 싣는 기술로서, 통신 용량과 속도를 향상시켜 주는 광전송 방식

디지털/IT

21	22	23	24	25	26	27	28	29	30
④	④	④	③	④	③	③	③	③	②
31	32	33	34	35	36	37	38	39	40
①	④	②	②	④	①	④	③	②	①
41	42	43	44	45	46	47	48	49	50
③	②	②	④	④	③	④	④	④	③
51	52	53	54	55	56	57	58	59	60
③	②	④	④	①	②	③	④	①	④

21

정답 ④

오답분석

① 1차 산업혁명 – 기계화
② 2차 산업혁명 – 대량생산화
③ 3차 산업혁명 – 정보화

22

정답 ④

가상이동통신망사업자(MVNO)

이동통신서비스를 제공하기 위해 필수적인 주파수를 보유하지 않고, 주파수를 보유하고 있는 이동통신망사업자(MNO : Mobile Network Operator)의 망을 통해 독자적인 이동통신서비스를 제공하는 사업자이다.

23

정답 ④

RFID

IC칩을 내장해 무선으로 정보를 관리하는 차세대 인식 기술

24

정답 ③

미래의 ICT 4대 트렌드로 사물인터넷과 빅데이터, 인공지능, 3D 프린팅 등이 있다.

25

정답 ④

오답분석

① 1G에 대한 설명
② 2G에 대한 설명
③ 3G에 대한 설명

26

정답 ③

코덱(Codec)

아날로그 데이터를 디지털로 저장 후 아날로그로 재생하는 기술 또는 장치이다. 주로 음성이나 동영상을 저장하고, 재생하는 데 이용된다.

27 정답 ③

소물 인터넷(Internet of Small Things)은 IoT를 구성하는 데 있어 고성능의 통신망이나 하드웨어가 필요 없다는 점에서 주목을 받으며 LTE-M, 시그폭스, 로라 등의 통신망 기술을 사용한다. ITU-T에서는 '기 존재하는 혹은 향후 등장할 상호 운용 가능한 정보 기술 및 통신 기술을 활용하여 다양한 물리 및 가상 사물 간의 상호 연결을 통해서, 진보된 서비스를 제공할 수 있게 하는 글로벌 스케일의 인프라'라고 정의하고 있다.

28 정답 ③

가상현실기술은 가상환경에 사용자를 몰입하게 하여 실제 환경을 볼 수 없지만, 증강현실기술은 실제 환경을 볼 수 있게 하여 현실감을 제공한다.

29 정답 ③

스마트 하이웨이(Smart Highway)

주행 중인 자동차 안에서 도로상황 등 각종 교통정보를 실시간으로 주고받으며 소음이나 교통체증을 줄여 시속 160km로 주행할 수 있는 도로기술로, 정보통신기술과 자동차기술 등을 결합하여 이동성, 편리성, 안전성 등을 향상시킨 차세대 고속도로이다.

30 정답 ②

스스로 빛을 내는 현상을 이용한 디스플레이는 OLED이다.

RFID

생산에서 판매에 이르는 전 과정의 정보를 극소형 IC칩에 내장시켜 이를 무선 주파수로 추적할 수 있도록 함으로써 다양한 정보를 관리하는 차세대 인식기술이다. 실시간으로 사물의 정보와 유통경로, 재고 현황까지 파악할 수 있어 바코드를 대체할 차세대 기술로 손꼽힌다.

31 정답 ①

불쾌한 골짜기(Uncanny Valley)는 인간이 인간이 아닌 존재를 볼 때 그것이 인간과 더 닮을수록 호감도는 더 높아지지만, 일정에 다다르면 오히려 불쾌감을 느낀다는 이론으로 사람에 따라서는 불쾌함을 넘어서 공포스러움을 느끼는 경우도 있다.

오답분석

② 테크노스트레스 : 사람들이 새로운 기술을 따라가지 못해 겪는 스트레스를 말한다.
③ 일라이자 효과 : 컴퓨터 과학에서 무의식적으로 컴퓨터의 행위를 인간의 행위와 유사한 것으로 추정하고 의인화하는 경향이다.
④ 테크노포비아 : 정보통신기술(ICT) 기기와 인공 지능(AI) 같은 첨단 기술에 대한 공포감이나 적대감을 느끼는 것이다.

32 정답 ④

오답분석

㉢ 통계패키지(SAS), 데이터 마이닝, 관계형 데이터베이스 등은 기존 환경에서의 대표적인 소프트웨어 분석 방법이며, 빅데이터 환경의 소프트웨어 분석 방법에는 텍스트 마이닝, 온라인 버즈 분석, 감성 분석 등이 있다.

33 정답 ②

②는 유비쿼터스에 대한 설명이다. 유비쿼터스는 사용자를 중심으로 네트워크나 컴퓨터를 의식하지 않고 장소에 상관없이 자유롭게 네트워크에 접속할 수 있는 정보통신 환경을 말한다.

34 정답 ②

클라우드를 가능하게 해주는 핵심 기술은 가상화와 분산처리이다. 가상화는 실질적으로 정보를 처리하는 서버가 한 대지만 여러 개의 작은 서버로 분할해 동시에 여러 작업을 가능하게 만드는 기술이다. 이를 이용하면 서버의 효용률을 높일 수 있다. 분산처리는 여러 대의 컴퓨터에 작업을 나누어 처리하고 그 결과를 통신망을 통해 다시 모으는 방식이다. 분산 시스템은 다수의 컴퓨터로 구성되어 있는 시스템을 마치 한 대의 컴퓨터 시스템인 것처럼 작동시켜 규모가 큰 작업도 빠르게 처리할 수 있다.

35 정답 ④

오답분석

① 에듀테인먼트 : 교육용 소프트웨어에 오락성을 가미하여 게임하듯이 즐기면서 학습하는 방법이나 프로그램을 의미한다.
② 리테일테인먼트 : 소매업(Retail)과 오락(Entertainment)의 합성어로, 소비자들의 쇼핑에 오락 활동을 제공하는 마케팅 기법을 말한다.
③ 벤터테인먼트 : 브랜드(Brand)와 오락(Entertainment)의 합성어로, 소비자를 수동적 위치에서 탈피시켜 적극적인 참여층으로 유입, 브랜드 충성도를 배가시키는 전략을 의미한다.

36 정답 ①

- 에스페란토 : 각기 다른 언어를 사용함에 따르는 불편을 해소하기 위해 전 세계가 공용으로 쓸 수 있도록 고안하여 만들어진 언어이다.
- 비트코인 : 가상화폐로 컴퓨터와 인터넷만 연결되면 누구든지 계좌를 개설하고, 거래가 가능하며 거래에 있어서 서로 다른 화폐로 거래가 어려운 것과 같은 문제 없이 세계 어디서든 거래가 가능한 특징을 가지고 있다.

37
정답 ④

오답분석

① 유비쿼터스(Ubiquitous) : 사용자가 자유롭게 어떤 기기로든 통신망에 접속할 수 있는 환경
② 스트리밍(Streaming) : 인터넷에서 각종 데이터를 실시간 전송, 재생할 수 있게 하는 기법
③ IoT(Internet of Things) : 사물에 센서를 붙여 실시간으로 데이터를 인터넷과 연결하여 정보를 공유하는 기술

38
정답 ③

와이브로(WiBro)
와이브로(WiBro)는 'Wireless Broadband Internet'의 줄임말로 무선 광대역 인터넷으로 풀이된다. 와이브로는 휴대폰, 스마트폰의 3G 통신망처럼 언제 어디서나 이동하면서 인터넷을 이용할 수 있다.

오답분석

① 랜(LAN) : 근거리 지역 네트워크이며, 비교적 좁은 구역 내에서 사용되는 컴퓨터 네트워크를 의미한다. 공장이나 회사 등지에서 음성·데이터·영상 등 종합적인 정보를 교환할 수 있도록 한 소단위 고도 정보통신망을 뜻한다.
② 와이맥스(WiMAX) : 'World Interoperability for Microwave Access'의 줄임말로, 미국 인텔사가 개발한 IEEE 802.16d 규격의 무선 통신 기술이다. 사용 반경이 좁은 와이파이의 단점을 보완한 기술로, 장애물이 없는 지역에서는 전송 거리가 약 45km에 달한다.
④ 와이파이(Wi-Fi) : 'Wireless Fidelity'의 줄임말로, 흔히 '무선랜'이라고 하는 근거리 무선 통신 기술이다. 와이파이는 IEEE 802.11 무선 통신 표준에 입각한 제품임을 표시하는 상표명으로 스마트폰, 태블릿PC 등에 보편적으로 적용되고 있다.

39
정답 ②

옴니채널에 대한 설명으로 옴니채널은 고객 중심으로 모든 채널과 관련된 체계를 통합하는 것에 초점을 맞춘 서비스이다.

40
정답 ①

'Pokemon Go'를 통해 증강현실(AR)에 대해 설명하고 있다. 증강현실(AR)은 현실의 배경에 가상 이미지를 겹쳐서 보여주는 기술이다. 가상현실과는 달리 나의 행동과, 현실배경이 유지되고 그에 따른 추가적인 정보를 볼 수 있게 하는 기술이다.

• 가상현실(VR) : 그래픽 등을 통해 현실이 아닌 환경을 마치 현실과 흡사하게 만들어 내는 기술로, 사용자는 가상의 화면 속에서 내가 아닌 가상의 캐릭터가 움직이는 것을 실제처럼 느낄 수 있는 기술이다.

41
정답 ③

NFC(Near Field Communication)는 13.56MHz 대역의 주파수를 사용하여 약 10cm 이내의 근거리에서 데이터를 교환할 수 있는 비접촉식 무선통신 기술로, 다양한 분야에서 활용될 수 있다.

오답분석

① WLAN : 기존 케이블 대신에 전파를 이용해 컴퓨터 간의 네트워크를 구축하는 방식
② 블루투스 : 휴대폰, 노트북 등의 휴대기기를 서로 연결해 정보를 교환하는 근거리 무선 기술 표준
④ MST(Magnetic Secure Trasmissn) : 마그네틱 신용카드가 정보를 무선으로 전송시켜 결제하는 마그네틱 보안 전송 방식

42
정답 ②

오답분석

① SCM : 제품의 생산과 유통 과정을 하나의 통합망으로 관리하는 경영전략시스템
③ NFC : 10cm 이내의 가까운 거리에서 다양한 무선 데이터를 주고받는 통신 기술
④ TPMS : 타이어에 부착된 자동감지 센서를 통해, 타이어의 공기압과 온도 등의 정보를 제공하는 장치

43
정답 ②

• FANG : 미국 IT 업계를 선도하는 기업으로 페이스북(Facebook), 아마존(Amazon), 넷플릭스(Netflix), 구글(Google) 등 4개 기업을 가리킨다.

44
정답 ④

사용자가 많아 데이터 통신이 원활하지 않은 것을 해결할 수 있어 사용자의 체감 속도는 증가할 수 있지만, 주파수대역을 두 개 사용한다고 해서 최대 속도가 두 배가 될 수는 없다.

45
정답 ④

• WiFi(Wireless Fidelity) : 무선접속장치(AP)가 설치된 곳의 일정 거리 안에서 초고속 인터넷을 할 수 있는 근거리통신망(LAN)
• WiBro(Wireless Broadband Internet) : 무선(Wireless)과 광대역(Broadband)의 합성어로, 이동하면서도 초고속 인터넷을 이용할 수 있는 무선 휴대 인터넷
• WCDMA(Wideband Code Division Multiple Access) : 3세대 이동통신서비스 기술로 기존 CDMA 방식에 비해 대역폭이 크며 데이터 전송속도가 빠르다.
• LTE(Long Term Evolution) : 3세대 이동통신(3G)을 '장기적으로 진화'시킨 기술이라는 뜻에서 붙여진 명칭

46

정답 ③

오답분석

① 워 드라이빙(War Driving) : 차량으로 이동하면서 타인의 무선 구내 정보 통신망(LAN)에 무단으로 접속하는 해킹 수법이다.
② 오피니언 리더(Opinion Leader) : 집단 내에서 다른 사람의 사고방식, 의견, 태도, 행동 등에 큰 영향을 끼치는 사람이다.
④ 콘텐츠 필터링(Cotents Filtering) : 콘텐츠 이용 과정에서 저작권 침해 여부 등을 판단하기 위해 데이터를 검열하는 기술이다.

47

정답 ④

오답분석

① 애플
② 마이크로소프트
③ 구글

48

정답 ④

GPU(Graphics Processing Unit)에 대한 설명으로, 딥러닝(Deep Learning)에서 다량의 학습 데이터를 신속하게 반복 학습시키기 위해 GPU를 많이 활용하고 있다. 실제로 GPU를 활용하면서 딥러닝(Deep Learning)의 성능 또한 크게 향상되었다.

오답분석

① SSD(Solid State Drive) : 반도체를 이용하여 정보를 저장하는 장치로, 하드디스크드라이브(HDD)에 비하여 속도가 빠르고 기계적 지연이나 실패율, 발열·소음도 적으며, 소형화·경량화할 수 있는 장점이 있다.
② AI(Artificial Intelligence) : 컴퓨터에서 인간과 같이 사고하고 생각하고 학습하고 판단하는 논리적인 방식을 사용하는 인간의 지능을 본 뜬 고급 컴퓨터 프로그램이다.
③ HDD(Hard Disk Drive) : 자성체로 코팅된 원판형 알루미늄 기판에 자료를 저장할 수 있도록 만든 보조기억장치의 한 종류이다.

49

정답 ④

㉠ 싱크 노드(Sink Node) : 베이스 노드(Base Node)라고도 하며, 싱크 노드는 센서 노드와 달리 하드웨어 제약을 받지 않는다.
㉡ 게이트웨이(Gateway) : 현재 사용자가 위치한 네트워크 혹은 세그먼트(Segment)에서 다른 네트워크(인터넷 등)로 이동하기 위해 반드시 거쳐야 하는 거점을 의미한다.
㉢ 센서 노드(Sensor Node) : 물리적인 현상을 관측하기 위한 수집된 센싱과 통신 기능을 가지고 있는 일종의 작은 장치로 무선 센서 네트워크를 구성하는 기본 요소이다.

50

정답 ③

오답분석

① 슈퍼 컴퓨터(Super Computer) : 현재 사용되는 PC보다 계산 속도가 수백, 수천 배 빠르고 많은 자료를 오랜 시간 동안 꾸준히 처리할 수 있는 컴퓨터이다.
② 양자 컴퓨터(Quantum Computer) : 양자역학의 원리에 따라 작동되는 미래형 첨단 컴퓨터이다.
④ 데이터 마이닝(Data Mining) : 대용량의 데이터 속에서 유용한 정보를 발견하는 과정이며, 기대했던 정보뿐만 아니라 기대하지 못했던 정보를 찾을 수 있는 기술을 의미한다.

51

정답 ③

국제전기통신연합(ITU)는 2015년 10월 전파통신총회에서 5G의 공식 기술명칭을 'IMT(International Mobile Telecommuinca-tion)-2020'으로 정했다.

52

정답 ②

스트라이샌드 효과(Streisand Effect)란 정보를 검열하거나 삭제하려다가 오히려 그 정보가 더 공공연히 확산되는 인터넷 현상이다. 이러한 정보 차단의 시도로는 사진과 숫자, 파일, 또는 웹사이트를 예로 들 수 있다. 정보는 억제되는 대신에 광범위하게 알려지게 되고, 종종 인터넷의 미러나 파일 공유 네트워크를 통해 퍼지게 된다.

53

정답 ④

오답분석

① 크립토재킹 : 해커가 몰래 일반인의 PC에 암호화폐 채굴을 위한 악성코드를 설치해 암호화폐를 채굴하도록 만든 후 채굴한 암호화폐를 자신의 전자지갑으로 전송하는 방식의 사이버 범죄 방법이다.
② IT 거버넌스 : 정보 기술(IT) 자원과 정보, 조직을 기업의 경영 전략 및 목표와 연계해 경쟁 우위를 확보할 수 있도록 하는 의사 결정 및 책임에 관한 프레임워크이다.
③ 레그테크 : 규제를 뜻하는 레귤레이션(Regulation)과 기술을 의미하는 테크놀로지(Technology)의 합성어로, 금융회사로 하여금 내부통제와 법규 준수를 용이하게 하는 정보기술이다.

54

정답 ④

제시문은 5세대 이동통신기술(5G)에 대한 설명이다. KT는 글로벌 상용화 일정보다 2년 빠른 2018년 평창 동계올림픽에서 5G 기술을 시연하였다.

오답분석

① Hi-Fi : 하이 피델리티(High Fidelity)의 줄임말로, 일반적으로 전기 음향 용어로 사용되며, 사람의 가청주파수 범위의 저음부에서 고음부까지 균일하게 재생할 수 있는 음향기기의 특성을 말한다.

② Wi-Fi(Wireless Fidelity) : 하이파이에 무선 기술을 접목한 것으로, 고성능 무선통신을 가능하게 하는 무선랜 기술을 말한다.
③ LTE-A(Long Term Evolution-Advanced) : LTE 보다 2배 빠른 속도 구현이 가능한 이동통신 서비스로, 서로 떨어져 있는 주파수 2개를 묶어서 빠른 속도를 구현한다.

55

정답 ①

제시된 내용은 사물인터넷(IoT; Internet of Things)에 관한 것이다. 사물인터넷은 비교적 최근에 개발된 기술로, 간단하게는 주위의 환경을 파악하여 사용자에게 제공하거나 사용자가 원격으로 기기를 조작할 수 있는 것에서부터 조금 더 발전시켜 주변 환경에 대한 정보를 파악하여 자동적으로 환경 변화에 알맞은 대응을 할 수 있도록 응용되고 있다.
미국 온라인 쇼핑몰인 아마존닷컴(Amazon)은 2015년 4월 대쉬버튼(Dash Button)을 선보였다. 생활용품 등의 제품별로 제작된 버튼을 가진 사용자가, 필요할 때 해당 제품의 버튼을 누르는 것만으로 주문, 결제 단계가 자동적으로 진행된다. 아직은 기초적인 단계이고 크게 환영받지는 못했지만, 사용자의 주문 성향과 주문 시점과 남은 수량 등을 파악하여 주문까지 자동으로 할 수 있게 하는 등의 추가 기술이 따른다면 일상생활에 엄청난 편리함을 가져다줄 수 있는 기술이다.

56

정답 ②

디지털 아카이브(Digital Archive)는 단순히 콘텐츠 저장뿐만 아니라 영상이 담고 있는 내용과 정보를 디지털화해서 보관한다. 이로 인해 비용 절감은 물론 제작 환경까지 극대화시킬 수 있는 차세대 방송 시스템이다.

57

정답 ③

도그 이어(Dog Year)는 정보통신의 눈부신 기술 혁신 속도를 일컫는 말로 10년 안팎인 개의 수명을 사람과 비교할 때 개의 1년이 사람의 7년과 비슷한 것을 비유한 것이다.

58

정답 ④

스마트 팩토리는 공장 내 설비와 기계에 설치된 센서를 통해 실시간으로 데이터를 수집·분석하고, 서로 연결된 공장 내 장비와 부품들의 상호 소통을 통해 공장 내 모든 상황을 관리할 수 있다. 따라서 〈보기〉에서 스마트 팩토리의 특징으로 적절한 것은 ⓒ과 ⓜ이다.

오답분석

ⓐ·ⓑ 스마트 팩토리는 다품종 복합(대량·소량) 생산이 가능하다.
ⓓ 스마트 팩토리는 공정 간 데이터를 연결하여 제조 전 과정을 자동화하였다.

스마트 팩토리의 특징

- 연결성 : ICT와 제조업 기술이 융합하여 공장 내 장비와 부품들이 연결되고 상호 소통함
- 유연성 : 다품종 복합(대량·소량) 생산이 가능한 생산체계
- 지능성 : 변화하는 여건에 따라 스스로 의사결정을 내려 능동적으로 대응함

59

정답 ①

전 세계 모든 사람이 차별 없이 인터넷을 사용할 수 있도록 하자는 취지로 발족한 것이 '프로젝트 룬'이다.

60

정답 ④

도메인 네임의 종류

- co.kr : 영리기관(회사) 또는 개인
- ne.kr : 네트워크
- or.kr : 비영리기관
- re.kr : 연구기관
- ac.kr : 대학 교육기본법 및 교육기관(학교)
- go.kr : 정부, 행정, 입·사법기관

제3회 정답 및 해설

제1영역 NCS직업기초능력평가

01	02	03	04	05	06	07	08	09	10
④	④	②	④	③	④	③	②	③	③
11	12	13	14	15	16	17	18	19	20
③	③	①	②	④	①	④	②	③	①
21	22	23	24	25	26	27	28	29	30
③	①	④	②	②	①	④	②	②	②
31	32	33	34	35	36	37	38	39	40
③	④	③	④	①	④	③	①	②	④
41	42	43	44	45	46	47	48	49	50
①	②	③	②	③	④	③	③	④	③
51	52	53	54	55	56	57	58	59	60
①	③	④	③	②	④	④	③	③	④
61	62	63	64	65	66	67	68	69	70
②	④	④	①	①	④	③	④	④	④
71	72	73	74	75	76	77	78	79	80
③	②	①	③	②	④	①	④	②	②

01 정답 ④

(라) : 500,000원×0.05÷12=2,083.333 … 원 → 2,083원

오답분석

① (가) : 2,000,000원×0.05÷12=8,333.333 … 원
→ 250,000원+8,333원=258,333원
② (나) : 1,500,000원×0.05÷12=6,250원
③ (다) : 1,000,000원×0.05÷12=4,166.666 … 원
→ 250,000원+4,167원=254,167원

02 정답 ④

이자+사용금액=청구금액
사용금액을 x원이라고 하면
$x+0.15x=97,750$
$\therefore\ x=85,000$
따라서 97,750−85,000=12,750원이다.

03 정답 ②

창 나누기를 수행하면 셀 포인터의 왼쪽과 위쪽으로 창 구분선이 표시된다.

04 정답 ④

[데이터 유효성] 조건에서 제한 대상 목록은 정수, 소수점, 목록, 날짜, 시간, 텍스트 길이, 사용자 지정을 볼 수 있다.

05 정답 ③

산업 사회의 여러 가지 특징에 대해 설명함으로써 산업 사회가 가지고 있는 문제점들을 강조하고 있다.

06 정답 ④

제주는 수・목・금요일과 일요일에 원정 경기를 할 수 있다.

오답분석

① 전북이 목요일에 경기를 한다면 울산과 홈경기를 한다. 울산은 원정 경기이므로 금요일에 쉬게 된다. 따라서 금요일에 경기가 있다면 서울과 제주의 경기가 된다.
② 제주가 수요일에 홈경기가 있든 원정 경기가 있든 화요일이 홈경기이기 때문에 목요일은 반드시 쉬어야 한다.
③ ②와 마찬가지로 토요일에 서울이 홈경기를 하기 때문에 일요일에 경기를 한다면 반드시 쉬어야 한다.

07 정답 ③

대구의 경우 18대 대통령 선거 투표율이 15대 대통령 선거 투표율보다 높다.

오답분석

① 가장 높은 투표율은 광주의 15대 선거 투표율인 89.9%이다.
② 17대 대통령 선거에서 가장 높은 투표율은 경북의 68.5%이다.
④ 15대 최저는 충남의 77%이고, 16대는 충남의 66%, 17대는 인천의 60.3%, 18대는 충남의 72.9%로 항상 같은 곳은 아니다.

08

정답 ②

3차원 대부분의 차트와 원형, 도넛형, 표면형, 방사형과 같은 항목축과 값축의 구분이 명확하지 않은 차트 종류는 추세선을 추가할 수 없다.

09

정답 ③

여러 셀에 숫자, 문자 데이터 등을 한 번에 입력하려면 여러 셀이 선택된 상태에서 〈Ctrl〉+〈Enter〉 키를 눌러서 입력해야 한다.

10

정답 ③

W랜드 이용 횟수를 x회라 가정하면

- 비회원 이용 금액 : $20,000 \times x$
- 회원 이용 금액 : $50,000 + 20,000 \times \left(1 - \frac{20}{100}\right) \times x$

$20,000 \times x > 50,000 + 20,000 \times \left(1 - \frac{20}{100}\right) \times x$

$\rightarrow 20,000x > 50,000 + 16,000x \rightarrow 4,000x > 50,000$

$\rightarrow x > 12.5$

따라서 최소 13번을 이용해야 회원 가입한 것이 이익이다.

11

정답 ③

[총점] 계열의 [한길] 요소에 데이터 레이블이 있다.

12

정답 ③

- (중도상환 원금)

$=$(대출원금)$-${원금상환액(월)$\times$대출경과월수}

$= 12,000,000 - \left(\frac{12,000,000}{60} \times 12\right)$

$= 9,600,000$원

- (중도상환 수수료)

$= 9,600,000 \times 0.038 \times \frac{36-12}{36}$

$= 243,200$원

13

정답 ①

- Strength(강점) : 한국자동차는 전기자동차 모델들을 꾸준히 출시하여 성장세가 두드러지고 있는데다 고객들의 다양한 구매 욕구를 충족시킬만한 전기자동차 상품의 다양성을 확보하였다.
- Opportunity(기회) : 새로운 정권에서 전기자동차에 대한 지원과 함께 친환경차 보급 확대에 적극 나설 것으로 보인다는 점과 환경을 생각하는 국민 의식이 증가되고, 친환경차의 연비 절감 부분이 친환경차 구매욕구 상승에 기여하고 있으며 한국자동차의 미국 수출이 증가하고 있다.

따라서 해당 기사를 분석하면 SO전략이 적절하다.

14

정답 ②

비대면 금융 플랫폼에 대한 장점은 확인할 수 있으나, 단점을 확인할 수 없으므로 ②는 적절하지 않다.

오답분석

① '전통 시장의 모습이 떠오르는가?', '규모가 몇 퍼센트나 될까?'와 같이 질문을 통해 독자에 대한 관심을 환기하고 있다.
③ 금융기관의 자산 경량화 트랜드를 설명하면서 국내은행 영업점포 수와 대면 거래, 인터넷 뱅킹의 비중을 제시함을 확인할 수 있다.
④ '콩나물 심부를 하던 어린 시절을 회상해보자'와 같이 청유형 문장을 사용하고 있음을 확인할 수 있다.

15

정답 ④

비대면 금융 플랫폼과 관련하여 거래의 보안성이 높다는 점은 기사에 제시되어 있지 않다.

오답분석

① 대면 거래의 비중이 줄어들고 인터넷 뱅킹의 업무처리 비중이 늘어남을 볼 때 점포를 방문하는 일은 계속해서 줄어들 것으로 보인다.
② 모바일 뱅킹은 비대면 금융 플랫폼, 즉 금융기관의 온라인 기반 플랫폼 사례로 적절하다.
③ 금융기관들은 영업점포를 축소해 나가고 있으며, 이는 점포 운영 비용 절감으로 이어져 소비자들은 수수료 혜택을 받게 될 것이다.

16

정답 ①

가입대상은 예상소득이 아니라 직전 과세기간 중 총소득 또는 종합소득을 따지게 되며, 직전 과세기간 총소득 또는 종합소득이 일정수준 이상이라 하더라도 중소기업에 재직하는 청년은 가입이 가능하다.

17

정답 ④

- K고객은 의무가입기간 이상 적금에 가입했기 때문에, 이자소득세가 면제되고 대신 농어촌특별세(1.5%)가 과세된다. 따라서 $400,000 \times (1-0.015) = 394,000$원이 이자(세후)로 입금된다.
- L고객은 의무가입기간 이상 적금에 가입하지 않았지만, 해지 1개월 전 3개월 이상의 입원치료를 요하는 상해를 당했기 때문에 특별중도해지 사유에 해당하므로 이자소득세가 면제되고, 농어촌특별세만 과세된다.

따라서 $200,000 \times (1-0.015) = 197,000$원이 이자(세후)로 입금된다.

18

정답 ②

2018년도 전체 인구수를 100명으로 가정했을 때, 같은 해 문화예술을 관람한 비율은 60.8%이므로 $100 \times 60.8 \fallingdotseq 61$명이다. 61명 중 그해 미술관 관람률은 10.2%이므로 미술관을 관람한 사람은 $61 \times 0.102 \fallingdotseq 6$명이다.

오답분석

① 문화예술 관람률은 52.4% → 54.5% → 60.8% → 64.5%로 꾸준히 증가하고 있다.
③ 문화예술 관람률이 접근성과 관련이 있다면 조사기간 동안 가장 접근성이 떨어지는 것은 관람률이 가장 낮은 무용이다.
④ 문화예술 관람률에서 남자보다는 여자가 관람률이 높으며, 고연령층에서 저연령층으로 갈수록 관람률이 높아진다.

19

정답 ③

문자는 숫자와 달리 두개의 셀을 드래그한 뒤 채우기를 했을 때 선택한 값이 반복되어 나타나므로 A가 입력된다.

20

정답 ①

블록을 잡고 〈Back Space〉 키를 누르면 '20'만 지워진다.

오답분석

②·③·④ 블록 부분이 다 지워진다.

21

정답 ③

$(2030\text{년 전국 노년부양비}) = \frac{24.1}{64.7} \fallingdotseq 0.37$

22

정답 ①

2010년에 전남의 노인인구비는 21.3%로 초고령사회에 처음 진입했다.

23

정답 ④

'급여이체 우대이율'은 신규일로부터 3개월 이내에 1회 이상의 급여이체 실적이 있는 고객의 계좌에 연 0.3%p 적용된다.

24

정답 ②

• 입장료
주희네 가족 4명은 성인이고, 사촌 동생 2명은 소인에 해당한다. 토요일에 방문하므로 6명의 주말 입장료는
$(15,000 \times 4) + (12,000 \times 2) = 84,000$원이다.

• 숙박비
인원 추가는 최대 2명까지 가능하므로 4인실 대여 후 2인을 추가해야 한다. 세 숙박시설의 주말 요금을 비교하면 다음과 같다.
– A민박 : $95,000 + (30,000 \times 2) = 155,000$원
– B펜션 : $100,000 + (25,000 \times 2) = 150,000$원
– C펜션 : $120,000 + (40,000 \times 2) = 200,000$원
문제에서 숙박비가 15만 원을 초과하지 않는 방을 예약한다고 했으므로 주희네 가족은 B펜션을 이용하며, 숙박비는 150,000원이다.

• 왕복 교통비 : $2 \times (10,000 + 5,800) = 31,600$원

따라서 총경비는 $84,000 + 150,000 + 31,600 = 265,600$원이다.

25

정답 ②

연준이는 A민박의 4인실과 2인실(추가 1인)을 평일에 1박을 예약했으므로 낸 숙박비는 $60,000 + (45,000 + 30,000) = 135,000$원이다. 일주일 뒤에 머물기로 한 숙소를 오늘 취소하는 것이므로 7일 전 환불 규정이 적용된다.
따라서 연준이가 환불받는 금액은 $135,000 \times 0.3 = 40,500$원이고, 지불해야 할 수수료는 10,000원이다.

26

정답 ①

피벗테이블 결과 표시 장소는 다른 시트도 가능하다.

27

정답 ④

ㄱ. 2019년에 B등급이었던 고객이 2021년까지 D등급이 되는 경우는 다음과 같다.

2019년	2020년	2021년	확률
B	A	D	$0.14 \times 0.02 = 0.0028$
	B		$0.65 \times 0.05 = 0.0325$
	C		$0.16 \times 0.25 = 0.04$
	D		0.05

$\therefore 0.0028 + 0.0325 + 0.04 + 0.05 = 0.1253$

ㄴ. 해마다 다음 해로 4가지의 등급변화가 가능하다. 이때, D등급을 받으면 5년간 등급변화가 생기지 않는 점에 유의한다. 2019년 C등급에서 2020년에 4가지로 변화가 가능하고, 2021년에 D를 제외한 모든 등급이 다시 4가지씩 변화가 가능하다. 마찬가지로 2022년에 D등급을 제외한 모든 등급이 4가지씩 변화할 수 있으므로 총 경우의 수는 40가지인데, 이 중 C등급이 유지되는 경우를 제외하면 31가지이다.

오답분석

ㄷ. • B등급 고객의 신용등급이 1년 뒤에 하락할 확률
: $0.16 + 0.05 = 0.21$
• C등급 고객의 신용등급이 1년 뒤에 상승할 확률
: $0.15 + 0.05 = 0.2$

28

정답 ②

우선 박 비서에게 회의 자료를 받아와야 하므로 비서실을 들러야 한다. 다음으로 기자단 간담회는 대회 홍보 및 기자단 상대 업무를 맡은 홍보팀에서 기자단 간담회 자료를 정리할 것이므로 홍보팀을 거쳐야 하며, 승진자 인사 발표 소관 업무는 인사팀이 담당한다고 볼 수 있다. 또한 회사의 차량 배차에 관한 업무는 총무팀과 같은 지원부서의 업무로 보는 것이 타당하다.

29

정답 ②

반월시화공단은 $\frac{195,635}{12,548} \fallingdotseq 15.6$(명),

울산공단은 $\frac{101,677}{1,116} \fallingdotseq 91.1$(명)이므로 그 차이는 75.5명이다.

30

정답 ②

거품형 차트에 대한 설명이며, 방사형 차트는 많은 데이터 계열의 집합적인 값을 나타낼 때 사용된다.

31

정답 ③

㉠ 각 팀장이 매긴 순위에 대한 가중치는 모두 동일하다고 했으므로 1, 2, 3, 4순위의 가중치를 각각 4, 3, 2, 1점으로 정해 네 사람의 면접점수를 산정하면 다음과 같다.
- 갑 : 2+4+1+2=9
- 을 : 4+3+4+1=12
- 병 : 1+1+3+4=9
- 정 : 3+2+2+3=10

1위에 가장 높은 가중치를, 4위에 가장 낮은 가중치를 부여했으므로 면접점수가 가장 높은 2명이 채용된다.
면접점수가 높은 을, 정 중 한 명이 입사를 포기하면 갑, 병중 한 명이 채용된다. 갑과 병의 면접점수는 9점으로 동점이지만 조건에 따라 인사팀장이 부여한 순위가 높은 갑을 채용하게 된다.

㉢ 경영관리팀장이 갑과 병의 순위를 바꿨을 때, 네 사람의 면접점수를 산정하면 다음과 같다.
- 갑 : 2+1+1+2=6
- 을 : 4+3+4+1=12
- 병 : 1+4+3+4=12
- 정 : 3+2+2+3=10

즉, 을과 병이 채용되므로 정은 채용되지 못한다.

오답분석

㉡ 인사팀장이 을과 정의 순위를 바꿨을 때, 네 사람의 면접점수를 산정하면 다음과 같다.
- 갑 : 2+4+1+2=9
- 을 : 3+3+4+1=11
- 병 : 1+1+3+4=9
- 정 : 4+2+2+3=11

즉, 을과 정이 채용되므로 갑은 채용되지 못한다.

32

정답 ④

㉢에서 윤 부장이 가담하지 않았다면 입찰부정에 가담한 사람은 김 대리와 박 대리인데, 이는 ㉡에 위배되는 사실이다. 결국 윤 부장은 가담할 수밖에 없다. 윤 부장 외 1명을 더 찾아야 하는데 ㉣, ㉤에 의해 박 대리도 가담하지 않는다. 따라서 남은 사람은 입찰담당자 강 주임뿐이다.

33

정답 ③

컨트롤의 위치를 이동시키려면 〈Ctrl〉을 누른 상태에서 방향키를 움직인다.

34

정답 ④

제시문과 ④의 '돌아오다'는 '일정한 간격으로 되풀이되는 것이 다시 닥치다.'를 뜻한다.

오답분석

① 본래의 상태로 회복하다.
② 몫, 비난, 칭찬 따위를 받다.
③ 원래 있던 곳으로 다시 오거나 다시 그 상태가 되다.

35

정답 ①

외국환은 별다른 제약이 없는 내국환과는 달리 외국과의 대차 관계를 발생시키는 모든 거래에 적용되므로 한 나라의 국제수지와 매우 밀접한 연관을 가지고 있다.

오답분석

② 1997년 말 현재 외채는 1,500억 달러였는데 반하여, 외환 보유고는 80억 달러였다는 점을 통해 알 수 있다.
③ 우리나라의 외국환 보유액은 1970년에 약 6억 달러, 1975년에 약 15억 달러, 1980년에 약 65억 달러, 1985년에 약 77억 달러에서 1988년에는 약 123억 달러로 점차 증가 추세에 있었으며, 1990년대에 들어서도 증가 속도는 느려졌으나 여전히 증가하고 있었다.
④ 우리나라는 귀중한 외화가 무제한으로 해외로 유출되거나 그 반대로 투기성 외화가 일시적으로 크게 들어오는 것을 방지하기 위하여 국제수지의 상태에 따라 외국환 거래를 정부의 관리 하에 두고 있다.

36

정답 ④

효과적인 외국환 이용을 위한 앞으로의 방안은 본문의 내용에서 찾아볼 수 없다.

오답분석

① 수출 부진에서 오는 외화가득률 하락, 핵심 기업들의 경영 악화 및 줄 이은 도산, 관치금융과 정경유착에 의한 불합리한 투자 및 부조리, OECD(경제협력개발기구) 가입에 따른 갑작스러운 금융시장 개방, 김영삼 정권 말기의 권력 누수 현상과 경제관리 소홀 등을 볼 수 있다.

② 우리나라에서는 1961년 12월에 제정된 「외국환관리법」을 중심으로 외국환을 관리하고 있다. 또한 「외국환관리법」·「외국환관리규정」·「외자도입법」·「외자관리법」·「한국은행법」 등의 법령을 통하여 조정하고 있다.
③ 우리나라의 국제간 대차 관계를 결제하는 지급 수단으로 널리 사용되고 있는 것은 외국환어음·전신환·우편환이다.

37

정답 ③

제시된 자료를 보면 재배가능 최저 온도는 0℃, 최고 온도는 55℃이다. 0℃에서 55℃까지 5℃씩 나누어 온도별 재배 가능 식물과 온도별 상품가치의 합을 구하면 다음과 같다.

• 온도별 재배 가능 식물

온도(℃)	식물종류
0	A
5	A, B
10	A, B
15	A, B, D, E
20	A, D, E
25	C, D, E
30	C, D
35 이상	C

따라서 가장 많은 식물을 재배할 수 있는 온도는 15℃이다.

• 온도별 상품가치

온도(℃)	상품가치(원)
0	10,000
5	35,000
10	35,000
15	85,000
20	60,000
25	100,000
30	65,000
35 이상	50,000

따라서 상품가치의 총합이 가장 큰 온도는 25℃이다.

38

정답 ①

앞의 항에 −6, −5, −4, −3, −2, −1, …인 수열이다.

따라서 ( )=(−35)−1=−36

39

정답 ②

홀수 항은 +14, 짝수 항은 +7인 수열이다.

따라서 ( )=(−28)+14=−14

40

정답 ④

내일 날씨가 화창하고 사흘 뒤 비가 올 모든 경우는 다음과 같다.

내일	모레	사흘
화창	화창	비
화창	비	비

• 첫 번째 경우의 확률 : 0.25×0.30=0.075
• 두 번째 경우의 확률 : 0.30×0.15=0.045

따라서 주어진 사건의 확률은 0.075+0.045=0.12=12%이다.

41

정답 ①

'본받다'는 '본을 받다'에서 목적격 조사가 생략되고, 명사 '본'과 동사 '받다'가 결합한 합성어이다. 즉 하나의 단어로 '본받는'이 옳은 표기이다.

42

정답 ②

날짜	합계금액(원)	날짜	합계금액(원)	날짜	합계금액(원)
5월 1일	61,000,000	5월 6일	62,200,000	5월 11일	62,500,000
5월 2일	61,150,000	5월 7일	60,000,000	5월 12일	62,000,000
5월 3일	61,300,000	5월 8일	60,250,000	5월 13일	61,000,000
5월 4일	61,000,000	5월 9일	60,500,000	5월 14일	60,500,000
5월 5일	61,500,000	5월 10일	62,000,000	5월 15일	60,750,000

5월 7일에 가장 적은 최종 합계금액으로 대금과 수송비를 해결할 수 있다.

43

정답 ③

Q4에 대한 답에 따르면 올원페이는 휴대폰 기종이나, 제조사, 통신사 등의 제한이 없으므로 적절하지 않다.

44

정답 ②

오답분석

① 올원페이는 휴대폰 기종이나 제조사, 통신사 등의 제한 없이 사용할 수 있다.
③ 올원페이는 W모바일카드의 앱카드 기능을 분리하여 제작된 것이므로 올원페이를 이용하고자 하는 경우 신규 설치 후 카드 등록을 해야 한다.
④ 카드 수의 제한 없이 소지하고 있는 모든 W은행카드를 등록할 수 있다.

45

정답 ③

각 경우에 따른 한국과 다른 회원국의 이익을 표로 나타내면 다음과 같다.

구분	다른 회원국이 협조하는 경우		다른 회원국이 비협조하는 경우	
	한국	회원국	한국	회원국
A안	30억 원	230억 원	0원	150억 원
B안	20억 원	200억 원	10억 원 손실	180억 원

다른 회원국의 비협조를 가정할 경우 한국은 손실보다는 현상유지를 할 수 있는 A안을 선택해야 하는데, ③은 B안을 선택하는 것이 유리하다고 했으므로 옳지 않다.

오답분석

① 한국의 입장에서는 다른 회원국들이 협조할 것으로 판단되면 10억을 더 이득 볼 수 있는 A안을 선택해야 한다.

② 회원국의 협조를 가정할 경우 A안은 총 260억, B안은 총 220억의 이득을 내므로 ASEM은 A안을 선택할 것이다.

④ A안이 선택되면, 협조하는 경우 총 이득이 260억으로 협조하지 않는 경우의 150억보다 이득을 더 많이 창출하므로 모든 회원국이 협조하는 것이 유리하다.

46

정답 ④

트럭・버스의 비율은 미국・캐나다・호주 모두 약 20%이며, 유럽 국가는 모두 10% 전후이다. 따라서 유럽 국가에서 승용차가 차지하는 비율이 높다.

오답분석

① 자동차 보유 대수에서 승용차가 차지하는 비율이 가장 높은 나라는 트럭・버스의 비율이 가장 낮다. 따라서 프랑스가 아니라 독일이다.

② 자동차 보유 대수에서 트럭・버스가 차지하는 비율이 가장 높은 나라는 캐나다이다.

③ 호주의 트럭・버스 비율이 10% 미만인지를 판단하면 된다. 총 수는 5,577천 대이다. 따라서 트럭・버스의 수가 1,071천 대이므로 10% 이상이다.

47

정답 ③

우유의 효과에 대해 부정적인 견해가 존재하나 그래도 우유를 먹어야 한다고 말하고 있다.

48

정답 ③

2017년 대비 2020년 사업자 수가 감소한 호프전문점, 간이주점, 구내식당 세 곳의 감소율은 다음과 같다.

• 호프전문점 : $\frac{37,543-41,796}{41,796}\times 100 \fallingdotseq -10.2\%$

• 간이주점 : $\frac{16,733-19,849}{19,849}\times 100 \fallingdotseq -15.7\%$

• 구내식당 : $\frac{26,202-35,011}{35,011}\times 100 \fallingdotseq -25.2\%$

따라서 2017년 대비 2020년 사업자 수의 감소율이 두 번째로 큰 업종은 간이주점으로 감소율은 -15.7%이다.

49

정답 ④

2017년 대비 2019년 일식전문점 사업자 수의 증감률

: $\frac{14,675-12,997}{12,997}\times 100 \fallingdotseq 12.91\%$

오답분석

① 기타음식점의 2020년 사업자 수는 24,509명, 2019년 사업자 수는 24,818명이므로 24,818−24,509=309명 감소했다.

② 2018년의 전체 음식 업종 사업자 수에서 분식점 사업자 수가 차지하는 비중은 $\frac{52,725}{659,123}\times 100 \fallingdotseq 8.0\%$, 패스트푸드점 사업자 수가 차지하는 비중은 $\frac{31,174}{675,969}\times 100 \fallingdotseq 4.73\%$이므로, 둘의 차이는 8.0−4.73=3.27%p이다.

③ 제시된 자료를 통해 사업자 수가 해마다 감소하는 업종은 간이주점, 구내식당 두 곳임을 알 수 있다.

50

정답 ③

오답분석

① 월간 최고한도는 5,000만 원이다.

② 매월 세 번째 일요일 00:00 ~ 06:00에는 체크카드 이용이 제한될 수 있다.

④ 외국인의 경우 보증금 3만 원이 필요하다.

51

정답 ①

우리은행 체크카드 후불교통 이용대금 출금일은 15일+3영업일, 말일+3영업일이다. 9월 16일부터 말일(30일)까지 사용한 이용대금은 개천절인 공휴일을 제외하여 10월 4일에 출금되며, 10월 1일부터 10월 15일까지 사용한 이용대금은 10월 18일에 출금된다.

52

정답 ③

ㅁㅁ뱅크 전월세보증금대출은 은행 방문 없이 스마트폰으로 간편하게 전세대출을 신청할 수 있다.

53

정답 ④

'그러한' 등의 지시어와 '그러나', '그래서', '따라서' 등의 접속어를 토대로 문맥을 가장 자연스럽게 하는 순서를 확인할 수 있다. (D)의 '그러한 편견'은 〈보기〉에서 DNA를 '일종의 퇴화 물질로 간주'하던 인식을 가리키며, (B)의 '유전 정보'는 (D)에서 바이러스가 주입한 유전 정보이다. (A)는 (D)에서 언급한 '아무도 몰랐다'는 문제를 해결하기 위한 조사에 대한 설명이며, (C)는 (A)에서 실시

한 조사의 결과로 드러난 사실을 설명한 것이다. 따라서 (D) – (B) – (A) – (C) 순서가 적절하다.

54

정답 ③

우선 세 번째 조건에 따라 '윤지 – 영민 – 순영'의 순서가 되는데, 첫 번째 조건에서 윤지는 가장 먼저 출장을 가지 않는다고 하였으므로 윤지 앞에는 먼저 출장 가는 사람이 있어야 한다. 따라서 '재철 – 윤지 – 영민 – 순영'의 순이 되고, 마지막으로 출장 가는 순영의 출장지는 미국이 된다. 또한 재철은 영국이나 프랑스로 출장을 가야하는데, 영국과 프랑스는 연달아 갈 수 없으므로 두 번째 출장지는 일본이며, 첫 번째와 세 번째 출장지는 영국 또는 프랑스로 재철과 영민이 가게 된다.

구분	첫 번째	두 번째	세 번째	네 번째
출장 가는 사람	재철	윤지	영민	순영
출장 가는 나라	영국 또는 프랑스	일본	영국 또는 프랑스	미국

오답분석

① 윤지는 일본으로 출장을 간다.
② 재철은 영국으로 출장을 갈 수도, 프랑스로 출장을 갈 수도 있다.
④ 순영은 네 번째로 출장을 간다.

55

정답 ②

7번 점검내용의 확인란에 체크되어 있지 않음으로 유아들의 안전관리를 위한 성인의 존재는 확인이 필요하나, 6번 점검내용의 확인란에 체크되어 있음을 볼 때, 휴대전화 여부는 확인되었음을 알 수 있다.

오답분석

① 2번과 9번 점검내용의 확인란에 체크되어 있지 않음을 확인할 수 있다.
③ 점검표의 비고란을 통해 확인할 수 있다.
④ 4번과 13번 점검내용의 확인란에 체크되어 있음을 확인할 수 있다.

56

정답 ④

- 등록이 제공되지 <u>안습니다</u>. : 안습니다 → 않습니다
- 일반통화요금이 <u>부가되며</u>~ : 부가되며 → 부과되며
- 신청한 <u>지역벌</u> 1개의~ : 지역벌 → 지역별
- 기간만료 시 <u>항후</u> 연장이~ : 항후 → 향후

57

정답 ④

- 보존(保存) : 잘 보호하고 간수하여 남김
- 보전(補塡) : 부족한 부분을 보태어 채움
- 선발(選拔) : 많은 가운데서 골라 뽑음
- 선별(選別) : 가려서 따로 나눔
- 합병(合併) : 둘 이상의 기구나 단체, 나라 따위가 하나로 합쳐짐 또는 그렇게 만듦
- 통합(統合) : 둘 이상의 조직이나 기구 따위를 하나로 합침

58

정답 ③

견과류 첨가 제품의 시리얼은 단백질 함량이 1.8g, 2.7g, 2.5g이며, 당 함량을 낮춘 제품의 시리얼은 단백질 함량이 1.4g, 1.6g으로 옳은 설명이다.

오답분석

① 탄수화물 함량이 가장 낮은 시리얼은 후레이크이며, 당류 함량이 가장 낮은 시리얼은 콘프레이크이다.
② 일반 제품의 시리얼 열량은 체중조절용 제품의 시리얼 열량보다 더 낮은 수치를 보이고 있다.
④ 당류가 가장 많은 시리얼은 초코볼 시리얼(12.9g)이며, 초코볼 시리얼은 초코맛 제품이다.

59

정답 ③

S대리의 요청에서 탈취 효율, 유해가스 제거 효율, A/S 기간, 사용면적의 경우는 모든 제품이 적합하다. 하지만 소음방지 효율은 매우 우수 등급이어야 하며, 에너지 사용량은 년당 100kWh 이하여야 하므로 조건에 적합한 공기청정기 모델은 AL112WS, DS302GV, DC846PS, PO946VG, CT754WE로 추려진다. 이 중 L전자는 등록비 10만 원을 별도로 적용하며, S전자는 이벤트로 렌탈 기간을 20개월로 적용한다. 그리고 2년 렌탈할 경우 필터는 2번 교체해야 한다.

해당 5개 모델의 렌탈비용을 계산하면 다음과 같다.

- AL112WS(S전자) : (267,000원×20개월)+(46,500원×2번) =5,433,000원
- DS302GV(S전자) : (273,000원×20개월)+(51,000원×2번) =5,562,000원
- DC846PS(L전자) : (215,000원×24개월)+(52,500원×2번) +100,000원(등록비)=5,365,000원
- PO946VG(H전자) : (228,000원×24개월)+(42,000원×2번) =5,556,000원
- CT754WE(L전자) : (225,000원×24개월)+(45,000원×2번) +100,000원(등록비)=5,590,000원

따라서 D씨가 선택해야 하는 가장 저렴한 공기청정기 모델은 DC846PS이다.

60 　　정답 ④

A ~ D씨의 신용등급에 따른 기준금리와 가산금리, 그리고 우대금리 적용 사항을 통해 우대금리를 구하면 다음과 같다.

- A씨
  1.8%(기준금리)+3.35%(가산금리)−(0.3%p+0.1%p+0.1%p+0.3%p)(우대금리)=4.35%
- B씨
  1.8%(기준금리)+3.35%(가산금리)−(0.3%p+0.1%p+0.5%p)(우대금리)=4.25%
- C씨
  1.95%(기준금리)+6.34%(가산금리)−(0.2%p+0.3%p+0)(우대금리)=7.79%(적립식예금 계좌의 경우 30만 원 이상 보유해야 한다)
- D씨
  1.77%(기준금리)+2.18%(가산금리)−(0+0.1%p+0.2%p)(우대금리)=3.65%(자동이체 거래실적은 3건 이상이어야 한다)

61 　　정답 ②

제시된 글은 제4차 산업혁명으로 인한 노동 수요 감소로 인해 나타날 수 있는 문제점으로 대공황에 대한 위험을 설명하면서도, 긍정적인 시각으로 노동 수요 감소를 통해 인간적인 삶 향유가 이루어질 수 있다고 말한다. 따라서 제4차 산업혁명의 밝은 미래와 어두운 미래를 나타내는 ②가 제목으로 가장 적절하다.

62 　　정답 ④

돌이는 이미 한 주에 세 번 상담받기로 예약되어 있고, 철이와 순이는 그 다음날인 금요일에 예약이 있다. 따라서 목요일 13 ~ 14시에 상담을 받을 수 있는 사람은 영이이다.

63 　　정답 ④

선택지수에 각 조건들을 대입하여 계산하면

- A : 4×1,000,000×0.7+200,000×0.8=2,960,000원
- B : 4×1,000,000×0.7+80,000×0.8=2,864,000원
- C : 3×1,000,000×0.7+50,000×0.8=2,140,000원
- D : 4×1,000,000×0.7+40,000×0.8=2,832,000원

따라서 250만 원 이상 사용하는 것이 조건이므로 D를 선택한다.

64 　　정답 ①

- (가), (바) : 곤충 사체 발견, 방사능 검출은 현재 직면한 문제로 발생형 문제에 적합하다.
- (다), (마) : 현재의 상황보다 효율을 더 높이기 위한 문제로 탐색형 문제에 적합하다.
- (나), (라) : 초고령사회와 드론시대를 대비하여 미래지향적인 과제를 설정함으로써 설정형 문제에 적합하다.

65 　　정답 ①

{월세×12(개월)/(전세 보증금−월세 보증금)}×100=6%가 되어야 한다.

따라서 월세를 x원으로 하여 주어진 금액을 대입하고 계산해 보면,

(x×12)/(1억 원−1천만 원)×100=6

$$\frac{12x}{900,000}=6 \rightarrow x=\frac{900,000\times6}{12}$$

$\therefore x=450,000$원

66 　　정답 ④

네 번째 문단은 토마토 퓨레, 토마토 소스, 토마토 케첩을 소개함을 볼 때, 토마토에 대한 조리방법을 소개하고 있음을 알 수 있다.

67 　　정답 ③

토마토와 같이 산(酸)이 많은 식품을 조리할 때는 단시간에 조리하거나 스테인리스 스틸 재질의 조리 기구를 사용해야 한다. 알루미늄제 조리 기구를 사용하게 되면 알루미늄 성분이 녹아 나올 수 있기 때문이다.

오답분석

① 빨간 토마토에는 라이코펜이 많이 들어 있으나 그냥 먹으면 체내 흡수율이 떨어지므로 열을 가해 조리해서 먹는 것이 좋다.
② 우리나라에는 19세기 초 일본을 거쳐서 들어왔다고 추정하고 있다.
④ 토마토의 라이코펜과 지용성 비타민은 기름에 익힐 때 흡수가 잘 되므로 기름에 볶아 푹 익혀서 퓨레 상태로 만들면 편리하다.

68 　　정답 ④

김 팀장의 지시에 따른 박 대리의 업무 리스트를 우선순위에 따라 작성하면 다음과 같다.

〈업무 리스트〉

1. 부장님께 사업계획서 제출(이번 주 금요일)
2. 본사 사업현황보고 회의 참석(오늘 오후 5시)
3. 금일 업무 보고서 작성(오늘 오후 4시까지)
4. 회의실 예약 현황 확인(오늘 오후 2시까지)

⇩

〈업무 우선순위〉

1. 회의실 예약 현황 확인
2. 금일 업무 보고서 작성
3. 본사 사업현황보고 회의 참석
4. 부장님께 사업계획서 제출

따라서 박 대리가 가장 먼저 처리해야 할 일은 회의실 예약 현황을 확인하는 것이다.

69

정답 ④

퇴근시간대인 16:00 ~ 20:00에 30대 및 40대의 누락된 유동인구 비율을 찾아낸 뒤 100,000명을 곱하여 설문조사 대상인원 수를 산출하면 된다. 우측 및 하단 소계 및 주변 정보를 통해서 다음과 같이 빈 공간의 비율을 먼저 채운다.

구분	10대	20대	30대	40대	50대	60대	70대	소계
08:00 ~ 12:00	1	1	3	4	1	0	1	11
12:00 ~ 16:00	0	2	3	4	3	1	0	13
16:00 ~ 20:00	4	3	10	11	2	1	1	32
20:00 ~ 24:00	5	6	14	13	4	2	0	44
소계	10	12	30	32	10	4	2	100

위 결과를 토대로 30 ~ 40대 퇴근시간대 유동인구 비율은 10+11=21%임을 확인할 수 있다.

따라서 30 ~ 40대 유동인구는 100,000×0.21=21,000명이므로, 설문지는 21,000장을 준비하면 된다.

70

정답 ④

전월이용실적이 102만 원인 경우는 월간 통합할인한도가 5만 원이며, 현재까지 할인받은 금액이 4만 3천 원이므로 7천 원까지 할인받을 수 있다. H서점에서 4만 원 사용 시 6,000원(15%) 할인되므로 모두 할인 적용을 받을 수 있다.

오답분석

① 현재 할인 가능 금액은 2,000원(20,000원−18,000원)이며, G편의점에서 2만 원 사용 시 할인 금액은 3,000원(15%)이다.
② 현재 할인 가능 금액은 2,000원(10,000원−8,000원)이며, D카페에서 1만 2천 원 사용 시 할인 금액은 2,400원(20%)이다.
③ 대중교통 할인 서비스는 전월이용실적이 30만 원 이상 되어야 가능하다.

71

정답 ③

앞뒤 문맥의 의미에 따라 추론하면 기업주의 이익추구에 따른 병폐가 우리 소비자에게 간접적으로 전해진다는 뜻이다.

72

정답 ②

58만 5천 명×0.3=17만 5,500명

73

정답 ①

234.8조 원×0.299 ≒ 70조 원

74

정답 ③

$\frac{80.2조\times0.2}{208.5만\times0.101}$ ≒ 7,600만 원

75

정답 ②

- 양면 스캔 가능 여부 – Q · T · G스캐너
- 카드 크기부터 계약서 크기 스캔 지원 – G스캐너
- 50매 이상 연속 스캔 가능 여부 – Q · G스캐너
- A/S 1년 이상 보장 – Q · T · G스캐너
- 예산 4,200,000원까지 가능 – Q · T · G스캐너
- 기울기 자동 보정 여부 – Q · T · G스캐너

따라서 구매할 스캐너의 순위는 'G스캐너 – Q스캐너 – T스캐너' 순이다.

76

정답 ④

75번 문제에서 순위가 가장 높은 스캐너는 G스캐너이다.
G스캐너의 스캔 속도는 80장/분이기 때문에 80장을 스캔할 때는 $\frac{80장}{80장/분}$=1분=60초이고, 240장은 $\frac{240장}{80장/분}$=3분=180초, 480장은 $\frac{480장}{80장/분}$=6분=360초가 걸린다.

77

정답 ①

세 번째 문단에서 '금융시장이 통합되어 있으면 지역 내 국가들 사이에 경상수지 불균형이 발생했을 때 자본 이동이 쉽게 일어날 수 있을 것이며 이에 따라 조정의 압력이 줄어들게 되므로 지역 내 환율 변동의 필요성이 감소하게 된다.'라고 했으나, 금융시장의 통합에 따른 편익의 계산 방식은 나타나지 않는다.

오답분석

② 세 번째 문단에서 확인할 수 있다.
③ · ④ 마지막 문단에서 확인할 수 있다.

78

정답 ④

다른 국가들의 국제동향을 파악하기 위해서는 현지인의 의견을 바탕으로 현지 상황을 파악하는 것이 무엇보다 중요하다.

79

정답 ②

사진과 함께 댓글로 구매평을 남길 경우 3,000원 할인 쿠폰이 지급되며, 이는 기존 원가인 3만 원에 10%인 가격과 일치한다.

오답분석

① 오픈형 성경리폼의 가격은 기존의 20% 할인가격인 2만 4천원이다.

③ 30,000원×0.1+3,000원(쿠폰)=6,000원

④ 30,000원×0.3+1,000원(쿠폰)=10,000원

80

정답 ②

채집음식이란 재배한 식물이 아닌 야생에서 자란 음식재료를 활용하여 만든 음식을 의미한다.

오답분석

① 로가닉의 희소성은 루왁 커피를 사례로 봄으로써 까다로운 채집과정과 인공의 힘으로 불가능한 생산과정을 거치면서 나타남을 알 수 있다.

③ 로가닉은 '천연상태의 날것'을 유지한다는 점에서 기존의 오가닉과 차이를 가짐을 알 수 있다.

④ 소비자들이 로가닉 제품의 스토리텔링에 만족한다면 높은 가격은 더 이상 매출 상승의 장애 요인이 되지 않을 것으로 보고 있다.

제2영역 직무능력평가

공통금융

01	02	03	04	05	06	07	08	09	10
②	④	③	④	②	①	④	③	②	③
11	12	13	14	15	16	17	18	19	20
②	②	③	④	④	④	④	①	①	③

01

정답 ②

플랜트수출은 공장의 건설에서부터 생산설비나 대형기계 등을 비롯한 관련 기계의 설치 및 가동에 이르는 공장 전체를 수출하는 것을 의미한다. 즉, 생산설비나 대형기계를 수출해 공장 전부나 일부를 건설하고 공장 운영에 필요한 기계가 가동될 수 있도록 모든 것을 책임지는 형태이며, 한마디로 공장을 통째로 수출한다고 표현할 수 있다.

오답분석

① 녹다운수출 : 부품・반제품 형태로 수출한 것을 그 수입지에서 조립하여 완성품으로 다시 수출하는 무역방식을 의미한다.

③ 기아수출 : 국제수지의 불균형을 시정하고 외화 축적을 도모하기 위해 국내 소비를 줄이고 수입을 억제하며, 생활필수물자까지 절약해 상품 수출을 강행하는 행위이다.

④ 대행수출 : 대외무역법에 의해 무역업의 허가를 받지 못하여, 수출할 물품을 자신의 명의로 수출할 수 없는 경우에 다른 수출업자의 명의를 빌어 수출하는 것을 말한다.

02

정답 ④

'사우디 비전 2030'은 2016년 4월 빈살만 왕세자가 발표한 개혁안으로, 이 개혁의 핵심은 70 ~ 80%에 이르는 현재 사우디 경제의 석유 의존도를 줄여 민간 경제를 활성화 시키겠다는 것이다.
이와 관련하여 KOTRA(대한무역투자진흥공사)는 비전 2030과 관련된 무역・투자・교육 협력・석유화학・신재생에너지・건설・조선・정보 기술(IT) 등의 분야에서 협력하기로 업무협약(MOU)을 체결하였다.

03

정답 ③

경제불황 속에서 물가상승이 동시에 발생하고 있는 상태를 스태그플레이션(Sagflation)이라고 하며, 이와 반대로 경제가 호황이면서도 물가가 안정을 유지하는 현상을 골디락스(Goldilocks)라고 한다.

04

정답 ④

풍선 효과는 풍선의 한쪽을 누르면 다른 쪽이 불룩 튀어나오는 모습에 빗댄 표현이다.

오답분석

① 분수 효과 : 저소득층의 소비 증대가 생산 및 투자 활성화로 이어져 궁극적으로 고소득층의 소득까지 높이게 되는 효과를 가리키는 말이다.
② 낙수 효과 : 고소득층의 소득 증대가 소비 및 투자 확대로 이어져 궁극적으로 저소득층의 소득도 증가하게 되는 효과를 가리키는 말이다.
③ 샤워 효과 : 백화점 등의 맨 위층에 소비자들이 몰리면 아래층 매장에도 영향을 미쳐 매출이 상승하는 효과이다.

05

정답 ②

오답분석

① 붐플레이션(Boomflation) : 호황하의 인플레이션을 의미하는 붐플레이션은 호황을 의미하는 붐(Boom)과 인플레이션(Inflation)의 합성어이다.
③ 바이플레이션(Biflation) : 인플레이션(Inflation)과 디플레이션(Deflation)이 동시에 일어나는 경제적인 현상으로 믹스플레이션(Mixflation)이라고도 한다.
④ 팬플레이션(Panflation) : '넓은', '범(汎)' 등을 뜻하는 팬(Pan)과 물가의 전반적 상승을 의미하는 인플레이션을 합친 말로, 사회 전반적으로 인플레이션이 넘쳐나는 현상을 말한다.

06

정답 ①

귀속소득은 화폐의 형태를 갖지 않는 소득으로, 자신의 재산 이용 및 자가 노동에서 얻어지는 경제적 이익([예] 제공된 용역과 교환하여 얻게 되는 무료의 숙박, 식료품 등)을 말한다.

오답분석

② 명목소득 : 화폐소득이라고도 하며, 대개 현재 상태의 물가지수로 표시된 금액으로, 물가 변동에 따라 영향을 받는다.
③ 중위소득 : 전체 가구 중 소득을 기준으로 50%에 해당하는 가구의 소득을 말한다.
④ 가처분소득 : 개인소득 중 소비・저축을 자유롭게 할수 있는 소득이다.

07

정답 ④

넛크래커란 호두를 양쪽으로 눌러 까는 기계를 말하는데, 외환위기 당시에 한국이 저렴한 비용을 앞세운 중국과 효율적인 기술을 앞세운 일본의 협공을 받아 넛크래커 속에 끼인 호두처럼 되었다는 말에서 유래되었다.

08

정답 ③

조세의 증가로 인해 가처분소득이 줄어들게 되면 소비감소로 인해 총수요가 감소한다.

09

정답 ②

통화공급의 증가에는 이자율의 하락이 따른다. 이자율의 하락은 투자의 증대로 이어지고 따라서 총수요곡선은 우측으로 이동한다. 문제에 제시된 상황에서 총수요곡선의 우측 이동은 단기 총공급곡선 상에서 실질 GDP만을 증가시키며, 장기 총공급곡선 상에서는 실질 GDP를 변화시키지 못한다.

10

정답 ③

생산가능곡선 상의 점은 가용한 생산요소를 최대한 투입하여 생산할 수 있는 두 상품의 조합을 나타낸다. 또한 생산가능곡선의 기울기는 어느 상품을 한 단위 더 생산할 때, 다른 상품을 포기해야 하는 양을 나타낸다. X점에서 Y점으로 이동할 때 A상품은 40이 늘어나고, B상품은 10이 줄어든다. 조합점이 (280, 270)일 때, A상품이 40이 늘어나면 B상품은 20이 줄어들게 되어 기회비용이 체증하게 된다.

11

정답 ②

한계비용은 생산량의 증가에 따른 총비용의 증가분을 나타내므로 생산량에 따라 변동이 가장 민감하여 그래프상으로도 변화량이 가장 크다.

12

정답 ②

시장 가격의 형성은 누군가에 의해 운영되는 것이 아니라 '보이지 않는 손'에 의해 경제주체 사이에 자연스럽게 형성된다.

13

정답 ③

생산 요소의 조합을 선택해야 된다는 점에서 '어떻게 생산할 것인가?'의 문제임을 알 수 있다.

14

정답 ④

비교우위를 계산하기 위해서는 각 상품을 생산할 때의 기회비용을 계산해야 한다. 두 국가의 기회비용을 표로 나타내면 다음과 같다.

구분	C상품	D상품
A국가	$\frac{6}{10}$	$\frac{10}{6}$
B국가	$\frac{6}{2}$	$\frac{2}{6}$

따라서 A국가는 B국가에 C상품을, B국가는 A국가에 D상품을 수출하면 두 국가 모두에게 이득이다.

15

정답 ④

수요의 가격 탄력성은 가격 변동에 따른 수요량 변화를 나타낸다. 수요의 가격 탄력성이 1보다 작은 경우 가격 상승에 비해 수요의 감소폭이 작다. 따라서 소비자의 지출은 증가한다.

16

정답 ④

(경제적 이윤)=총수입−경제적 비용이다.
(경제적 비용)=명시적 비용+암묵적 비용이므로 A씨의 경제적 비용은 명시적 비용 1,200만 원, 암묵적 비용 (회사를 계속 다녔다면 벌 수 있었던 300만 원의 월급)으로 총 1,500만 원이다. 따라서 A씨의 경제적 이윤은 1,650만 원−1,500만 원=150만 원이다.

17

정답 ④

사회적 비용이 사적 비용보다 높은 경우는 외부비경제의 경우이고 시장기구에 의한 균형산출량은 P=PMC〈SMC이므로 과잉산출되어 후생손실이 발생한다.
그러므로 조세를 부과해서 생산을 감소시키는 것이 바람직한 정책이 될 수 있을 것이다.

18

정답 ①

외부비경제의 경우로 사회적 비용이 사적 비용보다 더 크고 과잉생산, 과소가격에 의한 후생손실을 초래한다.

19

정답 ①

공공재는 비경합성과 비배제성의 특징을 가진다.

20

정답 ③

공급곡선이 수평인 경우 전용수입=보수이므로 경제지대가 발생하지 않으며, 공급곡선이 수직인 경우 전용수입이 0이므로 보수전체가 경제지대인 것이다.

금융일반

21	22	23	24	25	26	27	28	29	30
④	①	②	③	④	④	④	③	③	①
31	32	33	34	35	36	37	38	39	40
④	③	④	②	④	①	②	③	③	③
41	42	43	44	45	46	47	48	49	50
④	③	③	①	①	①	④	④	①	③
51	52	53	54	55	56	57	58	59	60
②	④	④	④	④	①	③	④	②	①

21

정답 ④

2017년 6월 보건복지부는 의료계의 불법 리베이트와 불필요한 편익을 방지하고 의약품 시장의 투명성을 확보하기 위해 2018년 1월 1일부터 한국판 선샤인 액트(Sunshine-Act) 제도를 시행하겠다고 발표했다.

22

정답 ①

샹그릴라증후군이란 중장년층을 중심으로 노화를 최대한 늦추고 나이에 비해 젊게 살아가려는 욕구가 확산되는 현상을 말한다.

오답분석

② 스탕달증후군 : 뛰어난 예술작품을 감상하면서 정신적 충동이나 환각을 경험하는 현상
③ 꾸바드증후군 : 남편이 임신 중인 아내와 함께 입덧과 같은 증상을 겪는 것
④ 코르사코프증후군 : 보통 알코올 중독의 결과로 나타나며 시간적·공간적 짐작이 어려운 기억력의 장애

23

정답 ②

리셋증후군은 컴퓨터가 제대로 작동하지 않을 경우 리셋 버튼을 눌러 재부팅하는 기능에서 이름을 따온 질병이다. 실제로 1997년 5월 일본 고베시에서 컴퓨터 게임에 빠진 한 중학생이 리셋증후군에 걸려 토막살인을 저지른 충격적인 사건이 벌어지기도 했다.

24

정답 ③

검증가능성은 둘 이상의 회계담당자가 동일한 경제적 사건에 대하여 동일한 측정방법으로 각각 독립적으로 측정하더라도 각각 유사한 측정치에 도달하게 되는 속성을 말한다. 즉, 검증가능성은 정보가 나타내고자 하는 경제적 현상을 충실히 표현하는지를 정보이용자가 확인하는 데 도움을 주는 보강적 질적 특성이다.

재무정보의 질적 특성

구분		
근본적 질적 특성	• 목적적합성	• 충실한 표현
보강적 질적 특성	• 비교가능성 • 적시성	• 검증가능성 • 이해가능성

25
정답 ④

• 12월 1일 매출 : 할부판매 시 전액 매출로 계상한다.
$200\times100=20,000$원
• 12월 17일 매출 : $100\times100=10,000$원
• 12월 28일 매출 : 위탁상품으로 수탁자가 보관 중인 상품은 매출로 인식하지 않는다.
• 12월 30일 매출 : 도착지 인도조건으로 아직 도착하지 않은 상품은 매출로 인식하지 않는다.

∴ 매출액=$20,000+10,000=30,000$원

26
정답 ④

원가동인의 변동에 의하여 활동원가가 변화하는가에 따라 활동원가는 고정원가와 변동원가로 구분된다. 고정원가는 고정제조간접비와 같이 원가동인의 변화에도 불구하고 변화하지 않는 원가이며, 변동원가는 원가동인의 변화에 따라 비례적으로 변화하는 원가로 직접재료비, 직접노무비 등이 해당된다. 일반적으로 활동기준원가계산에서는 전통적인 고정원가, 변동원가의 2원가 분류체계 대신 단위기준, 배치기준, 제품기준, 설비기준 4원가 분류체계를 이용한다.

활동기준원가계산

활동기준원가계산은 기업에서 수행되고 있는 활동(Activity)을 기준으로 자원, 활동, 제품 및 서비스의 소모관계를 자원과 활동, 활동과 원가대상 간의 상호 인과관계를 분석하여 원가를 배부함으로써 원가대상의 정확한 원가와 성과를 측정하는 새로운 원가계산 방법이다.

27
정답 ④

시끄러운 칵테일파티에서도 나에 관한 이야기는 주의를 기울여 잘 듣게 된다고 하여 칵테일파티효과라고 한다.

오답분석

① 어떤 문제를 해결하기 위해 추진한 정책이 오히려 상황을 악화시키는 결과를 가져오는 현상
② 새 정부에 대한 기대감으로 인해 나타나는 사회 안정
③ 어떤 문제를 해결하면 그로 말미암은 또 다른 문제가 생기는 현상

28
정답 ③

실제 자신이 느끼는 감정을 배제하고 직무를 행해야 하는 감정적 노동을 감정노동이라고 한다. 이들은 고객과 직접적으로 접촉하는 일이 많기 때문에 의지를 가지고 미소, 친절 등 특정한 감정 상태를 지속적으로 드러내야 한다. 이로 인해 발생하는 스트레스를 적절하게 해소하지 못할 경우 우울증과 자살로까지 이어질 수 있다.

29
정답 ③

프리터족은 'Free'와 'Arbeiter'의 혼성어로, 돈이 필요할 때만 아르바이트로 일하는 사람을 말한다. 일할 의지도 없고 일하지 않는 청년 무직자를 니트족이라 하고, 독립했다가 경제적 어려움으로 다시 집으로 복귀하는 젊은 직장인을 연어족, 부모에 경제적으로 의존하면서 사는 사람을 캥거루족이라 한다.

30
정답 ①

영업활동 현금흐름은 직접법 또는 간접법 중 하나의 방법으로 보고할 수 있다. 직접법이란 총현금유입과 총현금유출을 주요 항목별로 구분하여 표시하는 방법을 말한다. 직접법은 간접법에서 파악할 수 없는 정보를 제공하고 미래현금흐름을 추정하는 데 보다 유용한 정보를 제공하기 때문에 한국채택국제회계기준에서는 직접법을 사용할 것을 권장하고 있다.

오답분석

② 단기매매목적으로 보유하는 유가증권의 취득과 판매에 따른 현금흐름은 영업활동으로 분류한다.
③ 일반적으로 법인세로 납부한 현금은 영업활동으로 인한 현금유출에 포함된다.
④ 당기순이익의 조정을 통해 영업활동 현금흐름을 계산하는 방법은 간접법이다.

31
정답 ④

제시문은 고전파 음악의 특징으로, 고전파 음악은 18세기 중엽부터 19세기 초까지 오스트리아 빈을 중심으로 발전한 서양음악 사조이다. 대표적인 음악가로는 빈 고전파의 하이든, 모차르트, 베토벤과 전 고전파의 글루크 등이 있다.

헨델(1685 ~ 1759)은 독일 출생의 영국 작곡가로, 하노버 궁정악장으로 활동한 바로크 시대의 음악가이다. 이 시기의 대표적인 음악가로는 바흐, 헨델, 비발디 등이 있으며, 기존의 성악 중심에서 기악 중심의 음악으로 변하기 시작하였다.

32
정답 ③

G7(Group7)은 세계 경제가 나아갈 방향과 각국 사이의 경제정책에 대한 협조 및 조정에 관한 문제를 논의하기 위한 주요 7개국의 모임으로 미국, 영국, 프랑스, 독일, 이탈리아, 캐나다, 일본이 회원국으로 있다. G7은 매년 재무장관 회의와 정상회담을 개최하고 있으며, 재무장관 회의는 1년에 2 ~ 3번 연석으로 각국의 재무장관과 중앙은행 총재가 모여 경제정책 협조 문제를 논하고, 정상회담은 1년에 한 번 각국의 대통령과 총리가 참석하여 세계의 주요 의제 등에 대해 논의한다.

33

정답 ④

ㄱ. 속대전은 1746년 영조 때 제작된 법전으로, 경국대전 시행 이후에 공포된 법령 중 시행할 법령만 추린 통일 법전이다.

ㄷ. 균역법은 1750년 영조 때 군역(軍役)의 부담을 경감하기 위하여 만든 세법으로, 기존 인정(人丁) 단위로 2필씩 징수하던 것을 1필로 줄였다.

오답분석

ㄴ. 규장각은 1776년 정조 때 창설한 왕실 도서관이자 학술 및 정책 연구 관서로, 정조의 혁신정치의 중추 기구이다.

ㄹ. 1791년 정조 때 신행통공을 시행하여 육의전을 제외한 금난전권을 폐지하였다.

34

정답 ②

의정부는 백관을 통솔하는 등 조선시대 최고의 행정기관으로 1400년에 도평의사사를 의정부로 고쳤다.

오답분석

① 도평의사사 : 고려 후기 최고정무기관으로 도당이라고도 한다.

③ 중추원 : 발해 최고의 행정기구이다.

④ 도병마사 : 고려시대 국방회의기구로 충렬왕 때 도평의사사로 개편되었다.

35

정답 ④

향리에 대한 설명이다. 향리는 지방 관청의 행정실무를 처리하는 하급 관리로 조세 수취업무와 형옥 등의 재판권 행사 등의 일을 하였으며, 대부분 그 지방 출신으로 세습되었다.

오답분석

① 수령 : 각 고을을 맡아 다스리던 지방관의 총칭

② 관찰사 : 조선시대 각 도에 파견되어 지방 통치의 책임을 맡았던 최고의 지방 장관

③ 역관 : 통역 등 역학에 관한 일을 담당

36

정답 ①

금융원가는 당해 기간의 포괄손익계산서에 표시되는 항목이다.

포괄손익계산서 항목

- 영업수익
- 제품과 재공품의 변동
- 원재료사용액
- 종업원급여
- 감가상각비와 기타상각비
- 영업손익
- 기타수익
- 이자비용(=금융원가)
- 기타비용
- 법인세비용 차감전 손익
- 법인세비용
- 당기순손익
- 기타포괄손익(가감)
- 주당손익
  - 기본주당순손익
  - 희석주당순손익

37

정답 ②

차입금 상환을 면제받는 것은 부채의 감소에 해당한다.

부채의 감소

- 차입금 상환을 면제받다.
- 차입금을 자본금으로 전환하다.
- 차입금을 갚다.

38

정답 ③

당기총포괄이익=기말자본－기초자본－유상증자

=(기말자산－기말부채)－(기초자산－기초부채)－유상증자

=(7,500,000－3,000,000)－(5,500,000－3,000,000)
－500,000

=4,500,000－2,500,000－500,000

=1,500,000원

39

정답 ③

대전통편은 조선 후기에 편찬된 통일 법전으로 기존의 법전 및 새로운 법령을 통합하여 정조(1781년)때 편찬하였다.

오답분석

① 속대전 : 영조 때 경국대전 시행 이후 새로운 법령 중 시행할 법령만 추려서 편찬한 법전

② 경국대전 : 성종 때 완성된 조선시대 기본 법전

④ 대전회통 : 고종 때 편찬된 조선시대 마지막 통일 법전

40

정답 ③

『동문선』은 1478년(성종 9) 성종의 명으로 서거정 등이 중심이 되어 시문을 모아 편찬한 우리나라 역대 시문선집이다.

오답분석

① 『필원잡기』 : 1487년 서거정이 지은 수필집이다.

② 『동인시화』 : 1474년 서거정이 지은 시화집이다.

④ 『동국여지승람』 : 1486년 노사신, 강희맹 등이 편찬한 인문지리서로 서문에 서거정이 참여하였다.

41

정답 ④

향약에는 양반뿐 아니라 농민, 여자와 노비도 참여하였다.

42

정답 ③

국민의 50%가 소득이 전혀 없고, 나머지 50%에 해당하는 사람들의 소득은 완전히 균등하게 100씩 가지고 있으므로 로렌츠곡선은 아래 그림과 같다.

그러므로 지니계수는 다음과 같이 계산한다.

지니계수$=\frac{A}{A+B}=\frac{1}{2}$

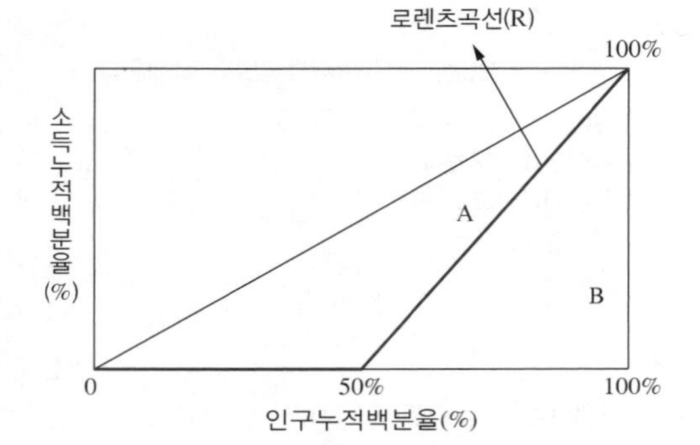

43

정답 ③

X재를 생산하는 기업이 생산설비를 해외로 이전하게 되면 경제전체의 생산능력이 감소하므로 생산가능곡선 자체가 안쪽으로 이동하게 된다.

44

정답 ①

수요란 일정기간 주어진 가격으로 소비자들이 구입하고자 의도하는 재화와 서비스의 총량을 의미한다. 수요는 관련재화(대체재, 보완재)의 가격, 소비자의 소득수준, 소비자의 선호 등의 요인에 따라 변화하며, 수요의 변화는 수요곡선 자체를 좌우로 이동시킨다. 본 그림에서는 수요곡선이 오른쪽으로 이동하고 있으므로 복숭아 수요를 증가시키는 요인이 아닌 것을 고르는 문제이다. 복숭아 가격이 하락하면 복숭아의 수요가 증가하게 되는데, 이는 수요량의 변화로서 수요곡선상에서 움직이게 된다.

45

정답 ①

선댄스영화제(The Sundance Film Festival)는 세계 최고의 독립영화제로 독립영화를 다루는 권위 있는 국제영화제이다. 할리우드식 상업주의에 반발해 미국 영화배우 로버트 레드포드가 독립영화제에 후원하면서 시작됐다. 2020년 선댄스영화제에서는 한국인 이민자 이야기를 그린 영화 '미나리'가 심사위원대상과 관객상을 수상하며 주목받은 바 있다. 2021년 선댄스영화제는 2021년 1월 28일부터 2월 3일까지 치러진다.

46

정답 ①

앰비슈머(Ambisumer)는 자신의 가치관에 부합하는 소비를 할 경우에는 돈을 아끼지 않고 최고의 가치를 추구하지만, 그 외에 것에 관하여는 최대한 돈을 아끼는 이중적인 소비자를 뜻한다.

오답분석

② 그린슈머(Greensumer) : 녹색(Green)과 소비자(Consumer)의 합성어로, 친환경 제품이나 유기농 제품을 선호하는 소비자
③ 보테슈머(Beautesumer) : 아름다움(Beauty)과 소비자(Consumer)의 합성어로 아름다움을 추구하는 소비자
④ 트라이슈머(Trysumer) : 시도하다(Try)와 소비자(Consumer)의 합성어로, 새로운 무언가를 시도하는 체험적 소비자

47

정답 ④

웰빙(Well-being)과 행복(Happiness), 건강(Fitness)의 합성어인 웰니스(Wellness)는 신체・정신・사회적으로 건강한 상태를 말하며, 건강을 유지하며 삶의 질을 높이기 위한 체계적이고 지속적인 노력을 포괄적으로 지칭한다.

오답분석

① 필라테스(Pilates) : 몸의 긴장을 풀어주면서 동시에 강화시키는 운동법
② 로하스(LOHAS) : 건강과 지속적인 성장을 추구하는 생활방식 또는 이를 실천하려는 사람들
③ 피트니스(Fitness) : 신체가 그 기능을 충분히 발휘할 수 있는 능력과 상태

48

정답 ④

오답분석

① 순응임금제 : 기존의 제반조건이 변할 때 거기에 순응하여 임금률도 자동적으로 변동, 조정되도록 하는 제도이다.
② 물가연동제 : 물가변동에 따라 임금을 올리거나 내리는 임금지불제도이다.
③ 럭커 플랜 : 생산부가가치의 증대를 목표로 노사가 협력하여 얻은 생산성 향상의 결과물을 럭커 표준이라는 일정분배율에 따라서 노사 간에 적정하게 배분하는 방법이다.

49

정답 ①

맥클리랜드의 성취동기이론(Meclelland)

- 인간의 욕구는 성취욕구, 권력욕구, 친교욕구로 구분되고 성취욕구가 가장 중요
- 국가의 경제성장은 국민의 평균적 성취동기수준에 따라 달라짐
- 생존욕구를 제외하고 모든 욕구는 학습 가능하고, 개인별로 욕구수준이 다름
- 맥클리랜드의 성취동기이론은 3가지 욕구의 분류
- 종업원을 알맞은 직무에 배치함으로서 이용할 수 있음
- 권력욕이 강한 사람은 타인의 권력이 미치는 직무에 배치하기보다 자신이 타인의 행동을 통제하는 업무에 배치하는 것이 동기부여가 됨
- 친교욕구가 강한 사람은 독립적으로 직무를 수행하는 곳에 배치하기 보다는 다른 사람과 밀접한 관계를 유지할 수 있는 직무에 배치하는 것이 효과적임
- 성취욕이 강한 사람은 도전할 가치가 없거나 우연에 의해서 목표를 달성할 수 있는 직무보다는 개인에게 많은 책임과 권한이 주어지는 도전적인 직무에 배치하는 것이 동기부여가 됨

50 정답 ③

수요예측 기법

정성적	전문가 의견 활용
	컨조인트 분석
	인덱스 분석
정량적	시계열 분석
	회귀 분석
	확산 모형
시스템	정보 예측 시장
	시스템 다이나믹스
	인공 신경망

51 정답 ②

오답분석

① 니치 마케팅 : '틈새시장'이라는 뜻으로 시장의 빈틈을 공략하는 제품을 내놓아 다른 특별한 제품 없이도 점유율을 유지시켜 가는 판매 전략

③ MOT 마케팅 : 일상생활 어느 곳에서나 제품의 이미지를 심어 주는 판매 전략

④ 풀 마케팅 : 광고나 홍보 활동에 고객들을 주인공으로 참여시키는 판매 전략

52 정답 ④

PB(Private Brand)상품이란 독자상표상품으로 대형마트·백화점·슈퍼마켓 등과 같은 유통업체에서 자체적으로 개발하여 판매하는 상품을 말한다. 유통업체가 제조업체에 생산을 위탁하여 자사 상표를 붙여 자사 매장에서만 판매하는 것이 특징이다. PB상품을 판매하는 유통업체의 경우 물류비나 판매관리비 등의 제반비용 가격을 낮추면서도 제조업체의 기존 브랜드(NB)를 취급하는 도소매업체와 마찰을 피할 수 있다는 장점이 있다.

53 정답 ④

전사적 자원 관리(Enterprise Resource Planning: ERP)에 대한 설명이다. 회사의 모든 정보는 물론 공급 사슬관리, 고객의 주문정보까지 포함하여 통합적으로 관리하는 시스템이다.

오답분석

① 적시공급·생산 시스템

② 종합적 품질경영

③ 각 경제주체 간의 상거래

54 정답 ④

소비자행동을 분석하기 위해서는 어떠한 요인들이 영향을 미치는지 파악해야 한다. 소비자행동에 영향을 미치는 심리적·개인적 요인으로 태도, 동기, 욕구, 가치, 자아, 개성, 라이프스타일, 인구통계적 특성 등이 있고, 사회적·문화적 요인으로 준거집단, 가족, 문화, 사회 계층 등이 있다.

해당 사례와 같은 경우는 사회적 요인을 준거집단에 영향을 받은 대표적 예시이다. 준거집단이란 가족, 친구, 직장 동료와 같이 개인의 행동에 직간접적으로 영향을 미치는 사람들을 의미한다. 이들은 개인의 생각이나 행동에 기준을 제시하거나 가치를 제공하는 방식으로 영향을 미친다. 등산 동호회, 마라톤 동호회, 오토바이 동호회 등을 가보면 장비와 패션이 비슷한 것을 알 수 있는데 준거집단이 영향을 주기 때문이다.

55 정답 ④

기업의 사회적 책임(CSR; Corporate Social Responsibility)에는 경제적, 법률적, 윤리적, 자선적 책임이 존재하며, 회계의 투명성은 법률적 책임에 해당된다.

오답분석

①·② 경제적 책임

③ 윤리적 책임

56 정답 ①

주식을 이용하여 경영권을 위협하며, 해당 주식을 비싸게 파는 행위는 그린메일이다.

오답분석

② 황금주 제도(Golden Share) : 황금주란 단 1주 만으로도 주주총회 결의사항에 대해 거부권을 행사할 수 있는 권리를 가진 주식이다. 황금주 제도는 주로 공기업이 민영화된 이후에도 공익성을 유지할 수 있도록 정부에게 발행된다.

③ 황금 낙하산(Golden Parachute) : 인수 대상 기업의 CEO가 인수로 인하여 임기 전에 사임하게 될 경우를 대비하여 거액의 퇴직금, 저가에 의한 주식매입권, 일정기간 동안의 보수와 보너스 등을 받을 권리를 사전에 고용계약에 기재하여 안정성을 확보하고 동시에 기업의 인수 비용을 높이는 방법이다.

④ 백기사 전략(White Knight) : 인수대상기업이 적대적 인수세력으로부터 벗어나기 위해 우호적인 제3세력의 자본을 앞세워 경영권을 보호하는 것으로 이 우호적인 제3세력을 백기사라 한다.

57

정답 ③

경영활동에는 크게 기술활동 상업활동 재무활동 보호활동 회계활동 관리활동으로 구분 할 수 있다. 그 중에 페이욜은 관리활동을 계획, 조직, 지휘, 조정, 통제로 관리 5요소론을 정립하였다. 분업은 14가지 관리일반원칙에 해당한다.

58

정답 ④

시장세분화 전략은 마케팅 전략 중 하나이다. 따라서 일반적인 경영전략 유형으로 해당하지 않다.

일반적인 경영전략 유형

1. 성장 전략
   성장 전략은 기업의 규모를 키워 현재의 영업범위를 확대하는 전략을 의미하며, 시장의 성장가능성이 높고 기업의 점유율이 높거나 투자가치가 있을 경우 이러한 전략을 채택한다. 성장 전략은 기업의 장기적 생존을 위해서는 필수적이며 성장 전략을 통해 수익창출 및 점유율 확보, 기업 규모 확대가 가능하다.
2. 축소 전략
   축소 전략은 기업의 효율성이나 성과를 향상시키기 위해 규모를 축소하는 전략을 의미하며, 시장이 더이상 성장하지 않고 기업이 해당 시장에서의 경쟁능력이 없을 경우 다운사이징, 구조조정, 분사 및 청산 등의 방법을 통해 축소 전략을 구사한다.
3. 안정화 전략
   안정화 전략은 현재 상태에서 큰 변화 없이 현재 상태를 유지하고자 노력하는 전략을 의미하며, 시장 성장률이 높지 않지만, 시장내 기업의 점유율이 높을 경우(캐시카우) 해당 사업을 통해 다른 사업을 확장하는 데 필요한 자본을 조달하는 방식의 전략이다.
4. 협력 전략
   협력 전략은 전략적 제휴라고도 하는데, 둘 이상의 기업이 공동의 목표를 위해 서로 협력하는 전략을 의미한다. 이때 각 기업들은 각자의 독립성을 유지하면서 서로의 약점을 보완하고 경쟁우위를 강화하고자 추구하는 전략이다.

59

정답 ②

ALOHA(Additive Links On line Hawaii Area)
최초의 무선(라디오) 패킷 교환 시스템

60

정답 ①

오답분석

② 정규 응답 모드(NRM) : 일차국으로부터 송신허가를 받을 때에만 프레임을 송신할 수 있는 이차국의 모드
③ 비동기 응답 모드(ARM) : 일차국으로부터 송신허가를 받지 않아도 프레임을 송신할 수 있는 이차국의 모드
④ 비동기 평형 모드(ABM) : 상대국으로부터 송신허가를 받지 않아도 프레임을 송신할 수 있는 복합국의 모드

디지털/IT

21	22	23	24	25	26	27	28	29	30
②	②	③	③	②	①	③	④	①	③
31	32	33	34	35	36	37	38	39	40
①	③	④	②	①	②	④	①	①	①
41	42	43	44	45	46	47	48	49	50
④	②	②	②	①	④	②	①	④	③
51	52	53	54	55	56	57	58	59	60
①	④	④	④	④	①	①	③	①	①

21

정답 ②

한국은 광대역통합망(BcN) 기술을 두 번째로 시행한 나라이다. BcN은 전화, 가전제품, 방송, 컴퓨터, 종합 유선방송 등 다양한 기기를 네트워크로 연결해 서비스를 제공할 수 있도록 만드는 인프라로, 정부가 정보통신기술의 최종목표로 삼고 있다.

22

정답 ②

누스페어란 Noo(정신)와 Sphere(시공간)를 결합시킨 사회철학 용어로, 인류가 오랫동안 집적해온 공동의 지적 능력과 자산을 바탕으로 사이버 공간에서 이루어가는 세계를 가리킨다.

오답분석

① 사이버 스쿼팅 : 인터넷상의 컴퓨터 주소인 도메인을 투기나 판매 목적으로 선점하는 행위이다.
③ 스마트몹 : PDA, 휴대전화, 메신저, 인터넷, 이메일 등 첨단 정보통신기술을 바탕으로 긴밀한 네트워크를 이루어 정치, 경제, 사회 등의 제반 문제에 참여하는 사람들의 집단이다.
④ 사이버 리터러시 : 사이버 공간에서 허구와 진실을 가려내고 성적 편견, 상업주의 등 온라인상의 문제적 글들을 구별할 수 있는 능력을 말한다.

23

정답 ③

차이니즈월(Chinese Wall)은 중국의 만리장성을 뜻하며, 만리장성이 구획을 구분하는 견고한 벽인 것처럼 기업 내 정보교환을 철저히 금지하는 장치나 제도를 의미한다.

오답분석

① 열 차단벽 : 열을 차단하기 위한 내열 소재의 차폐막이나 문을 말한다.
② 해킹 방지 방화벽 : 허가받지 않은 컴퓨터통신 사용자가 기업 내 통신망(LAN)에 뚫고 들어오는 것을 막기 위해 설치해둔 소프트웨어나 장비를 의미한다.
④ 방화벽 : 기업이나 조직의 모든 정보가 컴퓨터에 저장되면서, 컴퓨터의 정보 보안을 위해 외부에서 내부, 내부에서 외부의 정보통신망에 불법으로 접근하는 것을 차단하는 시스템이다.

24

정답 ③

OTP(One Time Password)는 무작위로 생성되는 난수의 일회용 패스워드를 이용하는 사용자 인증 방식이다. 로그인할 때마다 일회성 패스워드를 생성하기 때문에 동일한 패스워드가 반복해서 사용됨으로 발생하는 보안상의 취약점을 극복할 수 있다.

25

정답 ②

스마트 계약이란 블록체인을 기반으로 프로그래밍된 조건이 모두 충족되면 자동으로 계약을 이행하는 자동화 계약 시스템으로 금융거래, 부동산 계약 등 다양한 형태의 계약이 가능하다.

26

정답 ①

킬 스위치란 분실한 정보기기 내의 정보 원격으로 삭제하거나 그 기기를 사용할 수 없도록 하는 기술이다.

오답분석

② 핀펫 : 얇은 지느러미 모양의 전계 효과 트랜지스터
③ 어플라이언스 : 운영 체계(OS)나 응용 소프트웨어의 설치, 설정 등을 행하지 않고 구입해서 전원을 접속하면 곧 사용할 수 있는 정보 기기
④ 키젠 : 소프트웨어 프로그램용 키나 콤팩트디스크(CD) 키를 만드는 데 사용되는 프로그램

27

정답 ③

입자의 크기가 수 nm 수준으로 작아지게 되면 이들 입자의 전기·광학적 성질이 크게 변화하게 되는데, 이러한 초미세 반도체 나노 입자를 양자점(quantum dot, QD) 또는 퀀텀닷이라고 한다.

오답분석

① 도체 : 전기 또는 열에 대한 저항이 매우 작아 전기나 열을 잘 전달하는 물체(은, 구리, 알루미늄 등)
② N형 반도체 : 다수의 전자와 수소의 정공을 포함하는 반도체
④ 다이오드 : 전자현상을 이용하는 2단자 소자

28

정답 ④

IPTV의 시청을 위해서는 TV 수상기에 셋톱박스를 설치해야 한다.

29

정답 ①

블로그(Blog)는 '인터넷'을 뜻하는 웹(Web)과 '일지'를 뜻하는 로그(Log)의 합성어로, 1997년 미국에서 처음 등장하였다. 웹 게시판, 개인 홈페이지, 컴퓨터 기능이 혼합되어 있고 새로 올리는 글이 맨 위로 올라가는 일지 형식으로 되어 있다. 일반인들이 자신의 관심사에 따라 일기·칼럼 등을 자유롭게 업로드 할 수 있어 일종의 1인 미디어 역할을 할 수 있다.

오답분석

② 트위터(Twitter) : 140자 이내 단문으로 개인의 의견이나 생각을 공유하고 소통하는 SNS
③ 페이스북(Facebook) : 하버드대 학생이었던 마크 저커버그(Mark Zuckerberg)가 2004년 2월 4일 개설한 세계 최대의 SNS
④ 유튜브(Youtube) : 전 세계 네티즌들이 올리는 동영상 콘텐츠를 공유하는 세계 최대의 동영상 기반 웹사이트

30

정답 ③

인트라넷은 인터넷 관련기술과 통신규약을 이용하여 기업체, 연구소 등 조직 내부의 각종 업무를 수행할 수 있도록 한 네트워크 환경이다. 조직의 각종 정보를 표준화하여 서버를 통해 공유함으로써 조직 구성원들 간에는 정보 공유가 용이하고, 외부의 침입은 방지한다. 1994년 미국의 제약회사인 일라이 릴리 앤드 컴퍼니에서 처음으로 활용해 커다란 성과를 거둔 이후로 우리나라의 많은 기업들도 인트라넷을 사용하고 있다.

오답분석

① 광역통신망(WAN) : 국가나 대륙과 같은 넓은 지역에 걸쳐 구축한 컴퓨터 네트워크를 의미한다.
② 근거리통신망(LAN) : 같은 건물이나 단지 등 소규모 공간 내의 소수의 장치들을 서로 연결한 네트워크를 의미한다.
④ 엑스트라넷(Extranet) : 인트라넷이 기업체 등의 한 조직 내에서만 국한된 정보시스템이라면, 엑스트라넷은 다른 기업체나 고객 등 외부 사용자들에게도 접근이 허용된 시스템이다.

31

정답 ①

블루투스(Bluetooth)는 휴대폰, 노트북, 이어폰·헤드폰 등의 휴대기기를 서로 연결해 정보를 교환하는 근거리 무선 기술 표준을 뜻한다.

오답분석

② 와이파이(Wi-Fi) : 'Wireless Fidelity'의 약자로 무선 접속장치(AP)가 설치된 곳에서 전파나 적외선 전송 방식을 이용하여 일정 거리 안에서 무선 인터넷을 할 수 있는 근거리 통신망을 칭하는 기술이다.
③ 와이브로(WiBro) : 'Wireless Broadband Internet'의 줄임말로 무선 광대역 인터넷 서비스, 무선 광대역 인터넷을 뜻한다.
④ 로밍(Roaming) : 서로 다른 통신 사업자의 서비스 지역 안에서도 통신이 가능하게 연결해 주는 서비스이다.

32

정답 ③

인터넷이 이끈 컴퓨터 정보화 및 자동화 생산시스템이 주도한 것은 3차 산업혁명으로 제조업의 디지털화가 촉진되었다. 4차 산업혁명은 로봇이나 인공지능(AI)을 통한 사물인터넷 등의 가상 물리 시스템의 구축이다.

33

정답 ④

빅데이터의 공통적 속성(3V)은 데이터의 크기(Volume), 데이터의 속도(Velocity), 데이터의 다양성(variety)이다.
빅데이터의 공통적 속성(3V) 외에 새로운 V에는 정확성(Veracity), 가변성(Variability), 시각화(Visualization)가 있다.

오답분석

① 데이터의 크기(Volume) : 단순 저장되는 물리적 데이터양을 나타내며 빅데이터의 가장 기본적인 특징
② 데이터의 속도(Velocity) : 데이터의 고도화된 실시간 처리
③ 데이터의 다양성(Variety) : 다양한 형태의 데이터(예 사진, 오디오, 비디오, 소셜 미디어 데이터, 로그 파일 등)

34

정답 ②

웹(Web)과 알코올 중독(Alcoholism)의 합성어인 웨바홀리즘은 일상생활에서 정신적·심리적으로 인터넷에 과도하게 의존하는 중독 증세이다. 이들은 인터넷에 접속 하지 않으면 불안감을 느끼고 일상생활을 하기 어려울 정도로 힘들어하며 수면 부족, 생활 패턴의 부조화, 업무 능률 저하 등이 나타나기도 한다.

35

정답 ①

N스크린
스마트폰·PC·태블릿PC 등 다양한 기기들에 공통의 OS를 적용해 하나의 콘텐츠를 공유할 수 있는 차세대 기술이다.

36

정답 ②

가상 수술 연습에 활용하는 것은 드론보다 가상현실을 활용한 사례이다.

37

정답 ④

기존에는 수치와 같은 정형화된 데이터를 분석했다면, 빅데이터 기술은 수치뿐 아니라 문자, 영상 등의 비정형화된 데이터 분석까지도 가능하다.

38

정답 ①

데이터 3법이란 개인정보 보호법, 정보통신망법, 신용정보법을 일컫는 말이다.

39

정답 ①

4차 산업혁명 시대에는 방대한 데이터(초대용량)를 빠르게 전송하고(초고속), 실시간(초저지연)으로 모든 것을 연결하는(초연결) 5G 이동통신이 경제와 산업에 새로운 기회를 창출할 것으로 예상된다. 국제전기통신연합(ITU)의 정의에 따르면 5G의 최대 다운로드 속도는 20Gbps(4G LTE의 20배)이다. 또한 4G LTE에 비해 처리 용량은 100배, 지연시간은 10분의 1 수준 등의 특징이 있으며, 단위면적($1km^2$)당 접속 가능한 기기가 100만 개(초연결)에 달한다.

40

정답 ①

개인정보보호법에 따르면 개인정보처리자는 개인정보의 처리 목적을 명확하게 밝혀야 하고, 그 목적에 필요한 범위에서 최소한의 개인정보만을 적법하고 정당하게 사용하여야 한다.

41

정답 ④

아마존 고(Amazon Go)는 미국의 기업인 아마존(Amazon)이 운영하는 세계 최초의 무인 마트로, 계산대와 계산원 없이 인공지능(AI), 머신 러닝, 컴퓨터 비전 등 첨단기술이 활용되고 있어 소비자가 계산대에 줄을 서지 않고도 제품을 구입할 수 있다.

42

정답 ②

파스타(PaaS-TA)는 과학기술정보통신부와 한국정보화진흥원이 함께 개발한 개방형 클라우드 플랫폼으로, 'PaaS에 올라타' 또는 'PaaS야, 고마워(Thank you)'라는 의미를 지닌다.

43

정답 ②

싱귤래리티(Singularity)는 특이성을 의미하는 영어 단어로, 미래학자이자 발명가인 커즈와일은 인공지능이 인류의 지능을 넘어서는 순간을 싱귤래리티로 정의하였다.

44

정답 ②

유비쿼터스 센서 네트워크(USN)는 첨단 유비쿼터스 환경을 구현하기 위한 근간으로, 각종 센서에서 수집한 정보를 무선으로 수집할 수 있도록 구성한 네트워크를 말한다.

오답분석

① RFID(Radio Frequency IDentification) : 극소형 칩에 상품 정보를 저장하고 안테나를 달아 무선으로 데이터를 송신하는 장치
③ VPN(Virtual Private Network) : 우리말로 가상사설망. 인터넷망과 같은 공중망을 사설망처럼 이용해 회선비용을 크게 절감할 수 있는 기업통신 서비스
④ NFC(Near Field Communication) : 10cm 이내의 가까운 거리에서 다양한 무선 데이터를 주고받는 통신 기술

45
정답 ①

DRM은 비용을 지불한 이용자들에게 디지털콘텐츠의 사용 권한을 부여하는 장치다.

오답분석

② WWW : 인터넷에서 그래픽, 음악, 영화 등 다양한 정보를 통일된 방법으로 찾아볼 수 있는 서비스
③ IRC : 인터넷에 접속된 수많은 사용자와 대화하는 서비스
④ SNS : 온라인 인맥구축 서비스로 1인 미디어, 1인 커뮤니티, 정보 공유 등을 포괄하는 개념

46
정답 ④

미러 사이트(Mirror Site)

미러(Mirror)는 자료의 복사본 모음을 뜻하며, 미러 사이트들은 가장 일반적으로 동일한 정보를 여러 곳에서 제공하기 위해, 특히 클라이언트가 요청하는 대량의 안정적인 다운로드를 위해서 만들어진다. 웹 사이트 또는 페이지가 일시적으로 닫히거나 완전히 폐쇄되어도 자료들을 보존하기 위해 만들어진다.

47
정답 ②

망 중립성은 통신망 제공사업자는 모든 콘텐츠를 동등하고 차별없이 다뤄야 한다는 원칙이다.

오답분석

① 제로 레이팅 : 콘텐츠 사업자가 이용자의 데이터 이용료를 면제 또는 할인해 주는 제도이다.
③ MARC(Machine Readable Cataloging) : 컴퓨터가 목록 데이터를 식별하여 축적·유통할 수 있도록 코드화한 일련의 메타데이터 표준 형식이다.
④ 멀티 캐리어(Multi Carrier) : 2개 주파수를 모두 사용해 통신 속도를 높이는 서비스이다.

48
정답 ①

랜섬웨어(Ransomware)는 몸값(Ransom)과 소프트웨어(Software)의 합성어로 데이터를 암호화하여 사용할 수 없도록 하고, 이를 인질로 금전을 요구하는 악성 프로그램이다.

오답분석

② 다크 데이터(Dark Data) : 정보를 저장만 하고 분석을 하지 않은 데이터
③ 셰어웨어(Shareware) : 모두가 사용할 수 있도록 공개하고 있는 소프트웨어
④ 키 로거(Key Logger) : 사용자의 키보드 움직임을 탐지해 개인정보를 빼가는 공격

49
정답 ④

인터넷을 통해 볼 수 있는 TV 서비스인 Over The Top의 약자는 OTT이다.

오답분석

① CDN : 콘텐츠 전송 서비스
② CP : 콘텐츠 제공자
③ CSP : 콘텐츠 서비스 제공자

50
정답 ③

애그테크는 농업을 의미하는 'Agriculture'와 기술을 의미하는 'Tech-nology'의 합성어로, 식량 부족 시대의 도래에 대비하기 위해 첨단기술을 활용해 최소 면적에서 최대 생산량을 얻는 것이 목적이다. 애그테크를 적용하면 작물에 최적화되도록 온도, 습도, 일조량, 풍향 등의 환경이 자동으로 조절되고, 작물에 어떤 비료를 언제 줬는지 등의 상세한 정보를 확인해 수확시기를 예측하거나 당도도 끌어올릴 수 있다.

51
정답 ①

로보 어드바이저(Robo-advisor)란 로봇을 의미하는 로보(Robo)와 자문 전문가를 의미하는 어드바이저(Advisor)의 합성어로, 고도화된 알고리즘과 빅데이터를 이용해 프라이빗 뱅커(PB)를 대신하여 PC나 모바일을 통해 포트폴리오를 관리·수행하는 온라인 자산관리 서비스이다.

오답분석

② 시스템 트레이딩(System Trading) : 일정한 조건에서 매매규칙을 사용해 투자수익률을 높이는 매매방법으로 컴퓨터 프로그램을 이용해 주식을 운용하는 방식
③ 홈 트레이딩 시스템(Home Trading System) : 투자자가 증권회사에 가거나 전화를 이용하지 않고 온라인을 통해 주식 매매를 하는 방식
④ 모바일 트레이딩 시스템(Mobile Trading system) : 스마트폰을 이용해 개인투자자의 주식을 거래하는 방식

52
정답 ④

자동화 생산은 인터넷이 이끈 컴퓨터 정보화 및 자동화 시스템이 주도한 3차 산업혁명과 관련된다.

53
정답 ④

보험(Insurance)과 기술(Technology)의 합성어인 인슈어테크(Insur-Tech)는 인공지능, 사물인터넷 등의 IT 기술을 적용한 혁신적인 보험 서비스를 의미한다. 보험 상품을 검색하는 고객에게 맞춤형 상품을 추천하고, 보험 상담을 요청하는 고객에게는 로봇이 응대하는 등 다양하게 활용될 수 있다.

54

정답 ④

데이터 댐

정부가 2020년 7월 14일 확정·발표한 정책인 '한국판 뉴딜'의 10대 대표과제 중 하나로, 데이터 수집·가공·거래·활용기반을 강화하여 데이터 경제를 가속화하고, 5G 전국망을 통한 전 산업 5G와 AI 융합을 확산시키는 것이다. 이를 위해 2022년까지 총사업비 8조 5,000억 원을 투자해 일자리 20만 7,000개를 창출하며, 2025년까지는 총사업비 18조 1,000억 원을 들여 일자리 38만 9,000개를 창출한다는 계획이다.

오답분석

① 오픈 데이터 : 누구나 자유롭게 사용할 수 있는 데이터로 정부와 자치단체를 중심으로 보유한 데이터를 자유롭게 사용할 수 있게 공개하고 있는 데이터이다.
② 데이터 사이언스 : 정형, 비정형 형태를 포함한 다양한 데이터부터 지식과 인사이트를 추출하는 데 과학적 방법론, 프로세스, 알고리즘, 시스템을 동원하는 융합분야이다.
③ 데이터 마이닝 : 많은 데이터 가운데 숨겨져 있는 유용한 상관관계를 발견하여 미래에 실행 가능한 정보를 추출해 내고 의사결정에 이용하는 과정을 말한다.

55

정답 ④

데이터 통신은 고도의 에러 제어 기능으로 신뢰성이 높고, 응용범위가 넓다. 또한, 시간과 횟수에 관계없이 같은 내용을 여러 번 반복하여 전송할 수 있다.

56

정답 ①

DBMS는 사용자와 데이터베이스 사이에서 사용자의 요구에 따라 정보를 생성해 주고, 데이터베이스를 관리해 주는 소프트웨어이다(데이터베이스를 운용하는 소프트웨어). ①은 데이터 모델에 대한 설명이다.

57

정답 ①

데이터베이스 관리 시스템(DBMS)의 정의 기능은 모든 응용 프로그램들이 요구하는 데이터 구조를 지원하기 위해 DB에 저장될 형(Type)과 구조에 대한 정의, 이용 방식, 제약조건 등을 명시하는 기능이다.

오답분석

② 조작 기능 : 사용자의 요구에 따라 검색, 갱신, 삽입, 삭제 등의 인터페이스를 지원한다.
③ 제어 기능 : 데이터베이스의 내용을 항상 정확하고, 안전하게 유지한다.

58

정답 ③

정규화는 테이블을 결합하는 것이 아니라 분해해 가면서 종속성을 제거해 가는 것이다.

59

정답 ①

예측 부호화 방식은 압축률을 높이기 위해 중복되거나 불필요한 정보가 손실되는 것을 허용하는 손실 압축방식에 해당한다. 허프만 부호화 방식, 사전 부호화 방식, 산술 부호화 방식은 데이터의 무결성이 보존되어 어떤 부분도 손실되지 않는 무손실 압축방식에 해당한다.

60

정답 ①

일반적 그래프 디렉터리 구조에 대한 설명이다.

오답분석

② 1단계 디렉터리는 가장 간단하며, 모든 파일이 하나의 디렉터리에 위치하여 관리되는 구조이다.
③ 2단계 디렉터리는 중앙에 마스터 파일 디렉터리가 있어 그 아래에 사용자별로 서로 다른 파일 디렉터리가 있는 구조이다.
④ 트리 디렉터리는 하나의 루트 디렉터리와 여러 개의 서브 디렉터리로 구성된 구조이다.